KB234892

100년 수행의 기록

스승

100년 수행의 기록

스승

스승

100년 수행의 기록

山友 김한용 지음

엠에스북스

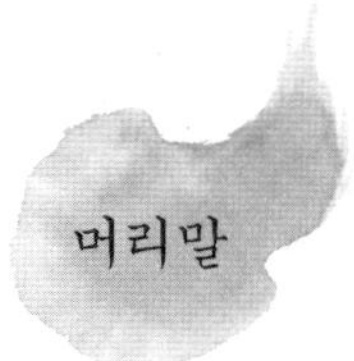

"안과 밖을 같게 해야 한다.
안과 밖을 같게 해야 한다."

이 말은 스승님이 마지막 이승을 떠나시면서 임종을 지켜보는 두 제자에게 남긴 말입니다. 나는 매일같이 이 말씀을 가슴 깊이 되새기며 수련에 임합니다. 아직까지 스승님을 떠올리며 함께 한 시간을 애타게 그려보며 가슴이 저려오는 것을 보면 내 아직 스승님을 떠나보내지 못했나 봅니다.

창가에 우두커니 앉아 하늘을 쳐다보는데 왜 이리도 눈물이 한없이 쏟다지는지 떨어지는 눈물 한 방울 한 방울에 미안함만 쌓여 갑니다. '감사합니다. 행복했습니다.'를 연이어 되뇌어 보지만 떨어지는 눈물을 막을 길이 없습니다.

스승님과 인연을 맺은 지도 벌써 이십여 년 지났지만 아직까지 스승님과 같은 인연 하나 맺지 못하고 있는 내 모습이 초라하기까지 합니다. 이 초라함을 뒤로 하고 스승님과 함께 한 세월을 더듬어보지만 아쉬움만 깊어집니다. 스승님의 가르침에 묻혀 있을 때가 더 나은 것은 아닌지……

그리고 스승님의 깊은 마음을 어떻게 감당해낼지 또 스승님의 한마디 한마디는 경직됨이 없이 물처럼 항상 그러한 이해로 다가오는데 이것을 글로 옮기는 나는 그 글이 얼토당토 않는 내용이 되지 않을까 하는 막연한 불안감도 있습니다.

　스승님은 늘 말씀하셨습니다.

　"책을 쓰거나 다른 방편을 이용하고자 할 때는 자신이 먼저 10년을 행하고 나면 나의 중심이 무엇이며, 내가 어떻게 가르쳐야 될지를 알 수 있을 것이다. 그때 하고자 하는 대로 해도 좋다."

　그래서 10년이 넘은 지금에서야 이 글을 씁니다.

　또 스승님은 말씀하셨습니다.

　"내 말을 인용할 때에는 네가 소화되지 않는 것은 말하지 말아야 한다. 과일이 입 안에서 달게 느껴질 때 달다고 말하는 것이 아니라 위장, 소장, 대장을 거쳐 에너지가 흡수되어 행으로 표현되어질 때 그때 쓰다, 달다고 해야 한다. 설사 나의 말과 너의 말이 같다 하더라도 받아들이는 사람에 따라 다른 의미로 전달될 것이다. 왜냐하면 나는 죽은 사람이고 너는 살아 있는 사람이기 때문에 너의 말에는 온기溫氣가 있고 나의 말에는 온기가 없다."

　이 말뜻을 아는데도 한참이 걸렸습니다. 세상에는 아무 쓸모없는 죽은 기운인 사기死氣를 자기가 터득한 마냥 살아있는 기운인 활기活氣로 둔갑시켜 앵무새처럼 외우고 다니는 사람이 많습니다. 이들에게 경종을 울리는 한마디가 아닌가 싶습니다.

　그리고 마지막으로 가르치는 마음을 이야기하셨습니다.

　"지도자는 항상 자신을 드러내지 않고, 상대를 높여 주고, 가물어 메마른 나무에 물을 주듯 활기차게 해 주고, 더러움을 안으로 막아내어 상대를 맑게 해 줌은 물론, 자신의 수련은 철저하게 하고, 검소하게 하여, 마지막에는 모든 것을 그대로 놓아두고 맑은 수증기와 같이 승화하는 스승이 되어야 한다."

앞의 말들은 스승님이 돌아가시기 전 나에게 해준 말입니다.

나무가 생생한 봄날에 새싹을 틔워 여름을 거쳐 가을에 열매를 맺어 겨울에 씨앗으로 남듯이 스승님은 그렇게 떠나 가셨습니다.

이제 떨어진 씨앗은 다시 땅을 만나 싹을 틔워 또 다른 열매를 준비하고자 합니다. 오늘은 수련 지도하는 사범이 아니라 그저 눈물짓는 보통사람으로 돌아가고 싶습니다.

스승님 영전에 이 책을 바치고 떨어진 씨앗은 혼신을 다해 자라고자 합니다. 이 책이 나오기까지 염려와 격려를 아끼지 않은 나의 도반들, 선도수련 회원, 특히 물심양면으로 도와 준 조이숙 님, 안효숙 님, 김리다 님에게 지면을 통해 진심으로 감사드립니다.

2008년 여름에
선정원에서 山友

차례

03

01

비둘기호

내가 여행을 떠난 것은 하나님의 섭리라기보다 내 마음의 갈피를 잡지 못해 현실도피의 방편으로 선택한 것입니다. 집을 나설 때의 마음은 앞으로 목사가 되고자 했던 마음이 다 무너진 백지상태였습니다. 이러한 상태에서 선택할 수 있는 것이라고는 현재의 심신을 옥죄는 환경을 잠시나마 벗어나는 일이었습니다. 이렇게 계속 살다보면 더 깊은 수렁 속에 빠져 평생 동안 외톨이로 살아야 한다는 생각이 두렵기까지 했습니다. 그때 순간 아! 이래서는 안 되겠는 생각이 뇌리를 스치며 뭔가 정리가 필요하고 혼자 생각을 할 수 있는 시간이 있어야겠다는 생각에서 여행을 선택하게 된 것입니다.

배낭을 간단하게 꾸려 집을 나서려하는데 또 다른 불안과 두려움이 밀려왔습니다. 이 나이 되도록 집을 혼자 떠나 본적이 없기에 '과연 내가 여행을 잘 할 수 있을까.' 라는 초초와 두려움이배낭의 끈을 잡아당기는 듯했습니다. 나 아닌 누구라도 나와 같은 처지가 되면 이렇게 되지 않을까 하는 마음으로 자위도 해 보지만 그렇게 만만하게 해결되지 않았습니다. 많은 생각이 교차하면서 초초함과 두려움을 안고 집을 나서 무작정 구미역으로 내달렸습니다. 내가 처해 있는 이 답답한 환경에서 한시라도 빨리 벗어나고 싶은 마음에 가장 빠른 기차표를 구해 목적지에는 상관없이 떠났습니다.

　마산행 비둘기호 기차표를 내어주고는 고개를 갸우뚱거리며 나를 쳐다보는 매표원의 멀뚱한 시선을 뒤로 하고 기차에 올라타 짐을 정리해 놓고 창밖을 내다보았습니다. 내 과거의 추억들이 나와 함께 기차를 타기위해 달려왔습니다. 나는 이 과거의 추억들로부터 벗어나기 위해 떠나고 있는데 과거의 추억들이 왜 이토록 나를 부여잡고 있는지 정말 싫었습니다. 혼란스러운 마음을 닫아버리듯이 창문의 커튼을 닫아 버렸습니다. 그러는 사이 기차는 구미에 모든 것을 떨쳐 놓고 가는 듯 힘찬 굉음을 내며 대구를 지나 경산을 거쳐 마산을 향해 달려가고 있었습니다.

　눈을 감고 이런 생각 저런 생각을 하며 수잠을 취하고 있는데 무궁화 열차를 먼저 보내기 위해서 잠시 정차한다는 안내방송 소리에 눈을 떠보니 바로 앞좌석에 해맑은 얼굴의 수녀님이 책을 읽고 있었습니다. 비둘기호는 서로 마주보는 좌석배치로 되어 있었기 때문에 시선을 마땅히 둘 데가 없어서 다시 눈을 감았는데 문득 배낭 속에 어머니가 싸주신 김밥이 떠올랐습니다. 마침 배도 고프고 해서 김밥을 꺼내 혼자 먹기가 어색해서 수녀님에게 권하자 조금 전에 빵을 먹었기 때문에 생각이 없다고 사양하기에 혼자 먹는 것이 미안해서 그런다고 하자 그러면 하나만 먹겠다면서 김밥 하나를 먹었습니다. 그렇게 말을 트기 시작하여 서로의 목적지를 묻게 되고, 무엇 때문에 여행을 하는지에 대해서 이야기를 나누게 되었습니다.

　비둘기호는 시골 간이역에서부터 역이라는 역은 다 정차하고 여기에 무궁화호와 통일호를 먼저 보낸 다음에 출발하기 때문에 정말로 천천히 가고 있었습니다. 하지만 아무도 불평하는 이가 없었습니다. 타고 내리는 사람들은 대부분 시골 사람들이기 때문에 외모에서 풍기는 따뜻한 정이 풍요롭게만 느껴질 뿐입니다. 나 또한 출발할 때의 초조함이 말끔히 가신 듯 마음이 한결 가벼워졌습니다.

수녀가 된 이유

　수녀님에게 '아무 생각 없이 현재의 답답한 내 심정을 스스럼없이 이야기하자.' 한참을 듣고 있다가 '자신이 수녀가 된 사연이 궁금하지 않느냐.'면서 여간해서는 말문을 열지 않을 것 같은 말문을 트기 시작 하였습니다.

　"수녀가 되고 나서 가장 많이 듣는 이야기가 '왜 수녀가 되었느냐.'는 질문 이었습니다. 그렇게 질문을 해 오면 지금까지 눈웃음으로 살짝 넘기지 속마음의 깊은 이야기는 하지 않았습니다. 그런데 한용 씨는 나에게 수녀가 된 이유를 묻는 것이 아니라 자신의 마음을 나에게 보여주는 것이 너무 진지하고 또 자신이 수녀가 된 과정과 비슷한 것 같고 작은 도움이 될 것 같아 이야기를 해주고 싶습니다.

　수녀가 되기 전에는 초등학교 교사로 근무 했습니다. 교대를 졸업하고 00초등학교에 발령을 받아 교편생활을 시작 했습니다. 아이들 기억 속에 좋은 선생님으로 남기위해 정말 최선을 다했습니다. 그러다 겨울방학을 앞둔 어느 날 내가 담임으로 있는 반 한 아이가 남을 괴롭히고 다른 학생들의 돈을 뺏는 것을 목격했습니다. 그 아이를 잡고 보니 자기 반에서 가장 모범생이자 내가 무척 아끼는 아이었습니다. 참 순진하게 생겼고 나를 너무 잘 따르기에 보이지 않게 정을 많이 주었습니다.

　그런데 그 아이가 가을부터 자기 또래의 아이들을 괴롭히기 시작했다는 것을 다른 아이를 통해 알았습니다. 정말 나는 까마득히 모르고 있었는데 막상 현장을 목격하고 나니 큰 충격과 실망으로 다가 왔습니다. 그 아이만큼은 교육자로서 바르게 가르쳤고 혼신의 정성을 기울였다고 생각했는데 몰래 돈을 뺏고 다른 아이를 괴롭힌 것이 정말 이해가 가지 않았습니다. 또 그런 나쁜 일을 하면서도 자기 앞에서는 너무나 착하게 행동하는 그 아이를 보고 가슴이 섬뜩하기까지 했습니다. 반 아이들은 그 아이가 무서워서 저에게 말하지 못하고 있다가 이번 일로 모든 것을 털어 놓은 것이랍니다.

좋은 선생님이 되겠다고 다짐해놓고 제일 믿었던 아이가 그랬다는 것이 믿기지 않았습니다. 그 실망으로 인해 아이들을 어떻게 가르쳐야 할지 막막하기만 했습니다. 나는 저 아이에게 무엇을 가르쳤고 무엇을 교육시켰는가 하는 생각이 밀려오는데 나 혼자 해결하기에는 감당이 되지 않았습니다. 학교에 가도, 집에 가도, 잠을 자도, 밥을 먹어도 도저히 혼란한 마음을 추스를 수가 없어서 학교를 그만두고 한동안을 방황하다 마음도 달랠 겸해서 부모님이 사시는 고향으로 내려가게 되었습니다."

밭농사

계속해서 수녀님은 자신의 과거사를 이야기하는데 그렇게 진지할 수가 없어 듣고 있는 저로서는 이렇게 평범한 이야기에 감동을 받은 적이 없을 만큼 숨소리도 내지 않았습니다. 수녀님 이야기는 계속되었습니다.

"갑자기 당한 충격에 마음의 좌표를 잃고 고민에 빠져 있을 때 항상 자기 편이 되어 편안하게 대해주시는 아버지가 그렇게 많이 생각났습니다. 어릴 때부터 어렵고 힘들 때 항상 도움을 주셨습니다. 자신이 처한 심정의 자초지종을 들으신 아버지는 알았다고 하시며 '한 일 년 정도 아무 생각하지 말고 쉬면서 자신의 일을 도우라.' 고 하시며 작은 밭뙈기 하나를 내어 주시며 '네가 심고 싶은 것이 있으면 마음대로 심어 보라.' 고 했습니다. 일 년을 쉰다고 마음먹으니 무엇이든지 하고 싶은 마음이 들었습니다.

밭에다 상추와 고추를 심고 산과 들로 다니며 내 마음 달래기에 시간을 보내고 있는데 어느 날 아버님이 오시더니 '상추와 고추를 심어 놓기만 하고 관리를 하지 않느냐.' 며 호되게 야단을 치셨습니다. 그래서 밭으로 가보니 잡초가 상추와 고추보다 더 많이 자라있었습니다. 아버지는 '심기만 하고 관리하지 않으면 아니함만 못하다.'고 하시며 '저 밭을 네가 맡았으니 책임을 지라.'며 야단을 치셨습니다.

내가 시골로 내려온 것은 농사를 짓기 위해서가 아니라 마음을 정리하기 위해서인데 아버지는 내 마음도 몰라 준다며 하소연 아닌 하소연을 하며 잡초를 뽑고 관리를 해주자 금방 생기가 돌고 상추의 잎은 더욱 싱싱해지고 고추는 생각 밖에 많이 열렸습니다. 참 신기하다는 생각이 들었습니다. 또 일요일이면 아버지와 같이 성당에 다니며 교리도 공부하고 하나님의 말씀이 무엇인지를 공부하는데 하면 할수록 재미있었습니다.

그렇게 몇 개월이 지나자 하루는 아버지께서 '상추와 고추는 네 덕분에 잘 먹었다.'고 하시고는 '네가 기른 상추와 고추를 잘 생각해보라.'고 했습니다. '네가 관심을 가져주니 상추와 고추가 달라지는 것을 보면 결국 무엇이든지 관리하지 않는 것은 망치게 되는 것이다. 네 스스로가 너의 삶과 아이들을 관리해야 한다. 또 알아야 할 것은 병든 고추와 상추 하나 때문에 전부를 포기하는 것은 정말 어리석은 일이다. 네가 학교를 그만둘 때 한 아이로부터 실망한 마음 때문에 너를 믿고 따랐던 다른 아이들은 어떻게 하겠느냐!' 라고 충고를 하셨습니다. 그 말을 듣는 순간 정말 내 자신이 어리석었다는 생각이 들었습니다. 단지 내 자신에게 빠져 많은 다른 아이들을 보지 못했다는 것이 정말 가슴 아팠습니다. 그리고 보니 학교를 그만둘 때 많은 아이들이 눈물을 흘리며 '선생님 정말 그만두어야 해요.' 라고 했을 때 외면해버린 것이 눈앞에 떠올랐습니다."

그때를 회상하듯 창밖을 쳐다보더니 한참을 있다가 말을 이어나갔습니다.

"내 감정에 빠져 아무것도 보지 못하고 행한 행동에 상처받은 아이들을 생각하니 눈물이 그렇게 많이 났습니다. 고추를 잘 자라게 하려면 고추에 맞게끔 거름도 주고 물도 주며 관리해야 하는데 내 자신의 이상에 빠져 내가 원하는 대로만 아이를 가르치면서 만족해왔다는 것이 상추와 고추를 키우면서 깨닫게 되었습니다. 그것을 깨닫고 나니 모든 것이 해결됨과 동시에 천주교에서 받은 교리를 통해 내 자신이 무엇을 해야 할지를 알았습니다.

아버지께 '수녀가 되겠다.'고 하자 아버지는 '순간의 감정에 빠져 결론을 짓는 것은 또 다른 어리석음을 만들기 때문에 깊게 생각해보고 진정으로 그것이 네 적성과 어울린다는 생각이 들 때에는 그렇게 해도 좋다.'고 하셨습니다.

교직생활에서 느낀 것과 수녀가 되어 해야 할 것을 간접적으로 알았습니다. 수녀가 된지 3년이 되었는데 많은 것을 얻었습니다. 한용 씨도 이번 여행에서 뭔가 정리할 수 있는 마음을 보고 느꼈으면 좋겠습니다."

이렇게 이야기의 끝을 맺으며 저에게 많은 용기를 주었습니다. 답답한 마음과 묘한 감정들을 잠시나마 잠재울 수 있었습니다. 하지만 나에게 놓인 산적된 문제는 어느 하나 해결된 것이 아무것도 없었습니다.

그렇게 이야기를 듣는 동안 기차는 종착지인 마산역에 도착했습니다. 마산역에 내려 수녀님을 배웅하고는 어디로 가야 될지를 몰라 한참을 그 자리에 서 있다가 바람 피할 곳을 찾아 잠시 쉬면서 수녀님의 이야기를 곱씹어보았습니다. 초등학교 선생님이라고 하면 요즘에는 남들이 부러워하는 직업인데 그만 두었다는 것과 아이를 가르치면서 모든 아이가 다 잘 될 수는 없는 일인데 그것을 가지고 회의를 느꼈다는 것과 누구도 농사일을 하기 싫어하는데 농사일을 했다는 것 등 이해하기 힘든 부분이 많았습니다. 나라면 아무 말 없이 양심껏 하면 그만이지 하는 생각이 들었습니다. 문득 떠날 때의 마음은 온 데 간 데 없고 또다시 잡다한 마음만 일어나길래 무작정 걸어야겠다는 생각을 했습니다.

논밭 가는 농부

서리에 의지한 마음

　눈앞에 나타나는 길을 무작정 따라가다 보니 경남 함안으로 가는 길이었습니다. 구미에서 출발할 때가 저녁이었기 때문에 마산에 도착한 시간은 밤이 늦은 시간이라 캄캄한 앞을 가늠할 수가 없어 무작정 따라간 길이 함안인 것입니다. 지금 와서 생각하면 물리적 어둠이 캄캄한 것이 아니라 마음속 어둠이 한 치의 앞도 보이지 않는 시간이었습니다.

　특히 12월 24일, 크리스마스이브 날이었기 때문에 더욱더 암담했는지도 모릅니다. 하나님을 믿고 따르겠다고 다짐해놓고 그 한 마음이 깨어지니 답답하고 앞을 볼 수 없는 것이 내 삶 전체를 짓눌렀습니다. 거리에는 캐럴이 한시도 쉬지 않고 울리고 도시 전체가 들떠있는 분위기 속에서 나는 내 한 마음의 무게 때문에 크리스마스 분위기를 느낄만한 여유조차 없었습니다. 이 암흑과도 같은 마음을 벗어나기 위해서 무작정 구미역으로 가서 가장 빨리 떠날 수 있는 차표를 끊은 것이 마산행 비둘기호 열차였던 것입니다.

　함안이 어디인지도 모르고 발길 가는 대로 가자는 생각에서 하염없이 걸었습니다. 그렇게 걷다보니 논과 산들이 길을 막으며 서 있었습니다. 논을 두르고 산을 비켜서 정신없이 길을 걷다보니 거리의 어둠은 소리 없이 짙게 깔려 내 마음을 빨아들이는 것 같이 밤은 더욱 깊어졌습니다. 날씨도 몹시 춥고 해서 논바닥에 짚을 깔고 1인용 텐트를 치고 하룻밤을 청했습니

"

다. 잠은 쉽게 오지 않고 참 서글프다는 생각이 들었습니다. 한 치 앞도 볼 수 없는 마음이 이 겨울의 추위마냥 살이 에이고 마음이 꽁꽁 얼게 했습니다. 언 마음을 다잡고 잠시 눈을 붙였는가 했더니 벌써 아침이었습니다.

잠에서 일어나 보니 서리가 보얗게 텐트를 덮고 있었습니다. 밤새 얼마나 추웠던지 오장육부까지 떨려왔습니다. 간단하게 라면 하나를 끓여먹고 텐트와 배낭을 챙겨서 다시 길을 걷기 시작했습니다. 밤새 내린 서리가 온 들녘을 뒤덮은 것이 참 아름답게 보였습니다. 어둡고 답답한 내 마음도 저 뽀얀 서리 같은 것이 덮어 버렸으면 하는 바램을 가져보고는 헛웃음이 나왔습니다. 서리로 덮는다고 해서 영원히 없어지는 것도 아닌데 해 뜨면 사라질 서리에 의지한 잠깐의 마음에 참 초라함을 느꼈습니다.

이때부터 며칠 여행했다고 요령이 생겨 여행의 규칙을 정해야겠다고 생각하고 하루는 무조건 걷고 그 다음날은 하루 종일 차를 얻어 타고 가야겠다는 생각을 했습니다. 하루를 걷는 다는 것은 나를 볼 수 있는 시간을 갖자는 것이고 차나 기타 운송수단을 얻어 타자는 것은 남의 도움을 받는다는 것이 무엇이며 도움을 받으므로 해서 어떤 마음이 생겨나 내 자신도 어떻게 남을 도울 수 있을까를 비추어 보기위해 그렇게 정하고 실천할 것을 마음먹었습니다.

그날은 하루 종일 걷기로 마음먹고 서너 시간을 걷다 보니 다리도 아프고 해서 길 옆쪽 논둑에 앉아서 쉬고 있는데 바로 앞에서 한 농부가 경운기로 논을 갈고 있었습니다. 논가는 것을 한참을 보고 있는데 그 농부가 경운기를 세우고는 보자기를 들고 내 쪽으로 오면서 '뭘 하는 사람이냐.' 며 묻기에 갑자기 적당한 말이 떠오르지 않아서 '무전여행중' 이라고 얼버무려 버렸습니다. 바로 옆에 앉아서 보자기를 푸시더니 막걸리와 먹을 것을 권하면서 '참 좋은 경험한다.' 면서 격려를 하셨습니다. 막걸리를 한 잔 권하기에 못 마신다며 사양을 하자 '남자가 막걸리 한 잔도 못하면 사내 구실도 못한다.' 면서 막무가내로 권하기에 어쩔 수 없이 한 잔 받아 마시고는 '무엇 때문에 논을 가느냐.'고 물으니 '내년 봄에 오이를 재배하기 위해 지금부터 준비한다.'고 했습니다.

갈아엎기

'땅이 완전히 얼기 전에 갈아놓아야 내년에 오이농사를 지을 수 있다.'면서 '논 갈 줄 아느냐.'고 묻기에 갈 줄 안다고 하자 '한 번 갈아보라.'며 경운기를 내어주는 것입니다. 어릴 때부터 경운기를 몰았기 때문에 논가는 것은 쉬운 일이었습니다. 시동을 걸고 논을 갈기 시작했습니다. 가는 모습을 한참 보더니 '잘 한다.'면서 칭찬을 아끼지 않았습니다. 그렇게 한참을 갈다보니 점심때가 되어 점심을 같이 먹게 되었습니다. 점심을 먹고 나서 잠시 쉬면서 농사를 한 이십 년 가까이 지었다고 했습니다.

"고등학교를 졸업하고부터 지금까지 농사일을 하면서 느낀 것은 농사 짓기 위한 준비가 얼마만큼 잘 되느냐에 따라 그 다음해의 농사가 결정된다. 보아하니 학생으로 보이는데 '이 무전여행을 한다는 자체가 논을 갈아엎는 것처럼 자신을 갈아엎어야 새로운 농사를 짓을 수 있다.' 나는 많이 배우지는 못했지만 모든 것은 묵은 것을 갈아엎어야 한다. 나는 배운 것이 농사일이기 때문에 어떤 농사이든 간에 정성이 처음부터 들어가야 다음해에 농사를 잘 지을 수 있다. 무엇이든지 정성으로 해야 한다."

다소 술에 취한 말로 강조를 했습니다. 술 취한 사람이 반복해서 말하듯이 아저씨는 다시 한 번 더 '지금 갈아엎고 있는 것이 무엇인줄 아느냐.'고 물었습니다. 저는 모른다고 했습니다. 젊은 양반 기억력이 그래서야 무슨 일을 하겠느냐며 단단히 들으라며, 다음 해에 오이농사를 지을 수 없기 때문에 갈아엎는 것이라며 '갈아엎지 않으면 새로운 것을 심을 수 없다.'는 말을 반복했습니다.

저분이 나의 마음을 알고 있는 것은 아닌지 내심 놀랐습니다. 그 아저씨의 농사짓는 얘기를 3시간이나 들어주면서 많은 엇갈리는 마음이 교차했습니다. 집착하고 있는 이 마음을 그 농부의 말처럼 갈아엎지 못하는 것이 얼마나 답답했는지 모릅니다. 그렇게 시간이 지나 나는 그 농부 아저씨께 인사를 하고 걷기를 계속했습니다. 술이 취한 농부 아저씨는 정말 20년 가까이 농사를 지으면서 경험한 이야기를 들려 주었습니다. 그때 그 아저씨와의 인연을 정말 감사하게 생각합니다.

지금 와서 생각해보면 그때의 말 한마디가 결국 나의 길을 찾는데, 또 나의 스승님을 찾는데 많은 도움이 되었기 때문입니다. 우리는 직업을 보고 그 사람을 대할 것이 아니라 그 사람이 경험한 것을 가지고 판단하고 생각해야 합니다. 그래야 나의 삶이 자라고 넓어지기 때문입니다. 나는 그때의 생각을 지금도 잊을 수가 없습니다. '과거의 것을 갈아엎지 못하면 새로운 것을 받아들이지 못한다.'는 말을 결코 잊지 못합니다.

결국 과거에 집착된 마음, 또 목사가 되겠다는 생각들을 갈아엎지 못하면 새로운 것을 받아들일 수 없다는 것을 그때 알게 되었습니다. 또 새로운 것을 받아들이기 위해서는 객토客土(토질을 개량하기 위하여 다른 곳에서 흙을 파다가 논밭에 옮기는 일.)를 하고 갈아엎어 아주 부드러운 흙으로 만들어 놓을 때만이 새로운 것이 자라게 된다는 말이 지금도 내 귓가에 맴돌며 그때 농부 아저씨의 논가는 모습이 내 마음 속으로 들어와 마음의 밭갈이에 도움을 주고 있습니다. 그렇게 아저씨를 뒤로 하고 길을 걸으며 스쳐지나가는 집과 나무와 산들이 낯선 만남이지만 나의 기억 속에는 작은 부분으로 남아 나를 기억할 것입니다. '옛날의 상처와 어두운 마음을 밝게 승화시키는 것이 바로 갈아엎는 것이 아닐까.'라고 생각하며 함안을 지나 진주를 거처 북천이라는 곳에 다다랐습니다.

북천 교량

다리공사

함안군을 지나 진주를 거쳐 경남 하동으로 들어가기 전에 북천이라는 작은 읍을 지나고 있었습니다. 힘도 들고 해서 잠시 쉬었다 갈까하고 주위를 둘러보니 조립식으로 된 건물이 하나 보이기에 불쑥 들어가 물 한 잔 얻어 마시고 잠시 쉬고 있는데, 체구가 보통사람보다 다소 커 보이는 사람이 모자를 벗으며 내 옆으로 다가와서는 '어디 가는 길이냐.'고 묻는 것입니다. 인상을 보아하니 나이는 30대 후반으로 보였고 순한 얼굴이었습니다. '전국을 무전여행중이다.'고 하자 아주 반가워하면서 '나도 대학 다닐 때 꼭 한 번 해보고 싶었는데 자격증시험 때문에 바빠서 해보지 못한 것이 못내 아쉽다.'면서 격려와 칭찬을 아끼지 않았습니다. 사무실로 들어오라며 팔을 잡아당기기에 하는 수 없이 사무실로 들어가게 되었습니다.

커피를 한 잔 주면서 여행에 관한 질문을 수도 없이 하더니만 뜬금없이 '여행경비는 충분하느냐.'며 묻는 것입니다. 크게 경비가 들지 않는 여행을 하기 때문에 별 어려움이 없다고 하자 '그래도 돈은 있어야 한다.'면서 '자신이 돈으로는 도와줄 수가 없고 여기서 일을 하면 일당을 쳐주겠다.'면서 한 3일 정도 여비를 벌어가라고 한사코 붙잡기에 여비도 벌 겸해서 여기에서 며칠 동안 일을 하기로 했습니다.

그때 내가 쉬었던 곳이 알고 보니 ㅇㅇ건설회사 현장 사무실 앞 이었습니다. 이 건설회사는 북천에서 횡천으로 아스팔트공사와 다리공사를 하고 있는 중이었습니다. 옛날에는 주민등록증 하나만 있으면 사람을 믿어주는 사회였습니다. 지금이야 한 사람을 믿기 위해서는 신원조회를 하고 보증인까지 앉히는 세상이 되었지만 그때는 그래도 지금보다 사람을 믿는 세상이었습니다. 그렇게 일을 하기로 하고 짐을 숙소에 풀고는 인부들과 인사를 하고 난 다음 잠을 청했습니다.

아침 일찍 밥을 먹고는 현장으로 이동하여 일을 지시받았습니다. 그날의 일은 다리공사 하기위해 받쳐놓은 나무를 해체하여 치우는 일이었습니다. 지금이야 스포트(철 파이프로 되어 천장을 고을 수 있는 지렛대와 같은 것을 말함.)라는 것이 있지만 그때는 낙엽송으로 받쳐놓았기 때문에 그것을 치우는 일이 큰일이었습니다. 한 육십 살 정도 되어 보이는 할아버지 한 분과 나무를 언덕 위에 차곡차곡 쌓는 일을 같이 했는데 잠시 쉬면서 이 다리에 관한 사연을 이야기해주셨습니다.

얼마 전까지만 하더라도 비만 오면 개울물이 불어나서 마을은 고립이 되고 한참 동안 물이 빠지기를 기다렸다가 물이 빠지면 겨우 개울을 건널 수 있었다고 합니다. 또 그 개울에서 마을사람 여러 명이 목숨을 잃었다고 하시면서 한숨을 내쉬었습니다. 제가 보기에도 개울로 보이기보다는 큰 하천에 가까워 보였습니다. 특히 장마철에는 한 달 이상 마을이 고립된 적도 있었다고 합니다. 그렇게 많은 고생을 했는데 이렇게 다리가 생기게 되었으니 정말 경사라고 하시면서 살아온 날을 되짚으며 회상하시는 것 같았습니다.

점심때가 되어서 밥을 먹으려고 어떤 집으로 들어갔는데 마을사람들이 다 모여 돼지도 잡고 큰 잔치를 준비하는 것 같았습니다. 알고 봤더니 다리공사 하는 인부들에게 점심을 대접하려고 잔치를 한다는 것입니다. 다리공사를 위해 애쓰는 인부들에게 꼭 대접하고 싶어 그런다면서 돼지도 잡고 막걸리도 내 놓으며 마음껏 먹으라면서 사람들에게 주는 것입니다.

할아버지는 육십 평생 살면서 이 다리를 놓으니 너무 너무 기쁘다면서 정말 좋아 하셨습니다.

누구라도 건널 수 있는 다리

다리가 놓이기 전에는 걸어서 하천을 건너야 하기 때문에 불편한 점이 한두 가지가 아니었다고 합니다. 특히 하천 건너에 있는 논과 밭에 농사를 짓는다는 것은 정말 힘든 일이었다고 합니다. 이제는 경운기와 소달구지가 홍수와 관계없이 다리 위로 편안하게 지나다닐 수 있다는 것이 정말 너무 기쁜 일이라고 했습니다. 나는 음식을 먹으면서 일당을 받아 좋은 것보다는 이 다리를 놓는데 동참할 수 있다는 것이 더욱 좋았습니다. 음식을 배불리 먹고 나서 뿌듯한 마음으로 정말 열심히 일을 했습니다. 그렇게 하다 보니 2~3일은 눈 깜짝할 사이에 지나가고 여행을 계속해야겠다는 생각에 동네사람들에게 '내일 떠나기로 했다.'면서 인사를 드리자 할아버지와 동네사람들이 '이 다리를 놓는데 동참했는데 가만있으면 되겠냐.'고 하시면서 과일과 먹을 것들을 싸주시며 고생했다면서 좋은 여행이 되라고 격려를 아끼지 않았습니다. 격려를 뒤로 하고 배낭을 메고 목적 없는 여행을 다시 시작했습니다.

그때 다리 공사를 하면서 느낀 것이 다리를 놓는다는 것은 '이쪽과 저쪽을 연결하기 위해서'라는 것입니다. 다리가 없으면 이쪽과 저쪽이 단절되어서 많은 어려움을 겪는 것처럼 지금 사람과 사람이 단절되어 서로를 아프게 하고 있다는 것입니다. '이쪽과 저쪽을 연결해주는 다리처럼 사람과 사람을 연결하고 마음과 마음을 연결하는 그런 사람이 되어야겠다.'는 생각을 했습니다. 내가 한 일은 얼마 되지 않지만 마을사람들의 기뻐하는 모습이 너무나 보기 좋았기 때문에 마음과 마음을 연결하는 그런 삶을 살아 봐야겠다는 생각을 마음속으로 떠올렸습니다.

　하루 종일 걸으며 생각해 보니 내가 막연하게 목사가 되려고 했던 것이 하나님에 대한 믿음만 있으면 되는 것인 줄 알았는데 믿음만 가지고는 되지 않는다는 생각이 들었습니다. 목사는 신도와 하나님, 하나님과 신도를 연결할 수 있는 교량과 같은 역할을 해야 하는데 나는 오로지 하나님만을 생각하고 하나님을 위해 살아야겠다는 생각만 했지 신도를 생각해 본 적이 없다는 것입니다. 다리와 같은 역할을 잘 몰랐기 때문에 그때 그 '십원짜리'에 대한 말이 그렇게 깊게 가슴에 와서 꽂혔는지도 모릅니다. 하염없이 걸으면서 할아버지 육십 평생을 다리가 없어서 그렇게 불편하고 힘들게 농사를 짓고, 장마철에는 고립되어 마을을 한 발자국도 나가지 못해서 고생한 것이 눈에 보이는 듯했습니다. 그때 문득 내가 하나님을 믿어 왔던 것은 고립된 믿음이었다는 것을 느꼈습니다.

　그래서 어느 누구라도 건너가고 들어갈 수 있는 다리를 놓아야겠다는 생각을 하게 되었습니다. 다리를 놓음으로 해서 서로가 좋아지고 기뻐할 수 있는 목자의 길을 가야겠다고 생각을 하면서 다리는 쉽게 놓이는 것이 아니라는 것을 이번 다리공사를 통해서 알게 되었습니다. 다리 하나가 만들어지기 위해서는 여러 사람이 함께 해야 완성이 될 수 있다는 것도 알았습니다. 어느 누구라도 오갈 수 있는 나만의 다리를 완성할 때 나를 알고 있는 모든 사람이 좋아지고 행복해진다는 것입니다. '앞으로 많은 사람에게 하나님과 연결되는 그러한 다리를 놓겠다.'는 생각을 하면서 전라도 광주로 향했습니다.

　그렇게 광주로 향하다가 잠시 하동에 들려서 생필품을 사면서 지나가는 행인에게 '여기서 가볼만한 곳이 어디 있느냐.'고 물었더니 '청학동에 가보면 볼거리가 있을 것이다.'고 하는 것이었습니다. 마음도 착잡하고 해서 거기나 한 번 들렀다가 가야겠다는 생각을 했습니다.

스승님과 첫 만남

꿈에 본 사람

　지금은 하동에서 청학동으로 들어가는 길이 포장이 잘 돼서 30~40분이면 들어가지만 옛날에는 비포장도로라서 2시간 정도 걸렸습니다. 아마 청학동이 그때 일반사람들에게 막 알려지고 있을 시기이었을 겁니다. 그리고 여기가 '저의 스승과 첫 만남'이 이루어지는 장소이기도 했습니다.

　하동 시외버스터미널에서 청학동으로 가는 마지막 버스를 타고 청학동에 도착하니 산속이라서 그런지 매우 추웠습니다. 그 추위속의 칼바람은 나의 텅 빈 마음을 더욱 더 시리게 했고 매서웠습니다.

　지금 생각해보면 그 해 겨울은 유달리 추웠던 것 같습니다. 그리고 연말연시라 마음이 들떠있어야 정상인데 이곳 청학동에 오니 시간이 거꾸로 흘러가는지 번잡한 도시의 정서와는 반대로 태고적 고요함 뿐이었습니다. 비포장도로를 두어 시간 달려 온 터라 속도 울렁거리고 머리도 무겁고 해서 빨리 잠자리를 잡고 간단하게 짐을 정리한 후 며칠 동안 미루어 놓았던 빨래를 하기위해서 개울가로 내려갔습니다.

　그때 맞은편 개울 위에서 할아버지 한 분이 허겁지겁 내려오더니 내 손에 들고 있던 옷을 뺏어 들고는 짐을 챙겨서 자신을 따라 오라고 하는 것입니다. 그리고는 생각할 겨를도 주지 않고 할아버지는 위쪽 어디론가 사라져 버렸습니다. 급하게 짐을 챙겨 엉겁결에 따라가는데 작은 오두막집

한 채가 있는 데로 들어가더니 대뜸 '군불을 땔 줄 아느냐.'고 물었습니다. 내가 '땔 줄 안다.'고 하자 그러면 자신은 '옷을 빨 테니, 방에 군불을 넣으라.'는 것입니다. 나중에 내가 빨 테니 그대로 놔두라고 했지만 한사코 자신이 빨아야 한다면서 손수 빨래를 하시기에 할 수 없이 저는 군불만 열심이 땠습니다.

군불을 때면서 순간 나한테 왜 이렇게까지 호의를 베풀까? 혹시 나중에 나를 이용하려는 것은 아닌지 온갖 잡다한 생각들이 떠올랐습니다. 장작을 패서 군불을 다 때고 나니 세면장에서 나오신 할아버지가 내 옷을 빨랫줄에 널면서 '방 안에 밥을 해놓았으니 같이 먹자.'는 것입니다. 특별히 갈 데도 없고 해서 밥을 같이 먹었습니다. 밥을 다 먹고 나서 자신이 나에게 한 행동에 대해 자세하게 설명했습니다.

할아버지의 말에 의하면 어젯밤 꿈에 윗대 조상이 나타나셔서 오늘 어느 귀인이 찾아오는데 저녁을 잘 대접하라는 계시가 있었다는 것입니다. 지어낸 말 같기도 하고 참말인 것 같기도 해서 반문을 하고 싶었지만 너무나 진지해서 이야기를 계속 들어 주었습니다.

아침부터 손님을 맞이할 채비를 갖추고 버스가 오면 이제나 도착하나 목 놓아 기다렸지만 귀인 냄새가 나는 사람이 없었다고 합니다. 그래서 아예 버스 종점이 잘 보이는 큰 바위에 올라앉아서 하루 종일 버스에서 내리는 사람을 눈 여겨 보면서 기다리는데 마지막 버스에서 젊은 청년 하나가 내리는데 확인 차 내려오던 중에 나를 보았다고 합니다. 나를 보는 순간 몸에서 전율이 느껴지고 보이지 않는 설렘을 느꼈다고 합니다. 서로가 인연이 깊으면 모르는 사이라고 할지라도 남여가 만나는 순간 사랑에 빠지듯이 그런 묘한 감정을 느낀다고 합니다.

그 이야기를 다 듣고 나니 영화나 소설 속에서나 나올듯한 이야기 같고 해서 믿으려하지 않았습니다. 그런데 할아버지와 며칠을 함께 지내다보니 그리 싫지가 않았습니다. 지리산 주봉인 삼신봉도 함께 타고 기타 주위의 가볼만한 곳을 가면서 많은 이야기를 나누다보니 사람을 속일 분은 아니라는 것을 직감적으로 느낄 수 있었습니다.

어머니

그렇게 무심코 할아버지와 지내다보니 여행을 떠난 본래의 목적을 잊어버리고 있다는 생각이 문득 들어 이곳을 빨리 떠나야 되겠다는 생각을 했습니다. 나는 할아버지에게 여행을 계속 해야 하기 때문에 내일 청학동을 떠날 것이라고 하자 그렇게 하라면서 자신의 전화번호와 주소를 적어주시고는 별말이 없었습니다. 앞에서도 말했지만 막상 떠나려고 하니 꿈에서 보았다느니, 나를 기다렸다느니 하는 말들이 다 거짓말 같이 들렸습니다. 그렇게 나와 깊은 인연이고 특별한 만남이라면 무엇인가 나에게 보여주고 인생의 지표가 되는 무슨 말이 있어야 하는데 별말이 없다는 것은 할아버지와 나의 만남은 단지 지어낸 이야기일 수도 있다는 생각에 헛웃음이 나오게 했습니다. 그렇게 전화번호와 주소를 받아들고는 청학동을 떠나게 되었습니다.

태어나서 처음으로 떠난 여행이라 그런지 미지의 세계와 새로운 환경을 만난다는 것이 여러 면에서 나를 흥분시켰습니다. 그렇게 들뜬 생각으로 하동 터미널을 지나고 있는데 웬 할머니 한 분이 소주를 병 채로 들이키며 처량하게 울고 있었습니다. 순간적으로 내 기억 저편의 한 조각 같아 호기심도 일고 또 안쓰럽기도 해서 말을 걸었습니다. 할머니는 나를 보자 더 크고 더 서럽게 울었습니다. 순간 당황스럽기는 했지만 할머니의 사연을 듣고 보니 그럴 수 있겠다는 생각이 들었습니다.

사연인즉 할머니의 아들이 사업에 실패하고 얼마 되지 않아서 이혼까지 당했다고 합니다. 도저히 아들이 손자를 키울 형편이 되지 않아서 어쩔 수 없이 어린 손자를 혼자 키워왔는데 바로 오늘 군대에 보내게 되었다고 합니다. 막 버스를 타고 떠나는 손자를 보니 만감이 교차하면서 남들처럼 배부르게 한 번 먹지도 못하고 부모 배웅도 받지 못하고 가는 손자가 너무 불쌍해서 술을 한 잔 먹는 중이라고 하는 것입니다.

할머니의 하소연을 듣다 보니 집을 나설 때 배낭 메고 떠나는 아들을 붙잡지 못하고 서럽게 울던 어머니의 모습이 떠올라 눈시울이 서멀서멀 했습니다. '막내아들만 의지하고 산다.'고 늘 입가에 달고 다니셨는데 갑자기 목사의 길을 중도에 포기하고 마지막으로 한 선택이 여행이라는 소리를 듣고 소리 없이 우시던 어머니. 큰 기대는 하지 않았지만 그래도 막내가 빨리 원래의 자리로 돌아오기만을 기다리고 있었는데 결국 떠나는 뒷모습에 소리 없이 우시다 힘없이 돌아서던 어머니의 모습이 이 할머니의 처량한 모습과 너무나 흡사하여 발걸음이 멈추어집니다. 어머니에게 변변하게 해드린 것 없이 오로지 받기만 했는데, 가슴이 지어 짤 듯이 저려옵니다. 한참동안 할머니를 위로하고 다시 가던 길로 걷다보니 순천으로 가는 2번 국도 위를 걷고 있었습니다.

지금 와서 생각해보면 나 자신이 파 놓은 고통에 사로잡혀서 허우적거리며 지내온 그 길이 얼마나 짙은 암흑의 길이었는지 모릅니다. 알고 나면 별것이 아니지만 모를 때에는 오직 은산철벽 같은 절망뿐이기 때문입니다. 이 절망에서 빠져나오게 한 분이 저의 스승님이십니다. 스승님 한 분이 한 사람의 인생행로에서 이렇게 많은 것을 바꾸어 놓을 수 있다는 것이 믿기지가 않습니다. 정말 스승님과의 인연에 감사할 따름입니다.

상이군인

어른 두 사람

전라남도 순천과 광주를 지나면서 괜한 상념에 잠겼습니다. 지금까지 우리나라가 이렇게 넓다고 생각해 본 적이 없었는데 내 생각 밖이었고 지금까지 내가 만나지 못한 사람들이 이렇게 많다는 것에 다시 한 번 놀랐습니다. 우리는 세상을 살아가면서 자기 주위에서 자신이 만나고 있는 사람 외에는 있는지 없는지 조차도 모르고 살아갑니다. 단지 가까이서 눈앞에 보이는 것에만 집착하여 여기에 얽매어 사는 모습이 마음 한 구석에 자리 잡고 있다고 생각하니 답답한 마음에 가슴이 울컥하였습니다. 오로지 훌륭한 목사가 될 것이라 믿고 앞만 보고 달려왔던 마음에 아직도 어둠의 앙금이 남아 이렇게 힘들어해야 하는 나 자신이 정말 싫었습니다.

정읍에 도착하여 무심히 흐르는 동진강을 바라보면서 그 강물 위에 내 마음을 송두리째 올려놓아 보지만 오히려 내 마음은 떠내려가지 않고 강물의 차가운 칼바람이 가슴 속까지 시리게 하여 번뇌 망상만 더했습니다. 나는 이제 무엇을 해야 하나, 또 어디로 가야 하나, 사방을 둘러보아도 그 해답은 어느 곳에도 없었습니다. 이 넓은 땅덩어리에 내 몸 하나 가눌 곳이 없다니, 목회자의 길이 오직 삶의 희망으로 걸어온 길인데, 절망과 좌절로 바뀐 암흑의 그림자를 벗어나기 위해 여행을 떠나온 것인데, 저 물속 깊이 소리를 감추고 흐르는 강물의 굽이굽이에 이 답답함을 떠나보낼 수 없는 것은 내 아직 목회자의 길을 제대로 알지 못해서 방황하는 것이라는 생각이 순간 느껴졌습니다.

이때까지는 모든 문제가 내 안에 있는 것이 아니라 상대에게 있다고 생각했습니다. 그런데 모든 것을 함구한 채 말없이 흐르는 저 강물을 보니 '모든 것은 내가 원해서가 아니라 내 자신 스스로가 일으킨다.'는 것을 알았습니다. 그래서 무엇인가 마음 한쪽에서 이해가 되어 잡힐 것 같기도 하고 안 잡힐 것 같기도 해서 복잡함만 더해 갔습니다.

논산과 공주를 사이에 두고 다리가 하나 있었습니다. 그 다리를 건너려다 힘이 들어 잠시 쉬고 있는데 웬 나이 드신 어른 두 분이 내 옆에 앉으시면서 '뭐하는 사람이냐.'고 물으시기에 말하기가 귀찮기도 하고 또 말을 한다고 해서 들어줄 것 같지 않아 '무전여행중'이라고 하자 한 어른이 '대학생이냐.'고 물으시기에 그냥 '학생 아닌 학생이다.'고 하자 '학생 때 많은 경험을 해야 한다.'며 '고생이 많다.'고 했습니다.

자신도 '학교는 초등학교 밖에 다니지 못했지만 여행을 꼭 한 번 해보고 싶었다.'고 했습니다. '먹고사는데 바빠 여행 한 번 못 해보고 훌쩍 늙어버렸다.'며 먼 산을 바라보며 긴 한숨을 내쉬면서 자신의 다리를 가리키는데 한쪽 다리가 없었습니다. 상이군인이었습니다.

70년대까지만 해도 누구 하나 돌봐 주는 사람이 없어 상이군인들이 마을을 돌아다니며 밥을 얻어먹고 지내는 것을 흔치않게 보았습니다. 제가 어릴 때 만해도 손이 없어 쇠갈퀴를 손 대신으로 사용하면서 다니는 사람들이 있었습니다. 이런 사람이 오면 무서워서 숨기도 하고 여럿이 모여 욕하면서 놀리기도 했습니다. 그 분의 다리를 보는 순간 나 자신도 모르게 긴장이 되고 보이지 않는 경계를 하고 있었습니다. 이런 얘기 저런 얘기를 나누다가 '대학생들이 아무 생각 없이 데모 하는 것을 보면 가슴이 아프다.'는 말을 했습니다.

그 당시에는 데모가 끊임없이 일어나고 있던 터라 학생들이 데모하는 것을 많이 걱정하시면서 '요즘 대학생들의 데모가 나라를 위해서라고들 하지만, 자신이 볼 때 나라를 위하는 것보다는 앞뒤 가리지 않고 무조건 데모부터 하는 것 같다.' 면서 답답해하셨습니다.

나라와 민족

그래서 저에게 '앞뒤를 가릴 줄 아는 대학생이 되었으면 한다.' 고 하셨습니다. 그러시면서 자신의 잘린 다리를 다시 보이시면서 자신은 '이 나라와 이 민족을 위해서 다리 한 쪽을 바쳤는데 현재의 정치인과 대학생들이 나라와 민족을 위해서 희생한다고들 말하지만 그 사람들의 소리를 가만히 귀 기울여 보면 모두들 자신들의 입장만 생각한다.' 는 것입니다. 자신은 '6.25사변을 겪으면서 진짜 나라와 민족이 얼마나 소중한지를 알았고 그것을 지켜내기 위해 다리 한쪽까지 바쳐 가면서 지켜낸 나라인데 정치인과 대학생들은 서로 싸우기만 한다.' 면서 눈물을 보이셨습니다. '다리 없이 30년을 살아 왔지만 나라를 위해서 싸운 것을 한 번도 후회 해 본 적이 없다.' 고 했습니다.

하지만 '현 정부와 학생들이 나라가 뭔지 민족이 뭔지도 모르고 싸우는 것을 보면 정말 속상하다.' 고 하시며 저에게 '이성을 가지고 나라와 민족을 생각하는 사람이 되어야 한다.' 고 하셨습니다. '용기 있게 무전여행을 하는 것을 보니 반드시 나라와 민족을 위한 일을 할 사람이 되겠다.' 면서 칭찬을 해 주셨습니다. 칭찬을 듣고 나서 저 자신이 정말 부끄러웠습니다. 내 자신의 고통에 빠져 허우적거리다 마지막 탈출구로 무전여행을 하고 있는데 이 분들은 나를 나라와 민족을 위해 큰일을 할 것이라고 칭찬을 하니 부끄럽기가 그지없었습니다.

그때는 오직 하나님을 찬양하고 어린 목자들에게 알려야겠다는 생각

외에는 아무 생각이 없었습니다. 그렇게 칭찬을 듣고 나니 마음이 무거워져서 그 자리를 빨리 떠나야겠다는 생각에 하직인사를 하고 가야겠다고 하자 점심때가 되었으니 점심이나 같이 먹고 가라면서 한사코 잡으시기에 하는 수 없이 한 식당으로 따라가게 되었습니다. 식당으로 가는 길에 그분들을 속이는 느낌이 들면서 미안한 마음에 지금 나의 상황을 이야기 해야겠다고 생각하고 기회를 찾고 있는데 통 기회가 생기지 않아 이야기만 계속 들었습니다. 그 분의 이야기를 계속 듣다보니 지금 나의 마음을 털어놓는 것이 더 큰 실례라는 생각이 들었습니다. 비록 그분들과의 만남은 오늘이 처음이었지만, 자신들이 살고 있는 나라와 민족이 정말 소중하다는 것, 또 그것을 나에게 알려준 것이 전국의 대학생들을 상대로 이야기해준 것처럼 기분이 들떠있는데 거기에다 나의 마음을 이야기한다는 자체가 너무 미안하다는 마음이 들었습니다. 그래서 해물잡탕을 맛있게 얻어 먹고 감사하다는 말만 남기고 공주로 발걸음을 옮겼습니다.

공주 방향의 다리를 건너면서 그 분을 다시 생각해 보았습니다. 그 분은 나라와 민족을 위해서 다리까지 바쳐가면서 희생했는데, 기껏 내 몰골은 나 자신의 고통에 빠져 허우적대고 있는 모습이 참으로 한심스럽게 느껴졌습니다. 나 또한 이 나라와 이 민족에 속한 사람인데 오직 나만 하나님의 나라에 가기위해 종교를 믿고 살아왔다는 것이 정말 미안했습니다.

그런데 이 분들이 제게 새로운 '제 3의 눈'을 주신 것입니다. 다리 한쪽 잃은 것을 후회 해 본적이 없다는 것이 나에게는 신선한 충격이었습니다. 지금은 수련장을 내고 회원들을 지도하고 있지만 수련을 통해서 나라와 민족을 위한다는 마음으로 지도하고 있습니다. 꼭 열사나 지사나 독립군 투사가 되어서 목숨을 걸고 싸우는 것만이 나라와 민족을 위하는 것이 아니라 각자 맡은 일을 열심히 하는 것도 나라와 민족을 위하는 것이라고 생각합니다. 그 상이군인 아저씨가 전쟁터에서 최선을 다해 노력한 것처럼, 우리도 남을 속이지 않고 양심적으로 최선을 다하며 살아야겠습니다.

아마 그때 그분들을 만나지 못했다면 나는 나라와 민족이 무엇인지 잘 알지 못했을 것입니다. 또 짧은 만남이 이렇게 긴 여운을 남길 줄은 몰랐습니다.

다시 만난 스승

소중하고 귀한 것

강원도 홍천에서 인제로 가는 44번 도로를 따라가고 있었는데 한 할머니가 다 쓰러져가는 오두막집에서 빨래를 널고 계시기에 물이나 한 잔 얻어먹을 겸해서 잠시 들리게 되었습니다. 할머니는 80세 정도 되어보였고 참 맑은 분이었습니다. 물을 마시고 평상 마루에 앉아서 할머니의 80평생 살아온 이야기를 듣고 있자니 나의 모습이 너무나 작아지는 것 같았습니다.

할머니는 6남매를 키우셨고 모두들 서울에서 자리 잡아서 잘 산다고 했습니다. 나는 '이렇게 불편하게 고생하면서 살지 마시고 자식에게 가시라.'고 하자, 할머니는 '자식들이 서울로 오라고들 하지만 자신은 이곳을 버릴 수가 없다.'고 했습니다. '16세에 시집와서 한 번도 떠나지 않고 살아온 이곳을 도저히 떠날 수가 없다.'고 했습니다. '사람들이 보기에는 다 쓰러져가는 집이지만 자신에게는 하늘 같이 소중하고 귀한 것이기 때문에 버릴 수가 없다.'고 했습니다. 할머니의 말을 듣고 무엇인지는 잘 모르겠지만 '평생을 자신과 함께 한 물건들이 참 소중하다.'는 생각을 했습니다. 우리는 산업의 발달로 물질의 풍요 속에 살다보니 자신과 함께 하는 물건이 없다는 것이 참 쓸쓸하게 느껴졌습니다. 할머니에게 고맙다는 인사를 하고 영주를 지나 집으로 향했습니다. 집으로 돌아갈 때의 마음은 처음 출발할 때와는 다른 마음이라는 것을 확실하게 느낄 수 있었습니다.

집을 나설 때는 막연하게 목사가 되어야겠다는 생각 밖에 하지 못했는데 지금은 나 자신을 세우고 나라와 민족을 위한 삶을 살아야겠다는 생각으로 무장되어 돌아오게 되었습니다. 참으로 소중한 여행이었고 귀한 만남이었습니다. 앞으로의 시간은 '나를 아는데 더 많이 쏟아야겠다는 생각'도 함께 했습니다.

그렇게 몇 달을 보내다 문득 나를 이끌어 줄 사람이 있어야겠다는 생각이 들었습니다. 주위에 목사님과 전도사님도 있었지만 마음이 별로 내키지 않았고 청학동에서 만난 할아버지가 자꾸 생각이 나는 것이었습니다. 2박 3일을 함께 보내면서 별다른 이야기는 오가지 않았지만 그 분과 나눈 마음적인 얘기들이 자꾸 생각나고 그 분과 같이 있으면 나를 찾을 수 있겠다는 생각에서 전에 받아둔 연락처로 전화를 하게 된 것이 스승님과 다시 맺어진 계기가 된 것입니다. 만약 그때 전화연락이 되지 않았다면 스승님과는 영원히 만나지 못했을 지도 모릅니다. 그때의 통신수단은 지금처럼 핸드폰이나 인터넷이 있는 것도 아니고 편지와 전화뿐이었습니다. 스승님은 전국을 상대로 장사를 하셨기 때문에 큰 도시마다 방을 하나씩 빌려놓고 잠시 머물다 떠나곤 하였습니다.

히말라야 산을 등정할 때 베이스캠프를 쳐놓고 그곳을 중심으로 움직이는 것처럼 대구를 거쳐 갈 때 하룻밤 자고 가는 그런 방이 하나 있었습니다. 혹시나 하는 마음으로 전화를 했는데 스승님이 받으시면서 '항상 전국을 돌아다니기 때문에 집에서 오늘처럼 다른 사람의 전화를 받는다는 것은 참 어려운 일인데 오늘은 운 좋게도 연결이 됐다.'면서 반가워하셨습니다. 이런 저런 안부를 묻고는 '지금 팔고 있는 물건이 정리가 되면 설악산에 가려고 하는데 같이 갈 수 있으면 동행하자.'고 하시는 것입니다. 집에서 딱히 할 것도 없고 또 다시 한 번 뵙고 어떤 사람인지 알고 싶은 마음에 약속한 날짜에 동대구역에서 만나 난생 처음 설악산으로 향하게 되었습니다.

산행이 준 마음

산행준비를 함께 하는데, 꼭 무엇인가를 보여주기 위해 하는 것처럼 하나하나 정말 꼼꼼하게 챙기셨습니다. 강릉 방향 밤 기차를 타고 어디인지 모르는 곳에 도착하니 새벽녘, 다시 버스를 타고 어디론가로 향했습니다. 마지막으로 도착한 곳이 설악산이었습니다. 설악산은 처음으로 접하는 산이라 부담도 되었지만 그래도 한 번 해보자는 각오로 배낭을 챙겨서 산을 오르기 시작했습니다. 그때 스승님과는 그리 깊은 관계가 아니었기 때문에 할아버지라 부르며 좀 서먹서먹한 산행이었습니다. 설악동에서 대청봉으로 해서 오색으로 내려오는 산행이었는데, 설악동을 지나 양폭산장까지는 경치가 좋아서 별로 힘 든 줄 몰랐는데 소청봉까지 오르는 길이 얼마나 힘들든지, 내가 왜 따라와서 이 고생을 하는지 후회를 많이 했습니다.

특히 희운각에서 소청봉까지 올라가는데 다리가 풀려서 처지고 말았습니다. 할아버지는 아무 말 없이 나의 배낭을 들어주시고 나의 걸음에 보조를 맞추어 가기 시작했는데, 그때는 정말 너무 힘들어서 희운각 산장에서 일 박 하고 내려갈까 하는 마음도 들었습니다. 하지만 이왕 시작했으니 끝까지 한 번 견뎌보자는 생각으로 이를 악물고 소청봉을 오르기 시작했습니다. 그때 하신 할아버지의 말씀이 어렴풋이 생각납니다.

"인생의 긴 여정에서 힘듦은 누구에게나 있다. 단지 힘듦을 참으며 이겨나가는 사람과 힘듦을 이기지 못해 포기하는 사람이 있다. 네가 어떤 사람이든지 간에 나는 너를 도울 것이다. 그러나 이 두 가지 삶의 차이는 어마어마하다. 하나는 너에게 희망을 안겨줄 것이고 다른 하나는 너에게 좌절을 안겨줄 것이다. 다만 그것은 네가 선택하는 것이다."

그 당시는 그 말을 듣고도 별 느낌이 없었습니다. 지금 와서 생각하면 내가 선택하는 한 마음 한 마음이 나에게 희망과 좌절을 동시에 안겨준다는 것을 알았습니다. 그때는 힘들어 죽겠는데 아무 얘기도 들리지 않았습니다. 오로지 이 산행이 빨리 끝나기만 바랄 뿐입니다. 오늘의 산행이 끝날 즈음 그만 밤이 되고 말았습니다. 주위는 짙은 어둠이 깔리고 그 캄캄한 곳에 나와 할아버지만 있다고 생각하니 정말 무서웠습니다. 할아버지는 가방에서 손전등을 꺼내어 켜시고 내가 가는 걸음걸이 앞을 비추어주시는 것입니다. 그러면서 한 마디 일러 주셨습니다.

"손전등의 밝음을 잊지 말거라. 낮에는 아무 쓸모없는 손전등이지만 밤에는 나의 모든 것을 이 손전등에 의지하게 된다는 것을 잊지 말아야 한다. 사람이 살면서 지금 임시는 내게 필요 없는 것과 지금 단절하고 있는 사람들이 언젠가는 너에게 손전등과 같은 것이라는 것을 알아야 한다. 그리고 저기 보이는 불빛을 보거라."

소청봉에서 작은 불빛 하나가 빛나고 있었습니다.

"저 불빛이 있는 곳이 우리가 올라가야 할 곳이다. 저 불빛이 우리의 두려움을 없애주고 길을 제시해주고 있는 것이다. 만약에 저 불빛이 없었다면 우리는 더 많은 두려움에 떨고 어떻게 가야 할지를 고민 했어야 할 것이다. 그래서 너도 저 불빛처럼 사람들에게 빛이 되는 사람이 되었으면 한다."

할아버지는 나의 행동의 굼뜸을 보시고 이 힘듦도 참지 못하면 무슨 일을 하겠느냐며 야단 아닌 야단을 치셨습니다. 그때 나는 이 분이 나의 불빛이며 스승님이라는 것을 마음속으로 느끼게 되었습니다(내 책『마음호흡』「마음편」에서 옮김).

우리는 소청산장에서 일 박을 하고 대청봉에서 일출을 보면서 너의 힘듦을 참고 견디니 이렇게 좋은 일출을 보게 되는 것이라며 항상 힘든 산행을 통해서 자신을 되돌아 보라고 하셨습니다. 우리는 오색으로 내려와서 온천에 들렀다가 헤어지게 되었습니다. 할아버지는 서울로 가시고 저는 구미 집으로 다시 돌아오면서 불현듯 그 분이 나의 스승이 될지도 모른다는 생각이 들었습니다. 할아버지를 따라다니면 내가 누구인지 알 수 있을 것 같았고 훌륭한 목사가 될 수 있을 것 같았습니다. 할아버지가 오색으로 내려오시면서 나와 함께 산을 타면서 산을 배워보라고 하시기에 한 번 생각해보겠다는 말은 했었지만 확신이 서지 않았었는데 이제는 확신이 선 것입니다.

중요한 시기

막상 스승님을 따르자니 문제는 집안 식구들이었습니다. 그 중에서도 나를 제일 의지하시는 어머니를 뒤로 하고는 떠날 수가 없었습니다. 이 나이 될 때까지 어머니 말 한 번 어겨 본 적이 없는 내가 산으로 간다고 하면 기절할지도 모른다는 생각에 많이 망설이게 되었습니다. 또 그때는 몸이 아주 허약한 편이어서 어머니가 늘 걱정을 많이 하던 중이었기 때문에 그런 어머니를 두고 떠난다고 생각하니 마음이 무거웠습니다. 그러나 나의 마음은 이미 결정한 상태이기 때문에 조금도 흔들림이 없었습니다. 고승 대덕들이 출가의 뜻을 품고 집을 나설 때도 이런 마음이 아닐까 위안하면서 마음을 굳게 다졌습니다.

집 떠날 기회만 엿보고 있다가 자꾸 시간이 흐르고, 이러다가는 영원히 떠나지 못할 것 같아서 이제 실행에 옮기기로 하였습니다. 3일에 걸쳐 짐을 꾸리고 배낭을 챙겨서 어머니 앞에 섰습니다. 좀처럼 입이 떨어지지 않았지만 용기를 냈습니다. 산에서 만난 할아버지 처소에 가서 마음공부를 좀 해야 하겠다고 하자, 이미 예견한 일이지만 막상 현실에서 일어나니까 몹시 당황스러웠습니다.

내 결심을 들은 어머니는 믿기지 않는지 재차 확인하시더니 그만 기절해버리고 말았습니다. 그러자 온 집안이 발칵 뒤집혔습니다. 깨어나신 어머니는 저놈이 할아버진가 뭔가를 따라 설악산을 갔다 오더니 신이 들려서 저런다고 하시면서 목사님을 부르고, 찬송을 하고, 기도를 하면서 나를 다잡았지만 나의 마음은 이미 확고했습니다. 형님 또한 '지금이 인생에서 가장 중요한 시기인데 그렇게 젊은 시절을 산에서 보내버리고 나면 아무것도 되지 않는다.' 면서 '순간적인 판단 하나가 돌이킬 수 없는 상황을 만들 수도 있으니 다시 한 번 더 잘 생각해보라.' 고 했습니다. '꼭 산으로 들어가지 않더라도 다른 것을 찾아 계획도 세우고 열심히 살아야 남들에게 뒤쳐지지 않는다.' 면서 나를 설득하려고 했습니다. 나의 뜻은 확고했지만 가족들이 간곡하게 만류하고 어머니의 건강도 좋지 않아서 시간을 두고 가족들을 충분히 설득한 다음에 떠나기로 마음을 먹고 기다리기로 했습니다. 그때부터 가족들은 나의 눈치를 보면서 하루하루를 보내고 있었습니다.

나는 설악산 산행에서 체력이 약하다는 것을 느꼈기 때문에 체력이나 기르고 떠나자는 생각에서 체력단련을 시작했습니다. 감나무에 도르래를 달고 로프를 연결하여 잡아당기기도 하고 매일 같이 달리기도 했습니다. 그렇게 몇 달이 지나자 가족들의 감시도 조금 소홀해진 것 같고 체력도 시험할 겸 덕유산을 종주하기로 마음먹고 사전 예비지식 없이배낭을 챙겨서 서울 친구에게 다녀 오겠다면서 집을 나섰습니다.

영동에서 버스를 타고 무주구천동에 도착을 하니 저녁 6시 정도 되었는데, 마침 야간산행 하는 팀이 있어서 그 팀을 따라 향적봉까지 오르게 되었습니다. 향적봉 주위에 텐트를 치고 잠시 눈을 붙였는데 밖이 소란스러워서 일어나보니 일출을 보러 가는 사람들이었습니다. 잠이 덜 깬 상태에서 사람들을 따라가서 덕유산 일출을 보게 되었습니다. 설악산에서의 일출이 뇌리에 남아서 항상 신비로움을 주었었는데 이곳 덕유산에서도 일출을 보니 정말 감회가 새로웠습니다.

저녁에 그렇게 많던 구름은 바다에 가라앉았는지 구름이 만들어내는 수평선은 바다의 수평선보다 더 신비로웠습니다. 해가 구름의 수평선 위로 떠오르는데 말로는 표현이 불가능한 그런 장관이었습니다. 그때 일출을 보면서 '나는 꼭 산으로 들어가야겠다.'고 마음을 먹었습니다.

그렇게 일출을 보고나서 간단하게 아침을 먹고 배낭을 챙겨서 덕유산 산행을 시작했습니다. 한 2시간쯤 가다보니 다리에 쥐가 내리고 마비가 되는 것 같아 바위에서 다리를 풀고 있는데 나보다 연배인 듯한 사람이 작은 바늘로 쥐가 난 곳을 여러 차례 찌르고는 하늘 높이 들어 흔들어 주었습니다. 자신도 종주중이라면서 빵과 먹을 것을 나누어주며 '당신은 종주를 할 수 있다.'고 격려를 해주는 바람에 다시 산행을 계속할 수 있었습니다. 그 사람의 이름은 잘 기억이 나지 않지만 경남 창원에서 살고 창을 아주 잘했던 것으로 기억하고 있습니다. 내가 산행을 힘들어할 때 창을 해주었기 때문에 그것을 기억하고 있습니다.

그 분의 도움으로 북 덕유산에서 남 덕유산까지 산행을 무사히 마칠 수 있었습니다. 그 분의 주소와 이름을 적어놓은 쪽지를 잃어버리는 바람에 연락을 하지 못해서 만나지는 못했습니다. 만약에 기회가 된다면 꼭 한 번 만나보고 싶은 사람입니다. 덕유산 산행을 마치고 집으로 돌아온 이후 더 간절하게 산으로 가고 싶은 생각이 들었습니다. 나는 식구들이 교회에 간 틈을 타서 고전적인 수법이지만 어머니에게 편지 한 장만 달랑 남겨놓고 옷가지와 배낭을 챙겨 할아버지가 있는 산으로 향했습니다.

스승과 제자

마음 열고 보면 모든 이가 스승

그렇게 무작정 지리산으로 갔습니다. 할아버지는 나의 행동을 나무라시고는 많은 이야기를 해주셨습니다. 이왕 여기까지 왔으니 나와 함께 산이나 타면서 지리산의 산세나 익히자고 했습니다. 할아버지와 산길을 오르면서 심오한 정신세계가 어떻게 펼쳐지는지 그리고 일회적인 삶 어떻게 살아야 바르게 사는 것인지에 대해서 어깨 너머나마 어렴풋이 알게 되었습니다.

하지만 내가 지금까지 알고 있는 것과 너무나 동떨어진 가르침이기에 이해가 잘 가지 않는 부분이 많았습니다. 가만히 생각해 보니 할아버지를 만나기 전까지는 정신세계라는 게 무엇이고, 또 어떻게 사는 것이 바르게 사는 것인지 한 번도 깊이 생각해 보거나 가르침을 받아 본 적이 없었습니다. 단지 착하게 살아야 하고 양심껏 바르게 열심히 살아야 한다는 말밖에는 듣지를 못했습니다. 그 전에 이런 이야기를 한 번이라도 들었다면 훨씬 쉽게 할아버지의 말씀을 믿고 따랐을 거라는 생각이 듭니다. 할아버지의 말씀을 듣고 뭐가 뭔지는 잘 모르겠지만 무엇인가 있을 것 같다는 느낌이 들었고, 또 이 사람을 믿고 뭔가를 찾아봐야 되겠다는 생각이 불현듯 들었습니다.

그런데 일상적인 삶을 살아가는데 진리와 도가 인생에 있어서 어떤 의미를 가지는가를 생각하는 순간 갑자기 머리에 현기증이 나고 가슴이 다시 답답해지기 시작했습니다. 아무 생각과 준비 없이 막연하게 들은 이야기이고 또 들을 당시에는 별다른 생각이 없었는데 생각에 생각이 꼬리를 물고 이어지면서 그것이 이렇게까지 나를 힘들게 할 줄은 몰랐습니다.

그래서 내 나름대로 이 답답함을 해소하기 위해 할아버지가 잠시 집을 비운 사이 이 산 속에서 수행을 오래 하고 있는 사람이나 세상 진리를 깨달아 한 소식했다고 하는 사람을 수소문해서 찾아가기도 했지만 답답한 마음은 좀처럼 없어지지 않았습니다. 특히 수행처로서 세상에 꽤 유명하다고 하는 곳에서는 수행자들과 한 열흘씩 함께 생활하기도 했습니다. 하지만 그렇게 해도 답답하기는 마찬가지였습니다.

지금 생각해 보면 그 사람들이 깨닫지를 못한 것이 아니라 내가 나의 관념에만 사로잡혀 내게 맞는 사람들을 찾아 다녔다는 것을 세월이 한참 흐른 뒤 이제야 알게 된 것입니다.

한 마음 열고 보면 모든 사람이 나의 스승인데 그때는 왜 그리도 어리석었는지 모르겠습니다. 결국 모든 것을 포기하고 할아버지 움막에만 있게 되었습니다.

하루는 아무 할 일없이 움막에만 있는 저를 물끄러미 바라보시더니 함께 명산 산행을 하자고 권하시기에 두 말하지 않고 따라 나서게 되었습니다. 이 따라나섬이 나의 삶을 완전하게 바꾸어 놓는 계기가 되었습니다. 산행은 여러 사람과 함께 가며 한 일주일 정도 걸릴 예정이라면서 많은 준비를 했습니다. 등산 장비며 먹을거리 등을 챙겨서 산행을 시작하게 되었습니다. 설악산, 오대산, 치악산을 거쳐 소백산으로 이어지는 지루한 산행이었습니다. 설악산과 오대산을 2박3일에 종주한 산행이어서 그런지 몸은 지칠 대로 지친 상태인데 그 다음날 아침 일찍 치악산으로 발걸음을 재촉하셨습니다.

찾을 물건

　몸은 지칠 대로 지쳐 천근만근이고 이런 몸 상태로 정상까지 무사히 올라갈 수 있을까하는 불안한 마음이 물밀듯이 밀려왔지만 나보다 약한 사람들도 아무 말 없이 산을 타는데 그들보다 건강한 내가 더 이상 산을 타지 못하겠다는 말을 감히 할 수가 없었습니다. 그렇게 힘듦을 참고 어렵게 정상에 올랐지만 또 내려가야 한다고 생각하니 눈앞이 캄캄했습니다. 이를 악물고 1간시쯤 내려와서 점심을 먹고 있는데 스승님이 갑자기 저보고 정상에 뭘 빠트리고 왔으니 같이 올라가자고 하시는 것입니다. 한 번 내려온 길을 다시 올라간다는 것은 여간 힘든 일이 아닙니다. 몸에 힘이 빠져 기진맥진 했을 때에는 더 더욱 귀찮은 일입니다.

　그래서 나는 힘이 들어서 도저히 올라가지 못하겠다고 말씀드렸습니다. 그랬더니 네가 아니면 올라갈 사람이 없다는 것입니다. 그러면서 사족으로 넌지시 한 마디 던지는 것입니다.

　"하산한 산을 다시 올라간다는 것이 정말 힘든 산행이지만 그래도 그것이 자신을 가장 진실하게 볼 수 있게 할 것이다."

　함께 올라가자고 권하는 바람에 할 수 없이 일행을 남겨두고 할아버지와 함께 내려왔던 길을 다시 오르기 시작했습니다. 할아버지는 아무 말씀이 없었습니다. 한 걸음 한 걸음 발을 옮겨 놓을 때마다 후회의 연속이었습니다. 그렇게 죽기 살기로 정상에 오르더니 할아버지는 놓고 온 물건을 찾았다면서 그만 내려가자고 하시는 것입니다. 제가 볼 때는 아무것도 찾은 것이 없는데 무얼 찾았다는 것인지 꼭 저를 놀리는 것 같았습니다.

　몸과 마음은 파김치가 되어 힘들어 죽겠는데 나를 놀리는 것 같아 화가 치밀어 올랐습니다. 잔뜩 찡그린 얼굴을 보시더니 웃으시면서 말씀하셨습니다.

"바로 너를 찾았다."

　지금까지 힘든 산행을 하면서 나와 어떤 인연인줄은 알았지만 얼마나 깊은 인연인지를 몰라 망설였는데 이제 그 인연을 찾았다는 것입니다. 그 말을 듣고 나니 머리끝까지 치밀어 올랐던 화는 온 데 간 데 없어지고 정말 그런가 보다 하는 마음이 들면서 할아버지를 다시 바라보게 되었습니다.

"내 오늘 이후로 너에게 모든 것을 전수할 것이다."
"저 같이배우지도 못하고 무식한 사람이 어떻게 할아버지의 법을 전수받을 수 있겠습니까?"

　할아버지는 손가락으로 산꼭대기를 가리키면서 힘 있게 한 마디 하셨습니다.

"좀 전 저 정상에 오를 수 있는 마음이면 충분하다. 무엇이든지 알려고 하지 말고 단지 받기만하면 되는 것이다."

　일행들과 짐을 챙겨 나머지 산행을 무사히 마치고는 집으로 돌아가 일상의 생활을 하라고 하셨습니다. 또 자신이 움직이는 날짜와 시간을 가르쳐 주고 전화번호를 주면서 언제든지 만나고 싶을 때 연락하면 만날 수 있을 것이라고 했습니다.

아, 이 사람 이구나

　고향집으로 돌아오니 산 생활의 긴장감이 풀리면서 마음이 정리가 되지 않아 며칠을 할 일없이 지냈습니다. 하지만 그 전보다는 내 자신이 많이 달라졌다는 것을 느꼈습니다. 삶의 의미를 깊게 생각하는 버릇이 생겼고 매사에 신중하게 대처하는 어른스러움이 몸에 배여 있었습니다. 세상을 보는 눈이 한 차원 높은 경지에 이르렀다고 생각하는 순간 의문덩어리가 뭉게구름 같이 피어올랐습니다.

'왜 할아버지가 나를 찾았을까', '수련이란 대체 무엇인가', '할아버지 당신에게 무엇을 전수받으라는 것인가' 모든 것이 정말 궁금했습니다. 그래서 할아버지가 대구에 오는 날짜에 맞추어 전화를 드렸더니 한 번 보자는 것이었습니다. 할아버지는 동대구 역 맞은편에 있는 여관 하나를 빌려 자기 집처럼 사용하는 곳이 있었습니다. 거기서 만나 또 많은 이야기를 하면서 자신을 믿고 평생을 자신과 함께 가자는 것이었습니다. 처음에는 너무나 당황스러웠습니다. 나와 산행을 하고 많은 이야기를 나눈 것은 사실이지만 막상 이렇게 나오니까 혹시 나를 이용하려고 하는 것은 아닌지 또 무엇을 믿으라는 것인지 도저히 이해가 되지 않았습니다. 그래서 나는 집안 어른들과 상의를 한 번 해 보고 나서 결정을 하겠다고 했습니다. 그렇게 대답은 시원스럽게 했지만 내심 걱정이 앞섰습니다.

집을 한 번 더 나온다는 것은 또 한 번 집안에 큰 분란을 일으켜야 하기 때문입니다. 그리고 그때의 우리 집 사정은 아버지가 병석에 누워 계신 관계로 내 스스로 모든 일을 도맡아 하는 형편이었기 때문에 대책 없이 무작정 집을 나온다는 것이 무리였습니다. 그런데 할아버지의 제의를 받고나서부터는 일이 손에 잡히지 않고 할아버지의 말만 귓가에 들리는 듯했습니다. 중도에 포기한 목사의 길에 대한 회한이 채 가시지도 않은 시기라 더더욱 나를 괴롭혔습니다. 거기에 할아버지와 함께 하는 길이 목사가 되기 위해 노력한 세월의 상처를 아물게 할 수도 있겠다는 느낌이 나를 더욱 힘들게 했습니다. 이 농사일은 내가 아니어도 누군가가 대신할 수 있지만 나의 삶은 내가 살지 않으면 누구도 대신할 수 없다는 느낌이 나를 더욱 힘들게 했습니다.

　며칠을 고민하다 단박에 집을 나오지 않으면 지옥 같은 감옥 속에 갇혀 영영 이대로 살 것 같아 내 마음이 움직이는 대로 하자는 결심을 하고 집을 나온 것입니다. 그때 집은 또 한 번 더 발칵 뒤집혔고 형님과 어머님은 형제도 아니고 자식도 아니라며 인연을 끊으려고까지 했습니다. 여기서 마음이 약해져서는 안 된다는 생각이 더욱 군건하게 나를 다잡았습니다. 그렇게 집을 나와 지리산으로 입산하게 된 것입니다.

　지리산의 움막 생활은 그때부터 본격적으로 시작되었습니다. 불편한 점은 많았지만 워낙 깡촌의 촌놈출신이다 보니 움막 생활이 곧 고향집의 생활과 별 차이가 없었습니다. 옛날의 농촌생활이라는 것이 초자연적인 생활이었기 때문에 별무리가 없었습니다. 아마 지금 젊은 사람들에게 이런 생활을 하라고 하면 다들 도망갈 것입니다. 움막 생활이 몸에 익을 때쯤 할아버지는 대뜸 나에게 질문을 던졌습니다.

　"나를 믿었던 시점이 언제냐."

　"설악산을 탔을 때 '아, 이 사람을 믿어도 되겠구나!' 라고 그때 생각했습니다."

　"내가 너를 선택한 시기는 치악산이었다. 그때 보통 사람 같으면 다시 올라가자고 하면 안 간다고 했을 텐데 나를 믿고 따라와 준 것이 고맙다. 정상에 올라가 한참을 기다려도 올라오지 않자 내려간 줄 알았는데 꾸역꾸역 올라오는 걸 보고 그때 저놈을 가르쳐야겠다고 마음먹었다."

　할아버지는 내게 많은 것을 가르치시면서 이제 제자와 스승으로 인연을 맺어야 한다며 나에게 다짐을 받았습니다.

　"나를 스승으로 받아드리겠느냐."

“예.”

　망설임 없이 대답했습니다. 그때부터 스승과 제자의 관계로 움막 생활을 했지만 달라진 것은 아무것도 없었습니다.

어릴적 과정

기절한 나

할아버지에서 갑자기 스승님이라고 하니까 조금은 어색하지만 스승님과 함께 수련하면서 많은 어려움도 있었고 힘도 들었지만은 지금에 와서 생각하면 스승님 덕분에 인생을 다시 태어난 기분입니다. 앞에서 스승님에 대한 많은 이야기를 했지만 저의 스승이 누구인지, 수련이 어떻게 전해졌는지 많이 궁금해 할 것입니다. 또 제가 스승님과의 약속을 지킨다고 했는데 그 약속은 무엇인지도 궁금해 할 것입니다. 여기서부터는 저의 스승님과 수련에 관한 것을 조심스럽게 이야기하고자 합니다.

스승님과의 수련을 이야기하기 전에 나를 먼저 이야기하는 것이 스승님과 나의 관계를 이해하는데 도움이 될 것 같아 저의 어릴 적 과정을 이야기할까 합니다.

내가 어릴 때 자란 동네는 경북 구미의 유학산 한 자락에 위치하고 가구 수는 한 25가구 정도 되는 작은 마을입니다. 명절과 대소사가 있을 때에는 동네 전체가 한 가족처럼 모여 함께 일을 합니다. 그리고 동네사람의 절반 정도가 교회를 다닙니다. 무엇 때문인지는 모르지만 동네 전체 분위기가 그랬습니다. 어릴 적 교회 한 번 안 가보고 자란 아이가 없을 정도로 대부분의 사람들이 교회에 다녔습니다. 그리고 또 특이한 것은 동네 주위에 절이 없다는 것입니다. 초파일이 되면 단지 공휴일이라는 생각밖에 들지 않았습니다.

나는 초등학교 때 소풍을 가면서 처음으로 절이라는 곳에 가 보았습니다. 초등학교 2학년 때 있었던 일입니다. 학교에서 4km 정도 걸어서 낙동강 솔밭으로 소풍을 갔습니다. 그곳에는 작은 암자 하나가 있었는데 그 암자를 지나가야 목적지에 도달할 수 있었습니다. 그때 내 생각으로는 그 암자 앞을 지나가는 것은 씻을 수 없는 무서운 죄를 짓는 줄 알았습니다. 또 귀신의 작당에 홀려 얼빠진 사람이 되는 줄 알았습니다.

그런데 선생님이 이 절은 오래된 고찰로서 문화재적으로 유명한 절이니 자세히 살펴보고 소감을 적어내라고 하시며 한 번씩 참배하라고 했습니다. 절 앞마당에 들어서는 것이 귀신에 홀리는 줄 알고 가지 않으려고 했는데 선생님이 화를 내시며 참배하라고 하기에 하는 수없이 법당 안을 처음으로 보았습니다. 보는 순간 눈앞이 깜깜해지더니 현기증이 나면서 그 자리에서 쓰러지고 말았습니다. 그때 단청의 화려함 속에 숨어 있던 용과 신선들의 모습이 살아 꿈틀하면서 나를 향해 달려드는데 순간 목사님의 말씀이 떠올랐습니다. '절에는 귀신과 사탄이 사는 집이기 때문에 절대로 가지 말라.'는 말을 어릴 적부터 들어왔기에 '이제는 귀신의 작당에 홀려 죽는구나.' 생각하니 가슴이 답답하고 앞이 캄캄해 지면서 그 자리에서 한 발자국도 뛰지 못하고 기절한 것입니다.

기절한 나를 찬물을 먹이고 인공호흡을 하고 몸을 주무르고 하면서 가까스로 보건소에 업고 왔습니다. 나를 진찰한 의사는 별일 아니라면서 순간적으로 기절한 것이니 주사 한 대 맞으면 괜찮겠다면서 집으로 데려가라고 했습니다. 나는 그때 일로 정신적으로 확신하게 되었습니다. 절은 귀신과 사탄들이 사는 집이며 이단의 종교로 앞으로 절 금방에 얼씬도 하지 않을 것이며 보지도 듣지도 않겠다고 다짐하였습니다. 그리고 그렇게 행동하였습니다.

그 당시 우리 동네 분위기는 하나님을 믿지 않으면 이상한 사람 취급을 받을 정도였습니다. 어릴 때부터 자연스럽게 교회의 영향권 아래 있었기 때문에 기독교적인 관념이 정신적으로 깊이배여 있었고 또 하나님을 열심히 믿는 사람들이 많았기에 다른 판단을 할 여지가 없었습니다.

정해진 미로

대표적으로 저희 집안에서는 할머니가 참 열심히 하나님을 믿으셨습니다. 내가 아는 한 새벽기도를 하루도 빠지지 않으시고 다녔습니다. 그리고 그때 집에서 3km 정도 거리의 교회로 걸어서 새벽기도를 간다는 것은 정말 힘들고 어려운 일인데도 할머니는 오직 믿음 하나에 의지한 채 매일 열심히 다녔습니다. 나는 마음 속 진정성으로 하나님을 믿었는지 기억이 나지 않지만 하나님이 있는지 없는지도 모르고 목자의 길을 가야겠다는 마음을 그때 먹었습니다. 지금 생각하면 아버지는 교회를 열심히 다닌 것 같지 않고 그냥 마음만으로 믿었던 것 같습니다.

아버지는 술을 참 많이 드셨습니다. 그때의 농촌 환경이라는 것이 거의 중노동의 생활이기 때문에 술의 힘을 빌리지 않으면 견디기가 어려운 상황이었습니다. 그러니 옛날 농촌 남자들은 알코올 중독에 걸려 생을 참담하게 마감한 사람이 많았던 것 같습니다.

나의 어린 시절 과거를 되짚어 보면 현재의 내가 있기 위한 정해진 미로였던 것 같습니다. 아버지의 교육은 정신적이고 체계적인 교육이 아니었던 것 같습니다. 유목민의 방목을 연상케 하는 대자연적인 교육이었습니다. 부모님의 통제로 자란 것이 아니라 자기가 행한 일에 대한 책임으로 다스렸습니다. 무엇을 하든 상관하지 않으시지만 그 결과에 대해서 꼭 책임을 져야 한다고 가르쳤습니다. 그래서 놀아도 통제에 의해서 노는 것이 아니라 혼자 판단하고 책임을 지는 그런 놀이를 했습니다.

또 혼자 노는 시간이 많았습니다. 집 뒤편에 보면 뒤꼍이라고 하는 공간이 있었는데 거기는 나만의 놀이터였습니다. 특히 지붕 처마에서 떨어지는 빗물로 땅이 파이면 작은 모래밭이 생기게 됩니다. 그 모래를 끌어다가 성을 쌓기도 하고 검정고무신으로 자동차를 만들어 놀기도 했습니다. 흙을 가지고 놀 때면 나만의 세계 속으로 들어가 왕이 되기도 하고 신하도 되어 놀다보면 해가 지는 것도 모르고 놀 때가 한두 번이 아니었습니다.

혼자 놀면서

한 번은 혼자 놀다가 갑자기 땅을 파고 싶은 충동이 일어 구덩이를 파기 시작했습니다. 6개월 동안 이 일에 전념하여 2m 깊이에 1.5m나 되는 굴을 파고는 그 안에 들어가 잠을 자다가 부모님에게 미친놈이라 욕먹기도 했습니다. 제가 땅을 파자 어머니는 무우 묻을 구덩이나 하면 되겠다 싶어 그냥 놔두었는데 이것이 장난이 아니라는 것을 알고 이러다 막내를 땅에다 묻겠다싶어 당장에 도로 묻으라며 야단을 치셨습니다. 도로 묻겠다고는 했지만 정말 고생하면서 판 것인데 십 년 공부 나무아미타불이 되는 것 같아 조금은 망설여졌습니다.

그런데 며칠이 지나 봄비로 인해 그 굴이 무너지고 말았습니다. 하마터면 그 속에 파묻힐 뻔 한 것입니다. 이때까지 고생한 것이 이렇게 허무하게 무너진다는 것에 눈물이 났습니다. 마음속으로 다시 파게 되면 절대로 무너지지 않는 그런 굴을 파야겠다고 생각했습니다. 지금 와서 생각해보면 수련에 대한 습이 있어서 그런 굴을 파지 않았나 생각합니다.

그리고 여름이 되면 소를 먹이기 위해 오후 3시쯤 산에 올라갑니다. 소를 산에 올려놓고 개울가에서 놀기도 하고 나무로 집을 지어 놓고 잠을 자기도 했습니다. 아마 농촌에서 자란 분들은 여름 방학이 되면 한 번씩은 소를 먹이기 위해 산에 갔을 것입니다. 또 겨울에는 소죽을 끓이고 기타 잡다한 일을 하며 자랐습니다.

특히 저는 형님들과 나이 차이가 많기 때문에 같이 놀기보다 혼자 노는 시간이 많았습니다. 혼자 놀면서 산에서나 들에서 아무 불평하지 않고 무럭무럭 자라나는 이름 모를 나무를 보고 있으면 참 행복하다는 느낌을 많이 받았습니다. 사람들은 나무가 한 곳에만 머물러 있어 움직이지 못하는 것이 답답할 것이라고 생각하지만 저는 움직이지 않는 것이 움직이는 것보다 더 낫다는 말을 자주 했습니다. 다른 사람에게 그렇게 말하면 참 이상한 소리한다며 들으려고 하지 않았습니다.

또 물이 흘러가는 것을 보면 어떻게 저렇게 흘러갈 수 있을까라고 생각했습니다. 물이 흘러가야 될 곳을 따라가는 것이 정말 신기하기도 했습니다. 개울에서 가재를 잡으면 가재는 왜 큰 두 집게가 달려 있을까라고 생각하다 구워먹기도 하고 깻묵이며 기타 열매를 따 먹으며 산이 참 좋다는 생각을 했습니다. 그렇게 초년을 보내고 사춘기에 접어들면서 많은 갈등들이 생기기 시작했습니다.

특히 아버지와의 갈등은 깊었습니다. 아버지는 모든 일을 나와 함께 하기를 원했습니다. 밭을 가는 일과 거름을 나르는 것, 고추씨를 심는 것, 무슨 일이든지 나와 함께 하기를 원했습니다. 나는 아이들과 놀고 싶어서 아버지가 시킨 일을 빨리 마치고 가려고 하면 또 다른 일을 시키셨습니다. 다른 형제에 비해서 많은 일을 시키셨습니다. 친구들과 재미나게 놀고 있으면 시샘이라도 하는 것처럼 놀지 못하게 하고 일을 시키셨습니다. 일을 시키면 하기 싫어서 일부러 도망가기도 하고 숨기도 했습니다. 지금 와서 생각해보면 하나의 가르침이었지 않나 싶습니다. 아버지는 가르침인지 아니었는지는 모르지만 그때 당시에는 죽기보다 싫은 일이었습니다. 지금 나를 있게 하기 위한 하나의 흐름이었다는 것을 이제야 알 것 같습니다.

연극무대

아버지의 가르침은 드라마 속의 나쁜 역에 해당한다고 생각합니다. 이 나쁜 역 때문에 결국 주인공이 성공하고 영웅으로 탄생될 수 있기 때문입니다. 주위에서 나를 힘들게 하는 모든 사람은 나를 더 나은 흐름으로 인도하기위해 악한 역을 맡았을 뿐입니다. 그래서 너무 미워하거나 싫어해서는 되지 않습니다.

그런 의미에서 나와 함께 한 아버지의 삶은 그 당시에는 나에게 독으로 다가왔지만 지금 생각하면 너무 고맙고 감사할 따름 입니다. 그런데 우리가 알아야 할 것은 인간관계에서 승화하지 않는 사이는 더 깊은 상처로 남게 된다는 것입니다. 승화라는 것은 아픔을 통해서 더 깊고 넓은 것을 느끼는 것을 말합니다. 더 깊고 넓은 것을 느끼기 위해서 상대를 받아들일 감정과 마음을 준비해야 합니다. 항상 자신을 보고 자신이 누구인가를 깨칠 때 상대를 받아들이게 됩니다. 지금 우리는 자신을 볼 줄 모릅니다. 상대는 정확하게 보고 평가하면서 자기 자신은 정확하게 보지 못하고 항상 피해자이고 상대 때문에 불행하다고 생각합니다. 이런 생각으로는 승화를 만들지 못합니다. 아픔을 통해서 상대를 보는 것이 아니라 승화로 자신을 봐야 합니다. 그리할 때 모든 것이 달라집니다.

지금 우리는 하나의 큰 연극무대에 주연을 맡아 연극을 하고 있습니다. 부모, 형제, 친구 석가, 예수? 모두가 내가 주연한 연극의 조연들입니다. 조연을 주연으로 착각하니 삶이 복잡해지는 것입니다. 주연은 주연으로서 조연은 조연으로서 자기 역할을 충실하게 하면 되는 것입니다.

과거 저의 아버지는 술과 노름으로 가족을 힘들게 했습니다. 또 친구들과 놀려고 하면 일을 해야 한다며 놀지 못하게 했습니다. 한 번은 3일 전부터 친구들과 축구시합 약속을 해놓고 아버지께 몇 번 말씀을 드렸습니다. 이틀 전까지 아무 말이 없으셨다가 축구하는 그날 앞 논을 갈고 도구

(물이 흘러가는 작은 도랑.)를 쳐야 한다며 준비하라는 것입니다. 아버지께 친구들과 며칠 전부터 약속을 한 것이기 때문에 축구를 하고 나서 일을 하겠다고 하자 화를 내시며 하시는 말씀이 '축구를 하면 돈이 나오느냐 밥이 나오느냐.'며 '그 따위 축구는 해서 무엇 하느냐.'며 일을 시키셨습니다. 정말 화가 났습니다. 이 약속을 모르는 것도 아니고 3일 전부터 말씀을 드렸는데 나의 의견은 무시되고 오직 마음대로 하시는 아버지가 죽이고 싶을 정도로 싫었습니다. 그때 내가 어른이 되고 아버지가 늙으면 아버지의 의견을 완전히 무시할 것이라 마음을 먹었던 일도 있었습니다.

지금도 그때의 일을 한 번씩 떠올려보면 내가 참 독한 놈이었다고 생각합니다. 나를 깨치게 해 주기 위해 당신의 역할을 충실하게 했을 뿐이었는데 말입니다. 여기서 잘 알아야 할 것은 아버지 입장에서 보면 제가 조연의 역할이라는 것입니다. 아버지는 자신의 삶을 주연으로 충실하게 살다 간 분입니다. 그래서 이 주연은 아무리 바꾸려고 해도 바뀔 수 없는 역이기 때문에 자신의 역을 깨치고 충실하게 행하면 업과 인연은 저절로 풀리고 순리대로 흘러가는 것이 세상의 이치입니다. 지금 우리는 각자 각자가 주연이며 또 조연의 역할을 하고 있다는 생각으로 연극이 끝날 때까지 자신의 배역을 충실하게 소화해야 합니다. 그리할 때 한편의 연극은 허무하지 않게 완성됩니다.

인연과 업

아버지가 나에게 미친 영향은 컸습니다. 본인 스스로 나를 가르쳐야겠다고 생각하고 한 것이 아니라 '인연의 역할이 충분히 화합' 되어졌기 때문에 제가 이런 깨달음을 얻을 수 있었던 것입니다. 만약에 아버지의 따뜻한 보살핌에서 자랐다면 저의 삶이 많이 달라졌을 것입니다. 남부럽지 않게 자라 회사를 다니거나 자영업을 하면서 아버지와 같은 아버지가 되어 자식을 가르치며 살아가고 있을 것입니다. 현생의 인연은 서로의 고통을 주고받으며 풀어야 할 인연이기 때문에 정말 감사하다는 생각이 듭니다.

얼마 전 두 손을 다 합해도 네 개밖에 되지 않는 희야가 피아노를 정상인보다도 더 잘 치고 세계적으로 유명한 한 오케스트라와 협연한 것이 TV에 방영이 되었습니다. 또 신문과 방송은 인간의 한계는 어디인가부터 해서 많은 칭송과 극찬을 아끼지 않았습니다. 나는 그 아이의 손을 보면서 옆에 서있는 어머니를 보았습니다. 왠지 모르게 가슴이 아려왔습니다. '저 모녀의 인연은 무슨 인연이기에 저리도 애달프게 풀어야 하는 삶을 살고 있을까.' 생각하니 눈물이 울컥 났습니다. '인연을 풀기 위한 몸부림이 얼마나 뼈 속까지 사무쳤을까.' 생각합니다. 또 희야는 그 몸부림을 받아들이며 얼마나 원망하고 아파했을까하는 것입니다. 희야의 피아노 소리는 어머니와 승화된 인연의 소리였습니다. 이와 반대로 친딸을 바늘로 찌르고 담배로 지지고 손톱으로 할퀴고 그것도 모자라 14살짜리를 접대부로 넘겨주고 화대를 받아 생활비를 했다는 뉴스를 들었습니다. 도저히 부모라기보다 짐승보다도 못한 부모라고 생각합니다. 그러나 저는 '희야의 어머니나 화대를 챙긴 어머니나 같다.'고 봅니다.

여기서 우리는 구별해야 될 것이 있습니다. '사회적인 입장과 수련적인 업'의 입장입니다. 모든 것을 사회적인 입장에서 봐서도 안 되고 수련적인 입장에서 봐서도 되지 않습니다. 사회적인 것은 사회적으로만 봐야 합니다. 사회적인 것을 수련입장에 맞추려고 할 때 억지가 되고 수련적인 것을 사회적인 것에 맞추려고 할 때 억지가 되는 것입니다. 사회적으로 보게 되면 정말 희야의 어머니는 헌신 그 차체입니다. 반면에 화대를 챙긴 어머니는 있을 수도 없는 일입니다. 또 있어서도 안 됩니다.

수련의 업과 인연으로 비추어보면 희야의 어머니와 화대를 챙긴 어머니는 똑같이 '풀림의 역할'을 한 것입니다. 이 이야기를 깊게 생각해야 합니다. 잘못 받아들이면 자신이 잘못을 하고 있는 것이 풀림의 행이라 생각하고 더욱더 악하게 가려고 하는 경우가 생길 수도 있기 때문입니다. 풀림의 인연은 승화되는지 승화되지 않는지를 깊게 살필 때만이 가능하게 됩니다. 단지 자신을 합리화하기 위해서 하는 행은 더 깊은 업을 만들 뿐입니다. 그래서 나와 인연이 닿아 있는 사람과 승화되는 관계로 가고 있는지를 스승님에게 점검 받아야 합니다. 자칫 자신의 관념에 빠지기 쉽기 때문입니다.

조연과 주연

모든 관계가 자신의 영적인 승화로 가고 있는지를 구별해야 합니다. 화대를 챙긴 어머니와 딸의 관계에서 가장 깊게 깨달을 수 있는 것은 이 두 사람입니다. 제 삼자 입장에서는 분별은 할 수 있지만 깨닫지는 못합니다. 자신이 경험할 때만이 가능하기 때문입니다. 제가 하고자 하는 말은 '깨달음이란 현생에서 겪고 있는 고통과 기쁨에서 나오는 것이지 지식과 분별에서 나오는 것은 아니라.'는 것입니다. 너와 나의 관계를 통해서 승화하여 깨어나게 되는 것입니다.

드라마에 선한 역만 있으면 드라마가 구성되지 않습니다. 얼마 전 최고의 인기를 올렸던 『장밋빛 인생』이라는 드라마가 있었습니다. 최진실 씨가 주연이었고 내용은 남편이 바람피우는 것을 막아보려고 안간힘을 쓰다가 병에 걸리자 남편이 다시 아내를 위해 혼신의 노력을 다한다는 내용이었습니다. 이 드라마의 시청률이 40~50%까지 올랐다고 합니다. 그 만큼 공감대를 형성 하고 있다는 뜻입니다. 최진실 씨의 절묘한 아픔도 그 드라마를 빛나게 했습니다. 만약에 최진실 씨의 절묘한 연기가 없었다면 인기는 올라가지 않았을 것입니다. 또 사람들은 그 드라마를 외면했을지도 모릅니다.

인생이라는 연극무대에 조연과 주연이 악역과 착한 역을 맡아가며 열연을 하는 것은 승화하기 위한 과정이라는 것입니다. 이 과정을 모르고 욕심내고 집착하고 상에 빠지기 때문에 서로를 아프게 하는 것입니다. 저는 어릴 때 아버지와 나의 관계가 진짜 원망스러웠습니다. 그런데 이 수련을 시작하고 보니 아버지와 나의 관계는 수련으로 가기위한 하나의 과정이었다는 것입니다. 아버지는 아버지의 역할을 충실히 하시고 아무 말 없이 돌아가셨습니다.

나는 원망으로 채워 놓은 마음을 승화시켰습니다. 아버지의 아픔, 괴로움이 나를 있게 하기 위한 하나의 깨침으로 다가오자 그 분의 역할이 너무 가슴 아팠습니다.

최진실 씨의 상대역을 맡았던 사람은 원래 악한 사람이 아니라 배역이 악했기 때문에 악한 것입니다. 원래는 누구보다도 착한 사람이라는 것을 알아야 합니다. 단지 그 사람의 배역이 그러했기 때문입니다. 현생의 인연으로 왔기 때문에 그런 것입니다. 지금 나를 아프게 하고 탁하게 하는 사람일수록 용서하고 사랑해야 합니다. 아픈 관계일수록 승화를 위해 노력해야 합니다. 승화되지 못한 삶은 서로에게 아픔만 줄 뿐입니다.

지금 여러분과 이렇게 만남을 유지시켜 줄 수 있는 것은 이때까지 각자의 맡은 배역을 충실히 했기 때문입니다. 처음에는 아픔과 힘듦에서 벗어나기 위해서 수련을 했는데 지금은 내 삶의 전부가 되었습니다. 사람들은 저와 같은 벗어남을 찾고 있습니다. 어떤 사람들은 술을 선택했고 어떤 사람은 종교를 선택합니다. 현재 자신의 삶이 가장 행복하다고 생각하는 사람은 한 사람도 없습니다. 전부 현재를 벗어나기 위해 노력하고 있습니다.

우리가 볼 때 행복의 조건을 다 갖춰졌는데도 무엇인가를 찾기 위해 노력한다는 것입니다. 아무리 다 갖추어진 인연이라 해도 승화되지 않는 인연은 아픔과 힘듦을 겪게 됩니다. 힘듦을 겪으면 겪을수록 더 깊은 수령으로 빠지게 된다는 것을 알아야 합니다. 수렁 속에서 열매를 맺게 되면 결국 다음 생에 똑같은 아픔을 겪게 됩니다. 그래서 이해와 수용으로 승화시키면 모든 것이 달라집니다. 수렁에서 자신을 구할 길은 자신을 승화시키는 일 밖에 없습니다. 자신이 깨쳐있으면 희야의 삶을 살던 다방 접대부의 삶을 살던 아무 관계가 없게 됩니다. 우리는 서로의 배역을 충실하게 승화시켜 깨어나는 인연이 되었으면 합니다.

목사님과 달리기

한 고집

과거의 저는 보이지 않는 상相과 관념을 강하게 가지고 있었습니다. 이 상과 관념 때문에 아프고 힘들었지만 다른 유혹에 잘 넘어가지 않는다는 것입니다. 그래서 지금의 수련을 계속 할 수 있었지 않았을까도 생각합니다. 주장과 생각이 너무 강했기 때문에 상처 받고 아파한 시간에서 벗어나 보고자 수련을 시작했습니다. 남들처럼 특별한 동기가 있어서 수련하게 된 것도 아니고 단지 나 자신에게 빠져 허우적대다 이 길을 선택한 것입니다.

그렇다고 제가 수련하게 된 동기가 하찮은 것은 아닙니다. 보통 수련하게 된 동기를 보면 거창하고 특별한 것처럼 이야기하지만 가만히 들여다보면 자신을 과시하고 포장한 것을 알 수 있습니다. 제가 수련하게 된 동기는 특별한 것이 아니라 단순하고 힘들어하는 마음을 찾기 위해서였습니다.

그리고 여러분의 삶도 되돌아보면 사소하고 작은 것에서 감동과 아픔이 생겨난다는 것을 알 것입니다. 사람들은 드라마에서처럼 큰 감동과 사랑을 바라지만, 지금 내게 가장 가까이 있는 사람에게서 순간순간 일어나는 느낌과 사랑을 소중하게 생각할 때 가장 큰 변화가 일어나게 됩니다. 저도 이것을 느끼기 전까지는 관념과 상으로만 살았습니다. 다른 말로 표현하면 한 고집 했다는 이야기입니다. 그런데 이 고집이 꺾인 것은 목사님과 달리기 관계 때문이었습니다.

이 이야기는 초등학교 5학년 때의 일입니다. 시골에서 자라서인지 달리기를 참 잘 했습니다. 들과 산을 뛰어다니다 보니 저절로 소문이 났고 늘 초등학교 대표선수는 나의 몫이었습니다.

그런데 어느 날 교회 전도사님이 찾아와 칠곡군 교회대항 체육대회가 있는데 우리 교회 대표선수로 출전하여 달리기 시합을 좀 해달라는 것입니다. 나는 그 자리에서 거절을 하고 집으로 돌아왔는데 그날 밤 목사님과 전도사님이 박카스를 한 상자 사들고 저희 집에 다시 찾아오신 것입니다.

목사님과 전도사님은 교회대항이기 때문에 꼭 우승을 해야 한다며 아버지에게 부탁을 하시고는 나에게 박카스를 한 병 주면서 체육대회에 참가할 것을 거듭 부탁했습니다. 그때 내가 왜 하기가 싫었는지 잘 생각나지 않지만 출전하기가 싫다며 박카스 병을 앞뜰에 힘껏 던졌는데 그만 산산조각이 나면서 목사님의 얼굴과 옷에 박카스가 튀고 말았습니다. 순간 목사님과 전도사님은 당황하면서 체육대회에 참가하지 않아도 된다며 황급히 집을 나섰습니다. 아버지는 순간적으로 일어난 일이기 때문에 어쩔 줄을 몰라 하시며 목사님에게 미안하다며 대문 앞까지 나가서서 머리를 숙이셨습니다. 목사님의 뒷모습이 보이지 않자 바로 지게작대기를 드시고는 네가 달리기를 좀 한다고 건방을 떠느냐며 너의 달리기는 아무것도 아니라며 2시간 정도를 때리셨습니다. 진짜 많이 맞았습니다. 내가 혼절하고서야 멈추셨습니다. 아버지에게 그렇게 많이 맞아보기는 처음이었습니다.

1등과 2등

그때 사람이 이렇게 두들겨 맞다가는 죽을 수도 있겠다는 생각이 들었습니다. 또 언젠가는 이 고집으로 살다가는 내 명을 다 살지 못하겠다는 것을 순간적으로 느꼈습니다. 그 짧은 순간에 내가 살아온 모습이 다 보였습니다. 그때부터 달리기를 비롯해서 무엇이든지 1등을 하지 않았습니다. 항상 동네에서든 학교에서든 집에서든 2등만 했습니다. 2등이 얼마나 편하고 좋은지 그때 알았습니다. 1등은 늘 초초했습니다. 1등 해야 한다는 중압감은 마음을 불안하게 했고, 또 이 불안을 없애기 위해서는 상相을 더욱 강하게 해야만 했습니다.

여러분도 학교운동회 때 달리기를 해보아서 알 것입니다. 달리기를 하기 위해 출발선에 섰을 때 떨려오는 긴장과 불안은 말로 표현 할 수 없습니다. 하물며 학교대항이나 군민대회에 나가게 되면 얼마나 초초한지 모릅니다. 이 초초하고 긴장된 마음이 나도 모르게 사소한 일에까지 나타났습니다. 나는 그때까지는 몰랐습니다. 그것이 그냥 나의 성격이려니 했는데 아버지에게 맞으면서 일등의 잘남이 결국 나를 이렇게 만들었다는 것을 느낀 것입니다.

이것을 느끼고부터는 정말 2등만 했습니다. 2등의 편안함은 긴장을 없애주고 정말 편하게 해주었습니다. 힘껏 달리면 충분히 1등은 할 수 있었지만 2등 할 때의 여유는 누구도 알 수 없는 기쁨과 충만함이 있었습니다. 이 충만함과 기쁨은 상과 관념을 낮추게 해 주었습니다.

그렇게 나의 상을 낮추고 중 고등학교에 들어가면서 할머니의 영향을 많이 받았습니다. 옛날에는 대가족이 한 집에 살았기 때문에 각자가 방을 하나씩 차지한다는 것은 참 어려운 일이었습니다. 저는 할머니와 함께 방을 쓰면서 늘 하나님과 교회에 대해서 많은 것을 듣게 되었고, 또 꼭 목사가 되었으면 한다는 할머니의 유언 아닌 유언을 들으며 자랐습니다. 중학교를 졸업하면서 '꼭 목사가 되어야겠다.' 는 마음을 먹고 교회를 참 열심히 다녔습니다. 마음을 먹고 나니 목사님과 장로님이 예수님 다음으로 존경하는 분이 되었습니다.

헌금 10원과 100만 원

그렇게 열심히 목자생활을 하고 있는데 고등학교 2학년 때쯤 교회에 대한 회의가 일어나는 일이 생겼습니다. 아마 그때 그 일이 없었더라면 지금쯤 목사가 되었을 것입니다. 아무튼 저는 그 일로 인해 목사의 길을 가지 않기로 마음먹었습니다. 이렇게 마음먹게 된 계기는 성인반의 오전 예배가 끝나고 장로님이 헌금발표를 하신다는 말을 듣고 모든 것이 한 순간에 무너진 것입니다.

그 시기에 교회 다니는 분들은 알 것입니다. 예배가 끝나면 헌금발표를 하는데 그때 헌금이 3십 5만 8천 6백 10원으로 기억이 납니다. 이 발표를 내가 가장 존경하는 장로님이 하시며 하시는 말씀이 '지금도 하나님에게 10원을 헌금으로 내는 사람이 있다는 것은 믿음이 부족하다.'며 야단 아닌 야단을 치셨습니다. 그 말을 듣는 순간 가슴이 답답해지면서 내가 믿어 왔던 모든 것이 한 순간에 무너지는 듯했습니다.

이때까지 목사님과 장로님은 이구동성으로 '한 마음으로 내는 10원이 100만 원 이상의 값어치가 있다.'고 늘 설교하셨는데 정말 눈앞이 깜깜했습니다. 또 허무했습니다. 목사가 되기 위해 이때까지 노력해온 모든 것이 허사였다는 생각이 절망감으로 다가왔습니다.

예를 들어 자식에게 큰 기대를 하고 있었는데 어느 날 그 자식이 크게 실망을 시켰을 때 느끼는 그런 기분과 같지 않을까 생각합니다. 정말 눈앞이 캄캄했었습니다. 이렇게 말하면 별 것도 아닌 것을 가지고 너무 과장되게 이야기한다고 할지 모르겠으나 그때는 정말 그랬습니다. 그리고 보면 한 400명의 신도들이 같이 그 말을 들었는데 유독 나만 그것을 느꼈다는 것은 믿음이 부족해서일 것입니다. 똑 같은 말을 듣더라도 깊게 들어오는 순간이 있나 봅니다.

그렇게 느끼고 나서부터는 교회에도 가기 싫고 학교생활도 잘 하지 못했습니다. 또 고등학교도 겨우 졸업을 하게 되었습니다. 학교를 졸업했는데도 마냥 얼빠진 사람처럼 지내다 순간 이래서는 안 되겠다는 생각이 들었습니다. 나 자신을 추스르지 못하면 이 수렁에서 영원히 벗어나지 못할 것 같아 모든 것을 접고 전국 여행을 선택하게 되었습니다. 나를 다잡자는 생각으로 짐을 챙겨 떠난 여행에서 귀중한 스승님을 만나게 된 것입니다.

지금 돌이켜보면 참 많은 아픔을 통해서 스승님을 만난 것 같습니다. 내가 느끼고 있는 아픔만이 전부였기에 스승님의 말 한 마디 한 마디가 새로움이었고 희망이었습니다. 오직 예수와 교회가 진리의 전부라 생각했고 하나님과 예수만이 우리를 구원 할 줄 알았습니다. 그런데 이 여행이 귀중한 인연을 만나게 했고 나를 깨치게 한 것입니다.

시작과 살아난다는 것

내 머리 가득히 목사가 되고자 하는 마음이 너무 꽉 차있다 보니 어떠한 것도 보이지 않았고 그 누구도 들어올 수 없었습니다. 결국 허무한 것을 너무 믿고 옳다고 확신했기 때문에 더 크게 허무를 느낀 것입니다. 옳다고 확신한 목자(신자를 양羊에 비유하여, 신자의 신앙생활을 보살피는 성직자를 이르는 말.)의 길이 그 장로님의 헌금 발표가 나의 일침이 될 줄은 꿈에도 몰랐습니다. '거기에 모인 신도만 하더라도 수백 명 정도 되었는데 왜 나만 그 허무를 느꼈을까.' 하는 것입니다. 그것은 너무 강한 믿음이 결국 나를 무너지게 한 것입니다. 빈틈없는 믿음은 언젠가는 깨어지고 맙니다. 또 믿음만 있으면 모든 것을 극복할 수 있을 것이라 생각했지만 밀려오는 허무는 감당할 수 없는 절망이라는 것입니다.

큰 스승님은 제자에게 견디기 어려울 만큼 많은 일을 시키고 그 일 때문에 고통 속에서 절망에 빠졌을 때 화두의 일침으로 제자를 깨닫게 한다고 합니다. 나는 깨닫기보다 허무를 느낀 것은 관념적으로만 종교를 믿어왔기 때문입니다. 우리는 이 허무를 통해서 다시 시작하는 것이 아니라 완전히 무너질 때 다시 살아난다는 것입니다.

그리고 다시 시작한다는 것과 다시 살아난다는 것을 깊게 생각해야 합니다. '다시 시작한다는 것은 이때까지 해오던 것을 다시 다잡고 시작한다는 뜻이며 다시 살아난다는 것은 이때까지 해오던 것을 모두 버리고 새롭게 시작한다.'는 뜻입니다.

관념과 상으로 믿는 믿음은 축구공 속에 바람을 넣으면 넣을수록 단단해지는 것과 같이 어떠한 것도 들어오지 못하게 한 것입니다. 그러면 축구공의 바람을 빼려면 어떻게 하면 될까요. 다른 것이 아니라 뾰족한 것으로 찌르게 되면 바람은 저절로 빠지는 것처럼 관념과 상도 '진리의 일침'이 가해지면 저절로 무너지게 됩니다. 이때 바른 진리를 추구했으면 되살아나게 되고 바르지 못한 진리를 추구했으면 허무를 느끼게 됩니다. 그래서 우리는 일침을 깊게 들어오게 하여 새롭게 시작해야 합니다.

그리고 스스로 충분하게 부풀어 있지 않으면 일침을 놓을 수 없습니다. 지식으로 무장한 아상은 쇠가죽으로 둘러싸인 것과 같이 아무리 일침을 놓아도 뚫리지가 않아 소용이 없습니다. 자신을 부정하고 참회할 때만이 고무풍선의 얇은 막처럼 조금만 자극을 주어도 터지게 됩니다. 참회하지 않는 사람은 일침을 아무리 놓아도 일침인지 아닌지도 모르고 오직 자신의 상과 관념으로만 판단하여 원망하고 후회하게 됩니다. 발바닥의 굳은 살에 침을 놓아도 아픔을 느끼지 못하듯 죽어 있는 감각 위에 침을 놓고 뜸을 떠도 아픔도 없고 느낌도 없다는 것입니다.

그런 반면에 피부가 보들보들하고 감각이 살아있는 곳에는 침을 조금만 놓아도 금방 반응을 보이게 됩니다. 이런 반응은 감각이 살아있다는 증거입니다. 감각이 살아있을 때만이 일침을 통해 병과 마음을 다스릴 수 있습니다.

그런 참회

우리의 정신상태는 '아상과 욕망의 굳은살'이 너무 많이배여 있어 감각이 죽어 있습니다. 어떠한 진실과 수련을 얘기해 주어도 감각과 느낌이 죽어 있기 때문에 반응이 일어나지 않습니다. 현대인들의 마음은 점점 굳어가고 있습니다. 그러니 아무런 감응과 느낌이 없이 살고 있는 것입니다. 굳은살을 오려내고 새살을 돋아나게 하여 마음을 살려야 합니다.

앞에서도 말했지만 아상과 욕망의 굳은살을 제거하기 위해서는 참회가 없이는 불가능하기 때문에 항상 자신을 다잡고 열심히 수련해야 합니다. 사범이 '일침을 놓았을 때 그 일침 하나가 기문을 열고 감각을 살려 나의 삶을 완전히 바꿀 수 있는 그런 참회'를 해야 합니다. 그래야 현생을 어떻게 살아야 될지 알게 됩니다. 따지고 보면 장로님의 그 말 한 마디가 관념과 상으로만 믿던 나를 깨어나게 한 인연이었다고 생각합니다.

우리는 자신도 모르는 숙명적인 인연을 굽이굽이 거치며 느끼고 깨달아 근본의 삶을 살아야 하는데 오히려 내 속에 갇혀 원망하고 분노하면서 사는 것을 보면 얼마나 안타까운지 모릅니다. 숙명적인 인연에서 깨치고 깨치다 보면 '아! 내가 이때까지 아파하고 좋아했던 것이 여기로 오기위한 흐름이었구나.' 하는 것을 알게 됩니다. 사과나무가 비바람과 해충을 이겨내고 열매를 만들어내듯이 참회와 사랑으로 근본을 깨달아야 합니다. 나 또한 그만큼 절실함이 가슴에 저려왔기 때문에 일침에 깨어난 것이지 만약에 상으로 갇혔다면 세상의 한 귀퉁이에서 꺼져가는 촛불처럼 살았을 것입니다.

나의 스승님

어울림

스승님과의 생활은 일반인과 별반 다른 바가 없었습니다. 그렇지만 순간순간 던지시는 말씀 하나하나가 얼마나 가슴에 와 닿았는지 모골이 송연할 때가 많았습니다.

한 번은 눈앞에 펼쳐지는 기암절벽의 풍광을 보시고는 '자연은 서로서로 저렇게 잘 어울리고 있는데 오직 너만 송곳 같이 툭 튀어나와 어울리지 못하고 방황하고 있구나.'며 어울림에 대해서 말씀해주셨습니다.

"어울림이란 나무와 돌, 하늘과 바람, 모든 것이 주변과 조화를 이루어 꾸밈없이 잘 어울리기 시작할 때 자연의 아름다움이 나오기 시작한다."

그 얘기를 듣는 순간 과거 지나온 나의 모습이 파노라마 같이 스쳐 지나갔습니다. 목자의 길을 가겠다는 서원을 세워놓고 모든 것을 포기하고 세상의 모든 고민을 다 안고 있는 사람처럼 맹목적으로 방황했던 모습이 영화 필름이 돌아가듯이 생생하게 되살아나는 것입니다. 자신의 이상에 빠져 주변 환경과 어울리지 못하고 항상 외톨이로 살아가는 것이 얼마나 불행한 삶이었는지 뼛속 사무치게 깨닫는 순간이었습니다. 어울림, 정말 좋은 말이었습니다. 아마 그때부터 스승님을 더욱 깊고 넓게 믿는 계기가 되었습니다.

우리 스승님은 사회에 드러나는 것을 싫어하는 평범한 은둔자이었기에 세간에 잘 알려지지 않았고, 자신의 수련과 내면의 깨침을 밖으로 내비치지 않으면서 항상 자신이 만족하는 수련을 해야 한다고 강조하신 분이셨습니다. 일반 사람들은 항상 스스로 만족하지 못하고 다른 사람이 알아주어야만 만족을 합니다. 우리는 자식이 공부를 잘 하면 잘 하는 것으로 만족하면 되는데 꼭 남들이 알아줄 때 만족을 합니다. 밍크코트도 입어서 따뜻한 것으로 만족하면 되는데 꼭 남들이 알아주어야만 더 큰 행복을 느낀다는 것입니다. 이 행복은 진정한 행복이 아니라 욕심을 채우는 만족일 뿐입니다. 욕심은 늘 시시비비를 낳고 허무함을 일으킵니다.

스승님은 또 자신의 깨침을 밖으로 드러내지 말라고 하셨습니다. 그것을 드러내지 않고 내면에서 숙성되어 익게 하면 그윽한 향기가 저절로 풍겨나게 되는데 익지 않은 것을 사람들에게 드러내게 되면 그것을 그대로 받아들여 주는 것이 아니라 오히려 칼과 창이 되어 돌아오게 된다고 하셨습니다.

그래서 스승님을 수련하는 사람으로 알고 있는 사람은 몇몇 되지 않습니다. 아랫마을에서는 스승님을 두고 법 없이도 살 사람이고 원칙을 알고 이치에 맞게 사는 사람이라고 이구동성으로 말합니다. 또 장사를 열심히 하는 아저씨로만 알고 있습니다. 스승님은 수련에 관한 것은 알아들을 수 있는 사람에게만 하고 그렇지 않은 사람에게는 그냥 일상으로 대하셨습니다.

내면에 물어라

"항상 진실함은 내면에 감추고 자신의 못난 점은 드러내라. 또 자신의 내면을 승화시킬 수 있는 사람에게는 한 점의 의심도 없이 내보이라. 그리할 때 본성과 더욱 가까워진다. 하나의 귀중한 씨앗을 누구나 볼 수 있는 판매대 위에 올려놓으면 그 씨앗은 싹을 틔울 수가 없게 된다. 반면에 흙 속에 묻어두게 되면 그 씨앗이 싹을 틔우게 되는 것처럼, 자신의 내면에 얼마나 진실함을 많이 묻어 두느냐에 따라서 진실한 삶이되기도 하고 분노의 삶이되기도 한다."

우리는 정반대의 씨앗만 내면에다 묻고 있습니다. 항상 좋은 것은 과장하여 자랑하고 좋지 않는 것은 남들이 보게 될까봐 감추기에 급급하다 보니 내면에는 화의 씨앗만 가득 심겨져 화의 삶을 살고 있는 것입니다. 씨앗은 흙 속에 있을 때에 촉을 올릴 수 있다는 것을 꼭 명심해야 합니다. 촉은 엄청난 진화이며 깨달음입니다.

그래서 항상 자기 자신을 알고 느낀다는 것은 중요한 것이며 이 알고 있는 느낌을 남에게 보여주고 광고하게 되면 얼마 가지 않아 분노와 열등감으로 바뀌게 되어 너와 나를 고통으로 몰아가게 됩니다. 내면의 느낌은 보여 주는 것이 아니라 더욱 깊게 묻어야 합니다. 이 묻음을 지속하면 하나의 촉이 땅을 뚫고 나와 햇빛과 공기를 만나 튼튼한 나무로 자라 어느 누구도 건드릴 수 없는 근본의 열매를 맺게 됩니다. 지금 알고 있는 것을 과장하고 자랑하게 되면 시시비비가 되고 더 많은 상처와 상처를 낳게 됩니다.

'옛말에 나쁜 일은 불확실해도 확실한 것처럼 옮기게 되고 좋은 일은 확실해도 불확실한 것처럼 옮긴다.' 는 말이 있습니다.

스승님은 '어떠한 생각과 느낌이 있으면 아무에게나 보이지 말고 항상 내면에 묻으라.' 고 하셨습니다. 현 사회는 앵무새가 너무 많습니다. 자신은 알지도 못하면서 아는 것처럼 말합니다. 앵무새가 '사랑합니다' 라고 했을 때 앵무새는 사랑이 무엇인지도 모르고 그냥 따라만 할 뿐입니다. '이처럼 앵무새처럼 수련하고 앵무새처럼 말할 것이 아니라 내면의 소리를 듣고 내면의 느낌으로 표현할 때 너와 내가 되살아나게 된다.' 고 하셨습니다.

스승님의 스승과 만나게 된 인연

돋보이고자 하는 마음

진정으로 수련하고자 하는 사람은 앞장의 말처럼 앵무새를 조심해야 합니다. 앵무새는 말로만 '도와주고 싶다', '사랑한다', '미안하다'고 하지만 행行이 없습니다. 또 말 속에 감정이 빠져있는 말은 아무런 감응을 일으키지 않습니다. 그래서 우리는 앵무새처럼 말하는 것이 아니라 느끼고 감응하는 말을 해야 합니다.

한 회원과 차를 마시며 이런저런 얘기를 하다 '달서구청장을 너무 잘 압니다.'고 하기에 정말 가까운 사이인가 보다 생각했습니다. 며칠이 지나 그 분의 소개로 친구 분이 수련을 하게 되었습니다. 마침 다른 회원 한 분이 구청에서 허가를 받지 못해서 구청직원을 욕하고 구청장을 욕하기에 '우리 회원 한 분이 달서구청장을 잘 알고 있으니 그 분에게 부탁하면 될 것 같습니다.'고 하자. 옆에 있던 친구 분이 하는 말이 '그 친구는 달서구청장을 잘 모르고 손 한 번 잡은 것밖에 없습니다.'고 했습니다.

그 이야기를 듣고 좀 황당하다는 느낌을 받았습니다. 그런데 그 분만의 문제는 아닙니다. 우리도 그 분 같이 말하고 행동할 때가 많습니다. '내 친구 누구누구는 국회의원이고 군수입니다.'라고 말하며 아주 친한 친구처럼 말하지만 정작 알고 보면 동창생이거나 잠깐 사회에서 안면만 트고 지내던 사이인데도 친한 척 하는 것은 자기를 돋보이게 하고자 하는 마음에서 그런 것입니다. 자기는 잘났는데 내세울 것은 없고 이런 사람과 친하게 지낸다고 하면 자신이 돋보일 것 같아 과장되게 잘 안다고 말하는 것입니다.

그래서 스승님은 '앵무새가 되지 않도록 조심해야 한다. 항상 느끼고 일어나는 감응으로 말해야 한다.'고 강조하시고는 여섯 가지 약속으로 내면세계의 깨달음을 익게 한 것입니다. '이렇게 내면세계에서 익게 될 때 있는 그대로 보고 있는 그대로 말하게 된다.'고 강조하셨습니다. 배경을 의지하여 잘나고자 하는 것은 허탈과 허무만 가중시킬 뿐입니다.

하루는 아무 말씀도 하지 않으시다가 스승님의 스승님과 만나게 된 동기를 간단하게 이야기해 주셨습니다. 이 이야기가 스승을 찾거나 제자의 인연을 찾는데 도움이 되었으면 하는 마음에서 알려 드립니다. 여기 나오는 말에 집착하여 왜곡된 스승과 제자 사이가 되지 않았으면 합니다.

등산이 준 용기

"나는 병명도 모르는 병에 걸려 몸이 많이 아팠다. 그 당시 6.25사변이 막 끝나고 내 나이 한 열여덟 살 정도 되었을 때 사회가 아주 불안한 시기였다. 전 국민이 먹고 살기위해 안간힘을 쓰고 있을 때였기 때문에 나는 닥치는 대로 일을 했다. 그때 마침 내 누나가 미군과 결혼을 하게 되면서 그 미군이 많은 도움을 주었다. 특히 미군 부대에서 뒤로 나오는 물건을 받아다 팔았기 때문에 많은 돈을 벌게 되었다. 미제 물품이라고 하면 사족을 못 쓰고 덤벼들 때인지라 물건이 없어서 못 팔 정도였다. 그렇게 해서 돈은 많이 벌었는데 몸이 갑자기 쇠약해지고 아프기 시작하는데 정말 죽을 것만 같았다.

옛날 의술이라 해봤자 굿과 민간요법이 전부인 시기라서 병원도 제대로 가보지 못하고 약방만 전전긍긍하다가 병세는 더욱 깊어져 도저히 안 되겠다 싶어 어머니가 다니는 절로 가게 되었다."

그 절의 위치는 자세하게 설명해 주지 않았기 때문에 지리산 쪽에 있는 절일 것이라는 추측만 할 뿐입니다.

"절로 들어갈 때는 말문도 닫은 상태이기 때문에 모든 사람이 죽을 것이라 말했다. 몸은 바짝 말라 뼈만 앙상하게 드러나니 살아있는 해골이라고 했다. 절에 와 문밖출입도 못하고 누워있으니 눈물이 하염없이 흘러내리면서 내가 살아온 모습과 가족에 대한 미안함에 감당할 수 없을 정도로 눈물이 났다.

그렇게 일주일이 지나자 기력이 약간씩 살아나 겨우 밖으로 나올 힘이 생겨 길가에 앉아 있는데 '아! 이렇게 죽어서는 안 되겠다.'는 생각이 들면서 '무엇인가를 해야겠다.'고 생각을 하고 있는데 저 아래 쪽에서 등산객으로 보이는 남자 두 사람이 오기에 가벼운 눈인사를 하자 '어디 아프냐.'며 물어 왔다. '땅바닥에다 무엇 하는 분들입니까?'라고 쓰자 등산하는 사람들이라고 하기에 또 '무엇 때문에 등산을 합니까?'라고 묻자 등산객이 다시 '건강해지기 위해서입니다.'라고 하자 '나도 등산을 하면 되겠습니까?'라고 하자 '당연히 할 수 있다.'면서 용기를 주고는 산으로 올라갔다.

그때의 사회는 전쟁이 막 끝난 상태이기 때문에 사회의 전반적인 분위기가 어수선하고 특히 산에 잘못 들어가게 되면 간첩으로 오인받기 쉽기 때문에 많은 주의를 해야 된다. 또 절도 마찬가지로 초파일이나 초하루나 보름이 아니면 사람 구경하기가 어려운 시기였기 때문에 산에서 새벽이나 밤중에 내려오게 되면 간첩으로 몰리기가 일쑤였다. 일단 등산객이 말한 대로 이 절에서는 할 것이 별로 없어서 등산을 시작했다."

처음 만난 스승

처음에는 절 마당만 왔다 갔다 하다가 다리에 약간의 힘이 오르자 뒷산을 오르기 시작하여 6~7개월 오르내리면서 언젠가는 저 능선을 꼭 한 번은 넘어보아야지 생각하고 있다가 하루는 마음먹은 대로 그 능선을 넘게 되었다고 합니다.

그런데 그 능선을 넘자마자 움막 한 채가 보이기에 호기심이 생겨서 들어가 보니 사람은 없고 아주 깨끗하게 정리 정돈된 방과 부엌이 눈에 들어오더라는 것입니다. 그렇게 둘러보고는 산을 내려와 스님에게 물어보니 저 능선 너머에 누가 살고 있는지를 모른다고 했답니다. 그때부터 절에서 저 능선 넘어 움막까지 등산을 하기로 마음을 먹고 등산을 시작했다고 합니다. 처음에는 몇 번을 가도 사람을 보지 못했는데 하루는 능선을 넘어 내려가는데 한 사람이 산나물과 약초를 캐면서 그 움막으로 들어가기에 얼른 따라 들어가 보니 한 오십 살이 되어 보이는 아저씨 한 분이 약초와 산나물을 다듬고 계시기에 말을 걸었답니다.

"아저씨는 여기 사세요."
"너는 무엇 하는 아이냐."

투박스럽게 별 관심도 없다는 듯이 물었답니다. 스승님은 당황하여 말을 더듬으며 말했답니다.

"저 능선 너머 절에 살고 있습니다."
"젊은 놈이 일은 안 하고 무엇 하러 절에 살고 있느냐."
"몸이 아파 당분간 절에서 지냅니다."
"어디가 안 좋으냐."

스승님의 손을 만지더니 자기만 따라다니면 다 나을 병이라면서 자기를 따라다니겠느냐고 뜬구름 잡듯이 물으시기에 인상도 좋고 또 마땅히 할 것도 없고 해서 따라다니기로 마음을 먹었다고 합니다.

아저씨를 따라다니면서 산나물과 약초를 캐면서 산을 그렇게 많이 다녔다고 합니다. 그렇게 다니면서 건강이 무엇인지, 어떻게 건강관리를 하는지 알게 되었다고 합니다. 몇 개월이 지나 그 아저씨에게서 '자신의 제자가 되지 않겠느냐.'는 제의를 받고 처음에는 별소리를 다 한다는 생각을 했는데 곰곰이 생각을 해보니 그 아저씨의 가르침을 듣고 따르다보니 건강이 자신도 모르게 좋아져 있고 또 말하는 모든 것이 고승대덕 이상 가는 말을 하기에 스승으로 모셔도 되겠다는 생각에 그렇게 하겠다고 하고는 절에서 나와 스승님으로 모시고 따르게 된 것이라고 합니다. 그렇게 스승과 제자로 인연을 맺고 나니 본격적으로 제자의 마음가짐을 다잡으셨답니다.

"세속의 인연을 다 끊으라. 너의 병세를 보니 돈이 손에 쥐어지면 자꾸 몸이 아플 병이니, 세속 마음을 다 끊고 나와 함께 몸과 마음을 한 번 만들어 보든지, 아니면 병이 다 낫고 나면 또 돈벌이에 나가 죽을 고비를 넘기면서 죽어가든지, 마음대로 하면 될 것이 아니냐."

이것도 아니고 저것도 아닌 말을 하더라는 것입니다. 그 말을 듣고 생각을 해보니 이제까지 돈이 없이 빈곤하게 살 때에는 그렇게 건강했는데 누나의 도움으로 돈을 벌면서 몸이 급속도로 나빠졌다는 것을 알게 되었다고 합니다. 그때는 남자 대여섯 명의 월급에 해당하는 만큼 자신은 한 달에 벌었기 때문에 쉽게 포기하기가 어려웠다고 합니다.

어머님의 오열과 약속

'그래도 살기 위해서는 이 길을 택해야 한다는 마음이 들었다.'고 합니다. 그 길로 스님에게 가서 '부모님이 찾아오면 자신은 죽었고 시신은 화장하여 산에다 뿌려버렸다.'고 얘기해달라고 부탁했답니다. 스님은 한참을 생각하더니 '그러면 너는 뭐하겠느냐.'고 되묻더랍니다. 그래서 '지금은 부모님 사정도 어려운데 나까지 짐을 지울 수가 없어 죽어 없어지든지 아니면 산에서 수행을 하여 건강한 몸으로 다시 찾아뵙고 싶습니다.'고 했답니다. '그러면 그렇게 하라.'고 하는 말이 떨어지자마자 다음 날 짐을 챙겨 스승의 움막으로 들어가게 되었다고 합니다.

몇 달이 지나 다시 절을 찾아가니 난리가 났다고 합니다. '어떻게 자식 얼굴 한 번 보지 못하게 화장할 수가 있느냐.'면서 '묘지라도 만들어 놓았으면 이렇게까지 가슴이 아프지는 않을 텐데.' 하면서 어머니가 오열을 했다고 합니다. 그 소리를 듣고 움막으로 돌아가는 길에 왜 그렇게 눈물이 나든지 또 가슴 한편에서 아려오는 마음이 무엇인지 한발 한발 옮기는 걸음에 꼭 부모님을 밟고 지나가는 느낌이 들어서 걸어갈 수가 없어 기다시피 해서 움막까지 갔다고 합니다. 그렇게 움막에 도착하니 스승은 화를 내며 '너의 나약함과 집착된 마음이 과거의 너를 끄집어내는 것이 되니 그 마음을 몸에 붙은 구더기를 떼어 버리듯 하라.'고 했답니다.

또 '이미 죽은 놈이 현실에 살아 있다는 생각을 하니 너야 말로 귀신이구나.' 하며 소금을 뿌리고 칼을 던지면서 난리를 치는 통에 그만 웃음이 나왔다고 합니다. 스승은 이제 제 정신이 든 모양이라며 냉수를 한 사발 주면서 '내 안에 불을 끄고 너는 이제 다시 태어난 사람이다. 과거의 너는 죽고 새롭게 태어났기 때문에 처음부터 하나하나를 다시 시작한다는 마음으로 하라.'고 하셨답니다.

그렇게 몇 년이 지날 때까지 수련적인 이야기와 무엇을 어떻게 하겠다는 말도 없이 그냥 따라다니다 보니 어느 선까지는 좋아지는데 더 이상 건강에 진전이 없자 스승에게 물었답니다.

"정말 이렇게 하면 건강이 좋아집니까!"

그 말을 기다렸다는 듯이 말씀하셨답니다.

"첫째 건강하기 위해서는 화식을 끊으라."
"그러면 뭘 먹고 삽니까."
"자신이 건강을 만들어 줄 테니 건강해지면 나를 진정으로 스승으로 모시겠느냐."

재차 확인을 했답니다.

"지금도 스승으로 모시고 있는데 무슨 말씀을 하십니까,"
"말과 가식으로 모신다고 스승이 되는 것이 아니라 너의 전부를 건 그런 스승으로 모시겠느냐."

그때 속으로 뜨끔 했다고 합니다. 속마음은 병만 낫고 나면 부모님을 찾아뵙고 다시 한 번 하고 싶은 것 하면서 살아야지 생각하고 있던 차에 그 말씀을 하시니 놀라지 않을 수 없었답니다. 그때 스승님은 '건강해지기만 한다면 한 마음 다해 스승으로 받들겠다.' 고 약속을 했답니다.
그때부터 화식을 끊고 스승님이 제공하는 먹을 것과 물을 마시며 1년 정도를 그렇게 했답니다. 어차피 생사의 갈림길에 있었던 나였기에 한 번 따라 해보자는 마음으로 화식을 끊고 생식을 하기 시작했는데 처음에는 '지금까지 한 번도 보도 듯도 못한 뿌리와 잎을 주시면서 먹으라.' 고 하기에 먹으니 설사를 하고 속은 뒤집히고 앓듯이 아파 문밖출입을 겨우 할 정도였다고 합니다. 그렇게 한 달이 지나자 차츰차츰 나무에 새싹이 돋듯이 생기가 돌면서 조금씩 좋아지는 것을 느낄 수 있었다고 합니다.

그렇게 1년이 지나고 나니 정말 거짓말처럼 몸이 좋아졌다고 합니다. 건강이 완전히 회복되자 스승은 '이제 약속을 지키겠느냐.'고 물으시기에 '약속을 꼭 지키겠습니다.'고 말했다고 합니다. 그때 우리 스승님은 못 먹고 말라서 그렇지 뚝심 하나 만큼은 대단했다고 합니다. 한 번 한다고 하면 하늘이 두 쪽이 나도 하는 성격이었기에 누구도 말리지를 못했다고 합니다. 스승과 자신이 아버지와 아들이 된 기분이 들면서 그렇게 따뜻했다고 합니다. 스승은 건강이 좋아지는 방법을 가르쳐주고 또 건강을 유지하는 방법을 가르쳐 주었다고 합니다.

몸이 좋아지는 방법

여기서 몸이 좋아지게 하는 방법과 좋아진 몸을 유지하는 방법을 간단하게 소개할까 합니다. 대부분의 사람들은 건강을 좋아지게 하는 방법은 어렴풋이 알고 있는데 건강을 유지하는 방법은 잘 모르는 것 같습니다. 건강을 좋아지게 하는 방법은 많이 있지만 운동과 먹는 것을 조절하지 못하면 건강해지기가 어렵습니다. 또 무조건 잘 먹는다고 해서 되는 것이 아니라 자신의 몸에 맞추어 먹어주고 자신의 체형에 맞는 운동을 해야 몸이 좋아지게 되는데 대부분의 사람들은 잘못 길들여진 먹는 습관에 맞추어 먹기 때문에 좋아지기는커녕 건강을 상하게 하고 더욱 힘들어지는 것입니다.

그러면 먹는 방법을 어떻게 알 수 있을까 하는 것입니다. 그것은 병과 몸무게에 따라 달라지고 성격과 환경에 따라 달라야 합니다. 특히 오장육부가 병든 사람은 자극적인 음식과 밀가루와 육식을 피해야 합니다. 이 음식은 오장육부에 득이 되는 것보다 실이 많기 때문에 이것을 잘 관리해야 합니다. 다음은 마음을 다스리고 기를 다스려야 합니다. 왜냐하면 먹는 것을 아무리 잘 먹고 보신한다고 해서 건강해지는 것은 아닙니다. 저수지에 물을 아무리 많이 저장해 놓아도 수로가 막혀있을 때에는 논에 물을 댈 수가 없어 벼를 키울 수 없기 때문입니다.

그리고 여기서 짚고 넘어가야 할 것이 있습니다. 우리는 항상 건강을 생각합니다. 무엇을 먹으면 좋고 운동은 어떤 것이 좋고, 기타 많은 것을 알고 건강해지고자 노력하지만 그렇게 해서는 건강해지지 않다는 것입니다. 자신이 건강한지 안 한지도 모르면서 무작정 건강식을 먹고 운동한다고 해서 되는 것은 아닙니다.

또 우리는 왜 병이 드는지를 알아야 합니다. 집에서 어머니가 아무리 열심히 청소를 한다고 해도 계속 집 안을 어지럽히는 아이가 있다면 집은 깨끗해질 수 없습니다. 우리는 무엇이 먼저 인지를 알아야 합니다. 무작정 청소한다고 해서 되는 것이 아니라 어떤 것을 먼저 해야 할지를 파악하고 일을 할 때만이 깨끗해지는 것입니다.

병이 생기면 병을 낫게 하기 위해 노력하는 것이 아니라 병이 왜 생겼는지를 먼저 알아야 합니다. 원인이 없는 병은 없습니다. 그 원인을 알 때만이 그 병으로부터 벗어나게 됩니다. 그러면 병의 근본적인 원인이 무엇인가 하면 바로 화입니다. 이 화가 모든 병의 근본이 됩니다.

우리는 스트레스에 짓눌려 화를 자주 내다보면 내 몸의 정이 고갈되기 시작합니다. 한 가정이 있는데 수입이 100만 원을 넘지 않는데 생활비는 200만 원 이상이 든다고 했을 때 얼마가지 못해 빚에 쪼들리게 되고 결국 가정은 무너지게 됩니다. 이와 같이 화를 습관적으로 내게 되면 내 몸의 정을 고갈시켜 마음이 불안해지고 신경이 날카로워져서 결국 몸을 자극하여 병을 만드는 것입니다. 병은 '화의 맺힘 현상' 입니다.

화를 어떻게 관리하고 풀 수 있느냐가 병을 막고 다스리는 것이 됩니다. 건강을 잃고 병들어 간다는 것은 화를 다스리지 못했다는 것이고 병을 근본적으로 치유했다는 것은 자연치유력을 증가시켜 화를 다스렸기 때문입니다.

또 알아야 할 것은 자연치유력은 어떻게 생기는 것인가 하는 것입니다.

사랑, 믿음, 자비, 보시

나는 여기서 아주 중요한 이야기를 하려고 합니다. 많은 사람들이 기수련을 하고 건강식품을 먹으면 자연치유력이 살아난다고 합니다. 그렇게 하면 일시적으로 살아 날 수도 있습니다. 그러나 근본적으로 살아난 것이 아니라는 것을 알아야 합니다. 일정한 선까지는 자연치유력이 소생할지 몰라도 그 이상까지는 도달하기 어렵고 근본적으로 자연치유력을 회복할 수는 없는 것입니다. 그 이상에 도달시킬 수 있는 것은 바로 사랑, 믿음, 자비, 보시입니다. 이렇게 말하면 나도 다 알고 있는 것인데 별것도 아닌 것을 가지고 뜸 들인다고 생각할 것입니다. 가만히 생각을 해보세요! 만약에 사랑하는 사람이 생겼을 때 어떻게 행동하는지를 주의 깊게 살펴보면 금방 알 수 있는 일입니다. 아낌없이 주고 싶고 아프면 대신 아파 주지 못해 안타까워하는 마음, 이 모든 것을 우리는 사랑이라 표현하는 것입니다.

그러면 우리는 진정으로 자신을 사랑해 본 적이 있는가 하는 것입니다. 또 믿어 본 적이 있는가 하는 것입니다. 자신을 사랑하지 못했고 믿지 못했기 때문에 병들고 힘들게 사는 것입니다. 이렇게 사랑하고 믿으라하면 어떻게 해야 할지를 몰라 당황하게 됩니다. 사랑이라는 것은 교량과 같아서 너와 나를 근본과 마음을 만나게 해주고 이해하고 수용하게 해준다는 것입니다. 그래서 막연하게 사랑하는 것이 아니라 나를 사랑하는 마음과 믿는 마음으로 화를 다스리면 저절로 사랑과 믿음이 생겨나 그 길로 기가 움직이고 혈이 움직이면서 몸 구석구석이 살아나게 됩니다.

이것이 건강을 유지하고 관리하는 방법입니다. 숨 한 번 쉬고 운기 하는 하나하나가 몸을 사랑하는 방법입니다.

그렇게 몸이 좋아지자 지리산과 기타 여러 산을 다니며 수련 아닌 수련에 들어갔다고 합니다. 몸과 마음이 안정을 찾자 스승님은 '너는 물질을 많이 가지면 몸과 마음이 상하기 때문에 일정한 선을 유지할 때 건강하게 살 수 있을 것이다.' 라고 재차 경고했답니다.

그 이야기를 듣고부터 전국 명산을 두루 다니면서 사람의 도리와 자연과 함께 어우러지는 근본의 원음을 듣고 느끼면서 공부하다 보니 '아! 사람이 물질을 가질 때는 필요에 의해서 가질 때만이 가장 이상적인 삶이 된다.' 는 것을 그때 깨달았다고 합니다.

필요 이상의 물질은 결국 자신을 해치고 상대를 해쳐 모두가 함께 자멸한다는 것을 스승으로부터 깨쳤다고 합니다. 그 깨침이 어느 선에 도달하자 이 뜻을 위해 충실하게 수련해야겠다는 마음이 생겼다고 합니다. 산을 타도 즐겁고 밥을 먹지 않아도 배고프지 않고 스승님의 말 한 마디 한 마디가 목마를 때에 갈증을 없애주는 물 한 모금 같은 느낌이 좋아 밤낮을 가리지 않고 산을 타다보니 오해도 많이 받았다고 합니다.

한 번은 다른 산을 타기위해 새벽 일찍 산에서 내려왔는데 간첩으로 몰려 파출소에서 조사까지 받았다고 합니다. 70년대의 우리 사회는 이념의 대립으로 반공정신을 강조하는 시기였기에 불순한 자가 있으면 신고하라는 교육이 너무 잘 되어 있을 때여서 번번이 경찰이 출동하곤 했다고 합니다.

그렇게 고생하면서 수련을 전수받는데 하루는 스승님이 자신을 불러놓고 말씀하셨답니다.

"이제 너와 나는 이별을 할 때가 되어 너에게 한 가지 당부하고자 한다. 네가 제자를 받아들일 때에는 가림을 가져야 한다. 지금 세상은 의식단계가 열린 상태가 아니기 때문에 가림이 없으면 큰 낭패를 당할 수 있으니 각별히 주의를 기울여라. 깊은 산 속의 아주 맑은 물도 뱀이 먹으면 독이 되고 양이 먹으면 젖이 되는 것처럼 너와 인연이 있는 아이를 네 다섯 명 정도만 인연을 맺도록 하라."

그러고는 얼마 있지 않아 세상을 떠났다고 합니다.

전국의 상권

이제까지 내 스승님의 스승님을 이야기한다는 것은 참으로 어렵고 어려운 일입니다. 내가 직접 만나 수련하여 얻은 것도 아니고 단지 짧게 스승님으로부터 귀동냥해서 들은 이야기를 적으려하니 한계를 느낍니다. 이 책에서는 스승님의 스승님은 제가 들은 데까지만 기술하려고 합니다. 스승님은 돌아가시면서 '모든 것은 잊어야 한다.'고 하셨습니다. 왜냐하면 말은 언제나 많은 시시비비를 만들고 또 내 뜻과는 아무 관계도 없이 얼토당토 않는 말들이 생겨나기 때문에 항상 조심하라고 하셨습니다.

이 책을 쓰는 동안에도 마음이 무겁기가 그지없습니다. 혹시나 스승님의 깊고 오묘한 뜻을 훼손하고 있지는 않고 있나 싶어 많은 조심성과 침착함으로 이 책을 쓰고 있습니다.

그렇게 스승님의 장례식을 치루고 나니 먹고 살 걱정이 막막하기에 무엇을 해야 할지를 망설이다 장사를 하는 것이 좋을 것 같다는 생각을 했다고 합니다. 왜 장사를 하려고 했느냐하면 돈도 벌고 자기와 인연 있는 사람을 만나기가 가장 쉽기 때문에 전국을 돌아다니며 장사를 시작했답니다. 또 그 옛날에는 모두가 먹고 살기가 바빴기 때문에 그렇게 수련할 사람이 없었다고 합니다. 저도 자라면서 보릿고개를 간접적으로 경험했지만 정말 배고픈 시대였습니다. 먹을 것이라고는 고작 송진 벗겨먹고 삐삐 뽑아먹으며 자란 기억이 납니다.

70년대 새마을 운동을 통해서 먹고 살만한 기틀을 잡은 것입니다. 스승님은 건강도 추스르고 스승님의 스승님으로부터 전수받은 수련을 익게 하기 위해 생식과 단식을 병행하며 인연 있는 사람을 찾기 시작했다고 합니다. 그래서 인연을 만나면 뒷바라지 할 돈이 있어야겠다는 생각으로 장사를 본격적으로 하기 시작했다고 합니다.

옛날 스승님이 약초를 내다파는 것을 보고 힌트를 얻어 전국의 상권을 찾기 시작했다고 합니다. 전라도 어디에서 깨를 사서 서울에서 팔게 되면 많은 이윤을 남기고, 꿀은 지리산에 사서 대구에서 팔면 이윤이 많이 남는다는 등 이런 상세한 정보를 바탕으로 장사를 시작했다고 합니다. 그렇게 장사를 하면서 스승님만의 규칙을 세우시고 장사를 했다고 합니다. 장사를 시작해 이백만 원의 이윤이 모이게 되면 장사를 당분간 중지하는 규칙이 있었답니다. 장사가 잘 될 때에는 한 달에 천만 원의 이윤을 남길 때도 있었지만 욕심내지 않고 항상 2백만 원이라는 이윤이 모이면 장사를 더 이상 하지 않았답니다.

왜 이렇게 하셨느냐하면 돈이라는 것은 많이 가지면 많이 가질수록 욕심이 생기는 묘한 현상을 가지고 있기 때문에 더 이상 집착하지 않기 위해서라고 합니다. 이렇게 말하면 세간의 사람들은 깨달았다고 하는 사람이 2백만 원을 가지든 2억 원을 가지든 무슨 상관이냐고 말을 합니다. 이 말을 가만히 살펴보면 이 말을 묻는 자체가 욕심이 들어있는 것입니다. 2백만 원을 벌든 2억 원을 벌든 그 사람이 그렇게 정해서 그렇게 한다는 것은 그 사람의 마음입니다. 이 단면을 보고 깨달았느니 깨닫지 못했느니 말을 하기 이전에 왜 그렇게 했을까? 생각하고 그것을 질문해야 합니다. 그래야 도움 받을 수 있기 때문입니다.

스승님이 2백만 원으로 정한 것은 특별한 이유가 있는 것이 아니고 자신의 처지에서 2백만 원을 가지는 것이 자신의 처지에 알맞기 때문에 정했다고 합니다. 가족을 부양해야 하는 것도 아니고 돈을 모아 명예를 가지자는 것도 아니기 때문에 그 돈을 초과하지 않았다고 합니다. 2백만 원의 쓰임은 다른 데 있는 것이 아니라 7십만 원 정도는 다음 장사 밑천으로 남겨놓고 나머지 돈은 자신의 인연을 찾는데 전부를 써는 것입니다.

산에서 수련하고자 하는 사람을 조건 없이 뒷바라지 해주고 산골 사람들에게 약과 생필품을 사주며 인연을 찾아 다녔다고 합니다. 그렇게 돈이 다 떨어지면 다시 장사를 시작했다고 합니다. 또 장사를 하는 것이 자신의 이익만 추구하지 않았다고 합니다. 도매상인들이 아무것도 모르는 농촌사람에게서 천 원에 물건을 산다면 자신은 천 2백 원을 주고 사고 도매인들이 도시에 팔 때 천 5백 원을 받을 때 자신은 천 3백 5십 원을 받았답니다. 생산자와 소비자에게 동시에 덕이 되도록 하면서 자신도 이윤을 남긴 것입니다. 스승님이 하시는 말씀이 장사라는 것은 욕심의 극치이기 때문에 이것을 잘 조절하면 많은 것을 깨치게 되지만 자칫 마음을 놓치면 수렁으로 빠지기 쉬운 늪과도 같은 것이기 때문에 항상 자신을 단속해야한다고 했습니다.

도반

진정한 도반

스승님은 우리들을 한 곳에 모으기 전에 먼저 각자의 근기와 마음됨됨이를 구석구석 살피셨습니다. 한 사람씩 개별적으로 만나서 각자가 수행자의 씨앗을 지니고 있는지를 면밀히 점검하시고 우리들을 제자로 받아드린 것입니다. 네 명의 제자 사이를 오가며 각각 그 사람의 근기에 맞는 언행과 산행을 통해서 당신과의 인연관계를 속속들이 살피셨습니다. 이렇게 꼼꼼히 확인한 다음 이제는 때가 되었음을 알고 네 명을 합류시켜서 당신은 물론 우리들 서로도 더 깊은 관계가 되도록 유도하신 것입니다. 지금 와서 도반들과의 만남을 생각해보면 우연인 것 같지만 스승님의 의도에 따라 이루어 진 것입니다.

스승님은 저와 함께 산행을 하면서 두 명의 인연을 만드셨고 희승라는 도반은 저를 만나기 전부터 수련을 지도하고 계셨습니다.(이 네 명이 만나게 된 동기는 뒷장에서 자세하게 이야기하겠습니다.)

그때 우리의 산중 생활은 세속에서 하던 사회 일을 완전히 접고 산중 생활만을 한 것이 아니라 각자 사회서 하던 일을 마무리할 수 있는 충분한 시간을 가진 다음 본격적인 산중 생활을 했습니다. 본격적인 산중 생활을 하기 전 농번기 때에는 집에서 부모님을 도와 농사일을 하게 했고 나머지 시간은 스승님과 한 달에 한 20일씩 산을 타기도 하고 수련도 했습니다.

다른 도반들도 마찬가지로 자신의 일을 해가며 산중 생활을 해나갔습니다. 그러다 본격적으로 함께 산중 생활을 하게 된 것은 스승님과 우리 네 명이 합류한 지 1년이 더 지나서였습니다.

네 명이 함께 어울려 생활하고 수련하고 이따금씩 산행을 하니 정말 그 재미가 말할 수 없을 만큼 쏠쏠하였고 수련을 해야겠다는 의지가 온몸 전체로 피어올랐습니다. 또 서로서로 공유의식을 가지고 많은 교감도 나눌 수 있었습니다. 각자 수련한 경험을 얘기하면서 서로간의 부족한 것을 짚어주고 격려하니 수련의 보람이배가되는 것 같고 서로서로가 의지하는 스승이 되어 수련의 고달픔을 넘어 정진에 정진을 더하는 힘이 되었습니다. 이러한 과정을 거치면서 도반의 소중함을 그때 알았습니다.

스승님은 도반에 대해 말씀하셨습니다.

"수련의 길을 함께 갈 수 있는 사람, 서로의 부족한 점을 보완해 줄 수 있는 사람, 항상 서로 신뢰하고 이해하며 함께 가는 사람이 진정한 도반이다. 또 하나의 상자를 받칠 때 네 기둥의 지지대가 있어야 하는 것처럼 네 명의 도반이때로는 서로 도우고 의지하며 지내다가도 때로는 서로를 호되게 경책하면 반드시 큰마음을 이루게 될 것이다."

스승님은 처음부터 우리를 한 군데 모아 지도하지 않은 것은 각자 닦아야 될 '상의 습'이 다르기 때문에 이것을 닦게 한 다음 서로가 어느 정도 수준이 고르게 되었다고 생각될 때 만나게 한 것입니다. 이 과정을 거치지 않고 함께 수련하게 되면 서로 경계하고 질투심이 생겨 함께 깊은 수련에 들어갈 수 없다는 것을 아셨기 때문에 자기의 습을 먼저 닦게 한 다음 만나게 한 것입니다. 이렇게 닦은 다음 만났기 때문에 서로가 편하고 쉽게 동화할 수 있었던 것입니다.

감사한 도반

한 도반이 스승님에게 물었습니다.

"스승님, 하필이면 왜 제자를 네 명만 두었습니까?

"이 수련은 뚜렷한 정답이 없기 때문에 수련 중에 서로가 체험한 것을 서로 비추어보고 다듬어 자신의 부족함을 다잡고 더 깊은 수련의 경지에 들어가기 위해서이다. 자동차가 달리기위해서는 네 개의 바퀴가 있어야 하는 것처럼 너희 네 명이 서로 의지하며 수련하게 되면 흔들림 없이 근본의 자리로 갈 수 있기 때문에 네 명을 선택한 것이다."

그 당시에는 무슨 뜻인지 이해하지 못했지만 많은 시간이 지나고 나서야 그 말씀의 진정한 의미를 새겨들었습니다.

혼자 수련해서 깨친 사람과 여러 사람이 함께 수련하여 깨친 사람은 깨친 내용에 많은 차이가 있습니다. 한 부모 밑에서 외동으로 혼자 자란 아이와 형제가 많은 데서 자란 아이는 사회생활에서 많은 차이가 나게 됩니다.

마음공부도 마찬가지로 도반과 함께 해야 합니다. 혼자 수련하다 보면 자신이 느끼고 경험한 것이 바른 수행의 길일 수도 있지만 자칫 아상에 둘러싸여 있으면 자기 외에는 누구도 믿지 못하고 자신 것만 고집하게 됩니다. 그래서 스승님은 각자 일 차 수련을 어느 정도 마치고 난 다음 근기가 서로를 바로 잡아줄 수 있는 인연이라는 것을 아셨기 때문에 네 명을 만나게 하신 것입니다.

우리 네 명은 참 잘 어울리는 도반이었습니다. 전생에서도 함께한 도반이 아니었을까 착각할 정도로 서로를 걱정하며 나보다 남을 더 생각하며 자신을 낮추고 한결같은 마음으로 수련하고 있다는 것이 정말 감사할 따름입니다. 우리 스스로 선택한 도반은 아니지만 서로를 이끌어줄 수 있는 진정성을 가진 도반이라는 것을 서로가 잘 알고 있습니다.

　그리고 도반이라고 하면 서로 간에 일상의 잡다한 마음조차도 일어나지 않는 무심의 경지에 이른 것으로 생각하지만 우린 일상에서 일어날 수 있는 인간관계와 똑 같습니다. 단지 거기에 집착하여 서로를 미워하는 것이 아니라 부모가 자식이 잘 되기를 바라는 것처럼 상이 없이 염려하는 마음에서 서로 지적하고 서로 일깨우게 되는 것입니다. 저는 도반을 통해서 많은 지혜가 생겼고 많이 깨치게 되었습니다.

　또 이 선도수련장을 시작하면서 나의 도반과 우리 선도 회원도 같은 의미이며 새로운 도반 관계라는 것을 압니다. 저는 스승님을 통해 이렇게 고마운 도반을 만날 수 있었다는 것을 진심으로 감사하게 생각합니다.

이문석 도반

어리석은 욕심

나의 도반은 나를 포함해서 네 명입니다. 스승님이 왜 네 명을 선택했는지는 앞에서 말한 것과 같이 '항상 서로 의지하면서 홀로 설 수 있게 하고 서로 이끌어 줄 수 있게 하기 위한 것이다.'고 하셨습니다.

그런데 이 네 명의 성격이 잘 맞는 듯하면서도 의견 충돌이 자주 일어나곤 했습니다. 의견 충돌이라는 것이 서로를 욕하고 헐뜯는 것이 아니라 하나의 주제가 주어지면 각자의 의견을 좀처럼 굽히지 않는 그런 충돌이었습니다. 한 번은 움막에 작은 창고를 한 동 지어야 하는데 어떻게 지을 것인가에 대한 의견이 서로 분분하고 맞지 않아 충돌을 피하기 위해 결국 창고 짓는 일을 뒤로 미루어야 하는 웃지 못 할 해프닝이 있었습니다. 각자의 생각이 너무 뚜렷하기 때문입니다.

그리고 나의 도반을 어떻게 만나게 되었는지 궁금해 하는 분이 많아 한 명 한 명을 간단하게 각각 소개하고 또 그들이 어떤 사람인지를 설명할까 합니다.

첫번째 이문석이라는 도반입니다. 이 사람을 만나게 된 것은 설악산 산행에서였습니다. 스승님과 네번째 설악산을 등반하기 위해서 9박 10일 일정으로 설악산을 거쳐 오대산까지 등산하는 과정에서 이문석 도반을 만난 것입니다.

스승님과 함께 아침 일찍 설악동에 도착하여 간단히 식사를 때우고 산행을 30분 정도 한 다음 조용하고 맑은 계곡에서 간단한 산제를 지냈습니다. 산제는 특별한 것이 아니고 9박10일 동안 아무 사고 없이 산행을 할 수 있도록 그 산의 어른인 산신령님에게 예를 올리는 것을 말합니다. 어부들이 출항할 때나 심마니들이 산삼을 캐려고 입산할 때 올리는 의식과 같은 의미라고 보시면 됩니다. 하물며 친구 집을 찾아가도 어른을 제일 먼저 찾아뵙고 인사를 드리는 것이 예의이듯이 입산을 할 때 그 산의 어른인 산신령님에게 산에 대한 예를 갖추고 아무 손상 없이 산을 잘 타겠다는 인사를 올리는 것입니다.

그리고 스승님이 올리는 산제는 특별하지 않습니다. 막걸리 한 잔, 북어 한 마리와 기타 제철 과일 몇 개를 올리고 산제를 지냅니다. 이렇게 간단히 산제를 지내고나서 스승님이 '인연이란 삶의 궤도를 많이 바꾸어 놓기 때문에 인연 맺음을 소중하게 생각하라.'고 하시며 산행을 하기 시작했습니다.

한참을 올라가고 있는데 보통 사람보다 다소 살이 찐 듯한 젊은 청년 한 명이배낭에 무엇을 얼마나 많이 넣었는지 터질 듯한 불룩한 배낭을 메고 숨을 몰아쉬면서 올라가고 있었습니다.

"저래 가지고는 정상까지 올라가기가 어렵겠습니다."

"참, 욕심은 많지만 어리석고 순수한 사람이다."

"제가 볼 때에는 무식하기가 짝이 없는데 어떻게 어리석고 순수하다고 하십니까?"

"산이 저렇게 높은데 저렇게 많은 짐을 지고 올라가겠다는 것이 순수한 마음이고 저렇게 땀을 흘리면서 올라가는 것이 어리석은 마음이다."

"짐을 많이 챙긴다는 것은 자신의 욕심 때문에 그런 것이 아닙니까?"

"욕심이라는 것은 자신의 욕심 때문에 남이 아파하고 힘들어하는 것을 알면서도 추구하는 것이고 대상에게 상처를 주지 않고 내는 마음은 무식함에서 생긴 마음이기 때문에 욕심이라기보다 어리석다고 하는 것이다."

산행을 할 때 중량은 최대의 적인데 이런 단순한 상식을 뒤로 하고 자신의 욕심을 채우기 위해 무리한 행동을 하는 무식한 사람을 보고 스승님의 분석적 해석은 오랜 수행 속에서 터득한 깊은 통찰에서 비롯된 것이라는 생각이 들었습니다.

오가는 인연

"산이라는 대상이 남에게 상처를 주고 아픔을 주며 힘들게 하는 것이 아니라 자신의 어리석음이 자신을 힘들게 한다."

스승님과 저는 그 사람을 관심 있게 지켜보면서 산행을 했습니다. 스승님은 '그 청년이 얼마 가지 않아 산행을 포기할 것이다.'면서 그 청년과 보조를 맞춰서 산행 속도를 늦추셨습니다. 그 청년은 산을 오른 지 채 30분도 가지 못하고 쉬는 것을 반복했습니다. 우리 산행은 더욱 늦추어졌고 스승님은 '그래도 기다리라.'는 말만 반복하면서 2시간이 흘러갔습니다. 2시간이 흐르자 저에게 '저 아이를 데리고 정상까지 함께 올라오라.'고 하시고는 앞서가시는 것입니다. 전혀 알지도 못하는 사람인데 어떻게 데리고 가야할지 참으로 난감했습니다. 그때 저의 성격은 아주 내성적이고 남을 주도해서 이끌어가지 못하고 남이 나를 챙겨주지 않으면 하고 싶어도 하지 못하는 그런 소심한 성격이었습니다. 이런 나에게 처음 보는 사람을 데리고 오라고 시키시니 정말 난감했습니다.

　한참동안 그 청년 뒤를 따라가다가 도저히 함께 데리고 갈 용기가 나지 않아서 그냥 혼자 가야겠다는 생각으로 앞서가려고 하는데 그 사람이 나를 부르면서 '물 좀 있으면 얻어 마십시다.'고 말을 걸어 온 것입니다. 물을 건네주며 '배낭이 꽤 무거워 보입니다.'고 하자. 쓴 웃음을 지어보이면서 '나는 한 번도 산행을 해본 적이 없습니다.'는 것입니다. '그래서 무엇이 필요한지를 몰라 생각나는 대로 2박3일 정도 산에서 생활하는데 필요한 물건만 챙겨왔습니다.'고 했습니다. 그러면서 '힘들어서 도저히 더 이상 못가겠습니다.'며 포기하려고 하기에 '이왕 한 번 시작한 것 정상까지는 가봐야 되지 않겠느냐.'고 하자 아무 말 없이 물만 마셨습니다.

　옆에 있는 배낭을 들어보니 정말 무거웠습니다. '제가 이배낭을 들어줄 테니 같이 갑시다.'고 하자 '미안하고 염치가 없어서 못 가겠습니다.'고 한사코 사양을 하는 것입니다. 속으로 그냥 갈까하다가 스승님과의 약속도 있고 해서 '남자가 한 번 가기로 마음먹었으면 정상까지는 가야 하지 않겠느냐.'고 하면서 같이 가자며 반강제로 이끌자 못이기는 척하면서 따라오는 것입니다. 가다 쉬고를 반복하면서 '이렇게 무거운 배낭을 메고 산에 가려고 한 것이 대단합니다.'고 하자. '사실은 산을 가기위해서 온 것이 아니고 마음이 아파서 온 것입니다.'고 했습니다. 사연을 들어보니 잘은 모르지만 참 힘들겠다는 생각이 들었습니다.

　이야기인 즉 슨 '오늘이 사랑하는 여자가 결혼을 하는 날입니다.'고 했습니다. '직장에서 만나 서로 의지하면서 깊이 사랑을 했는데 갑자기 헤어지자는 말만 남기고는 회사도 그만두고 연락을 끊어 버렸습니다.'고 합니다. '수개월이 지나서 행정고시에 합격한 사람과 결혼을 한다는 소리를 듣고는 너무나 가슴이 아파서 술로 세월을 보내다가 이러다가는 폐인이 될 것 같아서 모든 것을 잊고 새 마음 새 뜻으로 출발하려고 산으로 왔는데 산행이 이렇게 힘든 줄 몰랐고 또 산행에 필요하다 싶은 것은 다 넣어 온 탓입니다.'라고 했습니다.

이와 같이 많은 이야기를 주고받으면서 가다보니 저녁 늦게 정상에 도착했습니다. 그 동안 스승님은 텐트를 치고 저녁을 차려놓고 우리를 기다리고 계셨습니다. 그 당시는 설악산 정상에 텐트를 칠 수 있는 시기였습니다. 그렇게 도착하여 인사를 하자 잘 데리고 왔다면서 저녁밥을 주셨습니다. 밥을 다 먹고 배낭을 풀어보니 무게 많이 나가는 것만 골라온 것 같았습니다. 양파, 오이 5개, 고등어 캔 2개, 라면 5개, 김치, 소주 3병, 과자, 냄비, 가정용 가스렌지, 기타 등등 정말 많았습니다. 산행을 하자는 것이 아니라 먹기 위해서 산에 온 것 같았습니다. 스승님은 '산행 요령도 없는 사람이 무식하게 온 것을 보면 답답하다.'며 '산에 맞는 산행을 해야 한다.'고 하시고는 '보아하니 산을 전문적으로 타는 사람이 아닌데 설악산은 어떻게 오게 되었는지.' 물으셨습니다. 사연을 말씀드리자 한참을 말없이 계시다가 말문을 열었습니다.

"사람들은 인연에 집착함으로서 많은 고통을 받고 사는 법이다. 인연에 집착하는 것이 아니라 인연에서 느껴지는 감각을 내 안으로 익게 하면 많은 것을 찾고 경험하게 되어 삶이 깊어지고 넓어지게 된다. 그런데 사람들은 인연을 통해 느껴지는 감정을 상대에게 집착함으로서 오히려 얇고 좁아져 큰 아픔을 받아 원망하고 분해하며 이성을 잃고 있다. 그래서 인연은 많은 것을 알게도 하지만 집착하면 모든 것을 잃게 할 수도 있다는 것을 알아야 한다."

인생살이에 있어서 '인연은 오가는 것이기에 집착하지 말아야 한다.'고 재차 강조하시며 피곤할 텐데 빨리 누워 자라고 했습니다.

참 고마운 인연

아침에 일어나 일출을 보려고 했는데 날이 흐린 바람에 일출은 보지 못하고 서둘러 짐을 챙겨 하산하려고 하는데 문석이 다리가 엄청 부어 있었습니다. 스승님이 문석이의 다리를 간단하게 풀어주고는 이 산에 맞지 않는 다리를 가지고 왔기 때문에 이렇게 부은 것이라면서 다음에 설악산에 올 때에는 설악산에 맞는 다리를 만들고 난 다음 오라며 하산을 시작하였습니다. 하산하여 헤어질 무렵에 문석에게 전화번호와 주소를 적어주고 하시는 말씀이 '우리가 생각나고 같이 산행을 하고 싶거든 지리산에 맞는 몸을 만들어 이 주소로 찾아오면 만날 수 있을 것이다.'고 하셨습니다.

문석이는 서울로 향하고 우리는 다음 산행지인 오대산으로 향했습니다.

"스승님, 다른 사람은 한 번 만나자고해도 만나주지 않으면서 문석에게는 주소까지 적어주는 것이 몹시 궁금합니다."

"우리와 인연이 있는 사람이다. 네가 잘 보살펴주어라."

"그렇게 할 수 있을지 잘 모르겠습니다."

"너를 보고 그 청년을 데려오라 한 것은 너와 인연이 있는지 없는지를 알아보기 위해서이다. 만나보니 너와 아주 깊은 인연이고 서로 많은 것을 도울 수 있는 인연이기에 전화번호와 주소를 준 것이니 나중에 가보면 알게 될 것이다. 빨리 가자."

산행을 재촉하였습니다.

우리는 그렇게 많은 경험을 하면서 무사히 오대산 산행을 마치고 지리산 움막으로 돌아가서 일상의 생활로 돌아갔습니다. 한 몇 개월이 지나서 누군가가 움막으로 찾아왔는데 그가 바로 이문석이었습니다. 배낭 하나를 매고 지리산을 타기위해 왔다면서 스승님을 찾았습니다.

스승님은 그 길로 문석이를 데리고 3박4일의 일정으로 지리산 산행을 떠나셨습니다. 나도 따라가겠다고 하자. 너는 집이나 지키라면서 단둘이 떠나셨습니다. 3박4일이 지나도 돌아오지 않아 마을로 내려가서 생필품을 사서 돌아오니 스승님과 문석이가 평 마루에 앉아서 짐을 정리하고 있었습니다. 인사를 하고 같이 짐을 정리하는데 스승님은 장사할 준비가 늦었다면서 마을로 내려가신 후 문석이와 이런저런 얘기를 하는 도중에 문석이가 여기서 같이 생활하기로 했다고 하는 것입니다. 정말 반가웠습니다. 혼자 수련하다가 같이 지낼 도반이 생겼다는 것이 얼마나 기쁜 일인지 몰랐습니다. 그렇게 해서 문석이와의 생활이 시작된 것입니다.

한참이 지나서야 들은 이야기지만 그때 설악산에는 죽으려고 갔었는데 이왕 여기까지 온 김에 정상이나 한 번 올라가 보고 죽어야겠다는 생각이 들더라는 것입니다. 그래서 한 두 시간을 올라가니 힘도 들고 정상에는 가서 뭐하겠느냐는 생각이 들어서 잠시 쉬고 있을 때 나를 만난 것이라고 했습니다. 우리의 인연은 그렇게 시작되어 지금도 좋은 도반으로 남아 서로를 이끌어주고 있습니다. 참 고마운 인연입니다.

박성재 도반

깨어진 사발

박성재는 나보다 나이가 조금 많은 사람입니다. 대학 다닐 때부터 산악 동아리에 들어서 산을 즐겨 다닐 정도로 산을 무척 좋아 했고 전국 명산은 안 가 본 곳이 없을 정도로 많이 다녔다고 합니다. 성재 도반을 만난 것은 아마도 월악산인 것으로 기억 됩니다. 스승님과 문석이, 저 셋이서 월악산 덕주사로 해서 마애불을 지나 정상부근에서 쉬고 있는데 월악리 쪽으로 이어진 길이 있는데 그 길로 한 청년이 기진맥진한 상태로 올라오고 있었습니다. 스승님은 우리에게 저 사람을 도와주라고 했습니다.

한참을 내려가서 배낭을 건네받고 부축해서 올라와 간단한 요기를 시킨 다음 사정 이야기를 들었습니다. 속리산을 거쳐서 월악산까지 왔으며, 구간을 정해서 백두대간을 종주중이라고 했습니다. 속리산을 산행하고 월악산에 오르는데 갑자기 다리에 쥐가 나고 기운이 빠지기에 하는 수없이 바로 밑에서 일 박을 하고 올라오는 중이라고 했습니다. 스승님은 이런 몸으로 산행을 한다는 것은 무리라면서 하산을 권했지만 이 구간을 이번에 마치지 못하면 다음 산행에 지장을 주기 때문에 무리해서라도 마쳐야 한다고 했습니다.

서로 대화를 나누던 중에 그 청년이 어제 밤에는 정말 무서웠다고 했습니다. 텐트를 치고 잠을 자려고 하는데 그날따라 밤이 너무 무서웠다고 합니다. 그래도 참고 잠을 청했는데 갑자기 밖에서 '여보게, 여보게'라는 소리가 들리며 누군가가 자기를 부르는 것 같아 야간 산행을 하는 등산객인가 하고 밖을 내다보니 아무도 없었다고 합니다. 잘못 들었나 싶어서 다시 누웠는데 또 부르는 소리가 들리기에 나가려고하는데 머리가 바짝 서고 소름이 끼치더니 웬 사람 하나가 텐트 안으로 불쑥 들어오더니 '이 놈, 남의 무덤 위에 텐트를 치고 누워 있으면 어떻게 하느냐.'며 야단을 치고는 '이왕 텐트를 쳤으니 하는 수 없지만 대신 나의 부탁을 하나 들어주어야 한다.'고 하며 깨어진 사발 하나를 주면서 이것을 가지고 있다가 3년 후에 물을 담아서 나를 생각하며 세 번의 절을 해주면 이 자리에서 자게 해주겠다고 했답니다. 그 소리를 듣자말자 기절하고 눈을 뜨니 아침이었다고 합니다. 꿈인지 생시인지 분간을 못하겠고 겁도 나고 해서 얼른 텐트를 걷어 배낭을 챙기는데 텐트 핀을 뽑은 자리에 어제 밤에 본 것과 흡사한 사발 하나가 흙에 묻혀있기에 파보니 꿈에 본 것과 똑같지는 않지만 정말 사발 하나가 있었다고 합니다. 정말 신기하기도 하고 우연인 것 같기도 해서 일단 사발을 배낭 속에 넣고 그 곳을 빨리 떠나기 위해 빠진 짐이 없는지 둘러보는데 그 터가 아주 오래 된 무덤 같았다고 합니다. 전날은 몸도 피곤하고 해서 대강 편편한 곳을 골라 텐트를 친 것이었는데 알고 보니 무덤 위였다는 것을 알고는 소름이 다시 한 번 끼치기에 그곳을 떠나 올라오는 중이었다고 합니다.

진정한 산행

스승님은 그 이야기를 들으시고는 성재에게 다음과 같이 일러주었습니다.

"그 사발을 잘 간직했다가 3년 후에 물을 담아서 그 사람을 생각하면서 세 번의 절을 해주어라."

"선생님, 그 의미가 무슨 뜻입니까."

"나도 잘 모르지만 너의 도움을 받아야 될 인연인 것 같다. 그 몸으로는 도저히 산행을 계속할 수 없으니 산을 내려가는 것이 좋을 것 같구나. 나도 빨리 산행을 떠나야 한다."

"……."

문석이와 저는 그때 세 번의 절이 무엇을 뜻하는지 도무지 종잡을 수가 없었습니다.

우리가 정상까지 오른 다음 하산을 하려고 하는데 기진맥진한 몸을 이끌고 성재가 올라오는 것입니다. 스승님은 하는 수 없이 성재의 배낭과 짐을 문석이와 내가 나누어지게 하고 성재를 부축해 하산을 했습니다. 성재가 너무 고맙다면서 막걸리를 대접하겠다고 막무가내로 스승님과 우리를 가게로 안내하는 바람에 어쩔 수 없이 함께 막걸리를 한잔하게 되었습니다. 스승님은 성재에게 산을 그렇게 무지막지하게 타면 안 된다고 하시며 다음 달에 덕유산을 종주하려고 하는데 같이 갈 수 있으면 연락하라고 하시며 전화번호를 주고는 헤어졌습니다. 지리산으로 돌아오는 길에 스승님은 성재가 인연이 될 수도 있다고 하셨습니다. 함부로 연락처를 적어주는 분이 아니시기에 예사 인연이 아닐 것이라는 생각은 했지만 스승님이 직접 말씀하신 것은 처음이었습니다.

한 달쯤 지나서 덕유산을 종주하기 위해 산행 준비하고 있는데 성재에게서 전화가 걸려 와서 이틀 후에 나제통문 앞에서 만나기로 약속을 했습니다. 이틀 뒤 스승님과 우리는 무주행 버스를 타고 나제통문에 내려서 성재를 만났습니다. 성재는 단정한 머리에 야무지게 산행할 준비를 하고 스승님께 인사를 했고 우리는 삼공리로 해서 정상에 오르는 길을 택해 산행을 시작했습니다. 백련사를 지나 향적봉으로 해서 삿갓봉을 지나 남 덕유산으로 해서 영각사로 내려오는 산행이었습니다. 우리는 향적봉까지는 별 말 없이 걷기만하다가 능선을 타면서는 서로의 이야기를 주고받으면서 산행을 계속 했습니다.

한참을 산행하는데 성재가 노래를 한 곡 하겠다고 자청하면서 누가 시키지도 않았는데도 창을 뽑는데 얼마나 잘하던지 우리 모두 놀랐습니다. 노래를 다 듣고 난 스승님이 성재에게 불쑥 한마디 던졌습니다.

"너 나한테 산타는 법을 배워보지 않겠느냐."
"산타는 방법이 걷는 것 말고 또 있습니까!"
"네가 이제까지 산행을 한 것은 너의 욕심 때문에 산을 탄 것이지 진정한 산행이 아니다. 나와 함께 산행을 한 번 해보자."
"여기서 바로 결정할 수 없습니다. 학교를 마치고 나서 한 번 생각해 보겠습니다. 산은 어떻게 타는 것이 바르게 타는 것입니까."

스승님은 잠시 먼 산을 한 번 둘러보시고는 조용한 목소리를 이어갔습니다.

"산이라는 것은 '큰 덕목의 원천' 이다. 석가가 산에서 수행한 이유가 여기에 있다. 자신을 가장 깊게 보고 느낄 수 있으며 가진 사람과 가지지 않는 사람을 구별함이 없고 많이배우고 배우지 못함을 가리지 않고 명예 있음과 없음을 가리지 않고 항상 같음을 유지하고 자연의 이치에 순응하며 모든 생명을 쉬게 하는 사랑으로 충만 된 곳이 산이다. 그런데 사람들은 산을 정복한다며 산과 싸우고 있다. 산은 싸우지 아니한다. 단지 우리를 감싸고 있을 뿐 결국 우리 스스로 산과 싸우다 지쳐서 쓰러져 죽어가는 것이다. 산은 항상 말없이 우리를 지켜보며 말없이 살라고 충고하고 있다. 산과 하나 되는 산행을 하는 것이 진정한 산행이다. 그러니 너도 그러한 산행을 했으며 한다."

능선을 따라 산행을 하면서 자연이라는 것이 이리도 장엄하고 말없이 보이지 않게 움직이는 것이 놀랍기만 했습니다. 감탄을 하면서 내려오다 보니 어느새 영각사로 해서 마을까지 내려와 있었습니다.

목소리에 울림이

성재와 헤어지고 산으로 돌아와서 산속 생활을 하다보니 어느 새 일 년이 흘러갔습니다. 그러던 어느 날 스승님과 도반의 빨래를 한참하고 있는데 작은 싸리문을 열고 묵직한 짐을 든 얼굴이 낯익은 사람이 들어오는 것입니다. 자세히 보니 성재였습니다. 얼마나 반갑든지 서로 악수를 하고 짐을 받아 청마루에 내려놓고 이곳으로 오게 된 사연을 듣게 되었습니다.

"덕유산에서 내려와 정말 열심히 공부하면서 지냈는데 한 친구가 '부모님의 도움만으로 학교를 다닐 수 있느냐. 등록금을 벌 수 있는 좋은 기회가 있다.' 면서 같이 가자는 바람에 따라갔다가 다단계 사업을 시작하게 되었네. 그때는 일반적으로 다단계 사업이 어떤 것인지 잘 알려져 있지 않은 상태였기 때문에 설명을 들어보니 한 학기 등록금만 투자하면 큰 돈을 벌 수 있었을 것 같은 생각이 들었고 또 둘도 없는 친구가 권하기에 믿고 시작했는데 시작한지 8개월이 지나서 사무실에 가보니 둘도 없는 친구와 사장이라는 사람이 그만 종적을 감추어버렸네. 정말 허탈하기가 그지없었네. 한 2개월을 술로 지내다가 보니 문득 덕유산에서 할아버지께 들은 산에 대한 이야기가 생각이 났네. 부모님 볼 면목도 없고 사회가 싫어서 이곳으로 오게 되었네."

"일단 나 혼자 내릴 결정이 아니니 스승님이 21일 수련 끝나는 날이 내일이기 때문에 스승님에게 여쭈어보고 결정하겠으니 본 움막 아래에 있는 작은 움막에서 기다리게."

이틀이 지나 스승님이 수련을 마치고 움막으로 내려오셨습니다. 그 동안 있었던 일들을 말씀드리고 저녁을 먹으면서 '성재가 왔습니다.'고 하자 '성재를 받아들이라.'고 했습니다. 우리는 항상 사람을 받아들일 때에 서로의 의견을 내어 하나로 모은 다음 결정을 하였기에 서로의 의견을 내었습니다.

스승님은 '처음 산을 탈 때에는 성재에 대해 별 마음이 없었는데 창을 들으면서 그 목소리에 울림이 있었고 진실한 마음이 느껴졌다.'고 하시며 '너희가 서로 도울 수 있는 인연이 있기 때문에 함께 생활했으면 한다.'는 것입니다. 저 또한 성재가 싫지 않았습니다. 성재의 밝고 맑은 눈빛과 성실함이 좋았습니다. 그런데 문석이는 '성재가 다단계에 빠진 것을 보면 사행심이 많기 때문에 산에 오래 있지 못할 수 있기 때문에 우리와 함께 생활한다는 것은 어렵지 않을까 생각한다.'면서 반대를 했습니다. 그래서 다수결에 따라서 성재를 받아들이기로 했습니다.

그렇게 성재와 문석이 나 이렇게 세 명이 본격적으로 수련에 들어가게 되었습니다. 스승님은 이렇게 세 명을 지도하면서 우리도 모르게 5년 전부터 또 다른 한 명을 지도하고 계셨습니다. 이름은 김희승이고 그 이후 2년이 더 지나서 만나게 되었습니다.

김희승 도반

부모님의 눈물

스승님은 도반들 중에서 저를 가장 먼저 만난 것이 아니라 저를 만나기 전에 이미 한 사람을 수련시키고 계셨습니다. 우리 도반 중에서 가장 나이가 많은 사람입니다. 희승이는 아직도 지금 이 시간까지 지리산에서 수련 정진을 계속하고 있습니다. 희승이가 스승님을 만나게 된 동기는 참 묘한 만남이었다고 합니다. 스승님을 만나기 전에 부산에 있는 동아대학을 다녔고 2학년을 마치고 스승님을 만나 출가했다고 합니다. 희승의 고향은 경남 산청군으로 지리산 자락에서 태어났고, 그 지리산 자락은 무속인들이 기도를 많이 하는 곳으로 유명하다고 합니다.

어릴 때부터 그런 사람들을 많이 보고 자랐기 때문에 항상 관심을 가지고 있었는데 대학에 들어가면서 단전호흡을 시작했다고 합니다. 80년 초에 『단』이라는 소설이 베스트셀러가 되면서 사회적으로 붐이 일고 있던 시기였습니다. 그렇게 단전호흡을 6개월 정도 하니 하단전에서 기운이 돌기 시작하는데 감당이 되지 않더라는 겁니다. 하는 수 없이 수련장을 찾아서 수련을 하다보니 학과 공부를 하지 못해서 F학점만 겨우 면하게 되었다고 합니다. 이래서는 둘 다 하지 못하겠다싶어서 '이왕 시작한 수련 끝까지 한 번 해보자.'는 마음으로 학교를 휴학하고 수련장에 들어가서 숙식을 하면서 본격적으로 수련을 했다고 합니다. 시골집에서는 희승이가 휴학한 줄도 모르고 하숙비와 등록금을 계속 부쳤다고 합니다. 그렇게 수련장에서 한 6개월을 수련하고 나니 더 이상 수련이 되지 않고 오히려 수련장이 방해가 되더라는 겁니다. 원장님도 너를 어떻게 수련 지도해야 될지를 모르겠다며 산에서 수련하면 수련장에서 하는 것보다 훨씬 깊게 들어갈 수 있을 것이라며 산행 수련을 권했다고 합니다. 그길로 짐을 챙겨 지리산으로 들어가서 수련 생활을 시작했다고 합니다.

한편 집에서는 아들이 산으로 들어간 것도 모르고 산골에서 부산에 있는 대학에 갔다고 하니 온 동네가 대단한 아들이 났다고 좋아했답니다. 우리가 볼 때에는 동아대학이라 하면 보통의 대학이라고 생각하지만 촌 어른들은 무슨 대학이 중요한 것이 아니고 대학 그 자체를 대단하게 생각하고 있는데 전공도 정치외교학과이니 동네어른들은 더 대단하다고 생각하고 있었던 것입니다. 정치외교학과를 졸업만하면 정치인이 되는 줄 알고 기대를 많이 했다고 합니다. 그렇게 기대한 아들이 학교를 휴학하고 산에서 수련하고 있다는 소리가 부모님 귀에 들어가자 동네가 발칵 뒤집혔다고 합니다. 부모님이 아들을 찾아와서 협박하고 타일러 보기를 8개월 동안 했지만 소용이 없자 그 마을에 있는 집과 전답을 정리하여 전라도 외할머니가 사는 구례군 산동면으로 이사를 가셨다고 합니다. 그때 마침 스승님이 그 동네에 고추와 깨를 사기위해 흥정을 하면서 이런저런 얘기 끝에 이렇게 힘들게 일하는데 아들이 없느냐고 물으니 자신이 여기까지 이사 오게 된 이야기를 하면서 지리산 어디에서 무당이 되기 위해 기도하고 있을 것이라면서 눈물을 흘리더라는 것입니다. 그래서 그 아들이 어디 있는지를 알려달라고 해도 모른다고만 하기에 자신이 설득을 해 볼 테니 주소만 가르쳐 달라고 하자 스승님의 손을 꼭 잡고 제발 우리아들 설득하여 공부를 계속하게 해달라고 신신당부 하더라는 것입니다.

삼배

스승님은 고추와 참깨를 서울에서 다 처분하시고는 주소를 들고 그 아이를 찾아 나섰다고 합니다. 묻고 물어 찾아 가니 한 길모퉁이에서 웬 청년이 서있었답니다. 그 청년은 스승님을 보자 기다렸다며 아는 척을 하더라는 것입니다. 스승님의 첫눈에 '아! 이 사람이 그 할머니의 자식이구나.'를 알 수 있었고 또 '수련은 깊지 않았지만 바르게만 가르치면 큰 재목이 될 것 같은 느낌이 들더라.'는 것입니다. 그래도 모른 체 하면서 물었답니다.

"왜 날 보고 인사하느냐."

"선생님이 올 줄 알고 기다렸습니다. 수련 중에 나를 도울 사람이 찾아온다는 계시를 받고 한 3일 기다렸습니다."

"이 험한 산골짜기에 누가 찾아온다고 기다렸느냐. 나는 단지 너의 어머니가 보내서 왔다."

"아무튼 저와 같이 갑시다."

"그래 네가 사는 움막에나 한 번 가 보자. 그런데 네 부모님의 걱정이 대단하다. 늙은 어머니를 홀로 놔두고 사지가 멀쩡한 놈이 이렇게 살아서 되겠느냐."

"나의 뜻은 확고합니다. 나를 설득할 생각은 하지 마시고 지금 나는 쌀이 필요하고 속옷과 내의가 필요하니 어떻게 해서라도 구해주십시오."

"나한테 돈을 맡겨 놓았느냐."

"나는 지금 바로 수련에 들어가야 하기 때문에 긴 얘기를 하지 못합니다."

그리고는 움막 위에 있는 토굴로 들어가 버렸다고 합니다. 타일러 보기도 해보고 부모 핑계를 대 보았지만 해결책이 없어 하는 수 없이 마을로 내려와 필요한 물건을 사서 움막에 두고 산을 내려 왔답니다. 그리고는 한 달에 한 번씩 필요한 물품을 대주었다고 합니다.

그렇게 3개월이 지나고 나자 희승이가 움막에서 스승님을 기다리더라는 것입니다. 스승님을 보더니 '자신에게 하고 싶은 말을 하시라.' 면서 자리를 내어주며 스승님이 한 말씀하기를 기다리더라는 것입니다.

스승님은 망설임 없이 '희성이의 머리카락을 잘라버렸다.'고 합니다. 순식간에 일어난 일이기 때문에 서로의 눈만 보면서 한참을 있는데 희승이가 일어나 삼배를 하면서 '제자로 받아주기를 청했다.'고 합니다. 그때 스승님은 속마음으로 '혼자 수련한 놈치고 크게 어긋나지 않은 것을 보면 제대로 갈 수 있는 놈이라 생각을 하고 머리카락을 잘랐는데 그 잘림을 알아차리는 것을 보면 자신의 제자가 되어도 되겠다.'는 마음이 일어 그 자리에서 승낙을 했다고 합니다.

스승님은 희승이에게 '산속 생활을 정리하게 하고 부모님이 바라는 학교를 다 마치게 한 다음 부모님의 허락을 받기 전까지는 산속 생활을 허락하지 않았다.'고 합니다. 부모님을 어떻게 설득하였는지 희승이는 스승님과 산 생활을 시작하는 것과 동시에 보름마다 제를 지냈다고 합니다. 여기서 제라고 하는 것은 '자신의 온 정성을 모아 하늘에다 신고하는 것'을 제라고 하는 것입니다. 우상숭배나 기타 종교적인 의식이 아니라는 것을 다시 한 번 말합니다.

그렇게 보름이 지나자 그날 밤 꿈에 할아버지 한 분이 자신에게 말하기를 '너의 스승을 잘 따르기만 하면 네가 얻고자 하는 것을 얻을 것이다.'고 하시고는 '지팡이로 백회 부분을 치자 땅에서 물줄기가 솟아오르는 것 같이 빛이 솟아오르는데 겁이 나서 깼다.'고 합니다. 그런 일이 있은 후 아침에 일어나 목욕재계하고 스승님에게 삼배를 올렸다고 합니다. 스승님은 삼배를 받으시고는 '지금 이 자리에 어떠한 일이 있더라도 떠나지 말고 지켜야 한다.'고 했답니다.

도반과 생활

영을 자라게 하는 만남

만남이라는 것이 참 묘하다는 생각이 듭니다. 생각과 느낌이 다른 사람끼리 서로 만나 본성이라는 목표에 도달하기 위해 함께 정진한다는 것이 참 묘한 것 같습니다. 인생에서 수많은 만남을 통해 어떤 때는 서로 아파하기도 하고 어떤 때는 서로 사랑을 받기도 하며 살지만 '진정으로 이 만남을 통해 우리는 무엇을 받아들여야 할까.' 하는 것입니다.

만남은 누구와의 맺음인데 이 맺음은 단지 거래를 위한 만남이 아니라 내 안의 영을 자라게 할 수 있는 만남이 최고의 만남이라고 생각합니다. 그래서인지 나와 도반과의 만남은 나에게 많은 것을 변하게 했습니다. 저는 어릴 때부터 한 번도 집을 떠나 본적이 없었기에 만남이 사람을 이렇게 바꾸어 놓을 줄 몰랐습니다. 그런데 도반들과의 만남이 처음부터 좋은 만남만은 아니었습니다. 남남이 만나 함께 산다는 것이 처음부터 다 좋게 시작하지는 않는다는 것입니다. 결국 함께 산다는 것은 자신의 모난 성격과 행동을 전체에 맞추어 다스리지 못하면 함께할 수 없기 때문입니다. 각자가 가진 성격을 잘 조화하여 어떻게 화합을 이루는가에 따라서 좋은 관계, 나쁜 관계가 형성되기 때문입니다.

김희승의 성격

김희승이라는 도반은 우리 가운데 제일 맏형으로 성격이 차분하고 꼼꼼한 편입니다. 항상 자기 생각을 잘 정리하여 일을 처리하며 규율도 잘 지켜 스승님의 모든 수련과 일을 가장 이상적으로 따르는 분이였습니다. 또 맏형으로서 우리를 보살피고 격려하면서 매사에 솔선수범하고 성실하게 일을 처리했습니다. 그런데 융통성이 없는 것이 한 가지 단점이라면 단점입니다.

한 번은 움막에 구들장을 놓는데 아궁이를 너무 크게 놓아 다 뜯어내고 다시 구들을 놓은 사건이 있었습니다. 아궁이가 너무 크면 열손실이 크기 때문에 작게 하는 것이 좋겠다고 하는 도반들의 의견을 무시하고 자기의 고집을 피우다가 일어난 일입니다. '아래 동네에 사는 구들 잘 놓는 할아버지가 아궁이를 크게 하는 것이 좋다.'고 했기 때문에 크게 해야 한다고 하는 것입니다. 아궁이를 크게 하면 불을 땔 당시는 따뜻한데 얼마 지나지 않아 금방 구들이 식어버리는 것입니다. 하는 수 없이 아래 마을 할아버지를 모시고 왔습니다.

"어떤 놈이 아궁이를 이렇게 크게 했느냐, 이 미친 놈아."

"할아버지께서 '아궁이는 크게 하는 것이 불을 잘 들이는 것이라.' 했기에 크게 한 것인데 무엇이 잘못되었습니까!"

"이보게, 그때는 사과나무 밑둥치가 많았기 때문에 일일이 자를 수가 없어서 그 밑둥치를 넣기 위해서는 아궁이가 커야한다고 했지 이렇게 깊은 산속에서 아궁이를 이렇게 만드는 사람은 자네 밖에 없을 것일세. 어린 아이에게 물어봐도 이 정도는 알 수 있을 것일세."

호통을 크게 치시고는 내려가셨습니다.

누가 봐도 이것이 맞는데 자신이 알고 있는 범위 내에서만 일을 처리하지 그것을 응용하여 다른 것을 하지 못하는 것입니다. 이 단점만 빼고는 무엇이든 우리들에게 본보기가 되었습니다. 지금도 산속 움막에서 정진을 계속 하고 있지만 우리들에게 많은 힘이 되고 있습니다.

희승이의 구도심은 강철을 씹는 것 같은 집요함이 있으므로 산에서 여생을 마칠 것 같습니다. 또 자기 자신도 '산과 결혼한 사람이기 때문에 산속에 묻혀 있다는 것이 너무 행복하다.'며 우리들에게 '무슨 산이든지 산을 함부로 대하지 말라.'면서 '산을 함부로 대하는 것은 자신의 아내를 함부로 대하는 것과 같은 것이기 때문에 항상 형수 대하듯이 산행을 하라.'고 늘 말했습니다. 지금은 어느 산에 있는지 잘 모릅니다. 단지 일 년에 지리산에서 한 번씩밖에 보지 못합니다.

이문석의 성격

그 다음은 이문석이란 도반입니다. 문석이는 나와 동갑이며 나와는 각별하게 지냈습니다. 문석이와 각별하게 지냈다고 해서 다른 도반과는 친하지 않았다는 것은 아닙니다. 그런데 문석이는 좀 게으른 편입니다. 스승님이 일을 시키면 무슨 일이든지 늑장을 부립니다. 약속을 해도 꼭 5분에서 10분 정도 늦는 스타일입니다. 어떤 때는 이런 일로 낭패를 본 적도 있습니다.

스승님을 모시고 광주에 가기위해 하동 버스터미널에서 첫차를 타고가야 하는 일이 있었는데 문석이를 기다리다가 그만 첫차를 놓쳐 스승님을 당황스럽게 한 적이 한 두 번이 아니었습니다. 그래도 스승님은 문석이를 참 많이 아끼셨습니다. 무슨 이유인지는 알 수 없었지만 제일 많이 데리고 다니셨습니다. 이런 반면에 수련에 임해서는 한 치의 빈틈이 없이 아주 냉철하고 깊게 들어갔고 노력도 게을리 하지 않았습니다.

박성재의 성격

그 다음에 박성재란 도반입니다. 이 도반은 나보다 한 살이 어리고 성격이 아주 급한 편입니다. 항상 급한 성격 때문에 욕을 제일 많이 얻어먹었고 '하루라도 스승님의 지적을 받지 않으면 해가 서쪽에서 뜬다.'고 스승님이 말씀 하시곤 했습니다. 성격이 난폭해서가 아니라 남에게 잘해주려고 모든 것을 오버해서 하다보니 자연스럽게 급하게 된 것입니다. 이런 모습과는 달리 한 가지 일에 몰입하면 어떻게 하던 그 일을 끝내야 직성이 풀리는 성격입니다. 한 번은 장마철이 되어 움막에 물이 자꾸 들어오는 바람에 쌀이 물에 잠기는 일이 일어났습니다. 우리는 하는 수 없이 비를 맞으며 배수로를 간단하게 마무리하고 나머지는 내일 마무리하기로 하고 잠을 잤는데 성재 혼자 밤새도록 그 많은 것을 다한 것입니다. 아침에 일어난 우리는 배수로를 보고 입을 다물 수가 없었습니다. 도저히 한 사람이 했다고는 믿기 힘든 불가사의한 일이었습니다. 이와 같이 한 번 시작했다고 하면 끝을 봐야 직성이 풀리는 성격이므로 고생을 제일 많이 했습니다.

김한용의 성격

마지막은 저입니다. 저의 성격을 내가 말한다는 것은 좀 어색한 일이지만 도반들의 말을 빌리자면 '이것도 저것도 아닌 우유부단한 성격이라.'고 합니다. 저도 깊이 생각하고 판단해서 내린 결정인데 도반들은 '이것이면 이것이다. 저것이면 저것이다.'를 확실하게 결정 내리라는 핀잔을 많이 받았습니다. 하지만 내 딴에는 확실하게 판단하고 결정 내린 것인데 자꾸 흐리멍덩하다고 하니 정말 답답했습니다. 그래서 붙은 별명이 맹물이었습니다. 도반들이 저를 부를 때 맹물이라고 불렀습니다. 맹물에 무엇이던 타면 그 물이 되기 때문에 붙여진 별명입니다.

우리는 이렇게 각기 다른 성격을 가지고 서로 맞물려 돌아갔습니다. 서로 맞물려 돌면서 서로의 장단점을 통해 각자의 성격이 서로 닮아지게 된 것 같습니다. 따지고 보면 이러한 성격이 융합할 수 있었던 것은 서로에게 거울이 될 수 있도록 지도하신 스승님의 배려였던 것입니다.

서로의 거울

스승님은 '말씀이나 행동보다는 말씀 안 하시는 가운데 진리의 가르침을, 행동 안 하시는 부드러움 속에 따끔한 경책을, 보이지 않는 곳에 심오한 철학'을 우리에게 심으셨습니다. 이러한 도리를 스승님을 떠나보내고 난 후 한참의 수행 정진을 한 연후에 깨닫게 된 경우가 많기 때문입니다.

희승이라는 도반은 신중함의 미학과 원칙이 무엇인지를 가르치고, 문석이란 도반은 느림의 미학과 순진한 것이 무엇인지를 퍼트리고, 성재라는 도반은 빠르고 단순함이 얼마나 자신을 힘들게 하는지를 체험하게 하고, 저는 이것도 저것도 아닌 어리석음이 얼마나 답답하게 하는지를 전하는 그런 사람이었습니다. 어느 누가 얘기 했듯이 가르치는 것이배우는 것이고 배우는 것이 가르치는 것이라고 했습니다. 스승님은 무언중에 우리들에게 서로서로를 볼 수 있는 장을 만들어 주었습니다.

만약에 순한 사람들끼리만 모아 놓으면 얼마가지 못해 헤어지고 말았을 것입니다. 각기 다른 성격을 가지고 3~4년을 지내다보니 모두 자신의 성격은 없어지고 신중도, 원칙도, 느림도, 급함도, 게으름도 우유부단함도 아닌 모나지 않는 성격으로 바뀌어 가는 것을 느꼈습니다. 우리 네 명의 합숙생활이 어느 정도 지나자 서로가 서로의 거울이 되어 서로를 다듬고 푹 익을 수 있는 시간을 주었습니다.

"항상 자기 자신을 보기보다 상대방을 보며 자신의 내면세계에서 일어나는 마음을 보고 느끼면 내면의 거울을 가지게 된다. 상대방의 모자람과 못난 것을 짚고 고치려 하기보다 상대방의 모자람과 못난 것에 맞추어 주기위해 노력하여라. 상대방에게 자신의 내면세계의 마음을 맞추어 주다보면 감정이 일 것이다. 그때 그 감정을 보고 내면세계의 마음을 추스르고 다스리면 된다."

가만히 지켜보면서 삐죽삐죽 튀어 나온 감정을 각자의 정으로서 치게 만든 것입니다. 자신의 모난 점을 치면서 네 명이 흩어지지 않도록 서로에게 맞는 성격을 자연스럽게 만들어 주신 것입니다.

세 명과 네 명

네 명을 선택한 이유

스승님이 제자 네 명을 선택해서 가르치신 것은 조화를 아셨기 때문입니다. 여기서 선택한다는 것은 맹목적이고 무작위적로 제자를 두고 주입식으로 가르치신 것이 아니라 진정으로 자신이 깨친 경지를 묵묵히 갈고 닦아 무심본성無心本性의 경지에 도달할 수 있는 상근기의 제자를 오랜 시간에 걸쳐 구했다는 말입니다. 그리고 만약에 세 명을 제자로 받아들이면 얼마가지 않아 한 명이 떠나게 된다는 것을 아신 것입니다. '왜 한 명이 떠나느냐.' 하면 항상 두 명이 힘을 합해 한 명을 따돌리기 때문입니다. 그래서 스승님이 네 명의 제자를 선택한 이유가 여기에 있고 항상 둘이 둘이 가 될 수 있도록 했고 다시 둘이가 넷이 될 수 있도록 한 것입니다.

우리 주변을 둘러 봐도 셋이 하나를 따돌리는 경우는 거의 없습니다. 나의 수련생 중에 한의원 원장이 한 분 있었는데 차를 마시다 간호사 세 명 때문에 힘들어 죽겠다고 푸념을 늘어놓는 분이 있었습니다. 본인은 성심성의껏 잘 해 준다고 해주었는데 채 2달을 넘기지 못하고 한 명이 그만둔다는 것입니다. 하루는 점심을 먹고 화장실에 갔는데 간호사 한 명이 울고 있기에 자초지종을 물어보니 두 명이서 자신을 따돌린다고 했습니다. 앞전에 나간 간호사도 자신과 비슷한 경우라 하기에 저 두 명 때문인 줄 알고 두 명 모두 내보내고 두 명을 새롭게 뽑았답니다. 그런데 또 3개월이 지나자 또 한 명이 나간다기에 이유가 무엇이냐고 물어보니 또 두 명이 자신을 따돌리기 때문에 도저히 있을 수가 없다기에 타일러 일을 하라고 했지만 어떻게 해야 할지를 모르겠다고 하소연을 했습니다. 병원에 직원이 너무 자주 바뀌면 좋지 않기 때문에 저에게 의논한다기에 직원 한 명을 더 뽑으면 아무 문제가 없을 것이라고 하자. 그 길로 직원 한 명을 더 채용해서 4년이 지났는데도 그때의 직원이 지금까지 근무하고 있다며 감사하다는 말과 함께 밥 한 끼 근사하게 대접받은 적이 있습니다.

네 명을 선택한 스승님의 생각은 안전한 수련적인 흐름을 만들기 위한 것이었습니다. 우리도 마찬가지입니다. 움막을 지을 때는 별다른 문제가 없었지만 시간이 지나자 서로 살아온 환경이 너무 다르기 때문에 크고 작은 마찰이 생겨났습니다. 마찰이 생길 때마다 스승님은 모르는 척했습니다. 또 알게 되더라도 서로의 이야기만 들을 뿐 별다른 말을 하지 않았습니다. 처음에는 스승님이 시원하게 잘잘못을 가려주어야 따를 것인데 답을 주지 않으니 정말이지 서로의 감정은 증폭되어 주먹질까지 오가는 경우가 있었습니다.

그런 날에는 야간에 천왕봉을 오르게 하셨습니다. 움막에서 천왕봉까지는 왕복 8시간이 걸렸습니다. 손전등과 먹을 것을 간단하게 챙겨 산을 오르다보면 무서움과 힘듦이 서로를 다시 한 번 생각하게 하는 계기가 되었습니다.

깊게 한 수련

한 번은 성재와 한 바탕 싸우다가 스승님에게 들켜서 그 길로 또 천왕봉을 오르게 되었습니다. 둘은 산을 오르다가 말고 마을로 내려가 탁주를 실컷 마시고 놀다가 산에서 내려오는 시간에 맞추어 스승님께 '천왕봉을 다녀왔습니다.'고 하자 '고생했으니 쉬어라.'고 하시면서 '탁주의 천왕봉은 지리산보다 깊고 높은 산이었을 것이니 앞으로는 싸우는 일이 없도록 하라.'고 하셨습니다. 스승님은 천왕봉을 가지 않은 것을 알고 계셨던 것입니다. 성재와 다음날 아침 일찍 천왕봉을 다녀왔습니다. 스승님은 웃으시며 '가지 않아도 될 산을 갔다 왔다.'고 하시며 등산화를 사라며 돈 오만 원을 주셨습니다.

그때의 짧은 생각에 문석이 같이 게으른 놈을 어떻게 수련을 시키려고 하는지 참 막막했지만 시간이 지나고 보니 문석이가 훨씬 더 깊게 수련한다는 것을 알았습니다. 저는 개인적인 생각으로 희승이가 수련을 가장 깊게 할 줄 알았습니다. 그런데 실제로는 그렇게 깊게 하지는 못했습니다. 스승님이 희승이를 보시고는 '드러난 모든 행동은 안정되고 정확하게 짚는 것 같지만 내면의 마음은 분석하고 일어나는 번잡함 때문에 수련이 잘 되지 않을 것이다.'고 했습니다. 실제로 미련하리만큼 수련에 충실한 반면 깊음과 넓음이 그리 많지는 않았습니다. 문석이는 느린 곰 같이 행동하지만 수련에 있어서는 칼날이 시퍼렇게 선 것처럼 수련했습니다. 그래서 토끼와 거북이의 싸움처럼 성질 급한 놈보다는 성질 느긋한 놈이 훨씬 빠르고 깊은 것인지 모르겠습니다. 토끼처럼 빠르게 수련이 된다고 하지만 얕잡아 보거나 업신여기는 마음이 생겨나면 거북이처럼 성실함과 충실함으로 수련하는 사람을 따라가지 못한다는 것입니다. 실제로 그랬던 것 같았습니다. 성재가 급한 것 같았지만 의외로 속은 깊고 뒤끝이 없다는 것을 알았습니다. 내면에 만들어진 거울을 통해서 서로 감정의 선을 많이 다듬었던 것 같습니다. 이렇게 다듬어지자 스승님은 움막을 또 짓기 시작했습니다.

움막짓기

짓는 방법

스승님과 함께 수련하며 기거했던 곳은 옛날 화전민들이 밭을 일구며 살았던 집을 간단하게 개조한 움막이었습니다. 이 집을 베이스캠프로 하여 수련을 했습니다. 이 집에서의 생활은 수련을 하는 것이 아니라 주거만 하고 수련장은 수련을 잘 할 수 있는 길지를 찾아 터를 다지고 작은 움막을 또 하나 짓게 됩니다. 본격적인 수련에 들어가기 전에 움막을 만들어야 6개월에서 1년 정도를 수련할 수 있기 때문입니다. 움막을 짓는 데는 산과 조화를 이루어야 하고, 또 풍수상 기운이 깃드는 곳이라야 기운을 타고 깊게 들어갈 수 있습니다. 움막을 지을 때에는 남향이 좋고 능선에서 좀 내려온 곳이 좋으며 물이 흐르고 햇볕이 따뜻하게 쪼이는 곳, 소나무가 많은 곳이면 수련하기 좋은 곳이라 할 수 있습니다. 이런 곳을 찾고 난 다음 움막을 짓게 되는데 짓는 방법은 다음과 같습니다.

먼저 지름이 25cm정도 되는 통나무 4개를 3m정도 길이로 베어 놓고, 가로 5m 세로 6m 정도 터를 고르고, 왼쪽에 2개 오른쪽에 2개를 2m 50cm정도 띄워 놓고 또 통나무 2개의 사이를 3cm정도 띄우고 말뚝으로 각 네 모퉁이에 3개씩 박아 고정시키고 난 다음, 통나무 2개 사이에 나무를 심을 수 있도록 해 놓고 2m 50cm 공간의 땅을 파는 것입니다. 한

50cm정도 파고 돌로 구들을 놓는 것입니다. 구들은 주춧돌과 납작하고 넓은 돌을 사용하는데 이때에 구들을 잘 놓아야 합니다. 구들을 잘못 놓게 되면 방안에 연기만 꽉 차고 방바닥은 따뜻하지 않기 때문입니다. 이렇게 구들을 놓고 나면 흙을 물과 짚으로 이겨서 구들위에 고르게 펴면 되는 것입니다. 그리고 난 다음 종이 박스와 약간 두꺼운 담요를 깔아주면 됩니다. 그 다음은 대나무나 기타 긴 나뭇가지를 통나무 3m 사이에 기워 놓고 양쪽 2개를 잡아 묶은 다음, 일차 비닐을 깔고 그 위에 보온덮개로 덮어주면 되는 것입니다. 또 통나무 옆쪽으로 배수로를 20cm정도 파주고 끈으로 이쪽 통나무와 저쪽 통나무를 묶어주고 잔가지와 낙엽으로 덮고 마무리를 하면 됩니다.

움막과 수련

　그렇게 움막이 완성이 되고 나면 샘을 찾아야 합니다. 물은 움막 생활과 수련에 아주 중요한 부분을 차지하기 때문입니다. 참샘이 아니면 물로 인해서 많은 것들이 불편해지기 때문입니다. 숙식과 단식에는 물이 좋지 않으면 상당한 고생을 하게 되고 깊은 수련에 들어갈 수 없기 때문에 샘을 찾는데 신중을 기해야 합니다. 움막 생활은 두 사람이 같이 할 때에도 있고 혼자 할 때도 있습니다. 이렇게 준비가 끝나고 나면 본격적으로 움막 생활에 들어가게 됩니다. 스승님과 도반이 있는 곳과는 3개월 또는 6개월씩 왕래를 하지 않고 오로지 혼자 움막에 기거하면서 산행 수련을 하기도 하고 생식과 단식을 병행하면서 호흡수련, 운기수련 등 도반과 함께 배웠던 공부를 중점적으로 닦고 익게 하는 생활을 합니다.

　혼자 3~6개월씩 공부하다보면 자신의 진정한 내면을 보게 됩니다. 도반과 함께 생활할 때에는 항상 상대와 맞추며 살아야 하기 때문에 내면을 보고 느끼기보다 들뜨고 일어나는 생각들 때문에 진정한 자신을 보기란 어려운 일입니다. 누구도 간섭하지 않는 혼자만의 생활을 통해 자신의 진정한 모습을 보고 다듬을 수 있는 기회가 바로 움막 생활입니다. 다시 말해 여러 명이 함께 생활하다 보면 보이지 않는 일들이 얽히고설키기 마련입니다. 함께 먹고 자다보면 대화도 해야 하고 또 같이 일도 해야 하고 이렇게 하자 저렇게 하자 실랑이를 벌이다보면 의식이 흐트러지고 마음은 더욱 산란해지기 때문에 혼자만의 공간을 만들어 수련하고자 움막을 짓는 것입니다. 스님들이 행하는 하안거, 동안거와 비슷한 것이라 생각하면 됩니다.

이 움막 생활에서 본격적인 수련에 들어가 명문호흡, 대맥유통, 신주호흡, 백회호흡, 소주천 대주천 기타 수련들을 깊게 들어가게 합니다. 이런 수련들을 열심히 하고 난 다음 스승님과 도반들이 있는 곳으로 내려오게 됩니다. 내려오면 수련이 얼마만큼 익었는지 또 어떤 경험을 했는지를 이야기하게 됩니다. 이렇게 이야기하면 스승님은 의문에 대한 답과 경험과 경험하지 못한 것을 설명을 해주시게 됩니다. 이런 식으로 수련을 끝내고 나면, 생활에 필요한 물품을 사기위해 막노동을 한다든지 스승님을 따라 장사를 나가기도 합니다. 필요한 것이 다 마련되고 나면 스승과 함께 산행과 기타 여행을 하게 됩니다.

이렇게 산행과 여행을 통해 사회를 간접적으로나마 느끼며 자신의 수련을 점검하며 자신을 다지게 되는 것입니다.

평범한 도반

우화

지금 저의 도반 3명은 아직까지 산 속에서 수련하고 있습니다. 이 도반들은 완전히 익을 때까지 산에 있겠다는 마음으로 수련하고 있습니다. 현생에서 익었다는 생각이 들지 않으면 평생 산에서 보낼 사람들입니다. 자신의 수련을 위해 평생을 바치고 누구에게도 자신을 보여 주지 않고 있습니다. 일반 사람과 같이 보통의 옷과 보통의 말을 쓰고 보통의 행동을 하면서 살아가기 때문에 일반 사람들이 그들을 알아보기란 참으로 어렵습니다. 너무나 평범하기 때문입니다.

현재 세간에 나와 있는 스승과 수련을 지도하는 사범들은 모두 이구동성으로 자신들의 비범함과 특별함을 이야기하지만 이 도반들은 수련적인 이야기와 산에서 생활하는 모든 것을 이야기하지 않습니다. 단지 자신들과 인연이 있거나 알아들을 수 있는 심파를 가진 사람들에게만 이야기를 합니다. 그래서 그만큼 수련에 깊게 들어간 사람들만이 이들을 알아봅니다. 우리말에 끼리끼리 논다는 말이 있습니다. 수준이 같은 위치에 있는 사람은 서로를 알아보게 되는 것입니다. 그래서 일반 사람들은 너무나 평범하게 생활하는 나의 도반을 알아보지 못하는 것입니다.

장자 우화에 보면 한 깨달은 사람이 한가하게 낚시를 하고 있는데 왕이 보낸 한 사신이 깨달은 사람에게 간절하게 부탁하는 대목이 나옵니다.

"나라에 큰 스승이 없기 때문에 왕이 조언助言을 구할 때가 없어 근심이 큽니다. 당신이 재상宰相이 되어 주었으면 합니다."

깨달은 사람은 아무 말 없이 낚시를 하다 낚시에 걸려온 자라 한 마리를 들고서 이야기합니다.

"당신은 아는가! 왕이 10월만 되면 궁궐의 가장 신성한 곳에 모셔 놓은 천년 묵은 거북에게 향을 피워 제사를 지내고 온갖 음악을 울리며 몇 날 며칠을 거북이를 위해 축제를 여는 것을?"

"그 천 년 묵은 거북은 나라의 길조로서 왕이 제일 중요하게 생각하는 거북이자 제사이기 때문에 누구나 아는 일입니다."
"당신에게 묻겠다! 왕이 제일 중요하게 생각하는 천 년 묵은 거북이로 살고 싶은가? 저기 꼬리를 끌며 갯벌을 기어가는 자라로 살고 싶은가?"
"평생을 우리에 갇혀 사는 천 년 묵은 거북이보다 자유롭게 기어가는 자라를 택할 것입니다."
"돌아가라. 나도 우리에 갇힌 천 년 묵은 거북이로 살고 싶지 않다!"

그 말을 듣고 사신이 고개를 숙이고 돌아갔다는 이야기가 있습니다.
이와 같이 완전하지도 않으면서 남에게 나타내게 되면 자신도 모르게 우리에 갇힌 천 년 묵은 거북으로 살아가야 하기 때문입니다.

어설프게 익은 사람

내면으로 깊게 들어간 사람은 스스로가 창살을 만들지 않습니다. 익지 못한 말과 행동을 하다보면 자신도 모르게 그 말과 행동 때문에 자신 스스로 옭아매는 결과를 가져와 스스로 갇히게 됩니다. 그래서 우리는 말을 조심해야 합니다. 무심결에 한 말 한마디 때문에 많은 힘듦이 생긴다는 것을 한 번쯤 경험했을 것입니다. 스스로를 익게 하지 못하면 결국 스스로 갇히게 됩니다. 어설프게 익은 사람이 자랑하고 드러내려고 하지 진짜 익은 사람과 익고자 하는 사람은 드러나지 않는 법입니다.

앞에서도 말했지만 나의 도반은 너무나 평범하기 때문에 일반사람들이 알아보지 못합니다. 막노동을 할 때는 막 노동자가 되고 수련을 할 때는 수련인의 자세로 돌아가기 때문입니다. 그리고 우리 도반들은 수련 외에는 같이 잘 다니지 않습니다. 왜냐하면 각자의 느낌과 생각이 다르기 때문에 무의식적으로 서로 간섭하게 되는데 우리 도반들은 서로가 간섭하지 않는다는 생각을 가지고 있기 때문입니다. 또 같이 다니게 되면 느껴야 될 것을 제대로 느끼지 못하고 상대에게 의지하게 되기 때문입니다.

스스로를 도울 수 있는 것은 생각하고 느끼는 것이 모두 다르기 때문에 도울 수 있는 것이지 똑같이 생각하고 똑같은 생활을 하다보면 생각과 깊이가 깊어지는 것이 아니라 습관이 되어버리기 때문입니다. 그렇다고 해서 모든 것을 각각 하는 것이 아니라 스스로가 나태해지는 것을 다잡아 주기 위해서 어느 선까지만 생각하고 행동하는 것입니다. 그 선 이외에는 목표한 뜻을 이루기 위해 누구보다 도우는 진정한 도반입니다. 지금 현재의 도반들은 각자의 생활을 하고 1년에 한 번씩 만나 많은 이야기를 나누고 수련과 각자 각자의 느낌과 마음을 주고받으며 스스로를 확인하고 있습니다.

나무하기 3년

가지를 꺾지 못하면

그렇게 수련과 움막 생활을 하고 있는데 어느 날 스승님은 나무하기 3년, 빨래하기 3년, 밥하기 3년 얘기를 하셨습니다. 네 명의 제자를 앉혀놓고 하시는 말씀이 '스승이 제자에게 진정한 법을 내릴 때 나무하기 3년, 빨래하기 3년, 밥하기 3년을 시키는 것을 아느냐.'고 우리에게 물으셨습니다. 아마 수련을 하고자하는 사람은 이 나무하기 3년, 빨래하기 3년, 밥하기 3년을 모르는 사람은 없을 것입니다. 또 스승이면 제자에게 이 얘기를 하지 않는 사람은 없기 때문입니다.

스승님은 말씀하셨습니다.

"말로는 다 하는 이야기지만 제대로 하게 하는 스승을 못 봤고 제대로 실천하는 제자를 못 봤다. 설사 제대로 하게하고, 실천한다하더라도 참 공부를 느끼는 사람을 보지 못했고, 모두 시간만 허황되게 보내고 있다."

스승님은 이야기를 마치시고는 진짜 나무하기를 시키셨습니다. 저는 촌에서 자란 놈이기 때문에 나무하는 것이 얼마나 쉬운 일인지 별 마음 없이 다른 사람보다 쉽게 잠시 한 짐을 했습니다. 내가 한 나무 한 짐은 3일 정도 때고도 남을 정도였습니다. 나머지 도반 2명은 서울에서 자랐기 때문에 나무를 할 줄 몰랐습니다. 나무를 해온다는 것이 청솔가지를 꺾어오고 낫자루를 부러뜨리고 몸에는 상처투성이로 내려온 것입니다. 내가 해온 나무 짐을 보고는 다들 대단하다며 입에 침이 마르도록 칭찬했습니다. 스승님 또한 나무 해 온 것을 보시고 '나무하는 것처럼 수련도 그렇게 기차게 했으면 좋겠다.'는 얘기를 하시며 나에게 더 많은 나무를 하라고 시키시는 것입니다. 그래서 제가 물었습니다. '왜 저만 나무하기를 시키는 것입니까? 저렇게 땔감도 많은데……' 라며 따지듯이 물었습니다. 그때 우리가 기거하던 방은 그다지 크지 않았기 때문에 나무가 많이 필요치 않았습니다.

그렇게 나무를 하루도 빠지지 않고 하고 있는데 어느 날 스승님이 같이 나무하러 가자고 하시면서 지게를 지시고 산으로 향하는 것입니다. 또 무슨 잔소리를 하려고 가자는 것인지 잘못한 일은 없는지 생각하며 스승님을 따라 갔습니다. 나무를 한참 하시다가 하시는 말씀이 굵은 나무에 이렇게 가지가 많으니 이 나무가 죽을 수밖에 없는 것이라면서 잔가지들을 탁탁 꺾으면서 얘기를 하시는 것입니다.

"저 소나무가 어떻게 보이느냐."

"잔가지만 쳐내면 기둥과 대들보로 사용하더라도 손색이 없겠습니다."

"그래 바로 보았다. 잔가지를 그대로 두고서는 이 나무를 기둥과 대들보로 사용할 수 없는 것이다. 너도 너의 아상과 관념의 가지를 꺾지 못하면 이 나무와 같이 아무짝에도 쓸모없는 사람이 될 것이다. 사람들은 저마다의 생각을 가지고 살아가지만 결국 자신을 낮추지 못하면 많은 부닥침 때문에 삶이 어려워지게 된다. 항상 너의 상과 관념을 버려라."

그리고는 산을 내려가셨습니다.

감정과 상

스승님이 내려가시고 나자 지난 시간까지 굽이굽이에 들어있던 많은 생각들이 떠올랐습니다. 나무를 하면서 수도 없이 스승님을 원망했고 왜 나만 나무를 많이 해야 하는지 도반들을 원망했습니다. 일이라는 것은 많이 한 사람이 많이 쉬는 것이 당연한 것인데 나는 쉬지도 못하고 일을 도반들보다 더 많이 해야 하는지 화가 머리끝까지 치밀어 올랐습니다. 나무를 하면서 생각나는 욕이라는 욕은 다했고, 이러려고 내가 산에 왔는가하는 회의감이 들 때도 있었습니다. 어떤 때 가시에라도 한 번 찔리면 원망은 불에 기름을 붓듯이 일어났습니다. 스승님이 이런 생각들을 하는 저의 속내를 간파하시고 보고 느끼게 하려고 그렇게 했다는 것을 알고는 스승님에 대한 미운 마음이 온 데 간 데 없이 사라져 버렸습니다. 그때 '아! 이 마음을 보고 느끼라고 나에게 그렇게 많은 일을 시키셨구나?' 하는 생각을 한 순간 앞으로 스승님을 어떻게 정면에서 대할까 후회스런 마음이 앞섰습니다.

일반적으로 수련하겠다는 사람들을 보면 자신의 생각으로만 배우려고 합니다. 그런데 이 생각에서는 다른 어떤 것도 수용되어지지 않는다는 것입니다. 그런 마음으로 수련을 1~2년 하다보면 모두 떠나게 됩니다. 또 자신에게는 아무런 감정과 상이 없기 때문에 충분히 스승의 법을 전수받을 수 있다고 하지만 얼마 지나지 않아 극한 어려움에 처하게 되면 없다고 했던 감정과 상이 다시 생겨나게 됩니다. 내가 움직이지 않기 때문에 먼지가 일어나지 않는 것이지 먼지가 없는 것이 아니라는 것입니다. 조금만 움직여도 먼지는 일어나는 법입니다.

그래서 내게 있는 감정과 상을 일으켜서 청소를 해야 합니다. 방안의 먼지를 털어 창문을 통해 나가게 하듯이 말입니다. 일어나지 않는 먼지는 나가게 할 방법이 없기 때문입니다. 감정과 상 또한 일어날 때에 볼 수 있고 다스릴 수 있습니다. 스승님의 말씀을 듣고 진지하게 짚어 본 감정과 상이 내가 일으킨 것이라고 생각하니 얼마나 부끄럽던지, 그때 느낀 감정과 상이 결국 나의 것인데 이때까지는 나의 잘못은 없고 오직 상대에게 있다고 생각한 시간들이 너무 부끄러웠습니다. 이 감정과 상은 나를 모른데서 시작되었고 뿌리 없는 삶을 만들었다는 것을 알았습니다.

이 뿌리 없는 감정과 상이 내 근본이 아닌 것을 알고 나뭇가지를 꺾듯이 꺾으며 나무을 했습니다. 이렇게 한 달 정도 하고나니 내가 욕심이 많고, 고집이 세고, 열등감에 사로잡혀 있었다는 것을 알게 되었습니다. 그것을 알고부터는 손에 물집이 잡혀 피가 날 정도로 나뭇가지를 꺾었습니다. 가지를 꺾을 때마다 한 생각 한 생각을 꺾었습니다.

빨래하기 3년

흙일

많은 시간이 지나고 나서 스승님은 이제 나무를 그만하고 도반의 뒷바라지를 하라고 하셨습니다. 『마음호흡』 책에도 얘기했지만 어느 날 스승님이 물으셨습니다.

"너의 옷이 왜 그렇게 지저분하냐. 깨끗하게 빨아 입어라."

하던 일을 멈추고 내 몸치레를 보니 흙일을 해서 그런지 정말 지저분했습니다. 입었던 옷을 개울물에 깨끗이 빨아 빨랫줄에 널고 있는데 내 뒤에서 중얼거리듯이 말을 걸었습니다.

"많이 깨끗해졌구나. 그때는 누가 다 가져갔느냐."
"물에서 빨았으니 물에 있지 않겠습니까?"
"그러면 너는 물에게 무엇을 줄 것이냐."
"그냥 물에 빨았을 뿐 물에게 무엇을 준다고 생각해 본적이 없습니다."
"앞으로 도반들의 옷을 빨고 기타 청소를 도맡아서 해라."

그때 우리가 사는 움막을 새로 짓고 있던 터라 나무를 베고 흙일을 하기 때문에 옷가지가 많이 더러워지는 관계로 한 사람이 도맡아해야 할 형편이었습니다. 집 짓는 기술이 없는 내가 도반들 옷 빠는 것을 맡게 되고 또 한명은 밥과 새참을 맡아 하기로 하고 움막 공사를 시작했습니다. 흙일이라는 것이 육체적으로 힘들기 때문에 서로 분담해서 하는 것입니다. 솔직히 나는 흙일을 하고 싶었습니다. 사람을 뒷바라지 하는 것보다 앞에서 주관하면서 일을 하면 생색도 나고 인사를 많이 듣기 때문에 나는 스승님에게 '어릴 때 아버지를 따라다니며 흙일을 많이 해봤기 때문에 잘할 수 있으니 흙일을 하게 해주십시오.' 라고 했습니다.

일을 하는데 뒤에서 밥하고 빨래하는 사람이 인사 듣는 것은 없기 때문입니다. 흙일을 해야 얼굴도 서고 인정도 받을 것 같아서 그렇게 말하자, 단호하게 '너는 흙일을 할 필요가 없다. 우리는 늘 흙일을 해왔기 때문에 너는 옷을 빨고 청소나 해라.' 는 것입니다. 진짜 내가 옷을 빨아야 하나 하는 마음이 일어나면서 온 마음을 어지럽게 했습니다. 나무하면서 꺾었던 상들이 다시 일어나기에 또다시 다잡으며 속으로는 '더러운 놈들 이것은 옷에 안 묻혀도 되는데 묻혀가지고 빨기 어렵게 만든다.' 고 투덜대면서 옷을 빨았습니다.

움막 짓는 일은 가을에 시작하여 겨울이 다 되어도 완성하지 못했습니다. 그도 그럴 것이 한 달 중에 움막 짓는 일은 5일도 되지 않고 나머지 날은 산에 들어가 수련하는 것입니다. 그러니 움막 짓는 일이 엿가락 늘어지듯 늘어지는 것입니다. 겨울에 빨래를 한다는 것이 얼마나 힘든 일인지 모릅니다. 아마 여자 분들은 겨울에 물일을 해봤기 때문에 알 것입니다. 지리산 골짜기에서 옷을 빤다는 것은 참 어려운 일입니다. 특히 아침과 저녁에는 더욱 어렵습니다. 옷을 빨아 빨랫줄에 널면 금방 얼어버리고 또 잘못 만지면 옷이 부서지기가 일쑤이고 손은 갈라지고 터져서 얼마나 아프고 쓰린지 해보지 않는 사람은 모릅니다.

굵고 강한 상

그 어렵고 고된 겨울 생활이 지나가고 봄바람이 살랑살랑 얼굴을 비비는 어느 봄날, 스승님과 같이 흰 광목에다 황토 물을 들이고 개울물에 씻고 있는데 스승님이 말을 걸어 왔습니다.

"빨랫감을 많이 빨아 보았느냐."
"예, 한 일 년 정도 빨래만 한 것 같습니다."
"무슨 마음으로 일 년 동안 빨래를 했느냐."

그 말을 듣는 순간 자존심이 상해 몹시 불편스러웠던 지난 일 년이 영화 필름이 돌아가는 것 같이 지나갔습니다.

"왜 저더러 그 일을 시켰습니까. 누구보다 힘도 세고 흙일도 잘 하는데 그 일은 제쳐두고 빨래만 시키셨습니까!"
"한 해를 더해야 되겠구나!"

그 말을 듣는 순간 마음이 요동치기 시작했습니다. 여기가 군대도 아니고 밥줄이 매인 회사도 아닌데 내가 왜 이 스승을 따라야하는지 순간 모든 것을 끝내버릴까 하는 생각을 하는데 스승님이 옷 하나를 던지며,

"옷을 빨면서 느껴보라."
"무엇을 느껴야 합니까?"
"옷 빠는 과정을 자세히 살펴보고 옷이 빨릴 때 그 옷이 너에게 어떤 말을 걸어오는지 나에게 알려다오."

이때까지 수많은 옷을 빨면서 어떻게 빨리는지를 한 번도 본 적이 없었습니다. 그런데 옷을 빨아보니 진짜 때가 빠지는 것이 보였습니다. 때가 빠지고 나니 깨끗해지는 것입니다. 그때 '아, 이게 수련이구나.' 하는 걸 느꼈습니다. 이런 단순한 과정이 백회에서 용천까지 고속도로가 뚫린 듯이 펑하는 전율을 느끼게 했습니다. 어느 누가 아는 것만큼 보이고 느낀다고 했습니다. 이제까지는 왜 이러한 과정을 볼 수 없었을까요. 우리의 일상생활 속에는 이렇게 많은 진리가 담겨 있고 우리에게 많은 메시지를 보냅니다. 다만 들을 수 있는 우리의 마음자세가 되어 있지 않아 들을 수 없는 겁니다.

지금 수련을 하고, 흙을 나르고, 나무를 꺾고 하는 이런 모든 것들이 나를 보게 하고 아상을 씻어내는 시기라는 것을 알았습니다. 이 딱딱하게 굵고 강한 상을 꺾지 못하면 순해지지를 않습니다. 또 순하지 않으면 빨리지도 않습니다. 그래서 우리는 나의 상을 꺾고 깨끗이 빨아 원래의 근본상태로 돌아가야 합니다.

제가 입고 있는 옷이 잿빛 옷입니다. 이 잿빛 옷에 김치 국물이 묻고 흙물이 묻을 때 물에다 빨면 원래의 잿빛으로 돌아오게 되는 것과 같은 이치입니다. 원래의 깨끗함으로 돌아갈 때까지 빨아야 한다는 것을 그때 알았습니다. 그때부터 옷 빨기가 너무너무 즐거웠습니다. 그러자 도반들이 이 구동성으로 옷이 달라졌다고 했습니다. 옛날에는 땟물이 그대로 남아 있었는데 지금은 때를 찾아 볼 수 없다고 합니다. 스승님도 땟물이 제대로 빠져있는 것을 보고는 빨래 한 번 제대로 한다며 말씀하셨습니다.

"상과 관념을 가지고 스승의 법을 전수받기란 참으로 어려운 법이다. 또 자신이 가지고 있는 부처, 예수, 깨달음, 본성이라는 관념을 가지고 있는 한 그 어떤 것도 받아들일 수 없게 된다. 그래서 자신의 상을 꺾고 깨끗하게 빨릴 때 다른 것을 받아들이게 된다."

수련을 하면서 한 차원 한 차원씩 인식의 단계가 몸과 마음에 체득되어 나갈 때의 희열감은 말로 표현하면 이렇게 단순하고 평범하게 보일지 모르지만 우리와 같이 고된 수련 중에서 얻어지는 깨우침은 말의 행간에서 느껴지는 것보다 차원이 다릅니다.

그래서 우리 수행자들은 '더 높은 곳을 향해서 몸과 마음을 바쳐 정진에 또 정진을 하는가.' 봅니다.

밥짓기 3년

춤추는 밥

그렇게 움막이 다 지어질 무렵 마루에 둘러앉아 저녁밥을 먹다 마시고 는 우리들의 얼굴을 한 사람 한 사람씩 찍어 보시면서 빙그레 웃으시는 겁니다.

"오늘 밥 누가 했느냐."
"제가 했습니다."
"오늘 밥맛이 참 좋구나."

평소에 잘 하시지 않는 말을 하시기에 '시장이 반찬이라 스승님이배가 많이 고팠었구나. 다음부터는 저녁을 좀 빨리 해야겠구나.' 하고 생각했습니다.

그런데 느닷없이 '이제부터는 네가 밥을 하라.'고 하시는 겁니다. 그때부터 밥 짓는 일은 제 몫이 되었습니다.

여기서 이런 과정을 이야기하면 일반 사람들은 잘 모를 겁니다. 군대에 가 본 사람들은 이런 과정을 이해할 것입니다. 처음 이등병이 되면 나무당번이 됩니다. 나무하는 것이 익숙하게 되면 그 다음 청소당번이 시작되고 이때쯤 되면 일병을 달게 됩니다. 그 다음 식기당번을 하고, 그 다음에 군화당번을 거치면서 한 단계 한 단계씩 올라가게 됩니다. 우리의 수련도 맹목적으로 무작정 수련을 하는 것 같지만 이러한 순서에 따라 들어가는 것입니다.

밥을 짓는 일에는 많은 공력이 필요합니다. 그 중에서도 장보기가 가장 힘이 들었습니다. 하루하루 식구들의 식성에 맞는 반찬을 고르고 만든다는 것은 어느 경지에 도달해야 합니다. 이 부분은 어머님들은 공감이 갈 겁니다. 여기에 우리가 기거하는 곳은 산중턱이라서 라면 하나 사는데도 6km 정도 걸어 내려갔다 와야 하기 때문에 정말 고된 일입니다. 그렇게 어렵게 해서 밥을 짓는데 밥을 먹을 때마다 도반 한 명이 '오늘은 밥이 지네, 오늘은 밥이 되네.' 하며 계속 잔소리를 하는 겁입니다. 또 어떤 때는 '반찬이 짜네, 맵네.' 등 자꾸 잔소리가 많아지는 것입니다.

마음속에는 예전에 나무할 때 다 꺾고 빨래할 때 다 빨아 하심 했다는 마음이 다시 요동치기 시작했습니다. 정말 정성껏 밥과 반찬을 만들어 올리는데 '맛있네. 맛없네.' 가 2개월이 넘게 계속되니 정말 마음이 상했습니다. 참다못해 도반을 불러내 따졌습니다.

"내가 밥 하는 것이 그렇게 못 마땅하면 잘 하는 자네가 직접 해 보게. 얼마나 잘 하는지 한 번 보겠네."
"별것 아니니 상심 말게. 스승님이 시켜서 한 것뿐이라네."
"뭐, 스승님이 시켰다고……."

이야기를 듣고 스승님을 찾아갔습니다.

"스승님, 왜 사람을 시켜 멀쩡한 사람을 골탕 먹입니까! 제가 그렇게 못 마땅하시면 이 처소를 떠나겠습니다."
"그래도 모르겠느냐! 지금 네가 하는 밥이나 반찬이 그게 밥이고 반찬이냐. 밥은 맛이 일정해야 하고 반찬 또한 그렇게 해야 한다."

"밥을 어떻게 일정하게 합니까! 밥 물 조정도 그 날의 기분에 따라서 다를 수 있는 것이고 불 때는 것도 센 불과 약한 불이 있는 것 아닙니까. 먹는 사람이 약간 양보해서 먹으면 안 됩니까!"

"이 놈아, 너의 감정이 춤을 추기 때문에 불이 춤을 추고 불이 춤을 추니 밥이 춤을 추는 것이다. 남 탓 말고 네 탓이나 잘 해라."

그때는 몰랐습니다. 괜한 분심만 끓어오를 뿐 도대체 내가 무엇을 잘못했는지 몰랐습니다. 그렇게 야단을 맞고 한 열흘 정도 지나서야 '아! 정말 그 말씀이 맞다.' 는 생각이 들었습니다. 그날의 기분에 따라서 불을 확 땔 때도 있었고 졸다가 약하게 땔 때도 있었습니다. 그러니 나의 감정에 따라서 밥이 춤을 추더라는 것입니다. 그러니 맛있다 맛없다가 나오는 겁니다. 결국 도반의 문제가 아니라 나의 문제였던 것입니다.

그때부터 굵은 가지와 잔가지를 구별하고 쌀 양을 일정하게 조절하고 물 높이를 손으로 정하여 거기에 맞추어 밥을 하고 또 반찬을 할 때도 양념의 순서를 정해 놓고 적당한 양을 넣어 가면서 한 달 이상을 그렇게 하자 스승님은 밥맛이 일정해졌다고 하셨습니다. 밥과 반찬을 바꿔가며 해도 맛이 일정하게 유지되었습니다.

"밥 짓는 과정은 자신을 익게 하는 것과 같다. 법을 깨닫고 진리를 통달했다고 떠들어도 익지 않으면 아무 소용이 없다. 이때까지 너에게 나무하기, 빨래하기, 밥하기를 통해 너희의 상을 꺾고 빨아 뜸을 들여놓았기 때문에 이제 법을 전수해도 되겠구나."

수련이란 하루하루 쌓아 가는 과정입니다. 쌓아 가면서 자기 참회를 계속 해야 합니다. 그렇게 해야만 서서히 익어 갑니다. 내면세계는 보이지 않는 곳입니다. 여기에서 오로지 자기 혼자 집을 지어나가는 과정이 수련입니다. 가정에서 아이들을 교육시킬 때도 '무조건 공부해라.' 고 강요한다든지 강남 8학군의 고급학원만 찾을 것이 아니라 이와 같이 나무하기 3년, 빨래하기 3년, 밥 짓기 3년 같은 방법으로 수련시키면 한국의 명문대학은 물론 미국 북동부 아이비리그 명문대학도 무난히 합격할 수 있을 것입니다.

수련이나 공부는 오로지 자기 혼자 해 내야 하는 것입니다. 부모님들은 공부하는 바른 방법만 알려주면 됩니다.

정성으로 싹을 틔워야

스승님은 이어서 수련에 대해서, 뜻에 대해서, 마음에 대해서 다시 되짚어 가면서 말씀을 해주셨습니다. 그 말씀을 듣고 나니 스승님의 존재가 참 소중함을 깨달았습니다. 이 깨달음으로 스승님과 더욱 밀착되어 몸과 마음이 진정으로 스승님을 사랑하고 감사했습니다. 그때부터 법과 수련을 받아들이기 시작하는데 정말 나 자신도 놀랐습니다. 사랑하는 마음과 감사하는 마음이 이렇게 수련을 증진시킬 줄은 꿈에도 몰랐기 때문입니다.

여기서 사랑이라는 것은 남여의 사랑이 아니라 부모가 자식의 모든 것을 받아들이는 그런 마음입니다. 자신이배가 고파도 내색하지 않고 자식이 먹다 남긴 밥을 잡수시고, 자식들이 아프면 대신 아파주지 못해 애태우는 그런 어머니의 마음이 생겨나 스승님 법을 받아들이는데 지금도 그때의 그 마음을 잊어버릴 수가 없습니다. 처음 스승님을 만나 수련할 때에도 지금과 같은 이야기를 했는데 왜 그때는 받아들이지를 못했는지 모르겠습니다. 이 받아들임의 차이는 스승의 능력에 있는 것이 아니라 내가 어떤 상태에서 받아들이느냐하는 것입니다. 그렇게 똑같은 얘기를 사랑하는 마음, 감사하는 마음으로 받아들이니 이렇게 새로움으로 다가와 그때부터 모든 근본이 달라졌습니다. 이 마음이 생기기 전에는 원망도 하고 괘씸해하기도 하고 믿을까 말까 하는 이러한 갈등들이 나를 혼란에 빠지게 했지만 끝까지 스승님을 믿는 끈 하나를 쥐고 온 것이 결국 내 마음을 열게 만든 것입니다. 나를 열고나니 산과 하늘이 달리보이고 도반과 내가 알고 있는 모든 것이 달리 보였습니다. 이와 같이 똑같은 산과 하늘, 똑같은 도반과 환경인데 이렇게까지 달라진다는 것이 개벽이라고 생각합니다.

많은 시간이 지난 지금도 스승에게 감사의 절을 올리고 있습니다. 이 나이 될 때까지 나를 이렇게 짚어주고 일깨워 주신 분은 스승님 밖에 없었습니다. 이 말을 스승님께 드리니 한 말씀해 주셨습니다.

"나를 믿어준 너의 마음이 그 마음을 만든 것이다. 결국 너의 마음이 바로 너의 스승이자 너를 깨닫게 한 것이다. 또 너의 나무하기, 빨래하기, 밥하기가 그냥 한 것이 아니라 나의 법을 받아들일 준비를 한 것이다. 이 받아들일 준비가 되어 있지 않은 사람에게 따라다니며 수련과 법을 전수해 주어도 들어가지 않는다. 자신 스스로가 받아들일 사랑과 감사로 마음을 열어 놓아야 들어갈 수 있는 것이다."

스승으로부터 법을 전수받으면 씨앗을 가슴에 안듯이 정성으로 싹을 틔워야 합니다. 요즘 수련하겠다고 오는 사람들을 보면 자기의 모든 것을 가득 채운 채 수련하려고 합니다. 사범이 모든 것을 알아서 해주겠지 생각하고는 막연하게 기다리고만 있습니다. '나는 가만히 있을 테니 네가 알아서 해 보라.'는 식으로 수련을 하고 있으니 방편만 자꾸 늘어나는 것입니다. 이제는 거듭나야 할 때입니다. 거듭나야 할 때 거듭나지 못하면 결국 싹을 틔우지 못하고 생을 마감하게 됩니다.

참 묘한 마음

보살핌

　도반과 움막 생활에서 수련을 열심히 하고 있는데 하루는 스승님이 '이제 생활비는 너희가 벌어서 생활을 해라.'는 것입니다. 처음에는 스승님께서 생활비를 대어 주셨고 또 생활에 필요한 모든 생필품과 속옷까지 사 주시다가 갑자기 그러시니 당황스러웠습니다. 달리 회사를 다닌 것도 아니고 그렇다고 후원자가 있는 것도 아닌데 서로 의논 끝에 돌아가며 일을 하기로 했습니다. 마침 아래 동네에서 도로확장 공사를 하고 있었기 때문에 거기에서 쉽게 일용직으로 번 돈으로 생활비를 썼습니다. 또 봄이 되면 논가는 일, 모내기, 밭 매는 일, 가을에 추수하는 일을 도와주고 쌀과 품삯으로 움막 생활에 필요한 것들을 사서 쓰면서 수련에 전념했습니다. 우리는 누군가의 보살핌으로 생활한다는 것이 얼마나 고마운 일인지 그때 알았습니다. 어려서는 부모님으로부터 지금은 스승님으로부터 도움을 받다 보니 무엇이 어려움인지를 몰랐는데 직접 돈을 벌어보니 '나의 편안함은 누군가의 희생으로 시작된다.'는 것을 알았습니다,

　스승님은 항상 남의 도움으로 편해지려고 하지 말라고 하셨습니다. 그 편함에 길들여지면 자신이 추구하고자 했던 것이 약해지고 결국 그 편함 때문에 오도 가도 못하고 좌절하게 된다고 했습니다. 정말 주위에서 물질에 의존한 마음 때문에 물질로 고통 받고 자식에 의존한 마음 때문에 자식

으로부터 고통 받는 것을 보면서 의존이라는 것은 결국 자신을 나약하게 만드는 마약과 같은 것이라 늘 말씀하셨습니다.

진정한 헌신과 희생

우리는 그렇게 돌아가며 일하고 수련하며 움막 생활을 하다보니 이 움막 생활이 농사짓는 일과 비슷하다는 생각이 많이 들었습니다. 논에 씨앗만 뿌려놓고 관리하지 않으면 잡초가 돋아나서 많은 씨앗을 수확할 수 없듯이 움막 생활도 조금만 게으르게 되면 모든 것이 엉망이 되고 맙니다. 산속 생활이라는 것이 하나에서 열까지 모든 것이 사람의 손을 거치지 않으면 안 되기 때문입니다. 그래서 한시도 쉬지 못하고 맞물려 돌아가게 되는 것이 움막 생활입니다.

텃밭에는 철따라 먹을 수 있는 채소를 심고 밖에 나가서 일을 하는 생활이 한 6개월 정도 지나자 서로 간에 보이지 않는 마음의 간격이 생겨나고 있다는 것을 알게 되었습니다. 남남끼리 만나서 마음공부 하나를 목표로 살아가지만 사회 있을 때의 습이 남아 있어서 서로에게 보이지 않는 자기만의 계산으로 원망과 질투를 하고 있더라는 것입니다. '나는 이 만큼 일을 했는데 너는 요것 밖에 하지 않았다.'는 것이나 '나는 이렇게 너희에게 헌신을 하는데 너희들은 나에게 하나도 헌신 하지 아니하는 것 같았다.'는 등. 하루는 일파만파로 일어나는 마음을 속으로 삭히기가 너무 힘들어 내 속내를 이야기하자 자신들도 나와 똑 같은 마음이 들었다고 합니다.

옛날 속담에 남의 떡이 커 보인다고 했듯이 결국 이 마음은 내가 희생한다는 마음에 집착하다보니 자기만의 돋보기가 생겨나 자기 것이 크게 보인 것입니다. 진정한 헌신과 희생은 이런 마음이 없는 마음이지 싶습니다.

우리는 돌아가며 생활비를 벌면서 공부를 했습니다. 돈을 번다는 것은 참 어려운 일이고 또 그 돈 때문에 거만해질 수 있다는 것과 남을 진정으로 행복하게 해줄 수 있다는 상반적인 것을 알았습니다. 서로 마음이야기를 한참 하다가 멋쩍어서 서로 웃음만 나왔습니다. 이렇게 지내다 보니 사회의 일반적인 가정에서 아버지가 돈을 벌어 자식들이 먹고 입고 건강하게 자라는 것을 보고 흐뭇해하는 것같이 서로의 마음이 아버지의 마음이 되어 감을 알게 되었습니다. 그때부터 우리는 너와 나의 가림이 없이 서로 일을 미루는 것이 아니라 서로 먼저 하겠다는 생각으로 움막 생활을 하자 그때 스승님이 앞으로는 일을 하지 않아도 된다고 하시며 너희들은 수련에만 전념하라시며 생활비를 주셨습니다,

100일 수련

내가 느낀 기운

　스승님은 100일 수련을 해야 할 곳을 마련해야겠다며 주변을 둘러보시고는 본 움막에서 200m 떨어진 곳에 혼자 기거할 수 있는 작은 움막과 우물을 파시고 움막 10m 둘레에 대나무로 울타리를 치고 화장실을 만드시고는 한 사람씩 100일 수련에 들어가게 했습니다. 100일 수련에 들어간 사람은 그 울타리를 벗어나지 못하고 그 안에서만 기거해야 하고 쌀과 반찬은 일주일에 한 번씩 울타리 안에 넣어놓으면 그것으로만 생활을 해야 했습니다. 처음 100일 수련을 시작할 때에는 기본 수련방법만을 가르쳐주시고 100일 수련에 들어가게 하였습니다.

　가장 처음으로 제가 하게 되었습니다. 본 움막에서 2~300m 떨어져있기 때문에 별 마음 없이 제가 먼저 하겠다고 하고는 짐을 챙겨 100일 수련을 시작했는데 밤이 되자 혼자 있다는 것이 얼마나 무서운지 촛불을 켜놓고 무서움에 떨며 밤을 꼬박 새웠습니다. 산속 생활도 1년이 다 되어 가는데 이렇게 밤이 무서운 적은 없었습니다. 항상 도반들과 같이 있다가 막상 혼자되고 보니 밤이 무섭다는 것을 그때야 안 것입니다. 또 아무 할일 없이 하루 종일 울타리 안에 있으니 답답함이 이루 말할 수 없었습니다. 아래 움막에 있을 때는 그냥 아무 것도 안 하고 여기에만 있었으면 좋겠다는 생각을 많이 했는데 막상 혼자 있게 되고 또 울타리 안에 갇혀 있어야 한다는 것이 더 갑갑하게 만든다는 것을 알았습니다.

하루 이틀 사흘을 밤에는 무서움에 떨고 낮에는 갑갑함과 무기력함으로 보내다가 이래서는 안 되겠다 싶어 간단하게 일려준 수련을 행하기 시작했습니다. 명문호흡과 대맥유통 기타 운기법을 병행하며 수련을 했지만 뚜렷하게 느껴지는 것 없이 다리만 저려왔습니다. '다리 저려오기를 반복하다가 단전에 작은 기운이 느껴졌습니다.' 이제까지 느껴 보지 못한 기운이 느껴졌습니다. '단전에 열감이 생겼다 없어짐을 반복하더니 야구공과 같은 기운이 몸을 휘감는 것입니다. 오랫동안 휘감더니 어두운 공간으로 퍼져나가는 것입니다.' 그때 무서움에 떨고 있는 나 자신이 느껴졌습니다. 낮과 밤의 차이는 단지 해가 있고 없고의 차이 일뿐라는 생각이 들자 어둠으로 퍼져 나갔던 기운은 '다시 내 단전으로 모여들면서 작은 구슬과 같은 형태로 바뀌더니 대맥을 따라 나선형으로 서서히 돌면서 상승하는 것입니다.' 너무 순식간에 일어난 일이라 당황이 되었습니다. 이렇게 하다 잘못되는 것은 아닌가! 하는 불안이 생기면서도 이 기운이 어디까지 가고 어떻게 될지가 너무 궁금했습니다. 조심스럽게 기운의 흐름을 따라가는데 '기운은 더 이상 상승하지 않았습니다. 곧 바로 기운은 사라졌습니다.'

수련을 풀고 시계를 보니 '순식간에 3시간이나 흘렀습니다.' 이제까지 경험해보지 못한 기운이라 당황스럽기도 했지만 가슴이 벅차올랐습니다. 나도 기운을 느낄 수 있다는 것이 너무나 감사했습니다. 이 마음이 들고부터는 그렇게 무섭던 밤이 안온하게 느껴지고 기운을 충만하게 하는 휴식이라는 것을 그때 알았습니다. 밤이 무서웠던 것은 내 안에 있는 두려움이 나타난 것뿐입니다. 낮에는 의식이 밖에 있다가 밤이 되자 내 안으로 들어와 두려움과 만난 것뿐인데 나는 밤이 무섭다는 관념에 갇혀 떨고 있었던 것입니다. 이 관념이 깨어지자 밤은 수련의 도반이 되었고 참 많은 것을 경험시켜 주었습니다. 또 아침에 눈뜨면 세상이 달라 보였습니다.

축기의 부족

이렇게 6~70일이 지나갈 때쯤 문득 스승님의 법문 한 구절이 내 머리에 꽂혔습니다.

"기운은 한 마음이 바뀌면 모든 것이 바뀌기 때문에 한 마음 보고 느껴야 한다"

이 마음이 생기고부터는 그렇게 잘 느껴지던 기운도 약하게 느껴지고 모든 것이 혼란스러웠습니다. 마음을 먼저 닦아야 하나 기수련을 먼저 해야 하는지가 혼란스러웠습니다. 너무나 혼란스러워 모든 것을 접고 무슨 일인가를 해야겠다는 생각에 다른 도반이 100일 수련 할 때에 불편함이 없도록 움막을 보수하고 잡초를 뽑았습니다. 울타리 안에 있는 돌을 치우고 잡초를 뽑으며 시간을 보내다보니 어느새 100일이 되어 스승님과 도반이 수고했다면서 떡과 고기를 싸 가지고 올라왔습니다.

"무엇을 느끼고 어떤 수련을 했느냐."

100일 수련 중 느낀 것을 자세하게 설명했습니다.

"이때까지 수련시키고 강의한 것을 건성으로 들은 탓에 그렇게 혼란스럽게 100일 수련을 한 것이다. 잘 들어라! 기운과 마음은 별개가 아니다. 동전의 양면과 같이 서로를 돕고 있는 것이 기운과 마음이다. 단전에 야구공과 같이 생겼다는 것은 단의 형성이다. 이 단이 회오리바람과 같이 상승하면서 기공을 연 것이고 어둠으로 퍼져나간 것은 내 기운 중 음기와 동화하였고 다시 내 안으로 들어와 구슬과 같은 기운으로 만들어진 것은 내 몸에 있던 기운이 음기를 흡수하여 진기의 단을 형성한 것이다. 진기의 단이 대맥을 따라 상승하였는데 더 이상 오르지 못한 것은 축기의 부족이다. 내가 그렇게 축기를 강조했는데 게을리 한 탓이다. 축기가 약하니 더 이상 수련의 진전 없이 시간을 보낸 것이다."

"그러면 왜 그렇게 마음수련과 기수련이 혼란스러웠는지 모르겠습니다."

"그것은 진기의 단이 너도 모르게 감성을 자극했기 때문이다. 감성이 자극받기 시작하면 기운의 흐름보다 마음의 작용이 일어나기 시작한다. 그때 너는 나에게서 들은 한 단어가 감성에 깊게 들어왔기 때문이다. 앞뒤 없이 중간의 한 부분을 느끼니 그렇게 혼란 서러운 것이다. 앞으로 환운선법을 수련하게면 알게 된다. 또 어떤 것을 했느냐."

"다음 사람이 100일 수련을 잘할 수 있도록 움막을 치웠습니다."

"무슨 마음에서 움막을 수리하고 주변을 치웠느냐."

"마음도 산란하고 또 주변이 너무 정리가 되지 않아 다음 사람이 불편해 할까봐 치웠습니다."

"느낀 것은 없었느냐."

"주변을 정리하면서 항상 주변이 정리되어있지 않으면 사람살기가 불편해지는 것같이 내 마음도 항상 정리해야겠다고 생각이 들었습니다."

스승님은 술을 한잔 손수 따라 주셨습니다.

"잘 했다."

그렇게 우리는 돌아가면서 100일 수련을 했습니다. 모두가 100일 수련을 마치자 스승님은 우리에게 막걸리 한 잔씩을 돌리시고는 기뻐 하셨습니다.

"이제 선문의 제자가 되었구나! 100일을 참지 못하는 사람은 제자로 받아들이려 하지 않았다. 왜냐하면 한정된 공간에서 자신을 볼 줄 모르고 밖의 일에 집착하였으면 결국 너희는 참지 못하고 이곳으로 왔을 것이다. 참지 못하는 사람에게 아무리 좋고 바른 수련을 지도해도 결국 떠나게 된다. 그래서 너희에게 100일 동안 자신을 볼 수 있는 시간을 준 것이다. 모두들 잘 넘겼기 때문에 내 마음이 참 좋다."

그날 스승님은 술을 많이 드셨습니다.

"너희가 100일이라는 기간을 견딜 수 있었던 것은 자신을 보았기 때문이다. 그 봄이 '수련의 초지 初知' 이다. 지금의 마음을 놓치지 말고 항상 초심의 마음으로 수련했으면 한다."

그렇게 우리의 수련이 시작되었습니다.

나타나는 현상

그리고 이 책에서는 수련의 방법은 기술하지만 나타나는 현상은 아주 초보적인 것만 적으려 합니다. 너무 세세하게 적다보면 책을 읽는 사람으로 하여금 수련의 관념을 만들어버리기 때문에 그런 것입니다. 만약에 이 책을 보고 수련하는 사람이 이해하지 못할 현상이 나타나면 전화나 편지로 꼭 상담을 했으면 합니다. 그래야 부작용 없이 수련에 들어갈 수 있기 때문입니다.

한 가지 예를 들면 내가 책에 1,2,3 모두를 적어 놓으면 1을 느끼기 시작하는데 마음과 생각은 몸의 현상을 이어가는 것이 2,3이 올 것을 미리 생각함으로서 그 다음의 경험을 하지 못하는 경우와 꼭 책에서 말한 현상이 아닐 수도 있는데 책의 내용에만 집착함으로서 다소 부작용이 따르기 때문에 경험을 자세하게 기술하려하지 않는 것입니다. 또 이 책이 보여주고자 하는 것은 '옛날의 수련을 고집하고자하는 것이 아니라 이런 산행 수련과 스승과 제자와의 관계가 만들어져 수련의 맥이 전해졌다.' 는 것을 얘기해 주고자 하는 것입니다. 이 수련과 나의 경험을 통해서 다른 사람을 변화시키고 이 수련을 하게 하자는 것이 아니라 이런 스승과 제자의 관계도 있고 수련도 있으니 힘들어하고 고통 받는 사람들에게 적게나마 도움이 되고자 이 책을 쓰는 것입니다.

그래서 우리 스승님과 도반은 이런 움막 생활이 반복해서 이어졌습니다. 반복되는 가운데 서로 많은 도움이 되었던 것 같습니다. 어려움이 생기면 서로 피하려고 하는 것이 아니라 자신이 먼저 해결하려고 했고 그렇게 정을 쌓았습니다.

앞에서도 말했지만 처음부터 이런 것은 아닙니다. 사회에서 일어날 수 있는 모든 일들이 이 깊은 산속에서도 다를 바가 없었습니다. 시기, 질투, 원망이 서로를 힘들게 했지만 시기, 질투, 원망의 끝은 파멸이라는 것을 알고 있었기에 더욱 사랑하게 되었습니다. 사회에서 살면 살수록 시기, 질투, 원망이 쌓여가지만 산속 움막 생활은 시기, 질투, 원망이 줄어들게 된다는 것입니다. 서로 이해와 느낌으로 줄고 줄어서 너와 내가 남이 아니라 한 형제라는 것을 깨닫게 해주었습니다. 혈육관계보다 더 깊은 관계가 지속되었습니다. 가림도 없고 흉도 없고 단지 이해와 신뢰만 남더라는 것입니다.

　현 사회가 안고 있는 문제가 바로 여기에 있습니다. 살면 살수록 모든 것이 가벼워져야 하는데 어떻게 된 일인지 살면 살수록 삶의 무게가 더욱 무거워지니 무엇이 잘못되어도 한참 잘못되었다는 것입니다. 종교와 정치도 마찬가지로 사람들을 더욱 욕심스럽게 만들고 있으니 시시비비가 끊이지 않고 일어나고 있는 것입니다. 반대로 바름을 가르쳐 주어도 거짓이라고 따르지 않는 다는 것입니다. 그래서 스승님은 준비를 철저하게 시키셨습니다. 현 사회의 모순을 보여주고 느끼게 하면서 가르치신 것입니다.

땟물

필요한 것

　하루는 텐트 하나에서부터 지주핀, 세면도구, 속옷까지 산행에 필요한 모든 것을 챙기셨습니다. 그렇게 챙기니 배낭 무게가 엄청나게 무거웠습니다. 그 배낭을 메고 산을 오르며 욕도 하고 원망도 하면서 오르다 보니 어느새 정상에 도착했습니다.

　산을 타본 사람은 알 것입니다. 무거운 배낭을 메고 4~5시간을 올라간다는 것은 참 어려운 일입니다. 이를 악물고 오르면서 내가 왜 이런 고생을 해야 하는지 별생각이 다 들게 됩니다. 그러다 챙겨 온 물건을 긴요하게 쓰게 되면 참 잘 가져왔다는 생각이 듭니다. 결국 내가 불편하지 않기 위해 가지고 온 것인데 따지고 보면 그 많은 욕을 나에게 했다는 것이 부끄럽기까지 했습니다. 스승님이 세상을 사는데 네가 필요 없다는 것들이 때가 되면 언젠가는 필요하게 된다. 현재에 필요 없는 것을 미워하거나 버리지 말아야 한다고 했습니다.

　사람들은 자신에게 이익이 되면 간이라도 빼줄 것처럼 하다가도 조금만 자신에게 불이익이 돌아오면 언제 봤느냐면서 외면한다는 것입니다. 순간의 안락과 편함을 좇아서는 안 된다고 하셨습니다. 네가 세상을 살면서 미워하는 사람과는 아무 관계를 맺지 않을 것이라 생각하지만 언젠가는 필요에 의해서 또 만나게 된다는 것을 알아야 합니다.

그래서 너무 미워하거나 무엇이든 함부로 버리지 말라고 하셨습니다. 처음에는 별생각이 없었는데 살다보니 만나고 싶지 않는 사람도 만나야 하고 아무소용이 없었을 것 같았던 것이 유용하게 쓰이는 것을 보면 이 세상 모든 것이 필요에 의해서 있다는 것을 깨닫게 되었습니다.

죽어야 산다

도보 수련도 스승님과 많이 했습니다. 60km나 되는 산길을 잠 한숨 자지 않고 걸으며 자신감을 함양하는 수련을 한 적도 있습니다. 걷는다는 것이 정말 힘든 것이라는 것을 그때 알았습니다. 걸어도, 걸어도 끝이 없다는 것을 그때 실감이 갔습니다. 발에는 물집이 잡히고 어깨는 빠질 듯이 아파오고 두 다리는 풀려서 걷고 있는 지 끌고 가고 있는지 모를 정도였습니다. 그때 스승님은 우리를 괴롭히는 저승사자 같이 보였습니다.

"도시의 땟물을 빼기위해서는 모든 것이 죽어야 한다. 몸이 죽고 생각이 죽고 열등감이 죽을 때 비로소 살아난다. 그렇게 해야 무엇인지를 알게될 것이다. 자신을 철저하게 죽게 만들면 씨앗이 싹을 틔우는 것처럼 한점이 살아난다는 것을 느낄 것이다."

처음에는 너무 힘들어서 스승님에게 대들기까지 했습니다.

"스승님 도저히 하지 못하겠습니다."

"너의 근기가 그것밖에 되지 않은데 무슨 수련을 하겠느냐. 두 눈을 부릅뜨고 정신을 차리고 죽을 작정으로 걸어가면 살아나는 것이 무엇인지를 알게 될 것이다. 또 그것만 느끼고 나면 이때까지 나라고 생각하며 살아온 몸이 결코 나의 몸이 아니라는 것을 느낄 것이다. 아픔을 참고 걸으라."

때로는 화도 내고 격려도 하시면서 갔는데 정말 죽을 것 같았던 몸이 되살아나는데 '공기 한 점 없는 공간에 작은 구멍으로 들어오는 맑은 공기가 시원하고 박하사탕을 먹을 때처럼 화한 느낌'으로 몸에 채워지는데 정말이지 맑음이 무엇이며 화하다는 것이 무엇인지를 알았습니다. 도저히 글로는 표현할 수 없는 그런 느낌이었습니다. 또 얼마 있지 않아서 '머리가 맑아지는데 꼭 깜깜한 공간에 한 줄기 빛이 들어오는 것처럼 머리가 맑아지면서 밝아오는데 어떠한 밝음과도 비교할 수 없는 밝음'이었습니다. 스승님은 '초지를 지나, 신지 身知의 단계에 들어갔다.'며 이제부터 본격적인 수련을 해도 될 것 같다면서 기뻐하셨습니다.

"그리고 제 몸 하나 건강하다고 하는 것이 별것 아니라는 것을 알아야 한다. 얼이 빠진 건강은 자신을 해치고 상대를 해치기 때문에 항상 염려해야 한다."

걸어온 길을 한 번 뒤돌아보아라!

"일본에 아주 유명한 동물원이 있는데 거기에 가면 '세상에서 가장 사악한 동물'이라는 글이 쓰여 있는 곳이 있다. 그 우리 안을 들여다보면 자신의 얼굴이 거울에 비치어 진다. 봐라, 너 자신이 가장 사악한 동물이라는 뜻이다. 바로 제 몸이 건강하다고 방일하는 것이 제일 많은 것을 해치고 오염시키고 있다. 그래서 몸에 필요한 밥 세 끼 외에는 아무것도 필요치 않다. 그 나머지 힘은 어떤 곳에 쓰느냐에 따라 추하게 사느냐 광명 光明

되게 사느냐로 나누어지게 된다. 그 힘이 자신을 알고 본성을 찾는데 쓰이면 영이 자라고 지혜가 생겨나 죽어도 사는 것이고 살게 되면 더 복되게 되는 것이다.

너희는 건강이 별것이 아니라고 생각하고 자신의 수련을 통해 본성을 찾아야 한다.”

그러시면서 우리들을 향해서 눈길을 돌리시며 자상하게 말씀하셨습니다.

“네가 걸어온 길을 한 번 뒤돌아보아라! 너의 작은 발걸음 하나하나가 결국 이렇게 먼 거리를 오게 했다. 문석이는 중간에 포기하는 바람에 많은 경험을 놓친 것이다.”

그때의 심정은 도보 수련을 포기하고 차라도 얻어 타고 오고 싶은 심정이었는데 내심 미안한 마음이 들었습니다.

“자동차가 빠르기는 하지만 이 발걸음만큼 빠르지 않다. 몸은 비록 자동차보다 더딘 것 같지만 마음은 그보다 더 많은 것을 얻었기 때문에 결코 느린 것이 아니다. 더딘 만큼 주변의 풍경과 마주치는 사람과 정을 나누며 더 깊은 관계가 되었고, 집도 구경하고 물도 얻어 마시고 주변 광경을 보고 걸었기 때문에 너의 뇌리 속에 아름다운 추억이 되어 너를 향기롭게 할 것이다. 지금 당장은 다리가 아프지만 아픔은 순간이기 때문에 참고 견디면 많은 것이 열린다는 것을 알았으면 한다.”

그때는 힘들다는 생각밖에 하지 못했는데 돌이켜 생각해 보면 그 힘듦이 얼마나 큰 기쁨과 즐거움을 주는지 모르겠습니다. 지금도 그때를 생각하면 몰아쉬는 숨소리가 들리는 듯한 감동이 생생하게 느껴집니다. 스승님은 이러한 도보 수련을 통해 사회적인 면을 짚어주셨습니다.

아름다운 향기

"수련이 잘 된다고 하는 사람은 차를 타고 달리는 것과 같아서 목적지에는 빨리 도착하지만 아집과 관념에 쌓인 목적지 밖에 도달하지를 못한다. 무얼 보고 무얼 느꼈는가가 중요한 것이다. 목적지에는 천천히 도착하더라도 함께 조화를 이루며 목적지에 도달하면 아무것도 없는 것 같지만 거기에는 너의 정精이 꽃을 피우게 될 것이다. 그 꽃의 향기는 세상을 덮고도 남을 것이며 신명의 세계에서 밝은 빛이 되어 많은 사람들의 좌표가 될 것이다."

그래서 순간순간의 느낌을 중요하게 생각하고 감응하는 것이 중요합니다. 실제로 차를 타고 가다보면 차창 밖으로 지나가는 것은 기억할 수 없다는 것입니다. 무얼 봤는지 무얼 느꼈는지도 모르고 오직 앞만 보고 가야 한다는 것이 삶 전체를 허무하게 만들게 됩니다. 지금 본성을 향해 달려가고 있지만 본성에 도달하면 아무것도 없다는 것을 알게 됩니다. 여기서 아무것도 없다는 것은 완전한 상태를 이야기하기 때문에 우리의 의식으로는 도저히 설명이 불가능하기 때문에 본성에 가장 가까운 것이 없음이기 때문에 없다고 이야기하는 것입니다,

또 우리가 안다는 것은 단지 관념과 상에 사로잡힌 생각일 뿐이기 때문에 없다고 표현하는 것이 가장 바른 표현인 것 같아서 말한 것입니다. 아상과 관념을 통해 생각하다보면 본성은 없고 시시비비만 따르기 때문에 경험으로만 본성을 말하자는 것입니다. 본성을 경험하면 나의 소리는 아름다운 향기가 될 것이고 고통과 아픔은 사랑의 거름이 된다는 것을 알게

됩니다. '상과 관념을 없애는 것이 본성으로 가는 길이 아니라 상과 관념은 그대로 두고 가다보면 상과 관념도 본성의 일부분이었다.'는 것을 알게 됩니다.

우리는 이 걸어가는 느낌을 깨달아야 합니다. 미워하고 좋아한 모든 것이 결국은 나의 깨달음 속에서 이루어졌다는 것을 알게 되었습니다. 현재에 일어나고 있는 모든 고통과 아픔은 본성 속에 헤엄을 치면서 일어나는 현상일 뿐입니다. 물고기가 물속에서 물을 못 느끼듯이 사람 또한 공기 속에 있으면서 공기를 못 느끼듯이 마음 또한 본성 속에 있으면서도 본성을 못 느끼는 것입니다. 결국 본성을 느꼈다고 하는 것은 본성 밖으로 나올 때에만 느낄 수 있는 것입니다. 그래서 스승님은 먼저 답을 주시는 것이 아니라 충분히 경험할 수 있는 것을 통해서 깨달음을 주십니다. 이 깨달음은 단순한 것이 아니라 어떤 관념과 상을 여는 만능키와 같은 풀림이 되기 때문입니다.

차의 욕심

욕심이 많은 놈

그렇게 움막 생활에서 혹독하고 끊임없이 수련을 했지만 수련이 더 깊어지기는커녕 수련이 겉도는 것 같아 이참에 집에나 한 번 다녀와야겠다는 생각으로 잠시 고향집에 들르게 되었습니다. 오랜만에 어머님과 형님, 친구들을 만나면서 며칠을 아무 생각 없이 보냈습니다. 그러던 차에 형님이 운동 기구 계통의 사업을 하는데 갑자기 직원 한 명이 그만두는 바람에 일손이 모자라 하는 수 없이 당분간 일을 도와주기로 하자 어머님이 제일 좋아하셨습니다. 어머님은 줄곧 되게 내가 산에서 수련한답시고 있는 자체를 싫어했기 때문에 여러 형님들에게 압력을 넣어 어떻게든 나의 산속 생활을 막아 보려고 노력했지만 뜻대로 되지 않아 속을 끓이던 차에 이번 일로 잘 됐다싶은지 '무엇보다 형님의 일을 도와야 한다.' 면서 적극적으로 권하시는 바람에 형님을 돕게 된 것입니다.

그렇다고 꼭 어머니의 권고에 의해서만 도운 것은 아닙니다. 수중에 돈도 없고 수련도 잘 되지 않아서 좀 쉬고 싶은 차에 잘 되었다는 생각에서 형님을 돕기로 마음을 먹은 것입니다. 그 다음날부터 출근해서 창고 정리를 맡아 하기로 하고 직원들에게 일을 배우면서 한 달 정도 지났을 즈음, 형님이 '고급 승용차 한 대를 샀다.' 고 자랑을 하면서 '한 번 태워 주겠다.' 며 타라고 하는 것입니다. 바쁘다는 핑계를 둘러대고 창고로 돌아와 한참을 생각해보니 갑자기 화가 나기 시작했습니다. 지금 타고 다니는 차도 멀쩡한데 굳이 새 차로 바꾸어야 했는지, 또 동생이라고 하나밖 없는데 좀 도와주지는 못할망정 저렇게 비싼 고급 승용차를 사야 했는지 정말 의아해 했습니다. 그렇게 생각하니 산에서 궁핍하게 산 시간들이 머리를 스쳐지나 갔습니다. 먹을 것도 제대로 먹지 못하던 모습과 반반한 등산복 하나 없이 추위에 떨었던 모습을 생각하니 '내가 왜 형님을 도와주어야 하는가.' 하는 생각이 들어서 그 길로 집으로 달려가 산으로 가는 짐을 꾸렸습니다.

"갑자기 하던 일을 내팽겨 치고 가면 어떡하느냐. 다시 사람을 구할 때까지는 일을 봐주어야 하는 것 아니냐. 네가 무엇 때문에 떠나고자 하는지 그 이유나 알아보자."

나를 다그쳤습니다.
나는 마음에 든 말을 했습니다.

"하나 밖에 없는 동생은 이렇게 힘들게 지내는데 동생을 좀 도울 생각은 안 하고 꼭 그렇게 고급차를 사야 되겠습니까. 그래서 그런지 마음이 내키지 않아 도와줄 수 없습니다."
"넌 참 욕심이 많은 놈이다. 너는 너하고 싶은 대로 다하면서 가족이 너를 어떻게 생각하는지 한 번이라도 생각해 봤느냐. 또 너 자신이 좋아서 하는 일인데 왜 내가 너를 도와야 하느냐. 내가 어려울 때 네가 나를 한 번이라도 도와 준 적이 있느냐. 너 좋아하는 수련한답시고 모른 척만 하다가 네가 지금 와서 형제간이랍시고 좀 도와주지 않는다고 그렇게 화를 내니 정말 할 말이 없다. 차를 사는데 네가 돈을 보탠 것도 아닌데 그런 식으로 일할 바에는 차라리 떠나거라."

오히려 짐을 밖으로 내던지며 야단치는 것입니다. 앞뒤 생각할 시간도 없이 화난 기분에 짐을 들고 나오는데 어머님이 눈물을 흘리시며 주머니에서 돈 오만 원을 꺼내주시며 '밥 굶지 말고 몸 건강히 지내고 잘 가거라.'고 했습니다.

그때는 몰랐습니다. 오직 나 자신밖에 생각하지 않았기 때문에 누가 상처를 받고 누가 아파하고 있는지를.

물질공부

그 길로 산에 돌아온 나는 형님에 대한 섭섭함 때문에 수련도 잘 되지 않고 한 동안 모든 것이 뒤죽박죽이었습니다. 나는 오직 수련만이 최선의 길이라 생각하고 수련에만 매달렸습니다. 중맥, 소주천, 운막 수련을 병행했지만 예전의 기운을 회복하지 못하고 기운이 흩어지기만 했었습니다. 하루는 아궁이에 불을 때고 있는데 스승님이 옆에 와서 말을 붙였습니다.

"불이 잘 들어가느냐."

아궁이의 불을 드려다 보시더니 다시 말을 이었습니다.

"너의 아궁이에는 불이 꺼져 잡다한 찌꺼기들이 너무 많다. 불을 다시 지펴 태우거라. 그리고 이번 참에 너의 마음을 한 번 꺼내 놓아보아라."

조금 부끄럽고 당황스러웠지만 형님과 있었던 일을 자세하게 말하였습니다. 스승님은 물끄러미 나를 쳐다보시면서 원망스런 표정을 지으시면서 조용하게 나를 꾸짖었습니다.

"네가 참 욕심이 많구나. 너의 노력으로 번 것도 아니고 빌려준 것도 아닌데 꼭 빌려준 것을 받지 못해 화내는 사람 같구나. 자신이 열심히 일해 번 것을 자신 마음대로 하는데 네가 무슨 자격으로 그런 마음을 먹었는지 모르겠다. 단지 형제간이라는 이유 하나로 형님의 도움을 바랜다는 것은 정말 욕심이 많은 것이다. 또 네 입장에서는 사치스러울지 몰라도 형님 입장에서는 필요에 의해 산 것이다. 너의 섭섭한 마음은 가난하다고 생각하는 집착 때문에 생긴 것이다. 내가 볼 때에는 너 자신이 도리어 사치스럽다는 생각이 든다. 돈 한 푼 벌지 않고 하고 싶은 것 다하면서 지내는데 여기서 더 바란다는 것은 큰 욕심이다. 형님은 자신의 노력으로 고급 승용차를 산 것이기 때문에 네가 욕하거나 비난할 일이 아니다."

그 야단을 맞고 물질 공부를 시작했습니다.

"물질을 깨쳤다고 하는 것은 물질을 탐하는 마음이 없다고 해서 물질을 깨친 것이 아니다. 진정한 물질의 깨침은 상대의 물질을 인정해줄 수 있는 마음이 생길 때 물질을 깨친 것이고 물질로부터 자유로워 질 수 있다. 또 물질을 깨쳤다는 것은 상대의 물질을 보는 것이 아니라 물질을 얻기 위한 노력을 보는 것이다. 누군가가 성공하여 물질을 많이 벌었다고 하면 모두들 부러워하고 자신이 가지지 못한 열등감으로 시기하고 질투하여 고통 속으로 들어가게 된다. 결국 열등감 때문에 일어나는 현상이다."

열등감만 소멸시키면 상대가 무엇을 가지든 진정으로 축하해 줄 수 있는 마음이 생겨나게 됩니다. 열등감을 물질로서 없애려고 하면 오히려 물질이 칼과 창이 되어 서로에게 상처를 주어 고통과 허무 속에 빠지게 됩니다. 그래서 물질을 깨쳐야 합니다. 깨치고 나면 별 것이 아닌데 그 깨치기까지가 어려운 법입니다. 저도 앞에서 말했지만 처음에 형님이 고급 승용차를 샀을 때 괜히 화가 나고 나를 도와주지 않는 형님이 정말 미웠습니다. 그런데 깨치고 나니 세상 모든 물질은 그 사람의 도량에 맞게 한 치의 오차도 없이 정확하게 있더라는 것입니다. 없는 사람이 가지기위해 수단과 방법을 가리지 않고 노력해도 그 만큼을 넘어서지 않는다는 것입니다. 노력하면 노력한 만큼 몸만 축나게 된다는 것을 알아야 합니다.

지금 하는 이야기를 잘못 이해하면 노력해도 되지 않으니 노력하지 말라는 뜻이 아닙니다. 단지 제가 하고 싶은 이야기는 욕심내는 노력을 하지 말라는 것입니다. 욕심 없이 노력하게 되면 몸이 살고 마음이 여유를 가지게 되어 많이 가져서 행복한 것이 아니라 노력하고 있는 자체가 행복이라는 것을 알게 됩니다. 욕심 없는 노력으로 물질을 깨쳤으면 합니다.

물질공부

삼십만 원

스승님은 물질 공부가 가장 첫째 공부이고 두번째 공부가 성에 대한 공부이고 세번째 공부가 수면에 대한 공부라고 하시며 표면에 드러나지 않게 은연중에 이 공부를 우리에게 시키셨습니다. 스승님과 함께 물질을 공부할 때 일입니다.

하루는 산행을 마치고 내려와 곰곰이 생각해 보니 고향집에 대해 너무 소원하게 대한 것 같은 느낌이 들어 집에 갈 채비를 하고 있는데, 난데없이 스승님이 고향집에서 돈 삼십만 원 좀 빌려왔으면 하는 것입니다. 그당시 삼십만 원은 제법 큰 돈 입니다. 그때 스승님은 생업으로 도매업을 하고 있었기 때문에 많은 돈이 필요했긴 했습니다.

그런데 돈 한 푼 벌어보지 못한 내게 돈을 빌리자는 이야기를 하는 것은 정말 사정이 어렵기 때문이라고 생각했습니다. 그 반면에 이제 스승님의 본색을 드러내는 것은 아닌가도 생각했습니다. 그래도 한 사오 년 따라다니며 많은 가르침을 받았기 때문에 빚진 것을 갚는 다는 셈치고 빌려 주기로 마음을 먹고 어머니에게 부탁해 삼십만 원을 빌려 주니 스승님은 고맙게 잘 쓰겠다고 했습니다.

이렇게 몇 개월이 지나서 또 한 삼십만 원을 빌리자는 것입니다. 참 난감한 생각이 들었습니다. 앞전에 빌려간 돈도 갚지 않으면서 또 빌려달라고 하니 혹 사기 치는 것은 아니가 하는 생각이 들었습니다. 그리고 더 이상 빌릴 데도 없었습니다. 그때도 어머니에게 사정해서 빌린 것이기 때문에 도저히 빌릴 때라고는 없었습니다.

여러분도 알다시피 사지가 멀쩡하지만 5~6년을 백수로 지냈는데 누가 돈을 빌려주겠습니까? 스승님에게 도저히 돈 구할 데가 없다고 하자 그래도 어떻게든 융통해보라고 하시며 부탁까지 하시는 것입니다. 지금 당장에 저 물건을 사야 하는데 돈이 모자라서 그런다며, 저 물건만 사기만하면 앉은 자리에서 백만 원의 이윤을 남길 수 있기 때문에 잠시만 빌려만 주면 이자까지 높게 쳐 줄 테니 빌려보라고 하시는 것입니다.

친구의 돈

저는 하는 수 없이 산에서 내려와 어머니에게 말하기에는 입이 떨어지지 않아 형님에게 부탁했더니 '산에서 도 닦는 놈이 돈이 왜 필요하냐.' 며 말도 못 붙이게 했습니다. 친구들도 마찬가지였습니다. 하는 수없이 어머니에게 부탁을 했습니다. 어머니는 온갖 욕을 다하시고는 마지못해 돈을 빌려 주셨습니다. 그 돈을 스승님에게 드리면서 정말 마지막입니다. 또 어머니가 동네 아시는 분에게 빌린 것이기 때문에 꼭 갚아야 한다고 했더니 걱정하지 말라며 산을 내려가셨습니다.

스승님이 서울간지 열흘이 지나서야 돌아 오셨습니다. 돌아오시면 갚겠다고 하셨는데 돈을 갚지 않는 것입니다. 저는 정말 불안하고 초조했습니다. 어머니는 돈 안 갚는다고 야단이고, 스승님은 이렇다 할 말씀도 하지 않으시지, 중간에서 애간장만 태우던 중에 또 다시 삼십만 원을 빌려보라는 것입니다. 스승님이고 뭐고 정말 사기꾼이 아닐까하는 생각까지 들었습니다. 그리고 또 돈을 빌려야 한다고 생각하니 진짜 막막했습니다. 스승이면 스승이지 왜 자꾸 돈을 빌려오라고 하는지 몰랐습니다. 한편으로는 이것도 수련인가도 생각했지만 도저히 이해가 가지 않았습니다. 이때까지 믿어온 모든 것이 의심되고 이렇게 이용될 바에는 차라리 혼자 수련하는 것이 나을 것 같았습니다.

그래도 마음 한쪽에서는 정말 마지막이라는 생각이 일어나고 있었습니다. 지나온 날의 스승은 정말 따뜻하고 온화한 분이었기 때문입니다. 그때 결심했습니다. 정말 마지막이다. 이번까지만 믿고 모든 것을 포기하기로 마음을 먹고 일단 산을 내려갔습니다. 내려오니 정말 부탁할 곳이 없었습니다. 거리를 해매다 친구나 한 번 보고가자는 생각이 들어 친구 집을 찾아 갔습니다. 친구는 반갑게 맞아주면서 밥까지 주었습니다. 이런 얘기 저런 얘기를 하다 차마 입이 떨어지지 않았지만 궁여지책으로 돈 있으면 내게 빌려달라고 했습니다. 친구는 아무 말이 없었습니다. 한참이 지나서야 친구는 아무 말 없이 봉투 하나를 주며 사족 아닌 사족을 달았습니다.

"친구야 이 돈이 너와 나의 관계를 더욱 깊게도 하고 다시는 보지 못할 관계로 이어질 수도 있기 때문에 이 돈이 너와 나 사이에 더욱 깊어지는 관계를 만들었으면 한다."

그러면서 나에게 돈을 빌려주는 것입니다. 마음이 무척 무거웠습니다. 몇 년 만에 처음 만나는 자리에서 만나지 못했던 시간을 이야기해야 하는데 대뜸 돈 얘기부터 하니 정말 미안하다는 말만 남기고는 산으로 돌아와 며칠을 주머니에서 돈을 꺼내지 못했습니다.

돈으로 엮이는 수련이 아니라

친구의 마음이 고스라니 담겨 있는 이 봉투를 너무 쉽게 생각하고 있는 나 자신이 정말 싫었기 때문입니다. 며칠이 지나 스승님에게 봉투를 내놓으며 '제가 할 수 있는 마지막 마음이다.'고 하며 봉투를 드리자 '긴요하게 잘 쓰겠다.'며 산을 내려 가셨습니다. 산 속에 혼자 남은 나는 많은 생각을 했습니다. 여태까지 스승님과 함께한 시간들이 주마등처럼 지나갔습니다. 나의 짐을 정리하며 스승님과 함께한 시간까지도 정리했습니다.

그렇게 짐을 챙겨 산을 내려오는데 스승님이 어디 가느냐며 자신을 따라오라는 것입니다. 지리산 움막에 도착해 녹차를 다리면서 스승님은 말씀하셨습니다.

"참 많은 고생을 했다. 물질이 얼마나 마음을 일으키는지를 알았을 것이다. 그러시면서 물질은 제 2의 마음이다. 이 마음을 깊게 느끼지 못하면 물질의 수렁 속에서 허덕이다 생을 마감하게 된다. 지금 세속에 사는 사람들은 물질을 제1의 마음으로 치고 있기 때문에 저렇게 많은 고뿜 속에 사는 것이다.

그래서 본성의 마음과 물질의 마음을 구별하고 수련해야 한다. 이 마음을 구별 없이 하게 되면 결국 물질이 본성을 막아버리기 때문이다. 수련하는 사람들은 본성을 제1로 치고 물질의 마음을 제2로 쳐야 한다. 본성 닦음이 가장 먼저라고 생각할 때 물질을 언제든지 벗어던질 수 있고 필요할 때는 집착 없이 받을 수 있는 것이다. 물질은 물 흐르듯이 하는 것이 가장 잘 관리하는 것이다. 만약에 물 흐르듯이 못하면 결국 물질에 휘둘러 갈등과 시비가 크게 일어나기 때문에 깊게 생각해야 한다.

현재 네가 일으키고 있는 마음을 한 번 보거라."

그 자리에서 바로 수련에 들어갔습니다. 내게서 일어나는 마음을 가만히 지켜보니 스승님에게 빌려준 돈 때문에 얼마나 많은 갈등이 일어났는지 모릅니다. 그래서 그때 느낀 것이 물질로 인해 나와 상대를 깊게 다치게 할 수도 있다는 것을 알았습니다. 모든 돈거래에 있어서는 자신의 도를 넘어서지 않는 거래를 하고 돌려받지 않아도 되는 거래를 해야 합니다. 그렇게 며칠이 지나 하루는 스승님이 저에게 불쑥 한마디 던졌습니다.

"돈 달라는 소리 안 하냐."
"스승님에게 전생에 진 빚이 많아 그 돈 갚았다고 생각하기로 했습니다."

스승님은 아무 말이 없었습니다. 그래서 제가 주제넘게 나의 느낀 점을 이야기 했습니다.

"괜히 미워하지 않을 것도 미워하게 되고, 또 욕을 듣지 않아도 될 일이 돈 때문에 욕을 듣게 되어 너무 많은 것을 잃었습니다. 스승님이 빌려간 돈은 갚지 않아도 되고 나의 업이기 때문에 제가 막노동 일을 해서라도 갚고 나서 수련할 마음이 생기면 그때 돈으로 얽히는 수련이 아니라 마음과 마음이 우러나는 그런 수련을 한 번 해보고 싶습니다."

그 다음날 스승님은 아무 말 없이 봉투 하나를 주시며 '빌린 돈 잘 썼다.'며 120만 원을 주시는 것입니다.

"내가 이때까지 돈을 빌린 것은 그 돈이 필요해서가 아니라 너의 물질 공부를 위해서였느니라."

그 돈으로 한참동안 편안한 움막 생활을 할 수 있었습니다.

진정한 이해

내가 우주인지 우주가 나인지

물질공부가 끝나자 겨울 외투를 벗은 것처럼 마음이 한결 가볍게 수련에 들어갈 수 있었습니다. 특히 중단전에 자극이 많이 왔습니다. 무엇인가 모를 박하 향처럼 화化한 느낌이 일기 시작하고 그것이 한참 지속되다 신주와 연결되어 중맥이 돌고 이제까지 느끼지 못한 아련한 감정이 천돌로 복받쳐 오르더니 목 놓아 울었습니다. 이 눈물은 특정한 감정에 의해서가 아니라 아무 감정 없는 그러한 눈물이었습니다. 3~40분을 그렇게 눈물을 흘리고 나니 벅찬 기쁨이 밀려왔습니다. 이 기쁨은 말로 표현할 수 없는 그런 기분이었습니다.

천상의 꽃밭에서 천상의 물이 중단전을 통해 몸 세포 하나하나에까지 퍼져 맑아지는 것입니다. 이렇게 퍼지더니 내 몸이 사라졌습니다. 내가 남자인지 여자인지, 또 내가 우주인지 우주가 나인지, 구별할 수 없었습니다. 이 느낌이 영원했으면 하는 생각이 들었습니다. 갑자기 이 생각이 들자 아련한 끝에서 한점이 생겨 회전을 하며 커지는데 현기증이 날 정도로 어지러웠습니다. 그렇게 나는 정신을 잃고 쓰러졌는데 도반의 말로는 이틀 만에 깨어났다고 합니다.

그때 스승님은 나에게 7일 동안 생식 외에는 아무것도 먹이시지 않았고 7일이 지나자 중단전의 단중혈, 등의 신줄혈, 머리의 백회혈, 손의 합곡

혈, 발의 태충혈을 사혈하시고는 들이쉬는 숨보다 내쉬는 숨을 많이 내쉬 게 하면서 나타난 현상을 설명하셨습니다.

"박하 향은 중단전이 개화할 때 나타나는 것이고 그 개화에 의해서 이 때까지 자신도 모르게 쌓아온 맺힌 마음이 녹아내리는 과정에서 눈물이 난 것이다. 또 천상의 꽃밭과 천상의 물은 천돌로 타고 흐른 기운이 상단 전을 자극했기 때문이며, 다시 천상의 물이 중단전으로 들어오면서 내가 남자인지 여자인지, 우주인지 우주가 나인지가 구별하지 못한 것은 천지 기운의 감응현상 때문이다. 그런 상태에서 한점이 생겨 커지면서 혼절을 한 것은 좀더 수련해보면 알게 될 것이다. 굳이 말한다면 전생의 씨앗이 형성되는 과정인 것 같은데 네가 아직까지 받을 만한 상태가 아니기 때문 에 그런 것이다. 그러니 내가 일러주고 짚어준 것을 충실하게 행해야 한 다. 그래야 거기에서 나타나는 현상과 경험들이 무엇인지를 알게 될 것이 다. 수련에 충분한 기본이 되어있지 않으면 하늘과 땅에서 일어나는 것을 받아내기란 참으로 어렵게 된다. 그래서 가장 기본이 되는 것을 충실하게 해야 한다."

그렇게 다시 한 번 더 강조하시고는 장사 일을 나가셨습니다.

이해가 무엇입니까!

그때부터 나는 정진을 더욱 열심히 했고 내가 경험한 것을 주장하기 시 작했습니다. 또 일주일에 한 번씩 모여 수련에 관한 이야기를 나누었습니 다. 이야기를 하다 보면 의견이 엇갈리기 시작했고 이런 날이 반복되었습 니다. 그런데 이상하게도 스승님만 있으면 모든 대화가 잘 풀리는 것입니다. 이것을 가만히 생각해보니 스승님이 없을 때에는 항상 자기 입장에서만 말을 하는데 스승님이 계시면 각자의 입장에서 말하기보다 무엇인가 한 가지라도 더 듣기 위해 수용적인 마음이 되더라는 것입니다. 그때 나라고하는 생각은 없어지고 상대의 느낌을 받아들여 이해함으로서 더 깊어짐을 알 수 있었습니다.

처음에는 이해가 무엇인지 몰랐습니다. 그런데 스펀지가 물을 빨아들이듯이 하잘 것 없는 우리 이야기를 스승님이 하나도 빠짐없이 받아주셨습니다. 그래서 스승님에게 물었습니다.

"스승님은 어떻게 우리 이야기를 하나도 놓치지 않고 받아줄 수 있습니까!"
"너희를 이해하기 때문에 모든 것을 받아줄 수 있다."
"그러면 이해가 무엇입니까?"
"이해理解라는 것은 사리를 분별하여 해석하는 것으로 관념과 상에 집착함이 없이 느낄 수 있는 것을 말한 것이다."

결국 나의 관념과 상이 없을 때만이 상대를 이해하게 된다는 것입니다.

우리는 이 이해를 어렵게 생각해서는 되지 않습니다. 어렵다고 생각하기 때문에 이해가 더욱 가지 않는 것입니다. 다시 말하지만 이해는 특별하고 어려운 것이 아닙니다. 진정한 이해는 단순하고 쉬운 것입니다. 사람들은 특별하고 어려운 것일수록 진리에 가깝다고 생각하지만 특별하면 특별할수록 이상과 관념만 깊어 질뿐입니다.

그래서 쉬운 것이 가장 진리에 가까운 법입니다. 이 단순한 느낌을 알 수 있는 가장 첫째가 자신의 두 마음을 아는 것입니다. 우리는 항상 두 마음으로 살아갑니다. '갈 것인가! 안 갈 것인가, 먹을 것인가! 안 먹을 것인가.' 이 두 마음이 네 마음을 만들고 네 마음이 여덟 마음을 만들고 여덟 마음이 열여섯 마음에서 다시 곱으로 불어나게 되는 것입니다. 그래서 이 두 마음을 잘 아는 것이 상대를 이해하는 것이 됩니다. 나는 이 두 마음을 알기 위해 많은 노력을 했습니다.

한 번은 스승님에게 부끄러움을 무릅쓰고 물었습니다.

"스승님, 성재를 미워하는 마음이 생겼는데 이 마음이 무슨 마음인지를 모르겠습니다."

"왜 그 마음이 일어났는지를 생각해 보거라."

그 말을 듣고 생각해 보았습니다.

"이 마음이 일어난 것은 성재 자신이 해야 할 빨래와 일을 나에게 떠넘기는 것이 이해가 가지 않아 싫어하게 되었습니다."

"만약에 네가 결혼을 하여 처와 자식을 위해 빨래하는 것과 성재 할 일을 대신해 빨래하는 것과 무엇이 다른지를 찾아보아라."

나는 할말이 없이 한참을 있다가 결국 분별하는 이 마음이 성재를 이해하게 하지 못한 나의 이기심이라는 것을 알게 되었습니다. 나는 이 이해하지 못하는 이기심을 없애기 위해 더 많은 산행과 수련을 했습니다. 이 모든 것은 분별하는 욕심에서 시작된다는 것을 알았습니다. 또 분별하는 욕심은 진정한 이해만이 소멸시킬 수 있다는 것도 알았습니다.

평생 함께 할 도반

나는 지금도 스승님에게 하루도 빠짐없이 감사의 마음을 전합니다. 만약에 그때 '이해'라는 것을 깨치지 못했다면 세월의 굽이굽이에 맺힌 상처들로 인해 매우 힘든 삶을 살았을 것입니다.

그리고 항상 스승님이 강조하신 것이 있습니다.

"모든 것을 스승이 다 해줄 것이라고 생각해서는 안 된다. 수련은 자신이 느끼고 경험하는 것으로 스승은 단지 막히고 어려울 때 길을 열어주고 갈 수 있는 용기를 주는 길잡이일 따름이다. 이런 역할을 하는 사람이 진정한 스승이다."

스승님은 우리에게 집착하는 것이 아니라 항상 이해하면서 기다리셨습니다. 그때 당시 스승님 곁에 남은 네 명의 도반 외에 다섯 명이 더 있었습니다.

처음 움막 생활할 때는 아홉 명이 함께 스승님의 법을 수련했습니다. 많은 시간이 지나자 각자의 판단으로 스승님을 이해하고 떠나기 시작했습니다.

이때 우리들에게 말씀하셨습니다.

"항상 떠날 때에는 미련 없이 떠나야 하고, 또 떠나는 사람에게 집착하여 붙잡게 되면 억지가 되고 바른 법을 전달할 수 없기 때문에 순일하게 보내야 한다. 그리고 또 첫 만남에서 모든 것을 보여주고 기다리면 떠나는 사람과 남아서 함께할 사람이 가려진다.

비유를 들어 말하면 벼가 가마니 속에 들어 있을 때에는 알 찬 것과 쭉정이를 가리지 못하지만 물속에 넣어 시간을 두고 흔들게 되면 쭉정이와 알찬 것은 분명히 가려진다. 이와 같이 시간을 두고 지내보면 떠나는 사람과 남을 사람이 정확하게 가려지기 때문에 이 가림을 통해 법과 진리를 전할 때 바르게 전달 할 수 있다."

그렇게 3~4년 동안 네 명만 남고 다섯 명이 떠난 것입니다.

이때부터 우리는 스승님과 함께 본격적인 수련에 들어갔습니다.

"너희 네 명은 평생 함께할 친구이자 도반이다. 자신의 마음을 앞세우기보다 상대를 이해하고자 노력하면 더욱 깊은 관계가 될 것이다. 진실한 도반을 만났다는 것은 절반의 수련을 한 것과 같은 것이므로 도반을 소중하게 생각하고 수련에 정진하여라."

결국 우리 네 명은 서로 이끌어 줄 수 있는 도반의 인연이었던 것입니다.

주위에 아는 사람이 많이 있지만 형식적으로 만나는 사람이 있는가하면 깊은 마음을 나눌 수 있는 사람이 있듯이 스승님은 이 깊은 인연을 맺어준 것입니다. 처음에는 서로 너무 맞지 않아서 힘들어 한 시간도 있었지만 서로를 이해하고자 노력한 것이 이렇게 오래도록 사귀어온 친구와 같은 관계가 되었습니다.

지금은 서로가 무엇을 원하는지 말을 하지 않아도 잘 알기 때문에 누구의 옷을 빨더라도 분심이 일어나는 마음이 없습니다. 상대의 마음을 읽고 기氣를 타면서 서로 도우며 수련했습니다. 이렇게 서로 도와주다가도 가끔은 일어나는 감정이 있는데 이때 상대를 보는 것이 아니라 자신을 보고 자신을 다스리고자 노력했습니다.

그래서 수많은 인연들이 있지만 다 깊게 인연을 맺을 수 없기 때문에 나와 가장 가까이 남아있는 인연과 미워하고 사랑하다보면 참 도반이 되는 것입니다. 우리는 하루에도 수많은 인연을 만나지만 그 인연에 집착하지 말고 진실하게 시간을 두고 기다리면 참 도반이 남아 그 다음해에 함께 싹을 틔워 서로에게 힘이 될 것입니다.

길 없는 길

분재

　한 번은 팔공산을 가기위해 차를 타고 불로동을 지나고 있는데 갑자기 차에서 내리시고는 분재원으로 들어가 나에게 물었습니다.

"저 분재를 보고 무엇을 느끼느냐."
"그냥 아름답고 예쁩니다!"
"세상에 분재처럼 키워지는 아이들이 너무 많다. 저 아름다운 분재는 자연스럽게 자란 것이 아니라 사람의 욕심에 가지가 잘리고 약품과 철사에 꼬여 예쁨을 흉내 내고 있지만 작은 기후 변화에 죽고 마는 나약함을 가진 예쁨이다. 진정한 예쁨은 세월 속에 익은 자태인 것이다. 정이품 소나무가 그렇고 동네 입구에 있는 정자나무가 얼마나 아름답고 익음의 자태를 가지고 있는지 모른다. 또 산에 가면 고목과 몇 백 년씩 묵은 소나무를 봐라! 분재와 무슨 차이를 느끼느냐 몇 백 년 세월의 자태와 근엄함이 느껴지게 되지만 약품을 바르고 철사에 꼬여있는 분재는 결국 인간의 욕심들로 만들어진 것에 불과하다. 사람들은 약품과 철사로 그 익음을 만들고자 용을 쓰지만 결코 세월의 익음은 절대로 흉내 내지 못한다는 것을 명심해야 한다.
　그래서 나무의 슬픔을 알아야 한다."

"현재의 사람들을 보면 모두가 분재에 꼬여있는 철사처럼 물질에 꼬이고 명예에 꼬여 있다. 너 자신도 물질이 나라고 하는 상에 꼬이지 않도록 조심하고 조심하거라. 또 물질은 너의 내면과 안락에 파고들 것이다. 그 파고드는 안락에 꼬이면 너 스스로가 무너질 것이다. 물질에 집착하는 것이 아니라 그냥 흡수하여 흐르는 물처럼 흐르게 하거라."

연이어서 긴 법문을 하셨습니다. 매양 이런 식의 산행과 움막 생활이 이어졌습니다. 그런데 정작 수련적인 이렇다 할 얘기는 거의 없이 마음적인 얘기만 하셨습니다. 그렇게 한 일이 년 지나서야 수련과 운기에 대해 이야기하셨습니다.

"우리 몸에는 기가 있는데 그 기가 마음으로 흐르고, 감정으로 잘 흐르는 사람은 유하고 부드러우며 잘 흐르지 못하는 사람은 날카로운 감정과 지병이 생겨나게 된다. 그래서 이 기의 흐름을 잘 알고 유통해야 한다."

이렇게 수련 아닌 수련에 들어갔습니다. 정성과 감성의 관계를 이야기해주었지만 모든 것이 처음 듣는 단어이기 때문에 뭐가 뭔지 알 수가 없었습니다. 그냥 막연하게 행할 뿐이었습니다.

한 마음이 느껴지는

또 한 번은 갑자기 산행을 하게 되었습니다. 한참을 가다가 느닷없이 길 없는 길로 들어가기 시작하시는 것입니다. 산에서 길 없는 길을 가게 되면 많은 어려움이 나타나게 됩니다. 내 스스로가 길을 만들면서 가야하기 때문에 이미 나있는 길을 따라가는 것보다 훨씬 어렵고 위험하게 됩니다. 스승님은 앞만 보시고 길 없는 데를 막 헤쳐나가시는 겁니다. 그래서 저는 '산길이 이렇게 잘 나있는데 이 길을 따라가면 되지 뭐 하러 생고생 하느냐.' 며 투덜대자 스승님은 잠자코 따라오라는 이야기만 했습니다. 그렇게 한참을 따라갔습니다.

거의 정상에 다 올라가니 널따란 바위 하나가 있었는데 거기서 앉아 쉬어가자면서 자리를 잡고 앉는 것입니다. 나도 슬그머니 옆에 앉으니, 스승님이 말문을 열었습니다.

"지금 세상 사람들은 이 산길처럼 다른 사람이 내 놓은 길을 아무 생각 없이 막연하게 따라만 가고 있다. 그렇다고 해서 다른 사람이 내놓은 길이 잘못 되었다고 하는 것은 아니다. 단지 물질을 향해가는 우리 모습이 옳은지 잘못되었는지를 모르고 아무 생각 없이 가는 우리 모습이 답답하기 때문에 너에게 스스로가 개척하는 길이 무엇이고 어떻게 하면 바른 길을 만들 수 있는지를 보여주고자 했던 것이다."

그러면서 앞의 산길을 따라가는 사람을 가리켰습니다.

"잘 보거라. 저렇게 많은 사람들이 산을 오르고 있지만 정작 산을 오르고자하는 목표를 가지고 있는 사람들은 거의 없는 것 같다. 저 사람들의 산행을 꾸짖자는 것이 아니라 저 광경을 통해서 우리 삶을 한 번 되짚어보자는 것이다. 지금 세상에는 진리로 가는 길이 수없이 많지만 너무나 관념화되고 어렵게 되어있기 때문에 쉽고 노력만하면 될 수 있는 길을 너 스스로가 만들어야 한다. 오늘 길 없는 길을 올라온 것처럼 말이다.

오늘 힘들게 가지를 벌리고 꺾으며 길을 개척하며 정상까지 너를 무사히 데리고 온 것처럼 너 또한 그렇게 해야 한다. 너도 언젠가 많은 시간이 흐르면 사람들이 갈 수 있는 길을 제시하게 될 것이다. 아무 느낌 없이 길을 제시하는 것이 아니라 진짜 한 마음이 느껴지는 그런 길을 사람들에게 제시해주어야 한다. 그래서 너의 안목과 생각 하나가 너를 믿고 따라오는 사람을 위험하게도 하고 쉽게 하기도 하고, 빠르게 가게 할 수도 있고, 또 둘러가게도 할 수 있다. 그래서 항상 너는 바른 안목을 가지고 나무 가지를 하나 칠 때에도 위험한가, 위험하지 않은가를 살피고, 바위를 오를 때도 사람들이 오를 수 있는가를 신중히 검토한 연후에 항상 뒤에 오는 사람들이 쉽고 빠르게 오를 수 있도록 최대한 노력해야 한다.

그리고 너 자신이 어렵고 힘듦이 생길 때에는 스스로가 참고 견뎌야 한다는 것을 명심해야 한다. 그래서 이 길 없는 길을 가는 것이 결국은 쉬운 길이 아니기 때문에 항상 마음 다잡고 가야 한다."

그런 다음 문득 자신의 손을 한 번 보여주시는 겁니다. 스승님이 손을 펴자 가시에 긁히고 찔린 상처들이 너무 많이 나 있었습니다.

"이 상처는 앞에 선 사람이 겪어야 할 일이기 때문에 순하게 받아들여 너무 아파하거나 힘들다고 생각하지 마라라. '정상에 오르고 나면 편안함과 고요함이 모든 상처를 치유하기 때문에 참고 견디면' 되는 것이다. 만약에 오르는 길을 포기하게 되면 몸에 난 상처는 더욱 아파올 것이다. 항상 자신을 다잡아 매라."

이로움과 불리함

질문

스승님께 질문을 하면 스승님은 어제 먹은 밥이 변으로 나오지를 못해서 그러니 잠시만 '기다리거라' 하시고는 화장실로 달려가 한참을 계시다가 오셔서 '질문이 무엇이냐.'고 다시 물으시곤 하셨습니다.

"본성이 무엇입니까?"
"어제 우리가 먹은 것이 무엇이냐."
"밥과 김치와 된장국입니다."
"그러면 그것이 변으로 나오는 날은 언제냐."
"그야 나올 때가 되면 나오지 않겠습니까!"
"너의 질문도 마찬가지이다. 어제 먹은 밥이 변으로 나오기까지는 시간이 걸리는 법이다. 금방 떠오른 생각을 바로 질문을 해버리면 답을 얻기란 참으로 어려운 법이다. 먹은 밥이 충분하게 몸속으로 흡수되고 나면 저절로 나오는 것이 변인 것이다. 너는 어째 충분히 흡수되지도 않았는데 그렇게 질문을 하느냐. 똥 눌 시간이 있듯이 질문할 때가 있는 것이다.
이제, 알겠느냐! 할. 할. 할."

또 한 번은 네번째 설악산을 가게 되었는데 굳이 나에게만 많은 짐을 지우는 것입니다. 배낭을 메고 보니 어찌나 무거운지 도반들의 배낭은 각자의 물과 옷가지만 넣었기 때문에 정말 가벼워 보였습니다. 내 배낭에는 산에서 먹을 쌀과 반찬 기타 간식꺼리가 가득했습니다. 스승님과의 산행에는 항상 규칙이 있습니다. 스승님이 정해준 짐 분배는 불평 없이 책임지고 가져가야 한다는 규칙입니다. 이 규칙은 스승님이 만드셨고 스승님의 스승님으로부터 내려오는 전통으로 불문율처럼 지켜 왔습니다. 그런데 이번 설악산 산행은 너무 많은 짐이 나에게 오는 바람에 스승님에게 불경한 처신인지 알면서 나도 모르게 불평을 하게 되었습니다.

"스승님, 제게 배당된 짐이 너무 많습니다."

그러자 스승님은 짐을 하나 더 나에게 주시면서 '아직 짐이 적은 모양'이라면서 '빨리 짐을 챙기라.'고 하셨습니다. 혹을 떼려다 혹을 더 붙인 격이 되고 말았습니다. 그 짐을 지고 산행이 시작되었는데 정말 힘들었습니다. 다리는 떨려오고 어깨는 배낭 무게 때문에 점점 아파왔습니다. 그렇게 힘들게 대청봉에 오르고 나니 정말 살 것 같았습니다. 정상에 올라서 좋은 것이 아니라 더 이상 올라가야 할 곳이 없어서 좋았습니다.

짐의 분배

그렇게 터를 잡아서 텐트를 치고 간단하게 수련을 마치고는 스승님은 밤하늘의 별을 보시면서 한마디 하셨습니다.

"오늘 산행은 한 사람 덕분에 참 편한 산행이었다. 저 하늘의 별처럼 똑같은 밝기의 빛을 내는 별은 없다. 어느 별은 아주 밝은가 하면 어느 별은 작고 보일 듯 말 듯한 빛을 가지고 있지만 서로의 빛을 간섭하는 것이 아니라 자신의 빛에 최선을 다하고 있다. 오늘 짐의 분배는 너희의 인생과도 같은 것이다. 너무 불공평하게 이루어지는 일도 있을 것이고 나에게 이로운 쪽으로 이루어지는 일도 있을 것이다. 이 모두를 수용해야 한다. 이로움이 많을 때는 나누어가지고 불리함이 많을 때는 나누지 말거라. 이로움과 불리함을 구별할 때 내면으로 깊게 들어가느냐! 아니면 밖에 머물게 되느냐가 정해진다. 이로움을 나누고 불리함을 나누지 않을 때 누구도 너를 시비하지 않을 것이다.

그러나 이로움을 나누지 않고 불리함을 나눌 때 시시비비와 희로애락이 너의 내면으로 통하는 모든 문을 가려 아무 것도 보지 못하게 할 것이다. 오늘 한용이가 짐을 질 때 자신의 짐을 들어주었으면 하는 마음에서 짐 분배의 불공평함을 이야기했다. 나는 그 말을 듣고 또 하나의 짐을 더 주었다. 한용이의 마음은 많은 갈등을 했을 것이다. 다른 사람들은 저리도 배낭이 가벼운데 자신은 다른 사람이 먹을 것까지 가지고 가야 한다는 생각에서 마음의 갈등 많이 일어났을 것이다. 그러나 한용이는 짐의 분배가 불공평하더라도 책임을 지고 대청봉까지 왔다는 것이 중요하다. 우리보다 두 배는 힘들었을 것이다. 그럼, 한용이의 말을 한 번 들어 보자."

순간 나는 당황했습니다. 산을 오르면서 수많은 욕과 억울함을 속으로 하소연하면서 왔기 때문입니다. '이번 한 번만 산행하고 다시는 하지 않을 것이다.', '전번에 스승님에게 곤란한 질문을 해서 도반들 앞에서 무안을 당해서 나에게 보이지 않는 벌을 주고 계신다.'고 생각하면서 '까짓것 벌 한 번 받는다.'는 마음으로 오기에 차서 대청봉까지 올라왔는데 그렇게 말씀하시니 정말 할말이 없었습니다. 나는 적당히 얼버무리고는 텐트 주위를 정리하고 잠을 청하고 있는데 스승님이 나를 부르시는 것입니다.

"오늘 많이 힘들었을 것이다. 네가 알아야 할 것은 네가 지고 온 짐의 무게가 아니라 네 마음의 무게이다. 그렇게 많은 마음의 짐을 지고 있으니 오직 너밖에 보이지 않는 것이다. 너에게 치우쳐진 마음의 무게는 결국 너를 깊은 수렁 속으로 몰고 갈 뿐이다."

그리고는 나에게 돌 하나를 주시는 겁니다.

"너의 마음에 있는 묵은 마음을 이 돌에 묶어 던지고 내일 산행을 좀 더 가볍게 하자."

멍하니 서 있는 나를 뒤로 하시고는 텐트로 들어가셨습니다.

삼배

나는 한참을 멍하게 하늘을 바라보았습니다. 오늘 산행한 일들이 스쳐 지나 갔습니다. 아파오는 어깨, 천근같은 발, 이 모든 것이 스승님 때문이라는 원망으로 올라왔는데 스승님은 그것을 아신 것입니다. 따지고 보면 지금까지 살아온 모든 일이 이와 같다는 생각이 드니까 참 초라하기가 그지없었습니다. 나는 나의 불공평함만 생각했고 나의 이로움에는 아무 생각도 하지 못한 것입니다. 따지고 보면 나의 이로움 너머에는 다른 사람의 불공평함이 있다는 것을 모르고 살아온 것입니다. 나에게 불공평한 것은 다른 사람에게 이로움을 주었을 것이고 나의 이로움은 다른 사람에게 불이익을 주었을 것입니다. 그래서 결국 불이익 같지만 이익이고, 이익 같지만 불이익이라는 것을 이번 산행을 통해 깨달았습니다.
스승님의 텐트를 향해 삼배를 올렸습니다. 지식과 이론으로 가르치시는 것이 아니라 자신의 경험을 통해 깨닫게 하시는 스승님에게 올리는 감사의 절이었습니다.

다음 날 일출을 보려고 했는데 구름이 많아서 일출을 보지 못하고 하산하였습니다. 그렇게 하산하여 스승님을 대하는 나의 마음이 달라지자 잘 되지 않던 수련이 봄에 나무에 물이 빨려 올라가듯이 상승되기 시작하는데 정말 한마음 돌이키니 이렇게까지 달라지게 한다는 것을 처음 알았습니다.

전등불을 켜기 위해서는 플러스와 마이너스의 선이 만날 때 불이 들어오는 것과 같이 스승님의 가르침과 나의 정성이 만날 때 수련이 깊어진다는 것을 또 깨달았습니다. 플러스극과 플러스극이 만나서는 절대 불이 들어오지 않습니다. 또 마이너스극과 마이너스 극이 만나도 불이 들어오지 않습니다. 스승님의 완벽한 가르침만 가지고도 되지 않고 제자의 정성 하나만 가지고도 되지 않는다는 것입니다.

한 여자가 남자의 정자를 받아 자신의 일부분으로 만드는 것이 아니라 존재 전체로 만들어 져 아이를 자라게 하듯이 스승의 가르침과 제자의 정성이 하나가 되어 내면에서 자라게 할 때에 본성을 깨치고 영이 자란다는 것입니다. 내면의 자람이란 자궁 속에서 그 어떠한 배척도, 밀어냄도 없는 수용의 상태에서 자라는 아이처럼 스승으로부터 받은 수련의 전수를 익게 할 때에 수련이 되고 병이 낫기 시작하는 것입니다.

지금 여러분이 수련장에서 방석을 깔고 앉아서 수련하는 이유는 뭔가가 달라지기 위해서입니다. 달라지기 위해서는 무엇을 해야 할지를 알아야 하는데 무엇을 해야 할지를 모르고 있습니다.

스승님에게 향한 마음을 열어놓지 않으면 수련이 잘 되지 않습니다. 한참 가물 때 물 한 바가지가 나무를 생기 있게 하는 것처럼 스승님을 간절함과 애틋함으로 받아들이게 되면 모든 것이 다 이루어지게 되어 있습니다.

나는 설악산의 네번째 산행을 지금도 잊을 수가 없습니다. 그렇게 많은 짐을 지고가면서 일어나는 마음 하나를 보지 못하고 스승님의 불공평함만 원망하면서 산행한 것이 결국 나 자신에게 갇힌 좁은 생각이었습니다. 집착된 마음에만 끌려 다니다 스승님의 법문 한마디에 보잘 것 없는 나 자신을 발견하고는 쥐구멍이라도 들어가고 싶은 부끄러움에 고개를 들지 못했습니다. 만약에 그때 그것을 깨닫지 못했다면 나는 지금까지도 어디인가에서 헤매고 있을 지도 모릅니다. 스승의 가르침은 나를 다시 태어나게 만들었습니다. 지금 이렇게 행복하게 즐겁게 지내고 있는 것을 보면 말입니다.

근본의 준비

말에 귀가 열리고 눈이 열리면

스승님의 한마디 한마디는 깨침의 소리였고 승화의 소리였는데 그때는 잘 몰랐습니다. 스승님이 살아 계실 때 귀담아 들었어야 하는데 스승님이 돌아가시고 나서 들으려 해도 들을 수 없습니다. 지금의 내가 있을 수 있는 것은 그때 가르침의 소리를 들었기 때문입니다. 만약에 그것을 듣지 못했다면 나는 영원히 허무의 늪에 묻혔을 것입니다. 사람이 살면서 어떤 때에 어떤 말을 듣느냐에 따라서 그 사람의 인생의 내용이 다르게 됩니다. 그래서 근본의 말에 항상 귀를 기울여야 합니다.

입은 하나이고 귀가 둘인 것은 한마디 말할 때 두 마디 들으라는 자연의 이치입니다. 그런데 우리는 이 이치를 무시하고 열 마디하고 한 마디를 들을까 말까합니다. 내면의 근본은 밖의 소리에 귀를 기울이고 그 귀 기울인 소리의 울림에 근본이 깊어지고 넓어지게 됩니다. 그런데 사람들은 근본이 넓어짐을 모르고 단지 물질에만 집착하여 듣고 보고 있다는 것입니다.

우리는 수많은 바름의 말을 듣고 자랐습니다. 그런데도 삶이 고통스러운 것은 내면의 근본을 모르고 바름의 말을 들었기 때문에 손바닥 안의 물처럼 사라진 것입니다. 근본의 말은 나를 수렁으로 몰아가지 않습니다. 어느 누구든 간에 수렁에서 벗어날 수 있는 근본을 만나야 합니다. 어려운 일이 있을 때 위로해주고 즐거운 일이 있으면 함께 즐거워하고 부닥치고 아파할 때 조언해 주는 스승을 만날 때 내 안의 근본은 살아나게 됩니다. 우리는 스승님이 말씀하시는 근본의 소리를 알아 듣지 못하고 나와 관계 없는 일이라고 생각하다가 정작 힘들고 아파야 '아, 그때 그 말이 그것이 었구나!' 한다는 것입니다. 그때는 이미 늦습니다. 근본도 느낄 만한 의식이 있을 때 가능하지 관념이 굳고 아상이 싹을 틔우게 되면 어떠한 진리와 어떠한 근본을 말해도 이해할 수 없게 됩니다. 반면에 스승의 말에 귀가 열리고 눈이 열리면 길거리에서 잡다하게 들리는 소리에도 깨칠 수 있게 됩니다.

그래서 우리는 스승을 통해 내 안의 근본을 찾을 준비를 해야 합니다. 준비 없는 깨침은 없기 때문입니다. 준비는 어려운 것이 아닙니다. 밖으로는 눈과 귀를 열고 안으로는 상과 관념을 줄이면 저절로 되는 것이 준비입니다. 이 단순한 것을 모르고 내 안의 잡념을 없앨 때만 준비가 되었다고 생각합니다. 하지만 현재에 가지고 있는 것을 정리 정돈하면 되는 것입니다. 달리기하기 위해서는 달릴만한 복장으로 코치를 기다리면 됩니다. 달릴만한 복장을 하지도 않고 코치만 찾아서는 되지 않습니다. 코치도 준비된 사람을 원하기 때문입니다. 준비되지 않는 사람을 달리게 해봤자 제대로 달려보지도 못하고 서로를 불신하고 헤어지게 됩니다.

마음을 열고 느끼면

근본을 찾는 일에도 근본을 찾을 만한 준비를 해야 하는 것입니다. 아무리 좋은 스승을 만난다하더라도 준비가 되어있지 않으면 법을 전수받기란 어려운 법입니다. 지금 우리가 살면서 만나고 있는 모든 사람이 나의 스승입니다. 내 가족, 친구, 직장동료 이 모든 사람이 나를 거듭나게 하기 위한 스승들입니다. 나의 인생 무대에 출연한 스승들인 것입니다.

영화 한편을 볼 때 주연을 중심으로 모든 일들이 전개가 되고 조연들 또한 주연을 돋보이기 위해서 최선의 노력을 다할 때에 그 영화를 잘되었다고 하는 것입니다. 결국 조연이 곧 스승인 셈입니다. 우리 인생도 마찬가지입니다. 나를 주연으로 하여 부모, 형제, 친구 기타 수많은 스승들이 연기를 하고 있는데 주연이 조연을 모르고 스승의 역할을 하고 있으니 이 인생이 이렇게 꼬이고 힘들어지는 것입니다. 주연이 주연의 역할을 하기 위해서는 근본을 찾아야 하는 것이 여기에 있는 것입니다. 근본을 찾게 되면 주연다운 연기를 하고 스승의 조언을 받아들이게 됩니다. 지금까지 설명한 것은 스승의 조언으로 근본을 찾고 내 안의 주연을 찾자는 것입니다.

우리는 내 안의 주연이 누구이고 무엇인지 또 무엇이 스승인지를 몰라 우왕좌왕만 하고 있습니다. 그러니 아픔의 관념에만 빠져 서로 상처주고 상처받고 있는 것입니다. 이제는 그러한 상처와 그러한 아픔에서 스승의 조언으로 정신 차려 제대로 된 근본을 만들어야 합니다. 제대로 된 근본이 될 때 너와 나의 관계가 변하고 밖의 삶이 새롭게 펼쳐집니다.

스승님은 항상 수련을 지도하면서 인연이라는 것이 우연한 인연은 없다고 하셨습니다. 우연한 인연인 것 같지만 한 마음을 열고 느끼면 반드시 내가 깨쳐야 될 부분이 있다고 하셨습니다. 그런데 대부분의 사람이 자신의 상처와 아집에 빠져 막연하게 원망만 하고 있습니다. 현 사회에는 이러한 아픔을 보고 느낄만한 곳이 없기 때문에 더 아픔이 많고 고통스러운 것입니다. 나는 이 고통과 아픔을 느끼고 바로 잡을 수 있는 보편적인 방법이 나와야 한다고 생각합니다. 그래서 이 수련이 고통과 아픔을 바로잡을 수 있는 대안이라고 생각합니다. 또 이것만큼 나를 느끼게 해 준 것이 없습니다. 만약에 이것보다 더 좋은 방법이 있다면 나는 그것을 따르겠습니다. 왜냐하면 내가 하고 있는 수련이 완벽하지 않기 때문입니다. 세상에는 완벽하다고 할 때에 불완전한 것이 되기 때문입니다.

항상 스승님은 불완전한 것이 완전하다고 늘 말씀하셨는데 이제야 그

불완전이 완벽하다는 뜻이 무엇인지를 알 수 있을 것 같습니다. 다시 말하면 불완전하다는 것은 완전으로 갈 수 있는 여유가 있기 때문에 완전에 가까운 것이고 완전하다는 것은 더 이상 나아갈 수 있는 길이 없기 때문에 불완전한 것이 됩니다. 수련도 완성했다고 할 때에 관념이 생겨나고 상이 생겨나 서로 싸우게 되는 것입니다. 그래서 지식으로 수련할 것이 아니라 경험과 느낌으로 수련해야 합니다.

대상

더 큰 집착

　제가 스승님을 만나 수련해야겠다고 마음을 먹은 것은 아픔에 빠져 고통 받고 있는 상태의 나는 누구인가를 알기 위해서였습니다. 그런데 스승님은 대상을 통해 자신을 안다는 것은 참으로 어려운 일이며 자칫하면 더 고통 속으로 들어갈 수 있기 때문에 '오직 자신의 느낌을 통해서 나는 누구인가가 느껴질 때 비로소 자신을 알게 된다.'고 하셨습니다.

　우리는 수많은 생각으로 살아가지만 정작 생각하고 있는 자신이 누구인지를 모르기 때문에 문제가 생기는 것입니다. 목사가 되기 위해 노력한 일, 또 목사를 포기하고 새로운 것을 찾아 이곳 산 속까지 온 일, 모든 것이 내가 일으키고 행한 것인데 꼭 다른 사람이 겪고 지나온 일처럼 낯설게만 생각한다는 것입니다. 냉철한 마음에서 보면 껍데기만 살아온 것입니다. 잠자리채를 든 아이가 잠자리를 쫓아 이리 뛰고 저리 뛰는 것처럼 대상을 통해서만 해결하려고 집착하여 이리 뛰고 저리 뛰며 살아온 것입니다.

　항상 대상은 많은 희망을 주었지만 반면에 좌절을 주었습니다. 수천 개의 집착된 마음은 버렸지만 수천 개를 합친 것보다 더 큰 집착된 대상을 얻은 것입니다. 대상은 깊고 넓음을 보여주지만 너와 나는 더욱 초라해졌습니다. 초라해진 나의 모습에 방황하다 스승님을 통해 대상이 아니라 내면이라는 것을 알았을 때에 별 것이 아니라 생각했습니다.

　그런데 내면의 경험은 나를 초라하게 한 것이 아니라 기쁨을 주었고 좌절에서 희망을, 수천 번의 작은 경험이 큰 대상을 사라지게 한 것입니다. 스승님을 통해 내면을 알게 된 것이 얼마나 감사한지 모릅니다. 사람들은 희망과 기쁨이 대상과 물질에 있다고 생각하지만 대상과 물질은 어느 선까지는 가능하지만 그 이상의 것은 넘어설 수 없습니다. 쉽게 말해 아파하고 힘든 것을 대상과 물질로 치유하려고 하지만 치유가 되는 것이 아니라 진통제를 맞은 것처럼 순간은 좋을지 모르지만 결국 허무와 새로운 아픔에 시달리게 됩니다. 대상과 물질이 해결해주는 것은 아무것도 없었습니다. 물밀듯이 밀려오는 허무한 마음은 무엇으로도 막지 못합니다.

　결국 스승님의 선택은 마지막 방법이었습니다. 내가 가지고 있는 모든 방법과 정성으로 수련에 임하자 많은 것이 달라지기 시작했습니다. 경험 하나하나가 수만 개의 타오르는 욕망의 불을 꺼지게 하고 본성의 불을 살려낸 것입니다. 수련은 나의 존재를 확인시켜주었고 길을 열게 해주었습니다.

너무 많은 짐

　우리는 근본을 찾아 대상을 옮겨가며 믿고 있지만 결과는 원점에서만 맴돌고 있다는 것입니다. 이쪽을 보면 이쪽인 것 같고 저쪽을 보면 저쪽인 것 같아 대상을 찾아가고 빌어보지만 달라진 것은 아무것도 없습니다. 또 모든 것을 그대로 두면 떠나고 잊어버릴 것 같지만 떠나고 잊어버리는 것은 아무것도 없습니다. 늘 그대로 있습니다.

　또 수련하다 세월만 보내는 것은 아닌가! 물질을 쌓지 못해 노후는 어떻게 될 것인가! 기타 많은 생각에서 더욱 불안해하고 있습니다. 불안은 모든 것을 보지 못하게 하는 힘을 가지고 있습니다. 설사 수련적인 삶을 살지 않으면 불안한 마음이 없지 않느냐고 반문하는 사람도 있습니다. 그런데 알아야 할 것은 불안과 고통이 없는 것이 아니라 단지 자신이 느끼지 못해서 그렇지 더 큰 불안과 고통을 겪게 됩니다. 물질과 대상은 나를 더욱 힘들게 할뿐입니다. 이 말은 내가 말한 것이 아니라 나의 부모가 그 부모의 부모가 한 말입니다. 나이든 사람의 말을 잘 들어보면 모두가 이구동성으로 인생은 한 토막 꿈과 같았다고 말합니다.

그래서 대상과 물질이 아니라 내면을 경험하고 느껴야 합니다. 진실한 마음을 가지고 본성을 향해 들어가면 모든 일이 깨닫기 위한 하나의 방편들이라는 것을 알게 됩니다. 물질, 대상, 권력 기타 많은 것이 하나의 방편이라는 것을 알 때 집착하지 않게 됩니다. 방편은 서로를 극으로 몰아가게도 하지만 깨치며 서로를 돕우게 한다는 것입니다. 우리는 단지 놓고 가기만 하면 되는데 이것저것 생각하며 가려고 하기 때문에 한 발짝도 가지 못하고 있는 것입니다.

스승님이 수련을 하기위해 산으로 들어가려고 하니 밥그릇도 필요하고 이불, 여름에 입을 옷, 겨울에 입을 옷, 기타 많은 것을 챙겨 산행수련을 시작했다고 합니다. 이곳저곳을 옮겨가면서 수련을 하는데 불어난 살림도구 때문에 불편한 점이 한두 가지가 아니었다고 합니다. 그래서 가장 필요없다는 것부터 하나씩 버리기 시작하여 3년 정도 지나자 남은 것은 숟가락과 밥그릇 하나였다고 합니다. 선사들의 우화에나 나올듯한 이야기지만 사실입니다.

우리는 미래를 위해 너무 많은 짐을 가지고 살고 있습니다. 그러니 몸과 마음이 쉴 여가 없이 노력하다 결국 설어져 허무하게 생을 마감하는 것입니다. 짐을 많이 챙긴 것은 편하고자 함인데 결국 짐 때문에 더 많은 불편함을 겪게 된다는 것을 알아야 합니다. 우리가 집착하고 있는 것이 모든 것을 해결해 줄 것처럼 생각하지만 오히려 또 다른 짐밖에 되지 않는다는 것을 알아야 합니다. 내가 놓고 보내면 다 얻게 되는 것이 자연의 이치입니다.

깨침의 정

다듬을 때

스승님은 많은 사람들에게 수련을 전해주고자 하셨습니다. 그런데 직접 전해 주지 않은 것은 이 수련법을 진정으로 받아들일만한 때가 아니라는 것을 알았기 때문입니다. 세상에 나와 있는 수련법과 스승들이 한결 같이 신비한 쪽으로만 이야기하고 사람들은 신비로운 것만 수련하려고 하기 때문에 스승님은 때가 아니라는 것을 아시고 우리들에게만 가르치신 것입니다.

스승님은 우리들에게 항상 말씀하셨습니다.

"사람은 때를 알아야 한다. 때를 알지 못하면 계란으로 바위를 치는 것과 같은 것이 된다. 계란으로 바위를 쳐봤자 허무와 지저분함밖에 되지 않는다. 그래서 세상에 나와 수련을 지도할 때가 아니라 그때에 맞는 사람을 길러내는 것이 나의 사명이다."

그때부터 뜻을 세우고 전해줄만한 인연을 찾아 나서게 되었다고 합니다. 인연을 만나고 그 인연을 통해서 자신의 법을 세상에 드러내고자 하셨습니다.

스승님은 인연의 기다림에 대해 말씀해주셨습니다.

"큰 나무 하나를 가리키시고는 목수가 집을 지을 때 용도에 맞는 나무를 골라 쓰지 않으면 집을 지어도 그 집은 무너지게 된다. 또 용도에 맞지 않을 때에는 그 나무가 다 자랄 때까지 기다릴 줄 아는 목수가 진정한 목수이다.

인도에 한 사원이 있는데 그 사원을 짓는데 무려 100년이라는 시간이 걸렸다고 한다. 대들보로 쓸 나무를 찾지 못해서 기다리고 있는데 주위사람들이 '아무 나무나 쓰면 되지 무엇을 그렇게 기다리느냐.' 면서 목수에게 재촉하자 목수는 아무 말 없이 '이 나무가 다 자라게 되면 내 아들이 이 사원을 완성할 것이다.' 고 했다고 한다. 지금 그 사원은 1,000년의 세월에도 보수 한 번 없이 그대로 유지되고 있다고 한다.

나도 마찬가지로 지금 세상에 나가서 뜻을 편다는 것은 계란 하나를 들고 바위를 치는 것과 같은 격이다. 나는 지금 계란을 만드는 것이 아니라 정을 만들고 있다. 정 하나는 보잘 것 없어 보이지만 완전히 다듬어지고 나면 바위는 정 한 방에 갈라지게 된다. 그래서 인연을 찾아 헤맨 결과 너희를 만나게 되었고 네 개의 정을 다듬고자 그렇게 수련을 한 것이다.

이제 사회로 나가 바위를 다듬을 때가 되었다. 내가 너희에게 모든 법을 다주었기 때문에 산에 남든지 사회로 나가든지 너희 스스로가 결정하여라."

그때 저는 익었는지 안 익었는지 조차도 몰랐습니다. 단지 힘들어하는 사람에게 도움을 주어야겠다는 생각만 하고 있었기 때문에 모든 것이 암담하기만 했습니다. 세상에 나온다는 것이 얼마나 긴장되고 두려웠는지 모릅니다. 정이 바위를 정확하게 칠 수 있을까하는 두려움과 또 하나는 저에게는 망치가 없다는 것입니다.

사회를 위한 등불

"스승님, 바위를 깨기 위해서는 정과 망치가 있어야 하는데 나에게는 망치가 없습니다."

"망치는 너 스스로 찾고 만들어야 한다. 정에 딱 맞는 망치일 때 제대로 된 힘을 바위에 전달할 수 있게 된다. 망치가 너무 크거나 작으면 제대로 된 힘을 쓰지 못하고 쓰러지게 된다. 그래서 나의 여섯까지 약속을 십 년 동안 지키게 되면 누구에게도 보여 줄 수 있는 망치를 가지게 될 것이다."

나는 지금 망치를 찾고 있는지 모릅니다. 정과 망치가 하나가 될 때 바위를 정확하게 깰 수 있기 때문입니다.

사람들은 이 정과 망치가 만나야 될 때를 모르기 때문에 허무와 욕심이 생겨나게 되고 고통 속으로 들어가는 것입니다.

"석가와 예수도 때에 맞게 태어났기 때문에 석가의 법과 예수의 법이 이천 년 삼천 년이 지난 지금에까지 전해지는 것이다. 만약에 석가와 예수가 그때에 태어나지 않고 사오백 년 후에 태어났다면 이렇게까지 이어지지 않을 지도 모른다.

그리고 그때의 그 환경에서 갈고 닦음이 없었다면 지금의 석가와 예수는 없었을 것이다. 그렇게 갈고 닦을 수밖에 없는 때였기 때문에 현재의 석가와 예수가 존재하는 것이다. 때라는 것은 내가 느끼는 때가 하나 있고 주위 환경이 느끼게 하는 때가 있다. 어쩔 수 없이 주위 환경이 만들어 질 때가 있다. 이 두 때가 맞아 떨어지면 모든 일이 일사천리로 이루어지지만, 그 반면에 내 스스로 느끼는 때가 되었다고 행하지만 주위 환경의 때가 되지 않으면 행하는 모든 것이 어려움을 겪게 된다.

감나무가 때를 통해 감을 완전히 익힌 다음 따야 제대로 된 맛과 제대로 된 씨앗이 맺히게 되지만, 때에 맞추지 않게 되면 맛이 제대로 들지 않고 또 씨앗이 제대로 맺히지 않는다. 내가 수련장을 내지 않은 것은 스스로 정하는 때와 주위 환경이 맞지 않았기 때문에 사회로 나오지 않고 때에 맞는 제자를 가르친 것이다. 때라는 것은 정말 중요하다.”

저 또한 수련장을 내고 이 사회 한 가운데 있지만 나의 말, 나의 행동, 나의 수련 지도를 과연 때에 맞추어 몇 사람이나 일심—心으로 받아들이고 있는가 하는 것입니다. 지금 이때에 맞추어 몇몇 사람이 나의 뜻을 받아들이고 있다는 것이 얼마나 다행스러운 일인지 모릅니다. 이 몇몇 사람의 받아들임이 가족을 위하고 사회를 위한 등불이 될 것입니다.

깨침의 정精

제가 지도하는 모든 사람이 나의 뜻을 받아들일 수는 없는 법입니다. 스승님이 그러했듯이 저 또한 나와 함께 때에 맞추어 익어갈 인연을 찾고 있습니다. 때는 내가 정하는 것보다 사회와 함께 어우러지는 때를 만나야 합니다. 그래야 달라질 수 있습니다. 지금 각자 각자가 겪고 있는 고생들이 그때를 만들고 있는 것입니다. 제가 이 수련을 할 수 있었던 것은 애절한 고생이 있었기 때문입니다. 우리는 이 고생을 잘 승화하여 인연과 때를 만들어야 합니다.

스승님의 약속을 십 년 동안 지키며 힘들게 지나온 나날들이 결과적으로 이 사회에 뿌리를 내릴 수 있는 과정이었습니다. 지금 와서 생각해 보면 스승님의 여섯 가지 약속은 나를 익게 하기 위한 과정이었던 것 같습니다. 스승님이 여섯 가지 약속을 제시했을 때에 저는 이 여섯 가지 약속을 통해서 나의 수련을 체크해 보아야겠다는 생각을 했습니다. 그런데 저 외의 도반들은 '여섯 가지 약속을 통해 수련을 점검할 것이 아니라 좀 더 익은 다음 나가야 되지 않을까.' 라는 생각을 가지고 산에 남기로 하고 저만 사회로 나오게 된 것입니다. 사회로 나와 수련을 지도하면서 여섯 가지 약속을 통해 많은 것을 깨닫게 되었습니다. '산속에서의 깨달음은 깨달음이 아니라 깨침이었다.' 는 것입니다,

'깨침은 아~ 그것 이였구나?' 하는 것을 아는 것이지만 깨달음은 깨침이 익어서 우러나는 향기와 같은 것입니다. 내가 이때까지 깨달았다고 하는 것이 사회에 나와 부닥치고 아파하며 느낀 것이 깨달은 것이 아니라 깨침에 불과 했고 이제야 익어간다는 것이 무엇인지를 알게 되었습니다.

깨닫기 위해서는 깨침의 정精 을 만나야 합니다. 이 정을 만나지 못하면 결국 갇히게 됩니다. 관념과 아상이라는 쇠창살에 갇혀 꺼져가는 촛불처럼 꺼져갈 것입니다. 결과적으로 십 년이라는 세월은 정을 모우는 기간이었습니다. 그 정의 깨달음은 바위보다 단단한 관념과 아상을 깨게 될 것입니다.

그러기 위해서 도반들의 망치가 필요합니다. 바위는 망치로 정을 두들겨야 깰 수 있기 때문입니다. 망치와 정이 하나 되어 관념과 아상의 바위를 깨고 깨 다시 물로 반죽하여 누구도 다치지 않는 참 삶을 살았으면 합니다.

02

본성의 샘

울림

　2장과 3장은 틈틈이 메모해둔 스승님의 강의 내용을 담은 것입니다. 부족한 점이 많고 스승님에게 누가 되지 않을까! 걱정이 앞섭니다. 그러나 나 혼자 간직하기에는 너무나 아쉬워 이렇게 전합니다. 이 글을 전하면서 스승님께서 십 년동안 수행이 익고 난 뒤에 이 뜻을 전하라고 당부하신 깊은 의미를 새삼 깨닫게 되었습니다. 여러분들도 이 의미를 헤아리면서 넓은 마음으로 읽어 주셨으면 합니다.

　"보통 사람들은 밖으로 눈과 귀가 열려 있지만 수련하는 사람은 안으로 눈과 귀가 열려 있다. 그러면 밖으로 열린 눈과 귀와 안으로 열린 눈과 귀는 어떤 차이가 있을까?

　밖으로 향한 눈과 귀는 내 자신을 내 팽개친 채 상대를 분석하고 집착하여 안의 마음을 어지럽게 하고 또 자신의 겉모습을 상대에게 보여주기 위해서 애쓰고 지식과 명예만 쌓기 위해서 노력한다. 다시 말해 자기 마음 속 내면의 심요한 뿌리에는 신경 쓰지 않고 밖으로 들어난 잎과 꽃의 화려함만 자랑하게 한다. 내 아이, 잘난 내 남편, 화려한 물질 등 무엇이든지 밖의 좋은 것만 보여주기 위해 애를 쓴다. 그런 반면에 수련으로 밖으로 향했던 눈과 귀를 안으로 향하게 하면 잎과 꽃의 화려함보다는 뿌리를 느끼고 관리하게 된다. 뿌리를 잘 관리하게 되면 잎과 꽃은 저절로 활기차고 화려해지는 것처럼 내 안의 상相과 화火를 잘 관리함으로서 고요함의 근본적인 이치를 알게 된다. 이 이치를 깊게 알면 물고기가 그늘을 찾아 들어가서 쉬는 것처럼 내면의 고요함에 휴식하는 나를 발견하게 되고 또 상대를 더 많이 이해하고 수용하여 더 깊은 관계가 된다는 것을 알게 된다. 내 안의 나를 아는 것이 나를 살리는 길이다.

내가 진짜 아파보면 상대의 아픔이 가슴으로 느껴지고 가식과 지식으로 위로하는 것이 아니라, 어깨를 감싸 안는 그 위로가 수십 마디의 말보다 훨씬 깊게 위로가 된다. 반면에 아파보지 않은 사람은 책이나 드라마에서 보았던 그대로 흉내를 내면서 위로의 말을 하지만 상대에게는 시끄러운 소음으로밖에 들리지 않는다. 그래서 자기가 직접 경험하고 느낀 것이 중요하다.

그러면 꼭 아픔을 느낄 때만이 경험할 수 있느냐는 것이다. 나 또한 많은 사람들의 아픔을 다 경험하고 조언과 답을 하는가하면 그것은 아니다. 경험 하지 않고 답을 줄 수 있는 것은 내면의 분노, 미움, 사랑, 기타 근본을 보고 들을 수 있는 눈과 귀가 열렸기 때문이다. 눈과 귀로 내면의 상과 화를 사라지게 하면 상대의 아픔과 감정이 나의 근본에 느껴지게 된다.

이 느낌을 나는 울림이라 표현한다. 울림이 상대의 감정을 느끼게 하고 위로할 수 있는 파장을 만들어 서로 감응하여 깊은 이해를 하게 된다. 결국 내면의 뿌리인 근본이 깊어야 한다는 뜻이다. 요즘 사람들은 내면이 얕다보니 상대로부터 전해오는 감정을 분석하려고만 한다. 저 말은 이럴 것이고 저 말은 저럴 것이라, 단정 지어 생각함으로서 상대와 단절되고 있다."

허상

　"한 예로 남편이 늦게 들어오면 처음에는 걱정이 되고, '어디서 사고나 나지 않았을까.' 하는 측은한 생각이 들다가 막상 현관문을 열고 들어오면 안심이 되면서 질실했던 마음에 먹구름이 일어 걱정했던 마음은 온 데 간 데 없어지고 '무엇 하다가 이제야 들어오느냐.' 면서 되레 화를 내게 된다. 이 화 너머의 생각은 당신이 무사히 와서 고맙고 감사하다는 말인데 정작 입 밖으로 튀어 나오는 말은 그렇지 않다는 것이다. 남편도 액면대로 아내가 화가 나서 하는 말을 듣고 '내가 이런 소리를 들으면서 살아야 할까.' 라는 생각이 들게 된다. 사실 잔업을 늦게까지 하다보니 스트레스도 쌓이고 해서 동료들과 술 한 잔 먹고 들어 온 것인데 늦었다고 화를 내니 섭섭하기 그지없다. 너희는 여기서 서로의 생각과 감정을 근본적으로 느껴야 한다. 서로의 감정에 치우쳐져 말하는 한마디가 얼마나 상대에게는 상처가 되는지 알아야 한다.

　너희는 내면의 눈과 귀를 빨리 만들어야 한다. 그렇지 못하면 항상 시시비비에 쌓이게 되고 고통의 골만 깊어지게 된다. 수련은 내면의 눈과 귀를 찾는 것이고 찾은 눈과 귀로 근본을 느끼면 상대의 말에서 화를 느끼는 것이 아니라 말 너머의 마음을 느끼게 된다.

　저기 걸려있는 '산우' 라는 액자를 가만히 보아라. 문득 활자속의 산우는 늘 산과 벗하고, 산처럼 되고 싶고, 산과 하나 되어 하늘을 숨 쉰다고 얘기하고 있는데 그 활자를 바라보고 있는 산우는 온갖 잡다한 생각을 하고 또 하루가 다르게 마음이 변해 산이 멀어질 때도 있고 산을 푸념할 때도 있는데 저 활자는 항상 산을 그리워하는 산우를 생각나게 한다. 산우라는 활자는 진정한 내가 아니다,

　살아 숨 쉬는 나를 느끼려면 직접 만나야 한다. 밥 먹고 똥 누고 수련하는 내가 진짜인데 너희는 활자를 통해 산우를 생각함으로서 신비롭고 고

귀한 존재로 생각하거나 혹은 별 볼일 없는 사람으로 생각한다. 그러나 나는 나로서 존재하고 있기 때문에 조금만 더 넓어지고 깊어지면 말과 활자가 만들어내는 허상에서 벗어나게 된다. 허상은 진짜가 아니다. 말 그대로 허상虛像은 실제 없는 것이 있는 것처럼 나타나 보이는 현상일 뿐이다. 그런데 대부분의 사람들이 말의 허상에 집착하여 서로 상처를 주게 된다. 나의 상을 낮추어 내면의 눈과 귀로 말을 듣고 보기 시작하면 상대의 근본과 나의 근본이 서로 교통하고 정이 생겨나서 사랑이 느껴지게 된다.”

근본의 샘

“우리 말 중에 나라고 하는 발음을 하면 입 모양이 열리는데 남이라고 하는 발음을 하면 입 모양이 닫히는 것을 알 수 있다. 즉 나라고 발음할 때는 들숨이 되고 남이라고 발음할 때는 날숨이 된다. 그래서 상대를 남이라고 생각하는 것과 동시에 모든 것이 닫히게 된다. 반면에 상대가 나라고 생각하면 따뜻한 마음이 느껴지고 무엇이든 주고 싶은 생각이 들게 된다. 말과 활자는 남과 같은 생각을 일으키게 하는 힘을 가지고 있기 때문에 항상 염려하여 판단하고 이해해야 한다. 그런데 우리는 아직 상으로만 판단하여 집착과 허상에 빠지고 있다.

특히 수련이 잘된다고 생각하는 사람일수록 기적적인 현상에 집착하게 되어 가림이 많고 항상 그 자리에서 맴돌게 된다. 가림과 맴돎은 벽과 같은 상 때문에 생기는 현상으로 그것을 빨리 느끼고 깨야 한다. 느끼고 깨지 못하니 또 다른 상들이 생겨나서 감정을 일으키고 미워하고 싫어하는 마음이 일어나서 씻지 못할 상처를 서로 주고받고 있는 것이다.

너희는 두터워져만 가는 상을 빨리 깨야 한다. 깨지지 못하면 아무리 느끼고 경험한다 해도 이것은 허상의 상속에 갇힌 경험뿐이다. 상속의 경험은 너무 많은 갈등과 논쟁을 일으키기 때문에 수련이 깊어지는 것이 아니라 더 날카로운 상을 만들게 된다.

　이런 상을 가진 사람들은 통 안의 맑은 물을 가진 것과 같은 이치이다. 맑고 맑은 물 한 통을 떠놓고 더러워지지 않을까 조심하는 것밖에 되지 않는다. 맑은 물 한 통은 흙바람이 분다든가 누군가 더러운 것을 넣게 되면 금방 탁해지게 된다. 탁해지게 되면 상대를 미워하고 당신은 만나지 말았어야 할 사람이라며 멀리하고는 또 새로운 물을 뜨기 위해 온갖 노력을 다한다. 그런데 세상은 이 맑은 물 한 통을 가만 두지 않는다. 이렇게 혼탁하고 더러운데 어디 가서 맑음을 유지하겠는가하는 것이다. 하지만 내 근본의 샘을 찾게 되면 세상의 더러움으로부터 자유로워질 수 있고 소금을 넣든, 간장을 넣든, 흙을 넣든 무엇을 넣더라도 아무런 상관이 없게 된다. 근본의 샘은 흙과 소금에 집착하지 않기 때문이다. 탁해진 물을 금방 솟아나는 물로 정화를 시킨다.”

솟아나는 물

　스승님의 강의는 여기서 잠시 멈추고 스승님과 있었던 이야기 하나를 할까합니다. 스승님과 함께 산행을 하다가 너무 힘이 들어서 좀 쉴 목적으로 스승님에게 물었습니다.

“본성을 찾으면 어떻게 되는지 말씀 좀 해주세요.”
“그것은 네가 찾아보면 잘 알 것인데 왜 나한테 묻는 것이냐.”
“수련하는 사람으로서 그것을 알아야 수련에 좀 더 매진할 수 있을 것 같아서 묻는 것입니다.”
“그러면 알았다.”

자신을 따라오라면서 산을 내려가기 시작하는 것입니다.

좀 쉴 목적으로 물은 말인데 올라왔던 길을 다시 내려가니 눈앞이 캄캄했습니다. 한참을 내려가다가 계곡 쪽으로 들어가시더니 물이 고여 있는 곳에서 계곡물을 막으라고 하시기에 갖은 힘을 다해서 계곡물을 막았습니다. 그러자 흙 한 줌을 집어 드시더니 막은 곳을 향해 던지시고는 대뜸 일갈 하셨습니다.

"저 흙탕물이 본성이다."

다시 말해 흙탕물이 저의 본성이라는 것입니다.

"저게 무슨 본성입니까?"

이번에는 막아 놓은 물을 다시 열어 보라고 하시는 것입니다. 그것을 다시 여니 흙탕물은 내려가고 맑은 물이 들어와서 맑아지자 다시 막으라 하시기에 또 막았습니다.

"지금 저 계곡물처럼 맑은 물을 넣으면 맑음이 유지되고 또 닫아 놓았을 때 누군가가 흙을 넣거나 기타 탁한 것을 넣으면 탁한 물이 되는 것이 이치이다. 저 맑은 물과 탁한 물이 너의 마음이다 그러면 진정한 본성의 마음은 어떤 것인지 한 번 알아보자!"

위쪽으로 조금 올라가서 작은 모래밭 속에서 물이 솟아나는 곳을 가리키시더니 흙을 한 움큼 던지자 그 맑은 물이 순식간에 흙탕물이 되는 것 같더니만 1분도 안 되어서 다시 맑은 물이 되는 것입니다. 흙을 던졌을 때는 흙탕물이 된 것 같았지만 결과적으로 솟아나는 물 때문에 그 흙탕물을 순식간에 정화시켜버리는 것입니다. 그 과정을 지켜보시고는 말씀하셨습니다.

"저 맑음이 본성적인 마음이다. 자신의 본성을 찾게 되면 샘처럼 끊임없이 솟아나는 맑음으로 어떠한 더러움과 탁함이 오더라도 탁함과 더러움에 휩쓸리지 않는다. 또 시간이 지나면 다시 맑은 물이 되는 것이다. 그런데 고인 물은 맑게 하려고 아무리 노력해도 더러움과 탁함이 조금만 들어와도 그것으로 인해 탁해지게 되는 것이다. 항상 저 맑은 샘을 보면서 본성을 찾도록 노력해라."

지금 와서 생각해보니 스승님의 그 본성에 대한 비유가 아주 적절했던 것 같습니다. 지금도 나의 본성이 흐려지면 나는 개울가의 맑은 샘을 찾아가서 나의 본성을 세탁하곤 합니다. 본래 본성은 세탁할 것도 없는데도 말입니다.

물통에 물 기르기

　산에서 생활하려면 물이 가장 긴요합니다. 계곡에 가면 물이 있지만 그때 우리의 수행처인 움막은 계곡과 좀 떨어져 있을 때 일입니다. 그때 물당번이 저인데 한 4백m 떨어져 있는 계곡 물을 길러오는 것이 무척 힘이 들었습니다. 하루는 희승이가 마을에서 얻어왔다며 큰 스테인리스로 된 통 하나를 가져 왔습니다. 그래서 그것을 사용하기 편한 곳에 두고 물을 길러 붓기 시작했습니다.

　그런데 물통 밑에서 2cm정도 올라온 부분에 동전 크기만한 구멍이 나 있었습니다. 그곳으로 물이 새기에 비닐로 대충 막았지만 그래도 조금씩 물이 새기에 얼마나 새겠나 싶어 무시하고 물을 길러 놓았는데 그 다음 날 물통은 바닥을 드러내고 있는 것입니다. 아침에 밥할 물이 없어 부랴부랴 물을 길러와 밥을 할 수밖에 없었습니다. 대충 막은 구멍으로 다 샌 것입니다. 그 구멍을 하찮게 생각하고 몇 날을 보내고 있는데 스승님이 이 광경을 보시고 못마땅하다는 듯이 내지르는 것입니다.

　"왜 아침마다 이 소동이냐며 저녁에 물을 길러놓으면 될 것 아니냐. 내일부터는 저녁에 물을 길러 놓아라."

　"길어놓아도 새는 것을 나보고 어떻게 하라는 말입니까."

며칠이 지나 스승님이 또 한 번 큰소리를 치셨습니다.

"아직까지 그렇게 하고 있느냐. 참, 세상 어렵게 사는 놈들이네."
"저녁에 물을 길러 놓아도 물이 없어지기 때문에 그런 겁니다."
"미련한 놈, 저렇게 어설프게 막아놓으니 그렇게 아침마다 분주하게 물을 길러 가는 것이 아니냐? 새는 구멍을 정확하게 꼭 막으면 모든 것이 편할 텐데. 너의 게으름이 너를 힘들게 하는 것이다. 정확하게 막으면 물을 그렇게 분주하게 뜨러가지 않아도 될 텐데. 정확히 막아."

그래서 나무를 정성껏 다듬어 구멍 난 곳에 맞췄고 또 맞추어 막으니 물이 새지 않았습니다. 저녁에 물을 길러 놓으면 아침이 되어도 물이 그대로 있는 것입니다. 그때 스승님이 물통을 보시며 한마디 하셨습니다.

"물새는 구멍을 대충 막게 되면 얼핏 봐서는 물이 새는지 안 새는지 모르지만 결국 다 새는 것이다. 수련도 다잡지 않는 작은 마음 때문에 수련이 되지 않는 것이다. 지금 당장 봐서는 아무것도 아닌 것 같지만 수련 전체를 허물게 할 수도 있다. 너의 작은 마음을 소중하게 생각하고 정성을 다해 다잡으면 물통에 물이 차듯이 너의 수련은 익기 시작할 것이다.
항상 물통에 물을 채우는 것도 중요하지만 새는 곳이 없는가를 살피는 것도 중요하다. 세숫물 좀 길러오너라."

물통을 들고 계곡으로 내려가면서 정말 나는 수련의 방편에만 집착을 하고 특별한 방법이 없는지를 늘 스승님에게 묻기만 한 것 같았습니다. 나의 정성은 생각하지도 않고 단지 방편만 찾았으니 수련이 될 리가 없었습니다. 물을 길러 스승님에게 드리면서 한 마음으로 감사했습니다.

정성

그날 스승님은 정성에 대해 강의를 하셨습니다.

"너희들은 나에게 수련을 전수받았다. 수련을 통해 건강해지고 본성을 밝혀서 얼을 자라게 하는 수련을 전수 받았지만 한 발짝도 나아가지를 못하고 있다. 왜 나아가지 못하느냐 하면 정성을 모르기 때문이다. 무엇이든지 하나를 얻기 위해서는 정성이 필요한 법인데 그 정성을 모르니 나아가지 못하는 것이다.

아침에 한용이가 물통에 물이 새는 구멍을 막음으로 해서 많은 힘듦을 줄이게 되었다. 만약에 그 새는 것을 막지 않았다면 지금도 힘들게 물을 길러 와야 했을 것이다. 그러면 물이 새지 않은 것은 무엇 때문일까! 다른 것이 아니다. 구멍과 나무가 딱 맞았기 때문에 물이 새지 않는 것이지 구멍과 나무가 딱 맞지 않으면 물은 새게 된다. 이것이 자연의 이치이며 근본의 이치이다. 그런데 너희는 이 새는 것을 대수롭지 않게 생각하고 수련함으로서 제자리에서만 맴돌고 있다. 나를 다듬지 못하면 안 된다는 뜻이다. 정성이라는 칼로 모난 것을 하나하나 잘라내고 이치와 근본에 맞는 정성을 만들 때 단전호흡과 마음호흡이 되는 것이다. 항상 정성을 다듬고 또 다듬어 들어갈 때, 기를 느끼고 이치를 느끼고 본성을 느끼게 된다.

내가 너희에게 요구하는 것은 건강을 통해 마음을 느끼고 마음을 통해 본성을 깨달아 영을 자라게 하자는 것이다. 그런데 너희는 대충 숨 쉬고 느끼려 하니 제대로 느끼지를 못하는 것이다. 이치에 맞는 정성으로 수련하지 않으면 건강도 없고 깨달음도 없다는 것을 명심해야 한다. 다시 말해 구멍에 맞지 않는 마개는 물새는 것을 막지 못한다.

그래서 수련하는데 가장 중요한 것은 정성이라 생각한다. 정성 외에는 어떠한 방법도 없다. 전국에 내놓으라하는 도사 아니면 하나님, 또 옥황상

제님이 오셔도 나의 정성이 없고는 단 한마디의 말도 들을 수 없다. 정성만 있으면 길거리 청소부가 하는 말에도 깨달음을 얻을 수 있다.

청소부가 낙엽을 치우다 하늘을 보고 인생이란 이 낙엽처럼 허무한 것이라고 했을 때 너희는 낙엽이나 치우지 무슨 인생을 논한단 말인가 라고 말할 것이다. 반면에 유명한 교수나 정치가가 인생에 대해 논하면 무엇인가가 특별한 것이 있을 것이라는 생각에 한마디도 놓치지 않고 정성을 다해 들으려한다. 이 정성은 정성이 아니다. 상과 관념을 채우는 정성일 뿐이다. 진정한 정성이란 청소부에게서 듣든 교수에게서 듣든 가림이 없이 깨닫게 되는 것이다. 그래서 너희가 가장 먼저 해야 할 것은 자신만의 정성을 터득하는 것이다.

처음에는 나도 무엇인가 방편이 있는 줄 알고 스승에게 방편을 요구했다. 그러나 스승은 방편을 주는 것이 아니라 정성만 강조하며 수련을 지도하시는 것이었다. 그러나 나는 더 나은 방법과 더 빠른 방법만 찾았다. 그렇게 스승을 따라 다니며 방법 하나를 겨우 받으면 정성들일 생각은 안 하고 조금하다 되지 않으면 스승을 의심하고 따르지 않았다.

그래서 풍문에 능선 너머에 있는 사람은 즉각 깨닫게 해준다는 소문을 듣고 스승이 출타한 밤에 산 능선을 넘어가 그 사람을 만나 보았지만 소문만 그럴싸하게 났지 별것이 없었다. 또 한 번은 순천에 가면 상당한 도력을 가진 사람이 있다기에 산행을 핑계로 일주일 정도 숙식을 하며 수련해 보았지만 스승에게 배웠던 그 선을 넘지를 못했다. 그길로 산으로 돌아와 참 답답한 시간을 보내며 정말 빠르게 깨닫는 방법은 없는지를 생각했다. 그렇게 생각 하다 문득 깨달음으로 가는 길은 스승의 능력에 있는 것이 아니라 나의 능력에 있다는 것을 알았다."

저울의 눈금과 오감

어느 스승을 찾아다녀도 그 선을 넘지 못한 것은 바로 내가 그 수준밖에 되지 못하기 때문에 그 선을 넘지 못했다는 생각이 들었다. 수련이 스승의 능력에 달렸다고 생각한 나 자신이 참 어리석다는 것을 많은 시간이 지나서야 알게 되었다. 그렇다고 스승이 필요 없다는 것은 아니다. 단지 내 수준만큼만 스승이 가르치신다는 것이다. 지금 나에게 필요한 것은 높은 스승을 찾아다니는 것이 아니라 스승을 만날만한 정성과 마음만 있으면 저절로 만나게 되는 것이다. 결국 내가 가지고 있는 정성만큼에서 수련은 멈추게 된다. 정성은 저울의 눈금보다도 더 정확하게 수련을 되게 한다. 정성을 터득하는 것만큼 특별한 수련비법은 없다고 생각한다.

그러면 정성이란 무엇인가 하는 것이다. 막연하게 정성을 생각하고 행해서는 되지 않는다. 스승님은 정성을 모으는데도 순서가 있다고 하셨다.

"가장 첫번째가 오감을 모르고는 정성을 알지 못한다. 보는 것, 듣는 것, 말하는 것, 냄새 맡는 것, 촉감, 다섯 가지가 한 곳에 모여질 때 정성이 시작된다.

두번째는 익히는 과정이다. 오감을 한 곳에 모아 익히는 과정으로는 여러 방법이 있겠지만 내가 제시하고 싶은 것은 절 수련이다. 꼭 절 수련을 강조하는 것은 아니다. 오감을 익히는 방법은 많지만 내 가 볼 때 절 수련이 가장 좋은 방법인 것 같아서 권하는 것이다. 어떤 방법이든 정해지면 반드시 익을 때까지 시간을 가지고 순일하게 꾸준히 노력해야 한다. 꾸준히 노력할 때 정성이 터득 되게 된다. 오감을 단전이든 마음이든 한 곳에 꾸준히 시간을 가지고 노력하다 보면 누구에게도 말할 수 없는 정성을 터득하게 된다.

그리고 알아야 할 것이 지금 말한 것은 나의 정성이지 너의 정성이 아

니라는 것이다. 나의 얘기가 와 닿는 사람도 있을 것이고 긴가? 민가 하는
사람도 있을 것이다. 나는 이 수련에서 정성만큼 나를 변하게 하는 것은
없다고 본다. 그래서 누구에게도 말할 수 없는 나만의 정성을 찾을 때 진
정한 수련이 된다는 것을 꼭 명심해야 한다."

획일화 된 정성

"사람들은 정성을 스승에게 있거나 예수와 석가에 있는 것으로 생각하
고 공을 들이지만 결국 얼빠진 공을 들이고 있는 것이다. 정성은 어느 누
구에게 있는 것이 아니라 자신에게 있다. 이것을 느낀 사람만이 예수의 자
리 석가의 자리에 들게 된다. 또 알아야 할 것은 획일화 된 정성은 없다.
각자의 개성에 맞추어 옷을 입는 것처럼 정성이 다 똑같지 않다는 뜻이다.
다시 말해 똑같은 일을 할 때도 옷을 입는 방식에 각자의 스타일이 있듯이
정성도 내가 느끼는 정성이 마음에서 행으로 타고 흐를 때에 진정한 정성
이 된다.

너희들 중에 수련이 가장 잘 되는 사람이 누구인줄 아느냐. 바로 한용
이다. 한용이는 기적적인 반응은 가장 늦지만 자신을 보기위해 노력하는
것을 보면 가장 깊게 수련할 사람이라는 것을 나는 알고 있다."

스승님이 그렇게 말하자 도반들의 시선이 나에게 집중되었습니다. 나는
별로 수련을 잘하지 못하기 때문에 항상 왜 안 될까를 생각했고, 좀 더 수
련이 잘 될 방법을 찾아 이 스승 저 스승을 찾아다녔는데도 수련을 잘 할
것이라 말하니 몸둘 바를 몰랐습니다. 스승님은 말을 계속 이어갔습니다.

"지금 한용이가 방황하고 힘들어한 것을 보면 요행을 바라고 하지 않는

다는 것이다. 또 한용이의 눈감은 모습에서 정성으로 하는지 아니면 번뇌 망상으로 수련하는지를 알 수 있다. 갑자기 성재가 '한용이를 너무 올려주는 것이 아닙니까.' 라고 하자 스승님은 너의 얕은 마음이 수련을 방해하는 것이다. 정성을 느낀 사람은 정성을 찾고자하는 마음을 알 수 있다.”

스승님은 희성이에게 맞는 말인지 아닌지를 물었습니다.

“스승님의 말씀이 맞습니다.”
“비유를 들어보거라.”
“진정으로 사랑하고 아파해 본 사람은 눈빛과 목소리만 들어도 알 수 있는 것입니다.”
“비유가 참 좋구나. 진정으로 사랑한 사람은 사랑으로 아파하는 사람에게 말을 하지 않는 법이다. 왜냐하면 사랑은 말로 하는 것이 아니기 때문이다. 말로 이러쿵저러쿵 하는 것은 사랑을 해보지 않았기 때문에 말하는 것이다. 그래서 한용이의 수련을 보고 배우는 것이 좋겠다.”

나는 어리둥절했습니다. 나에게는 과분한 칭찬임과 동시에 엄청 부담이 되었습니다. 다른 도반들은 나보다 수십 배는 더 노력을 하는데 나에게 하는 이런 칭찬은 지금까지 노력한 것이 부끄럽기까지 했습니다.

“나에게 수련한 것을 이야기해 보거라.”
“수년을 따라다니며 수련을 했지만 느낀 것이라고는 단전의 열감뿐인데 무엇을 이야기하라는 것인지 막막합니다.”
“그래도 이야기해 보거라. 빨리.”
“수련으로 느낀 것은 단전의 열감뿐입니다. 수련이 참 안 된다고 생각합니다.”

"너의 느낌을 말하라는 것이 아니라 하루 동안 수련하기 위한 마음을
이야기해라."

저는 말을 이었습니다.

감사의 반절

"저의 하루를 이야기하면 아침에 일어나 세수하고 수련과 스승님에게
반절을 합니다. 이 반절을 하게 된 동기는 스승님을 의심하고 다른 스승을
찾아다니며 수련했지만 결국 수련은 나의 정성에 있다는 것을 알고 스승
님을 만나게 된 것에 대한 감사의 반절이고, 오늘도 수련을 잘 했으면 하
는 반절을 올립니다. 저 아래에서 물을 길어오고 아침밥을 하고 밥 먹고
설거지를 마친 다음 오전수련을 하고 점심을 먹고 산행을 간단하게 하고
난 다음 절 수련을 하고 저녁을 먹고 잠자리에 들기 전에 하루 동안 정성
으로 일을 했는지 아니했는지를 점검합니다. 정성이 들어가지 않는 일은
다음 날 더 많은 장성을 들여야겠다고 생각하며 잠자리에 듭니다."

이이야기를 가만히 듣고 있던 성재가 또 한마디 했습니다.

"한용이가 한 이야기에는 우리가 생활하는 것과 별다른 일이 없습니다.
도반 모두가 같은 생활을 하고 있는데 무엇을 보고 한용이를 보고 배우라
는 것입니까."

"성재야 눈에 보이는 것이 같다고 해서 다 같은 것이 아니다. 지금 내가
하고자하는 말을 잘 이해하지 못하고 있다. 그러니 정성을 모르는 것이다.
한용이의 정성을 이야기하면 성재의 정성보다도 못하다. 그런데 중요한

것은 성재의 정성은 어제와 오늘이 같다는 것이고 한용이의 정성은 '어제의 정성보다 오늘의 정성이 더 깊어지고 있다.'는 점이다. 너희들이 꼭 알아야 할 것이 바로 여기에 있다. 눈으로 보이는 것이 같다고 해서 같은 것이 아니라 그 속에 들어있는 정성이 하루하루 깊어가는 것이 중요한 것이다. 알겠느냐, 반듯이 명심해라."

모두에게 야단을 치셨습니다.

애틋함

스승님은 애틋함에 대해서 말씀하셨습니다.

"정성의 기본은 애틋함이다. 한 아이가 몹쓸 병에 걸려 죽게 되었다. 그 죽어가는 아이를 눕혀놓고 기도하는 엄마의 마음에는 한 치의 빈틈도 없는 애틋함이 있다. 이 애틋함에는 집을 사야 되는데, 계모임 가야 하는데 하는 잡스런 생각이 한 치라도 들어 있겠느냐 하는 것이다. 그냥 그 아이만 생각해도 억장이 무너지고 아이의 병이 낫기만 한다면 한 달이 아니라 일 년을 굶어도 배가 고프지 않을 것이다. 다시 말해 병이 낫기를 바라는 애틋함이 머리끝에서부터 발끝까지 꽉 차있을 때 진정한 정성이 되는 것이다. 너희는 이러한 애틋함을 찾아야 한다. 어머니가 아이의 병이 낫기를 바라는 애틋한 마음처럼 수련에도 이러한 애틋한 마음으로 임한다면 안 되는 수련이 없다. 정성을 가지고 오늘보다 내일이 더 나은 애틋한 정성이 있는가를 생각해야 한다. 그러면 달라질 것이다. 또 애틋함을 잘못 이해하면 너와 나를 고통으로 몰아가게 된다. 사회는 지금 이러한 왜곡 때문에 너무나 많은 시시비비가 일어나고 있다.

그러면 왜곡된 애틋함은 무엇인가 하는 것이다. 남편과 아이에게 다가가는 애틋함이다. 이 애틋함이 맞지 않다는 것은 아니다. 하지만 집착된 애틋함은 아픔으로 돌려받게 된다. 이것을 꼭 명심해야 한다. 앞에서 말한 수련에서의 애틋함은 집착된 애틋함이 아니라 나를 근본으로 밝아지게 하는 애틋함이다.

그래서 지금 이 시점에서 정성을 강의하는 것은 한 생각 한 관념을 벗지 못해 고통 받고 있는 너희를 보았기 때문이다. 정성으로 한 관념을 깨고 다잡으면 행복과 즐거움이 생겨난 다는 것을 알아야 한다.

눈을 감고 나의 말을 들어 보아라!

'그대 어디서 왔다가 어디로 가는가.
빈손으로 왔다가 빈손으로 가는 인생
마지막 입는 옷에는 주머니가 없다네.
백년도 살지 못하는데 뭘 그리 탐내는가.
마음 비우고 한 생각 돌리니 한 토막 꿈이로다.'

지금 내가 가르치고 있는 자체가 한 토막 꿈이라는 것이다. 정성은 스승이 깨쳐주는 것으로 생각하지만 정성은 철저하게 혼자 깨치는 것이다. 앞에서도 말했지만 물통의 구멍을 막을 때 그 구멍에 딱 맞는 나무를 구할 때만이 막을 수 있다."

정성수련

그렇게 한 달이 지날 때 쯤 스승님과 얘기를 하다말고 또 정성에 대해 이야기했습니다.

"제가 스승님에게 정성이 무엇입니까!"

"나도 모르지. 너는 정성이 무엇이라고 생각을 하느냐."

"일심으로 하는 것이 정성인 것 같습니다."

"그러면 너에게 과제를 하나 내겠다. 네가 정말 정성이 들어갔다고 하는 절을 10번만 해보거라."

절이야 별것 있느냐는 생각을 하고 있는데 스승님은 '10번의 절을 하는데 정말 너의 양심에서 정성이 들어갔다는 절을 해야 하고 만약에 10번 중에 한 번이라도 정성이 들어가지 않았다는 생각이 들 때는 처음부터 다시 시작하여야 한다. 또 보는 것, 듣는 것, 느껴지는 것이 아니라는 생각이 들 때 다시 처음부터 시작해야 한다.' 고 하시기에 별 뜻 없이 대답하고 10번의 절을 시작했습니다.

일단 개울가에서 목욕을 하고 옷을 정갈하게 입은 다음 한 번의 절을 하였는데 내 생각에 정성이 들어가지 않는 것 같아 다시 목욕을 하고 절을 했는데 또 마음에 들지 않아 다시 하고 다시 하고를 삼백 번이 넘는 절을 해도 두번째 절로 넘어가지 않는 것입니다. 등과 이마에는 땀이 흐르고 가슴은 답답해져 오는데 정말 미칠 것 같았습니다. 이때까지 수련하면서 이렇게 어렵고 힘든 적이 없었기에 막막했습니다. 한 시간을 하늘만 보고 쉬다가 다시 시작했지만 같은 절만 반복되기에 하는 수 없이 오늘은 그만두어야겠다고 생각하고는 그 다음날 다시 시작했지만 마찬가지였습니다. 그렇게 반복해서 한나절이 지나 저녁이 되자 기진맥진한 상태가 되면서 몇 번의 절을 했는지도 모를 정도로 절을 했지만 한 번의 절을 넘어서지 못했습니다. 다음날이 지나고 그 다음날이 지나도 똑같은 절이 반복되자 스승님을 찾아 스승님의 절하는 모습을 한 번 보자고 했습니다.

"무슨 문제라도 있느냐."

"한 번의 절을 하는데 사흘이 지났지만 한 번의 정성스런 절을 하지 못했습니다."

"그래."

내가 절하는 곳까지 와서 스승님은 한 번의 절을 보여 주셨습니다. 스승님 앞에서는 말은 못했지만 나의 절과 별 다를 바가 없었습니다. 스승님의 절에는 특별한 무엇인가가 있을 줄 알았는데 정말 실망이었습니다.

"정성이 들어간 절입니까."

"너에게 보여주기 위해 최선을 다한 절이다."

"방금 한 절은 나의 절임과 동시에 나의 정성이다. 내가 생각하는 절과 정성은 나에게서 아무리 찾으려 해도 찾을 길이 없다. 그러니 네 스스로 찾아야 한다. 10번의 절을 하기로 약속을 했으니 꼭 약속을 지켜야 한다."

그리고는 움막으로 돌아 가셨습니다. 나는 스승님도 도움이 안 된다는 생각에서 다시 절을 시작하였습니다. 또 하루 이틀이 지나 10일째 되던 날 오후 3시쯤 다시 한 번의 절을 하는데 그대로 마음이 내려가 양손이 자석처럼 붙고 그 안에서 열기가 돌기 시작하는데 마음이 그렇게 따사로울 수가 없었습니다. 머리를 숙이는데 긴 숨이 쉬어지면서 머리가 빈듯하더니 몸 전체가 새털처럼 가벼워지고 절하는 내가 없고 들이쉬고 내 쉬는 숨 속에 일체 모든 현상이 일어난다는 것이 느꼈습니다. 두번째 절을 하는데 우주 전체가 숙여 지고 우주 전체가 일어나고, 세번째 절에는 나와 인연 있는 모든 인연에 감사하는 마음이 생기고, 네번째 절에는 다가올 인연을 맞이하는 감사의 합장이 되고, 다섯번째 절에는 스승님에게 감사하는 마음이 들고, 여섯번째 절에는 스승님의 뜻을 받들고자 하는 마음이 생기고, 일곱번째는 도반에 감사하는 마음이 생기고, 여덟번째는 도반을 위하고자 하는 마음이 생기고, 아홉번째는 부모님에 대한 감사한 마음과 효도하지 못한 미안한 마음이 생기고, 열번째 절에는 이 모든 것이 하나로 느껴지면서 나도 모르게 4시간이 지나서야 절을 마칠 수 있었습니다.

"스승님, 이 절에서 나는 누구에게도 말할 수 없는 정성을 찾았고 공심으로 절을 한다는 의미가 무엇인지를 알게 되었습니다."
"내가 말하라고 할 때까지 누구에게도 말하지 말고 내면에서 익게 하거라."

스승님이 또 한 번 강조하셨습니다.

"도반들에게 한용이를 보고 배우라는 것은 다른 것이 아니다. 답답함을 참고 오직 자신이 알기위해 노력하는 그런 자세를 배우라는 것이다. 또 한용이는 이런 말을 한다고 해서 좋아할 것 없다. 다른 도반들보다 나은 것이 없기 때문에 항상 하심하고 정진을 해야 한다. 알겠느냐."

상

"한용이의 경험을 깊게 참고 해야 한다. 그리고는 정성을 터득하는 것이 수련에 있어서 가장 중요한 일이다. 그러니 자신의 정성 찾기를 게을리 하면 안 된다. 너희에게 정성을 이야기하면서도 한편으로는 걱정이 앞서기도 한다. 내가 말한 정성을 받아들이는 것이 아니라 상을 세워 놓고 정성을 받아들일까! 심히 걱정된다. 상을 통한 정성은 항상 그 자리에 머물게 할 뿐이다. 내가 말한 정성을 비추어 상을 느끼면 너희의 정성은 깨어날 것이다. 애틋한 정성 없이 상을 깬다는 것은 다 허상이기 때문이다. 상을 다스린 사람은 나의 마음을 알 것이고 상을 세워 놓은 사람은 별것이 아니라 생각할 것이다. 지금 너희가 느끼고 있는 모든 것은 상이 일으키는 현상일 뿐이다.

그러면 상은 어떻게 생겨나는 것일까. 상은 혼자 생겨나는 것이 아니고 관념이 대상을 보고 느끼기 시작하는데 좋은 감정을 느끼면 좋은 상이 되고 나쁘게 느끼면 나쁜 상이 된다. 한 가지 예를 들면 어머니를 한 번 생각해 보면 생각하는 것과 동시에 어머니라는 모습이 떠오를 것이다. 떠오르는 것은 관념이 되고 떠오른 어머니가 가엾어 보이기도 하고 생시의 모습으로 나를 따뜻하게 감싸 안아주는 느낌이 들 때도 있을 것이다. 이것이 상인 것이다.

그러나 그 상에서 느껴지는 것은 진정한 어머니가 아니다. 실제 어머니는 상에 있는 것을 몹시 싫어하는 모습을 하고 있을 수도 있고 관절이 아파서 병원에서 치료를 받을 수도 있는데 지금 너희가 떠올리는 어머니는 항상 한결 같은 어머니만 떠올린다는 것이다. 이 한결 같음이 관념이며 느낌을 가지면 상이 되게 된다.

그래서 관념과 상으로 받아들이는 것이 아니라 머리끝에서 발끝까지 들어간 정성으로 받아들이게 되면 안 되는 것이 없을 것이다."

수도산 산행

자연

"오늘 이렇게 너희와 수도산 산행을 하니 예날 생각이 생생하게 느껴진
다. 특히 이 자락은 지리산 능선과 너무 비슷해 생각이 더 나는 것 같구
나."

옛날 친구와 함께 수도산을 산행한 적이 있었다. 그때 당시도 우리처럼
길을 따라가다 갑자기 길이 없어지자 당황하기도 하고 겁도 났지만 친구
를 믿고 정상에 올랐던 적이 있다. 바위가 아주 넓고 좋아 보이는 곳에 앉
자 스승님은 이야기를 계속 이어 갔습니다.

"지금 너희가 걷고 있는 이 길은 길 없는 산행의 힘듦이 삶에 나타나는
고품와 같은 것이다. 고를 겸허하게 받아들이면 많은 것을 깨닫게 된다.
또 길 없는 길을 헤쳐 나가는 이것이 자신의 삶을 개척하는 것과 같고 부
닥치고 아파하는 이 모든 것을 참고 견디면 희망이 온다는 것을 가르쳐주
기 위해 길 없는 길을 산행하는 것이다.

그리고 길 없는 길을 갈 때에는 항상 후미를 생각해야 한다. 앞에 가는
사람들은 자신을 추스를 힘이라도 있지만 뒤에 쳐져 힘들게 오는 사람은
앞의 사람과 많이 다르다. 힘도 없고, 의욕도 없기 때문에 항상 이끌며 도

와주어야 한다. 만약에 이끌어 주지 않으면 힘들다는 생각으로 모든 것을 포기하고 말 것이다. 포기는 또 다른 시작의 연장이기 때문에 기회가 되고 누군가가 도와주려 할 때 참고 견디다 보면 어느새 정상에 오르게 된다.

정상에 오르면 아~ 무엇 때문에 정상에 올라야 하는 지를 깨닫게 된다. 그래서 의욕이 있고 능력이 있는 사람은 삶이 어렵고 힘들더라도 참고 견디지만, 몸 하나 추스를 힘조차 없는 사람은 보이지 않는 그늘 속에서 힘들어하고 있다. 그늘지고 힘들어하는 사람들을 바른 삶으로 이끌어주면 새로운 희망을 얻게 되고 살아 갈 수 있는 힘을 얻게 된다.

사람들이 희망을 얻을 때 너희 또한 공부가 깊어져서 많은 것을 얻게 된다. 너희는 이 길 없는 산행을 통해 많은 사람들에게 가르침을 주어야 한다."

멀리 보이는 산을 가리키시며 말을 이어 나갔다.

"저 산의 나무들을 보면 하나 같이 높이가 같고 능선에 따라 들어감과 나옴이 같고 또 높고 낮음이 없다. 저것이 자연의 공평원리이다. 아무리 키 큰 나무도 아무리 키 작은 나무도, 저 능선과 능선 계곡과 계곡에 차이를 두지 않고 산의 모양대로 한 치의 어긋남과 흐트러짐도 없이 어린 동자의 깎은 머리 모양처럼 저렇게 공평하게 어우러져 자라는 것이 자연의 평등이다. 이와 같이 인생을 멀리서 객관적이고 거시적 관점에서 보면 이 자연과 별반 다름이 없다.

그런데 사람들은 자기 앞의 큰 나무와 작은 나무만 보기 때문에 크고 작음을 이야기 하지만 멀리서 전체를 보면 크고 작음은 없다.

그래서 산행을 하며 자연의 아름다움을 느끼고 봐야 한다. 오로지 정상에만 집착하고 오르다보면 막상 정상에 올라도 아무것도 느끼지 못하고 내려오게 된다. 정상에 집착하기보다 오르고 오르는 가운데에 느끼고 생

212 스승

각해야 한다."

"자, 많이 쉬었으니 이제 우리가 보았던 산속으로 들어가 무엇이 있는 지를 보고 네가 좋아 보이는 것을 말해 보거라."

산에 들어가자 내 눈앞에 보이는 굵고 잘생긴 나무들이 눈앞에 나타났습니다. 또 볼품없는 나무들도 보였습니다.

"스승님, 저 굵고 잘생긴 나무로 대들보로 쓰면 참 좋을 것 같습니다."
"가까이 있는 것에 집착하고 분별하다보면 너 자신을 잃기 쉽기 때문에 항상 멀리를 보고 멀리 느끼라고 했거늘 아직도 모르겠느냐. 멀리서 보면 공평하게 자란 나무들을 보게 될 것이다. 다시 말해 큰 나무와 작은 나무가 다를 게 없다는 것이다."

그리고 바위 틈 사이에 있는 소나무를 가르치시며 이야기 하셨습니다.

"바위틈에 자란 나무들이 크고 화려하지는 않지만 어딘가 모르게 기품이 있어 보이는 것은 열악한 환경 속에서 오랜 세월을 참고 견디다 보니 스스로 익게 되어 그렇게 보이는 것이다. 그런 반면에 기름진 흙에서 자란 나무는 굵고 크지만 기품 없이 삐죽 삐죽 자라게 된다. 너희도 마찬가지로 어려움을 참고 견디며 최선을 다하다보면 저절로 좋아지는 법인데 약삭빠르게 피하고 남을 속여 결국 스스로 어려운 늪에 빠져 허우적거리게 된다. 꼭 남을 속이면서까지 좋음을 쫓아가는 것이 아니라 네 환경과 환경에서 최선을 다하는 그러한 삶을 살아야 한다."

사계절

"지금 저 나무도 바위를 떠나게 되면 결국 죽어버리게 된다. 지금은 아무 볼품없고 하찮은 나무 같지만 많은 세월이 지나면 이 나무는 기품을 가지게 될 것이다. 우리말에 '잘 생긴 나무는 빨리 베어지고 못생긴 나무가 선산을 지킨다.'는 말도 있듯이 항상 어렵다고 할 때 네 자리를 한 번 더 보고 느끼며 오래오래 지키면 기품 있는 삶이 될 것이다."

이렇게 말씀하시고 하산하여 차를 타시다 문득 차 위를 가리켰습니다.

"저 차위에 앉은 먼지를 한 번 보거라."

하시기에 차 보닛 위를 보니 먼지가 소복하게 쌓여 있었습니다.

"저 차 보닛에 앉은 먼지들을 보면 어느 쪽에도 치우침이 없이 고르게 쌓인 것이 또 자연의 공평원리이다. 자연은 어떠한 치우침도 없는데 너희 마음과 생각이 집착에 머물러 어느 쪽으로 치우치다 보니 이렇게 많은 시비와 갈등이 일어나고 있는 것이다. 자연은 항상 공평하게 가는데 우리의 마음과 생각은 불공평으로만 치닫고 있으니 결국 너와 나를 아프게 하고 삶을 아프게 하는 것이다."

이렇게 말씀하시고는 물을 한잔 따라주셨습니다.

"물은 부드럽고 경직되어 있지 않기 때문에 또 공평을 만들어 내고 있다. 반면에 딱딱하고 경직된 것은 늘 불공평을 만들어내기 때문에 너희의 모든 것을 부드럽게 해야 한다. 마음을 부드럽게, 시선을 부드럽게, 듣는 것을 부드럽게, 말하는 것을 부드럽게, 행동을 부드럽게 하면 너희의 삶이 부드러워 질 것이다. 반면에 경직되고 딱딱해지면 눈빛이 날카롭고, 듣는 게 날카롭고, 말하는 게 날카롭고, 행동이 날카로워져 상대를 해치게 되어 결국 나를 해치게 된다. 부드러움과 날카로움을 살피고 구별하면서 수련 해야 한다."

　스승님은 산행을 통해서 많은 것을 우리에게 가르쳐 주셨습니다.

　특히 봄, 여름, 가을, 겨울 산행을 하면서 수련도 봄, 여름, 가을, 겨울처럼 되어 간다는 것을 강조하셨습니다. 봄 산행은 생동의 산행으로 메말랐던 가지에 물이 오르고 싹이 틔면서 햇볕을 만나 생기生氣를 찾듯이, 봄은 없음에서 있음으로 가는 과정이라고 하셨습니다. 여름 산행은 풍성豊盛의 산행으로 봄에 생기를 찾아 자신이 가지고 있던 모든 것을 더 나음으로 자라게 하는 과정이라 하셨습니다. 가을 산행은 익음의 산행으로 여름내 자란 모든 것이 익고 저장되는 과정이라고 하셨습니다. 겨울 산행은 내면의 산행으로 모든 것이 봄을 위해 자신의 내면에 들어가 자신을 다지고 다음 해에 더욱 강한 생명으로 태어나기 위한 과정이라 하셨습니다. 가을에 달고 달았던 맛은 겨울을 지나며 자신 속으로 녹아들어 봄에 싹틔울 준비를 하게 된다고 하셨습니다.

　그래서 사계절에 나는 열매를 잘 활용하여 수련하면 큰 도움이 될 것이라 하셨습니다. 봄에 해당 되는 수련은 새콤달콤한 것처럼 기운이 느껴지게 되면 신기하기도 하고 이상하기도 하여 재미가 새콤달콤하게 나타나기 때문에 재미있지만, 여름에 해당하는 수련을 하게 되면 무엇인가 되기는 되는데 확실하게 잡히지는 않는다는 것입니다. 단지 밋밋하면서 익은 것 같기도 하고 안 익은 것 같기도 하여 할까 말까하는 망설임을 가지게 되는 시기라는 것입니다. 이 시기가 지나 가을에 해당하는 수련을 하게 되면 확신을 가지느냐 아니면 포기를 하느냐하는 시기인 것입니다. 이 시기에 구도심이 생기기도 하고 수련이 별것 아니라고 생각하고 그만 두게도 됩니다. 이 갈등이 지나 겨울에 해당하는 수련을 하게 되면 구도심으로 내면에 들어가 자신을 완숙되게 하여 싹을 틔울 준비하는 시기가 됩니다. 스승님은 사계절을 통해 수련을 완숙되게 하라고 하셨습니다. 완숙됨을 유지하게 되면 어디에도 치우침이 없는 하나의 근본을 깨닫게 될 것이라면서 하늘을 보시면서 크게 웃으셨습니다.

깨달음

상 깨는 방법

"나라고 생각하는 상이 형성되는 것과 동시에 갇히게 된다. 갇힘이란 자유롭지 못하다는 뜻과 같다. 예를 들어 내 얼굴에 반점이 있었는데 모르고 지내다 어느 날 반점이 있다는 것을 알게 됨과 동시에 자신의 모든 생각이 반점으로 집중되어 외출도 하지 못하고 항상 콤플렉스가 되어 삶 전체가 갇히게 된다. 결국 반점이라는 상 하나가 열등감을 만들고 아픔을 만들어 삶 전체를 힘들게 만들게 하는 것이다.

그런데 수련으로 반점을 느끼게 되면 앞의 현상과 정반대의 일이 일어나게 된다. 반점이 나의 삶이 아니라는 것을 알게 된다. 반점이라는 상 하나 때문에 다른 삶조차도 갇힐 수 없다. 다시 말해 수련을 한다고 해서 반점이 없어지는 것이 아니라 반점을 수용하게 되어 삶을 살게 되고 행복을 누릴 수 있는 것인데 보통 사람은 상 하나를 알지 못해 집착하고 욕심 부리다 삶 전체가 갇히게 되어 힘들게 사는 것이다. 상에 갇히니 시선과 의식이 모두 다른 사람에게 가고 행동과 말은 생각 속에 갇혀 점점 불행한 삶이 되는 것이다.

너희는 이 상에서 어떻게 깨어날 것인가, 또 어떻게 벗어날 것인가 하는 것이다. 나도 어릴 때 받은 상처 때문에 상이 많았던 사람이다. 나도 모르는 상에 갇혀 힘들게 살다 스승을 만나 선도수련을 통해 상에서 깨어나니 세상이 이렇게 밝고 맑다는 것을 처음 알았다. 이 수련이 상을 깨고 다스리는 좋은 방법이라 생각한다.

그래서 세상 사람들에게 상 깨는 방법을 가르치고자 하는 것이다. 사람들에게 이렇게 말하면 '수련으로 모든 것이 사라지고 나면 무슨 재미로 삽니까?' 라고 되묻는다. 너희의 재미는 오감에 맞추어진 재미이기 때문에 항상 시시비비만 만들 뿐이다. 결국 오감의 재미는 허무로 갈 수밖에 없다. 이렇게 덧없는 것을 쫓아 달려가는 것을 보면 가슴 아프다. 이제는 끝내야 한다. 너무 많이 아파했고 힘들게 살아왔다. 내면의 수련으로 오감의 재미를 벗고 또 오감의 한정된 재미와 기쁨을 얻는 것이 아니라 본성의 무한한 기쁨을 얻고 즐겨야 한다. 그리할 때 너와 나는 저절로 행복해지고 밝아지게 된다.

상은 한 부분만 보게 하지만 수련은 전체를 보게 한다. 햇볕이 참 따뜻한 겨울날에 남편과 아무 일도 아닌데 말다툼을 했을 때 햇볕의 따사로움을 못 느끼게 된다. 상한 마음 때문에 느끼고 즐거워야 될 일들이 너무 많이 묻히고 있는 것이다. 그런 반면에 선도수련한 사람은 남편과 언짢은 일이 있어도 언짢은 일로 끝이 나게 된다. 다시 말해 하나의 언짢은 일이 다른 일과 이어지지 않는다는 것이다. 보통 사람들은 한 가지 일로 싸우다 나중에 가 보면 다른 일로 싸우고 있다는 것이다.

결국 우리는 수많은 상을 소멸시키며 살아온 것이 아니라 하나하나 쌓으며 살아왔다는 것을 알 수 있다. 그래서 이 쌓아온 상 하나하나를 소멸시키는 수련을 해야 한다. 상을 소멸시키는 데는 많은 방법들이 있겠지만 내가 경험하고 느껴본 바로는 선도수련이 제일 빠르다는 것을 느꼈다. 말로만 하는 것이 아니라 수련해 보면 알게 된다. 글로서 된다, 안 된다고 하는 것도 논쟁만 만들 뿐이다.

수련한 사람과 수련하지 않는 사람의 화는 다르다. 화가 다른 것이 아니라 화는 똑같이 내지만 수련한 사람은 화를 다른 것과 연계하지 않는다는 것이다. 앞에서도 말했지만 한 가지 일로 싸우다 보면 꼭 다른 일로 싸우게 되는 것이 보통사람들의 화내는 방법이지만 수련한 사람은 화가 나도 화나는 그것으로만 끝날 뿐이다. 이렇게 화를 연계하지 않는다면 성인에 가까운 일이다. 성인도 화를 내지만 다른 일과 연계하지 않는다. 수련은 연계하는 것을 보게 하고 그것을 다스리게 하는 힘을 준다.”

군수

“옛날에 깨달은 사람이 있었는데 이 소문이 고을 군수에게까지 나게 되었다. 고을을 다스리던 군수가 깨달은 사람은 어떻게 살고 얼마나 행복할까, 자신은 이렇게 많은 일들로 골머리를 앓고 불행하게 살아가고 있는데 하루만이라도 깨달은 사람과 같이 있으면 행복해지지 않을까 하는 생각으로 깨달은 사람을 찾아 갔었다.

'당신과 하루만 함께 지냈으면 합니다.'
'군수님, 저와 함께 지내는 것은 어렵지 않지만 군수님의 일상과 다를 바가 없을 텐데……. 굳이 같이 있겠다면 함께 있어도 좋습니다.'

군수는 속으로 '저놈이 반드시 나에게 알려주기 싫은 무엇인가가 있을 것이다.' 고 생각을 하고 새벽부터 깨달은 사람을 유심히 살피며 하루 종일 보냈지만 정말 보통 사람과는 특별하게 하는 행동이나 무엇인가가 다를 것이 없었다. 군수는 저녁에는 반드시 무엇인가를 할 것이라 생각하고 밤을 꼬박 새웠지만 아무 일도 없었다.

'당신이 정말 깨달은 사람이라면 특별한 무엇인가가 있어야 하는데 내

가 보기에는 보통 사람과 똑같은 것 같은데 무엇을 깨달았는지 모르겠소!'

'나는 내가 깨달았는지 깨닫지 않았는지를 생각해 본 적이 없습니다.'

'당신이 하루 동안 보여준 것을 깨달았다고 한다면 세상에 안 깨달은 사람이 어디 있겠습니까? 배고프면 밥 먹고 화장실 가서 똥 누고 마당 쓸고 잠자고 하는 모든 것이 평범한 것인데 당신이 뭘 깨달았다는 것인지 보여 주십시오.'

'나는 할 말이 없습니다. 단지 내가 하던 일을 했을 뿐입니다. 군수님은 참 이상합니다. 나는 밥 먹을 때 밥만 먹었고 마당 쓸 때 마당만 쓸었습니다. 그 외에 아무것도 한 것이 없습니다. 그런데 군수님은 그렇지 않았습니다. 밥 먹을 때에 나를 생각했고 기타 많은 일들을 생각했습니다. 수많은 일을 생각했다는 것은 상과 관념이 당신의 마음을 혼란스럽게 한 것입니다. 또 당신의 느낌과 생각이 자꾸 많아져서 많은 걸 흩트려 버렸습니다. 그러니 갈피를 못 잡고 힘들어하는 것입니다. 한 가지 일을 할 때 한 가지만 하는 그것이 깨달음이지 않나 생각합니다. 사람들은 밥 먹을 때 밥 먹는 것이 아니라 너무 많은 생각으로 밥을 먹다보니 체하고 입맛을 잃는 것이며 상대와 이야기할 때 상대의 말에 귀 기울이지 않고 다른 생각을 하다 무슨 말을 했는지를 몰라서 사이가 나빠지게 되는 것입니다. 그래서 깨달음은 다른 것이 아닙니다. 밥 먹을 때 밥만 열심히 먹고 마당을 쓸 때 마당만 열심히 쓸면 되는 것입니다.

그래서 어린 아이들이 성인을 닮았다는 얘기는 슬플 때 슬퍼하고 기쁠 때 기뻐하기 때문에 성인을 닮았다는 것입니다.'

이 말을 듣고 군수는 많은 것을 깨달았다. 자신은 이제까지 한 번도 한 가지에 몰입해 본 일이 없었다는 것이다. 항상 한 가지 일을 생각해야 하는데 다른 것을 생각함으로서 이렇게 힘들어졌다는 것을 알게 된 것이다.

깨달음은 특별한 것이 아니라 단순하면서 쉬운 것이 깨달음이라는 것을 깨닫고 나니 얼마나 고맙든지 깨달은 사람에게 무엇인가 보답해야 한다는 생각이 들었습니다.

'당신이 지금 원하는 것을 들어주겠으니 원하는 것이 무엇입니까.'
'마당 쓸 빗자루 하나만 사주면 고맙겠습니다.'

군수는 내가 명색이 군수인데 땅을 달라고 하면 땅을 줄 것이고 집을 지어 달라고 하면 집을 지어 줄 텐데 빗자루 하나만 달라고 한 것이 자신을 무시하는 것이라 생각했다. 그러자 깨달은 사람은 지금 필요한 것만 생각해보았지 군수님이 무엇을 줄 것이라고는 생각해 본적이 없다. 그래서 내게 필요한 것은 빗자루밖에 없으니 빗자루만 주면 고맙겠다고 한 것이다. 군수는 돌아가 빗자루를 50자루를 보냈는데 깨달은 사람은 49자루를 군수에게 다시 돌려보냈다고 한다."

막연하게 사랑과 욕심

"너희는 여기서 잡다한 상과 생각이 욕심의 시작점이고 관념의 시작점이라는 것을 알아야 한다. 그래서 상과 욕심을 자꾸 낮추고 없애가야 하는 것이다. 깨달은 사람처럼 한 번에 한 가지만 생각하면 되는 것이다. 지금까지 쌓아온 상을 그대로 두고는 참 기쁨과 참 즐거움을 느낄 수 없다. 상에 갇힌 마음을 끄집어낼 때 참 기쁨, 참 즐거움이 가능하기 때문이다.
석가와 예수도 마찬가지이다. 내가 생각하는 석가가 있기 때문에 석가에 관한 얘기를 들으면 이해가 가는 것이고 또 내가 생각하는 것에 맞지 않으면 아니라고 생각하는 것이다. 그런데 내가 생각하는 석가와 예수를 없애면 세상에 있는 모든 것이 석가와 예수가 되는 것이다. 어느 모임이든 단체든 가보면 다 자신이 생각하고 있는 것을 중심으로 얘기가 되기 때문에 시비가 되고 싸움이 된다. 내면의 상을 깨닫고 없애면 걸릴 것도, 미워할 것도, 좋아할 것도, 싫어할 것도 없이 항상 따뜻함과 훈훈함만 있게 된다. 이것이 선도수련원이 깨닫게 해주고자 하는 것이다. 이것을 어렵고 힘들다고 해서 포기해서는 안 된다. 포기하게 되면 더 힘들어 질뿐이다.

너희는 수련으로 상을 없애야 하고 깨달아야 한다. 상을 없애는 것이 어렵다고 말하는 것은 잘 모르기 때문에 어렵다고 말하는 것이다. 행복이 뭔지, 욕심이 무엇인지 모르기 때문에 막연하게 사랑하고, 막연하고 미워하고, 막연하게 욕심내고 있는 것이다.

너희가 알고 있는 행복은 자신이 원하는 것을 얻었을 때 행복하다고 느끼는 것이다. 또 욕심이 뭐냐 하면 내가 가지려고 하는 것보다 더 많이 가지려고 할 때 욕심이 되는 것이다. 그러니까 행복과 욕심은 같은 것이 된다. 그런데 사람들은 욕심을 부리지 말아야 하다고 가르치면서 내가 가지려고 하는 것은 행복이고 남이 가지려고 하는 것은 욕심이라고 생각하므로 모순이 생기는 것이다.

너희는 여기서 상의 차이를 알아야 한다. 나를 분별하는 상 하나가 행복과 욕심을 구별하지만 진정으로 따지고 보면 같은 상이라는 것을 알 수 있다. 그래서 너희는 상대의 상을 보고 판단하는 것이 아니라 자신의 상을 보고 닦아야 하는 것이다."

본성과 에너지

자연

"지금 밖에 봄비가 내리고 있다. 저 비가 대지의 생명을 키운다는 것이 얼마나 신기한 일이냐! 비는 하늘에서 내리는 하나의 사랑이다. 태양이 대지를 사랑으로 어루만져 수증기를 상승시키고 일정한 흐름에 따라 다시 대지로 내려와 생명을 잉태시키니 이 얼마나 신비로운지 일인가 하는 것이다. 비는 남자의 사정과 같다. 남자가 여자의 자궁에 사정을 하면 하나의 생명이 만들어 지고 그 생명은 대지라는 자궁 속에서 자라게 된다.

그래서 너희는 하늘에서 내리는 비를 유심히 보고 느껴야 한다. 자연에서 일어나고 있는 그 어떤 것도 중요하지 않은 것이 없다. 또 땅에 떨어지는 빗소리와 바람소리는 서로가 사랑을 속삭이는 신음소리와 같은 것이다. 포르노 비디오를 본다든가 옆방에서 사랑의 신음소리가 나면 자신도 모르게 숨을 죽이고 관심이 그쪽을 향해 빨려들게 된다. 이 빗방울소리와 바람소리도 상과 관념이 없이 듣게 되면 사랑의 신음소리에 빨려드는 것과 같이 근본적인 상태에 빨려들게 된다. 지금 너희가 듣고 있는 음악도 마찬가지이다. 자연의 소리를 본 뜬 것이 음악이기 때문에 흥분이 되기도 하고 더욱 슬퍼지기도 한 것이다.

자연은 음과 양이 함께 어우러져 만들어내는 조화의 현상이다. 결국 자연은 음과 양의 관계를 통해 생하고 멸하기를 반복하며 진화하고 있다.

　그러면 자연의 소리에 빨려드는 이유가 무엇일까! 하는 것이다. 자연의 소리에 빨려드는 것은 다름이 아니라 그 소리가 가지고 있는 에너지 때문이다. 빗소리와 바람소리의 에너지와 내 에너지가 감응을 했기 때문에 빨려드는 현상이 생기는 것이다. 이 현상은 본성이 느껴질 때까지 나타나게 된다. 그래서 이 빨려드는 것이 바로 본성으로 가는 가장 빠른 길이다.

　다시 말해 남녀가 내는 사랑의 신음소리만 들어도 자신도 모르게 그 소리에 집중하게 되고 성적인 흥분이 일어난다는 것을 한 번쯤은 느꼈을 것이다. 이 성적인 흥분은 본성에서 시작되는 하나의 에너지이기 때문이다. 자연의 소리를 깊게 들으면 본성의 에너지가 상과 관념을 뚫고 삶으로 나오게 된다. 새싹이 대지를 뚫고 올라오는 것처럼 말이다. 너희는 상과 관념을 뚫고 올라오는 에너지를 받아 승화시켜야 한다. 이 에너지를 승화시키게 되면 몸과 마음이 순해지고 삶이 살아난다는 것을 알게 된다.

　지금 이 얘기는 이 에너지를 너희는 꼭 느끼고 찾아야 한다. 느끼고 찾으면 폭포수 아래에서 떨어지는 물소리가 몸에서 흐르는 혈의 소리와 같다는 것을 알게 된다. 보통 사람이 생각하기에 저렇게 큰 소리를 내며 떨어지는 폭포물이 몸속 혈의 흐름과 같다는 것이 언뜻 이해가 가지 않지만 기문을 통해 내면의 귀를 열고 들으면 크고 웅장한 소리가 들리는 것이 아니라 부드럽고 순한 물의 근본적인 소리가 들리게 된다. 이 근본적인 소리가 본성과 만나는 과정에서 빨려드는 느낌을 느끼는 것이다.

　또 졸졸 흐르는 물소리가 폭포수보다 더 깊게 빨려든다는 것을 알 수 있다. 이렇게 빨려 들게 되면 세상의 모든 것과 깊은 교감交感(서로 접촉하여 느끼는 느낌.)을 할 수 있게 된다.”

모든 것과 하나 되는 것

"모든 생명은 일정한 파동을 가지고 있기 때문에 깊은 의식상태에서 이 파동을 느끼면 자연에서 일어나는 모든 생명이 하나라는 것을 깨닫게 된다. 그래서 너희는 이 파동 소리를 들을 수 있는 내면의 귀를 만들고 열어야 한다. 내면의 귀로 물소리를 들으면 물과 하나가 되고 상대의 소리를 들으며 상대와 하나가 되고 또 그림을 보면 그림과 내가 하나가 된다. 결과적으로 본성으로 느끼면 모든 것이 하나인데 집착하고 욕심으로 분별하기 때문에 남이라고 느껴지는 것이다. 남이라고 느끼니 이렇게 많은 힘듦과 아픔이 생기는 것이다.

너희는 알아야 한다. 필요 없다고 하는 것이 얼마나 나에게 큰 영향을 주고 있는지를, 벽에 붙은 액자 하나, 시계 하나, 달력 하나가 마음을 안정시키고 편안하게 해주고 있다는 것을 알아야 한다. 결국 나 혼자만 존재하는 것이 아니라 서로 관계를 통해 행복을 만들고 있는 것이다. 그런데 나에게 치우친 한 생각이 나와 남을 별개라 생각하고 서로 상처를 주어 모든 삶을 고苦로 만들고 있다.

한 나무에 열리는 열매는 크기가 다르고 맛이 다르지만 결국 같은 나무에서 열린다. 다시 말해 서로 오가며 함께하는 것인데 집착된 욕심으로 갈라지고 흐트러지다 보니, 결과적으로 모든 것이 잘못되어 가고 있는 것이다. 지금 사회에서 일어나고 있는 모든 문제가 너와 나의 집착된 욕심이기 때문에 이것을 방치하게 되면 우리 스스로 자멸하게 될지도 모른다. 이제는 달라져야 한다. 자연의 깊은 관계를 통해 본성의 에너지를 살려내야 한다. 살려내지 못하면 지구상의 모든 것은 죽고 만다. 본성의 에너지로 자연을 살려야 한다. 빗소리와 바람소리가 곧 나의 소리일수도 있기 때문이다. 빗소리와 바람소리가 곧 나의 소리일 수도 있다는 것을 깨치게 되면 어떠한 곳에 있더라도 항상 그러한 자연과 하나가 될 수 있다. 다시 말해 의식적으로 산에 가야만 산을 느낄 수 있는 것이 아니라 이 자리에서 산과 내가 바다와 내가 돌과 내가 하나가 될 수 있다는 뜻이다.

수련은 모든 것과 하나 되는 것이며 또 남과 나를 가르는 것이 아니라 함께 어우러지고 있다는 것을 느끼게 해주는 것이다.

너희는 이 어우러지는 느낌으로 조화의 밝음을 찾아 맑고 향기롭게 살아야 한다. 이 맑고 향기로움은 누구에게도 보일 수 없고 말할 수 없지만 너희의 진정한 삶으로 다시 피어나게 될 것이다. 맑고 향기로움을 말하면 말함과 동시에 그러한 맑고 향기로움이 되지 않는다. 『도덕경』에 '도가도道可道 비상도非常道'라는 말이 있다. 도를 도라고 말할 때 도가 아니게 된다는 뜻이다. 다시 말해 이 난을 난이라고 하기 전에 부드러운 곡선과 흔들림 없는 자태와 계절에 따라 변화지 않는 파란 잎을 보고 감응할 때 난과 하나가 되는 것이다. 지식으로 난이라고 하는 것과 동시에 모든 것이 갇히게 되고 항상 그러한 난이 아니게 된다.

그래서 수련 중에 느껴지는 모든 것을 나의 생각으로 묶어서는 안 된다. 또 집착해서도 되지 않는다. 그냥 나타나는 대로 그대로 받아들이게 되면 몸과 마음은 저절로 좋아지게 된다. 이것이 본성의 에너지를 받아들일 수 있는 길이기 때문이다."

서각에 새긴 글

등잔과 나그네

"왜 등잔 밑이 어두운지 아느냐?

바로 자기 몸 때문이다. 다시 말해 등잔 밑이 어두운 것은 등잔이 높기 때문이다. 등잔이 높이 올라가면 갈수록 어두움은 커진다. 반대로 내려오면 내려올수록 어두움은 작아지고 끝내는 사라진다.

너희는 이 등잔의 불꽃처럼 밖을 비추는 것이 아니라 안을 비추어야 한다. 안을 비추게 되면 상과 관념이 낮아져 본성을 느끼게 된다.

움막 출입문에 '등잔과 구름에 달 가듯이 가는 나그네' 라는 글을 새겨 놓았다. 이 글을 새긴 이유를 너희는 몰랐을 것이다. 하루는 마음이 답답하고 해서 처마 밑에 있는 서각 할 나무를 고르고 있는데 문득 하늘을 보니 파란 하늘 사이로 뭉게구름이 흘러가는 것을 보았다. 저리도 걸림 없이 가는 구름을 그때 처음 알았다. 이때까지 그렇게 많이 본 하늘과 구름이지만 여유와 너그러움과 함께 흘러가고 있다는 것을 그때 처음 본 것이다. 순간 멍함으로 한참을 서 있었는데 갑자기 움막 벽이 답답하게 느껴졌다.

이 답답함이 무엇일까? 생각하는데 시 한 소절이 떠올랐다. '구름에 달 가듯이 가는 나그네' 라는 소절이 가슴을 파고들었다. 칼과 망치를 들고 늘 출입하는 문에 단숨에 새겨 버렸다. 그 구름을 한 번 더 보기위해 하늘을 보았는데 아까 보았던 구름이 온데간데없이 사라졌다.

다시 답답함이 일기 시작했다. 다음 날 새벽 일찍 이 마음을 찾기 위해 산에 올랐는데 어제 구름이 하늘에 그대로 있는 것이다. 그때 '아, 자성의 등불이 밝지 않으면 구름도 하늘도 볼 수 없다.'는 것을 알게 되었다. 산을 내려와 움막 문에 새겨진 글 아래 등잔을 새겨 넣었다. 지금 이 글과 등잔을 보면서 나의 밝음을 염려하고 어디에도 걸림 없이 수련을 하고 있는가를 생각한다. 너희에게 말해 주고 싶은 것은 등불처럼 밝아야 가고자 하는 길을 갈수 있고 또 두려움과 무서움이 사라질 것이다.

저 창문위에 걸려있는 족적과 글도 마찬가지이다. 어느 날 문득 '아~, 이 자리가 나의 자리이자 진실이 있어야 할 자리이구나.' 하는 생각이 들기에 족적과 함께 서각으로 새기게 된 것이다.

눈길을 걸으면 족적이 그대로 남는 것처럼 내가 걸어가야 할 것을 다짐한 것이다."

내 마음에 새긴 글

"그리고 족적 옆에 있는 글은 아무도 없는 움막에서 혼자 수련하다 이리도 많은 짐을 지고 공부하겠다는 마음이 너무 처량해 적은 시이다.

'다리가 아파옵니다.
버스 정류장에 일찍 나와
서있는 사람들처럼.
내 삶의 허무에
너무 일찍 와버린 마음이
남의 집 처마 끝에 서성거리는
먼 길의 나그네 입니다. '

다리가 아파옵니다. 여기서 '다리'라는 것은 지탱한다는 뜻으로 나의 삶을 지탱하고 너와 나의 관계를 통해 무게가 느껴진다는 뜻이다. 그리고 버스정류장에 일찍 나와 서 있는 사람들처럼 여기서 버스정류장이란 것은 '기다림'이다. 어디로 갈까? 이 사람 저 사람에게 물어보지만 아무도 가르쳐주지 않기에 어디로 가야 될지를 몰라 막연한 기다림을 말한 것이다.

그리고 버스는 '인연'을 말한다. 우리는 하루에도 수많은 인연을 만나지만 인연을 통해 승화하는 것이 아니라 놓치고만 있다. 그래서 인연을 소중하게 생각하고 받아들여야 한다. 그리고 '내 삶의 허무'란 것은 삶의 중심을 모르고 밖으로만 찾다보니 어느 날 허무가 나를 감싸게 된 것이다. 그리고 너무 일찍 와버린 마음이란 '아픔'이다. 관념과 상으로만 살다보니 내 중심도 알기 전에 너무 일찍 허무에 빠졌다는 것이다. 그 허무와 아픔 때문에 지쳐 남의 집 처마 끝에서 서성거리는 먼 길의 나그네라는 것은 허무와 아픔을 어루만져줄 곳을 찾아 해매지만 그 누구도 문을 열어주지 않아 처마 끝에서 '방황'하고 있다는 뜻이다. 그리고 먼 길의 나그네라는 것은 그 방황에서도 자신의 중심을 찾아 노력하는 내 자신의 '자성'을 말한 것이다.

지금도 새로운 마음이 생기면 서각하기 위해 나무판을 준비 해놓고 있다. 사람들은 서각 해놓은 것을 보고 참 좋다는 이야기를 많이 한다. 그러나 정작 서각의 공을 아는 사람은 없다.

서각의 공을 간단하게 이야기하면 서각을 하기 위해서는 첫째 나무를 선택해야 한다. 제자가 스승을 선택하는 것처럼 항상 어디를 가든 나무를 주의 깊게 살펴야 한다. 둘째 선택된 나무는 대패와 끌을 통해 다듬어 한 3~6개월 정도 두고 무엇을 새길 것인가를 생각한다. 셋째 새길 글이 생각나면 화선지 위에 생각난 글을 쓴다. 넷째 나의 마음을 비추어 이 글이 되겠다 싶으면 그때 나무 위에 붙이고 칼과 망치로 글자의 선을 따라 파기

시작한다. 칼이 망치에 맞아 글이 새겨질 때 내 마음에도 함께 새겨진다는
것이다. 다섯째 글을 다 파고나면 먹을 먹이게 된다. 먹을 먹이는 것은 영
원히 지워지지 말라는 뜻에서 먹이는 것이다. 여섯째 그렇게 다 만들어지
고 나면 비어있는 벽면에 걸어두고 항상 그러한 마음을 다잡으면서 수련
해 간다. 서각은 나무에 새기는 것 같지만 결국 내 마음에 새기는 것이다.
지금도 벽에 갈린 서각들을 보면 한마음이 무거워 진다.”

라고 하시고는 서각 한 나무를 닦으셨습니다.

승화

승화시키는 방법

"한 사람이 자신의 부모를 원망하며 자신의 성격이 너무 싫다고 했다. 나는 그 사람에게 '만약에 현재의 당신 성격이 아니었으면 이 수련, 이 만남은 없었을 것이다.'고 했다. 과거 속에 만난 모든 사람들은 현재의 나를 있게 하기 위해서 각자의 역할을 충실히 했을 뿐이다.

영화나 드라마의 한 장면을 만들기 위해 연기자 각자가 연기를 충실하게 할 때 주연이 돋보이고 재미있는 영화나 드라마가 되듯이 지금 내가 겪고 있는 모든 일과 인연들이 현재의 나를 있게 하기 위해 각자의 역할을 충실하게 했을 뿐이다. 그래서 아파하고 상처받은 모든 것이 현재의 감정과 나를 있게 한 것이다.

현재의 감정과 자신을 바꾸려면 그 인연들을 승화시켜야 한다. 승화시키지 못하면 새로운 인연을 만나도 또 과거와 같은 원망과 상처가 생겨나게 된다.

어떠한 관계든 승화가 되지 않은 것은 늘 집착으로 남게 된다. 승화라는 것은 너와 나의 관계가 피어나는 것을 말한다. 다시 말해 '아픔이나 기쁨을 풀고 여는 것이 승화'이다.

진정한 승화가 되면 왜 나의 부모를 만났고 과거 속의 사람들과 인연이 되었는지를 알게 된다. 이 '승화'가 '깨침'이라는 것이다. 어떤 관계든 깨치지를 못하면 원망하게 된다.

아는 사람이 정말 열심히 수련을 했다. 그 결과 몸도 좋아지고 마음도 편해져 너무 좋아했다. 그래서 가족들에게 같이 하자고 권했지만 하지 않았다. 할 수없이 강압적으로 수련을 하게 하였다. 그렇게 수개월이 지난 어느 날 수련을 하는데 문득 '아! 내가 강요한 이것이나 알코올 중독으로 상처를 주던 아버지가 별다를 바가 없다.'는 생각이 들더라는 것이다. 그 때부터 강요가아니라 자발적으로 할 사람만 하게 했다고 한다.

이 한 생각의 깨침이 이제까지 보지 못하고 느끼지 못했던 것을 보게 하고 느끼게 한 것이다. 또 상처는 바름에서도 생기고 그름에서도 생긴다는 것을 알았다고 한다.

승화는 많은 것을 보게 하고 느끼게 한다. 깨치고 나서보니 아버지의 술 드시고 폭언하는 모든 행동은 삶의 본연의 모습이었다는 것이다. 그때부터 그렇게 원망스럽고 상처받았던 마음이 순식간에 사라지고 안쓰럽고 미안한 마음이 들더니 눈물이 그렇게 많이 났다고 한다. 이제는 아버지를 원망하는 것이 아니라. 나를 있게 한 큰 인연에 감사할 뿐이라고 했다.

그래서 너희는 어떠한 관계든 승화시켜야 한다. 승화시키는 방법은 기와 마음과 감정을 통해서 승화시켜야 한다."

회의와 참회

"희승이가 21일 정성수련을 하는데 회의懷疑(마음속에 품고 있는 의심.)가 많이 왔다고 한다. 절할 때마다 잡념이 생기고 숫자만 세는 것 같아 많은 갈등이 생겼다고 한다. 나와 약속했기 때문에 하기는 하지만 다음부터는 이런 정성수련은 하지 말아야겠다는 생각에서 나에게 '숫자만 세는 절은 수련이 되지 않을 것 같아서 차라리 절을 하지 않고 앉아서 수련하는 것이 더 나을 것 같다.'고 했다. 그때 내가 해 준 말이 '회의가 머리끝에서 발끝까지 가슴이 저리도록 와야 한다.'고 했다. 나는 절 수련하면서 '숫자 세는 사람밖에 안 되는구나, 괜히 절 수련을 시작했구나.' 하는 마음이 뼛속까지 느껴질 때 관념을 뚫고 새 마음이 돋아난다고 했다.

다시 말해 '아! 이 마음이 이 마음이었구나.'가 될 때 새싹이 돋아나듯이 본성이 살아나게 된다.

너희는 관념으로 쌓여있는 감정을 느끼면 스스로 넘어서려고 하지 않고 그것을 피하려고만 한다. 하지만 피한다고 해서 피해지는 것이 아니다. 피하는 마음을 다잡을 수 있는 회의가 머리끝에서 발끝까지 올 때 다시 살아나게 된다. 지금 보는 감이 얼마나 탐스럽고 좋아 보이는지 모른다. 그런데 탐스럽고 좋아 보이는 것이 썩지 않으면 싹은 틔울 수 없는 법이다. 감을 유리관속에 넣어두면 관상용으로는 좋을지 몰라도 싹은 트지 않는다. 반면에 땅에 묻게 되면 껍질과 살이 썩으며 촉을 틔우게 된다. 이것이 진리이다. 회의와 참회가 뼛속까지 저릴 때 본성이 살아나는 것처럼 삶이 살아날 것이다.

알겠느냐?"

깨끗한 정

"나를 보고 정이 많은 사람이라 한다. 아무것도 하지 않고 놀고 있는 나를 정이 많다고는 하지 않는다. 사람들에게 따뜻한 마음으로 대하고 이야기를 들어줄 때 상대가 정을 느끼게 된다. 결국 내 안에 에너지가 충만하기 때문에 그러한 따뜻한 마음을 낼 수 있었던 것이다.

지금 속도 쓰리고 힘이 없는데 누군가 도움을 청 했을 때, 다음에 도와주겠다고 하면 상대는 보이지 않는 섭섭한 마음이 들게 된다. 그때 정을 느끼는 것이 아니라 정이 사라지게 된다. 이러한 일이 여러 번 반복되게 되면 정의 파장이 깨어져 정 없는 사람이 되고 만다. 정 없는 사람이 되면 모든 관계가 어려워지고 무작정 미워하고 원망하게 된다.

결국 우리 주위에 일어나는 모든 문제는 정의 문제이다. 이 정이 충만하면 모두가 좋은 방향으로 가게 되는데 부족하면 시시비비의 원인이 되기도 한다. 다시 말해 정의 문제는 밖의 문제가 아니라 내 안의 문제이다. 그래서 내 안의 정을 충만하게 해야 한다.

다시 정리하면 정이 충만할 때 상대 이야기를 들을 수 있고, 봉사할 수 있고 희생할 수 있는 힘이 생기기 때문이다. 정이 없는 사람은 상대 이야기를 들어주는 것이 아니라 자기 말만 하게 된다. 실제로 따뜻하다고 하는 사람을 주의 깊게 보면 자신의 이야기를 하는 것이 아니라 상대 이야기를 잘 들어주고 있다는 것을 알 수 있다. 반면에 정이 떨어지는 사람을 주의 깊게 보면 모든 것을 부정적으로 보고 자기 말밖에 하지 않는다.

그래서 정을 충만하게 해야 한다. 너희는 태어나 이제까지 정을 쓰기만 했지 한 번도 모아본 적이 없다는 것이다. 그러면 원래 정이 없었느냐 하면 원래 정은 충만했었다. 충만한 정을 너무 많이 쓰고 혼탁하게 하다보니 정이 고갈된 것이다. 또 혼탁하고 고갈되다보니 감정은 더욱 날카로워지고 마음은 종잡을 수 없게 된 것이다.

관념과 상이 자꾸만 많아지니 한정된 정으로 감당하지 못하고 있는 것이다.

해마다 여름이 되면 전기를 아껴 쓰자고 캠페인을 벌인다. 전력은 한정되어있는데 소비량이 급격하게 상승하다보니 소비량을 줄이자는 것이다. 정도 마찬가지이다. 몸에 있는 정을 충만하게 해가며 상과 관념을 만들어야 하는데 정은 충만하게 하지 않고 상과 관념만 만들어 가고 있으니 정이 감당을 못해 기진맥진하게 사는 것이다. 이렇게 상과 관념을 대책 없이 만들다가는 결국 병들어 죽게 된다.

석가와 예수가 집착을 놓고 버리라고 하는 것은 필요 없는 정을 너무 많이 쓰지 말라는 뜻이다. 필요 없는 전등과 스위치를 끌 때 모자라지 않게 쓸 수 있다. 그래서 정을 쌓고 정을 써야 할 부분에 제대로 쓸 때 본성이 밝아지게 된다. 그런데 상과 관념은 정을 고갈시켜 영과 본성을 어둡게 한다는 것이다.

내 안에 정을 한문의 음절로 보면 깨끗할 정이 된다. 너희는 여기서 깨끗하다는 것을 이해해야 한다. 깨끗하다는 것은 더러움을 흡수할 수 있다는 뜻이다. 다시 말해 항상 더러움을 정화하고 있다는 것이다. 더러움을 정화하지 못하면 결국 죽고 만다. 정은 더러움을 정화하는 근본에너지이기 때문에 내안에 충만하게 만들어야 하는 이유가 여기에 있다. 몸 안에 정이 쌓이면 가장 먼저 변하는 것이 혈이다. 혈이 맑아지기 시작하면 모든 세포가 살고 병이 낫게 된다. 병이 나으면 활기를 띄게 된다. 앞에서도 말했지만 정은 모든 것을 정화하는 힘을 가지고 있다. 지금 이곳에 고등어 냄새로 가득 차 있을 때 지리산 맑은 공기를 끌어오게 되면 그렇게 많이 나던 고등어 냄새는 없어지고 순식간에 상쾌하고 맑은 공기로 바뀌게 되고 기분이 좋아지게 된다."

정과 욕심

"정을 충만하게 하면 전신으로 흐르는 기가 활기차게 되고 활기 찬 기는 혈을 맑게 하여 모든 장부와 기능을 살리게 된다. 그래서 몸 안의 정을 얼마만큼 충만하게 하느냐 하지 않느냐에 따라 삶이 달라진다. 그리고 정을 반으로 나누면 쌀 미자와 푸를 청자로 나누어지게 된다. 다시 말해 지기와 천기로 나누어 볼 수 있다. 지기와 천기가 만날 때 맑을 정이 된다는 것이다. (지기와 천기는 도서출판 엠에스북스의 『마음호흡』이란 책의 「호흡편」에 자세하게 기술해놓았기 때문에 참고 바랍니다.)

너희는 천기와 지기를 바르게 만나게 해야 하는데 욕심내고 집착하다 보니 천기는 부족하고 지기만 충만하여 몸은 뚱뚱해지는 것이다. 그런데 알아야 할 것은 천기가 부족하면 기력과 마음이 더욱 약해지는 것이다. 지기는 욕심으로 받아들일 수 있지만 천기는 욕심으로 받아들일 수 있는 것이 아니다. 자연적일 때 가장 많이 들어오게 된다. 다시 말해 물질에 집착하다 보니 천기가 들어오는 기공이 더욱 닫히게 된 것이다. 이 닫힘은 신의 공평원리이다.

만약에 욕심으로 천기를 받아들일 수 있다고 하면 가진 자들이 천기를 모두 돈으로 사버렸을 것이다. 욕심으로 강해지는 것은 화밖에 없다. 그런데 욕심을 놓고 천기를 안으로 받아들이기 시작하면 그렇게 강하던 화가 사라지고 이해하고 사랑하는 감정으로 바뀌게 된다. 이 바뀜이 정의 힘이다. 정은 하단전에 중심을 두고 의식이 명문이라는 곳을 일정하게 오가기 시작하면 하단전에 정이 살아나면서 모든 것을 살리고 밝아지게 된다.

또 정은 아무렇게나 한다고 해서 생기는 것은 아니다. 사랑 고백을 하는데 화장실에서 용변을 보면서 '사랑 한다'고 했을 때 그 여자가 '예'라고 대답하겠는가? 대번 미친놈 이라면서 만나주지도 않을 것이다. 사랑 고백에도 분위기 좋은 곳에서 할 때 마음이 움직이게 되는 것이다. 정도 마찬가지로 아무렇게나 호흡한다고 해서 되는 것이 아니라 정이 가장 잘 모일 곳을 찾아 호흡하는 것이 제일 중요하다. 정이 가장 쉽게 모일 수 있는 곳이 하단전이다. 이 단전에 의식을 집중하여 호흡할 때에 가장 정이 잘 모이게 된다. 그래서 하단전의 호흡을 단전호흡이라 하는 것이다. 이 단전호흡은 상당히 중요한 호흡이다.

알겠느냐?"

허무한 물질

씨앗과 같은 이치

"살면서 마음대로 되는 것이 많이 있는 것 같지만 알고 보면 그리 많지 않다. 어려서는 부모의 간섭을 받고 어른이 되어서는 돈과 아내와 자식의 간섭을 받으며 생을 살게 된다. 이렇게 많은 간섭으로 서로를 사랑하고 미워하면서 살지만 이 모든 것이 그냥 되는 것은 아니다. 우리의 삶은 씨앗과 같은 이치를 가지고 있다.

땅에 묻혀 있는 시기가 0~9세 정도이다. 이 시기는 부모의 절대적인 양육기이기 때문에 자신의 감정이 무엇인지도 모르고 자라게 된다. 그러다 10대가 되면 씨앗이 싹을 틔워 떡잎을 내미는 것과 같이 자신의 감정과 생각을 밖으로 내보내기 시작한다. 생각을 밖으로 내보내기 시작하면 부모와 의견 충돌이 생기게 되고 보이지 않는 좌절을 경험하게 된다. 이 좌절의 시기를 사춘기라 한다. 사춘기를 겪고 나면 보드라운 떡잎에 힘이 생기고 가지가 자라는 것처럼 감정과 생각을 표현하게 된다. 또 표현한 감정과 생각으로 부모와 사회를 경험하여 자신만의 가치관을 형성시켜 자라게 된다.

사춘기를 통해 가치관이 형성될 때 부모와 사회 경험을 바르게 하지 못하면 잘못된 가치관을 가지게 되어 탈선의 길로 접어들게 된다. 너희는 이때 어떤 가치관을 물려 줄 것인가를 생각해야 한다. 옷 하나 신발 하나 남들보다 더 좋은 것을 사준다고 해서 바른 가치관이 형성되는 것은 아니다. 바르게 자라게 하기위해서는 바른 정을 전달해야 한다.

여기서 정이라는 것은 부모의 정과 사회의 정으로 나누어지는데 부모의 정은 아이가 태어나서 사춘기 때까지 받는 정을 말한 것이고 사회의 정은 사춘기를 겪으면서 받는 정을 말한 것이다. 다시 부모의 정을 말하면 아이에게 따뜻한 마음으로 항상 다가가야 하는데 자신의 감정에만 빠져 아이에게 상처를 주었을 때 그 아이는 상처받은 마음을 드러내지 않고 있다가 사춘기가 되면 드러내게 된다. 그래서 부모는 아이가 자랄 때까지 바른 정을 전달하기위해 최선을 다해야한다.

부모가 된다는 것은 어른이 되는 것이고 어른이 된다는 것은 성인이 되는 것과 같은 것이다. 현 사회에 바른 부모가 없으니 이렇게 청소년 문제가 심각한 것이다. 부모는 아이만 낳는다고 부모가 되는 것은 아니다. 그래서 아이에게 정을 어떻게 줄 것인가를 깊게 생각해야 한다."

고목의 자태

"그리고 사회의 정은 시각과 청각으로 생겨나게 된다. 10대에 무엇을 보고 듣고 자랐느냐가 중요하다. 이 중요성을 사회가 자각해야 하는데 오직 돈벌이에만 신경을 쓰고 있으니 가슴 아픈 일이다. 항상 따뜻하고 순한 것을 보여주어야 하는데 날카롭고 자극적인 것만 보여 주고는 '요새 10대들은 버릇이 없다.'고 한다. 이제는 바로 보아야 한다. '10대의 행동이 곧 어른들의 거울이다.'는 것을 알아야 한다. 그래서 10대와 20대는 항상 좌절하는 때이고 좌절을 통해 사회를 배우고 우정과 사랑을 쌓아가는 것이다. 또 50대에 가면 좌절을 두려워하게 된다. 좌절했다가 일어설 용기가 없기 때문에 항상 현재의 생활을 그대로 유지하려고만 한다. 이 유지하려고 하는 힘이 관념과 상과 습에서 비롯된다. 10대는 관념과 상과 습이 거의 없기 때문에, 혹 있다하더라도 힘을 가지고 있지 않기 때문에 빠르게 잘 적응하고 변화를 두려워하지 않는 것이다.

지금 너희 모습에서 좌절을 두려워하는 마음이 있다면 그것은 깊고 넓지가 않다는 것이다. 쉽게 말해 깊고 넓지 않으니 모든 것이 불안하고 초조한 것이다. 10대와 20대는 깊지는 않지만 생동감이 있기 때문에 좌절을 두려워하지 않고 불안해하지 않는다. 설사 좌절을 한다하더라도 회복이 빠르게 된다. 50대의 사람들이 10대와 20대 같은 행을 하라는 것이 아니라, 살아온 세월만큼 깊고 넓어야 한다는 것이다. 깊고 넓어야 불안하지 않는 여유로운 삶을 살게 된다.

단년생 나무는 아주 예쁘고 화려하다. 그러나 몇 백 년씩 사는 나무는 그렇게 화려하지는 않지만 항상 품위 있는 모습으로 우리에게 깊고 넓음을 보여 준다. 나이가 들었다는 것은 어른이 된 것이고 젊다는 것은 예쁘고 화려한 것이다. 그래서 너희는 깊고 넓음으로 들어가야 한다. 그렇지 못하면 늘 불안한 삶을 살 수밖에 없다. 진정한 고목의 자태는 한순간에 생긴 것이 아니라 많은 세월의 풍파를 겪었기 때문에 뿌리 하나, 줄기 하나, 잎 하나가 품위가 있는 것이다. 또 나뭇잎 하나 떨어지는 데도 완숙한 미가 느껴진다. 단년생으로 끝날 것이 아니라, 백 년 이백 년의 품위를 가지고 살아야 한다. 지금 사람들은 품위가 없고 단지 나만 잘 먹고 잘 살면 된다는 단연생으로만 살고 있다."

빨리 깨어나야

"우리 삶에 품위가 나타나는 정점이 50세이다. 50년이 넘은 모든 생명체는 뭔가 확실하게 말할 수는 없지만 품위가 느껴지게 된다. 그런데 요즘의 사람들을 보면 품위가 없고 단연생 풀처럼 바람 부는 대로 아무 생각 없이 살다보니 이렇게 많은 삶의 고품가 생겨나는 것이다. 고목의 자태처럼 너희도 깊고 넓은 품위가 있어야 한다.

그리고 지금 7~80대의 사람들이 완숙되지 못함을 너희는 이해해야 한다. 그분들은 보릿고개를 살아온 세대이기 때문에 젊은 세대가 이해하고 수용해야 한다. 지금 7~80대 사람들의 노력으로 지금 세대가 배부른 시대를 살고 있는 것이다. 그런데 10~20대들이 안락에 빠져 정신을 못 차리고 더 깊은 수렁 속으로만 들어가고 있는 것은 배고픔을 경험하지 못했기 때문이다. 다시 말해 옛날에는 가난 때문에 허덕였고, 지금은 물질의 안락 때문에 허덕이고 있다. 가난으로 얻은 물질을 몸의 안락으로 탕진하고 있으니 답답한 일이다. 젊은 세대는 바르게 깨어나 자신의 중심을 바로 잡고 깊고 넓어져야 한다. 그렇지 않으면 나이 들어서 허무한 삶밖에 살지 못한다.

그리고 우리가 살고 있는 삶을 느리게 해야 한다. 주위환경이 너무 빠르게 변하기 때문에 거기에 맞추어 살다보면 자신도 모르게 정신없이 살게 된다. 그런데 알아야 한 것은 주위환경이 빠르게 변하고 있지만 근본은 빠르지 않다는 것이다. 밖의 치장만 바뀌는 것이지 안은 항상 그러한 움직임으로 돌아가고 있다.

우리 말 중에 '거름지고 장에 간다.'는 말이 있다. 남들이 모두 장에 가니 거름을 내다 말고는 자신도 모르게 남을 따라 장에 간다는 말이다. 정신없이 남이 하는 대로 얼떨결에 따라가고 있다는 뜻이다. 지금 너희가 이 말처럼 살고 있다. 나도 모르게 목적 없이 옆에서 빨리 뛰니 죽을힘을 다해 달리고 있는 것이다. 그러니 현대인은 다 지쳐있고 열 받아 살다보니 몸과 마음은 만신창이가 되고 있다. 너희는 빨리 깨어나야 한다. 물질에 허덕이는 구더기와 같은 생활에서 청량하고 청량한 생활로 깨어나야 한다. 그렇지 않으면 삶 전체가 무너지고 만다."

현혹

"현 사회는 빨라도 너무 빠르다. 이렇게 빠른 것에서 무엇인가를 잡으려하니 잡히는 것은 물질밖에 없으니 물질에 집착을 하는 것이다. 또 집착한 물질로 명품을 구입함으로서 남들과 격이 다르다고 생각한다. 명품은 허무를 메우기 위한 한 방법인 것이다. 명품이 나를 빛나게 하는 것 같지만 결코 나를 빛나게 하는 것이 아니라 허무만 가중시킬 뿐이다. 진정한 명품은 나를 찾는데 있다. 그 사람의 됨됨이가 명품이 되어야 하는데 지금은 명품을 입은 사람이 대접받다보니 모두가 명품을 가지려고 애를 쓰는 것이다. 그러니 세상이 혼란스러운 것이다. 옷의 메이커를 보고 사람 대접해주고 있으니 참 답답한 일이다.

사람들을 명품으로 현혹시키지 말아야 한다. 그 사람의 됨됨이로 대접해주고 존경해야 한다. 나의 스승이 하신 말이 새콤달콤한 것을 어린사람에게는 보여주지 말라고 했는데 정부와 기업 또 앞선 지식인들이 소박하고 순박한 사람들을 지식과 명품으로 현혹시키니 그것을 쫓아가기 위해서 물불 안 가리고 덤벼들기 때문에 이렇게 혼란스러운 사회가 된 것이다. 핸드폰 하나를 보더라도 처음에는 걸고 받는 것만 되다가 지금은 카메라와 수백 가지의 기능을 넣어 현혹시키니 아이들은 핸드폰 안 사주는 부모를 원망하고 수단과 방법을 가리지 않고 가지려고 하다보니 이렇게 많은 범죄들이 생겨난 것이다. 결국 욕심을 부추기고 있으니 자신도 모르게 욕심을 채워가는 삶을 살고 있는 것이다. 이제 너희는 이 고통의 삶에서 깨어나야 한다. 물질에서 깨어나고 상에서 깨어날 때 나의 본성이 밝아지게 된다. 그래서 수련을 열심히 해야 한다."

상

상 닦기

"생각이 많다는 것은 과거 속에 맺혀 있는 마음들이 많다는 뜻이다. 누군가 지적하는 말 한마디에도 감정이 일어나고 화를 내게 되는 것은 바로 내 안의 상 때문이다. 수많은 상들이 생겨나서 자존심, 열등감, 명예 기타 수많은 감정들을 만들어내고 있다.

화는 상이 일으키는 하나의 현상일 뿐이다. 내 삶 전체에서 일어나는 모든 감정은 상이 일으키는 현상이라고 보면 된다. 상 하나가 다른 상을 자극하고 그 자극이 또 다른 상을 자극하면서 도미노처럼 걸려 넘어지게 된 것이다. 이런 감정으로 살다보니 모든 것이 고통인 것이다. 너희가 수련하고자 하는 것은 이러한 상들을 하나씩 닦고자함이다. 상을 바로 닦지 못하면 결국 상에 갇혀 세상을 등지게 된다. 그러면 상이 무엇인가 하는 것이다. '너희는 상을 한 번이라도 생각해본 적이 있느냐.'고 묻고 싶다. 많은 생각을 일으키면서 무엇 때문에 생겨났는지를 모르고 있으니 답답하기 그지없다. 상은 하나의 틀과 같다.

어릴 적 어머니와 함께 콩을 삶아서 메주를 만든 적이 있다. 메주를 만들 때 나무로 만든 사각 틀에다 콩을 넣고 발로 밟아서 메주를 찍어내게 된다. 틀을 거친 메주는 모두 똑같은 모양을 하고 있다. 이와 같이 상도 하나의 틀로 형성되어서 어떠한 말과 생각을 하더라도 항상 똑같은 감정을 일으키게 한다는 것이다. 사각 틀에서는 다른 모양의 메주가 나오지 않듯이 항상 자기가 생각하는 것만 고집하고 상대를 이해하려고도 하지 않는 것이 상이라고 보면 된다. 그래서 너희는 상을 잘 관리해야 한다. 상 없이는 한시도 살 수 없기 때문이다. 그래서 어떤 상을 가지느냐가 중요하다. 본성을 닦아가는 믿음, 사랑, 보시, 자비의 상으로 살아 갈 것이냐 아니면 욕심, 원망 열등감의 상으로 살아갈 것인가 하는 것이다.

앞의 상은 깊어지면 깊어질수록 나를 광명 되게 하지만 뒤의 상은 나를 혼탁과 허무와 덧없음의 길로 이끌어 갈 뿐이다. 그래서 수련을 해야 한다는 것이다. 수련은 욕심과 원망의 상에서 사랑, 보시, 자비의 상으로 가기 위한 노력이다. 너희는 이 노력을 멈추지 말아야 한다.

앞에서도 말했지만 살아 있는 한 상에서 벗어날 수 없다. 살아있다는 자체가 상이기 때문이다. 예를 들면 깨달음이라고 하면 깨달음의 상이 형성된 것이다. 깨달았다는 상의 형상은 결과적으로는 시시비비와 화를 일으키는 것이 아니라 이해와 사랑의 상이 되는 것이다. 성철 스님이나 석가와 예수도 살아있을 때 본성을 깨닫기 위한 노력들이 하나의 상으로부터 출발하여 수많은 상으로 나누어졌다가 큰 하나의 상이 된 것이다. 이 큰 상을 너희는 본성, 깨달음, 우주라 말하는 것이다. '아주 작고 작은 상들을 닦아가며 큰 하나의 상으로 합치는 것을 깨침이다.' 고 하는 것이다.

작은 깨침들이 모여 큰 깨달음을 만들어 내는 것이나 많은 상들이 깨침을 통해 하나로 합쳐 가는 것이나 별 다를 바가 없다. 깨달음은 근본의 상이기 때문이다. 깨달음의 상은 어떠한 감정이 들어오더라도 이해할 수 있는 상이기 때문에 시시비비가 일어나지 않고 항상 스스로 그러함을 유지한다. 그래서 우리는 이 상을 완전히 소멸시키는 것이 아니라 현재 가지고 있는 상을 이해의 상, 수용의 상, 포용의 상으로 만들어야 한다. 그런데 사람들은 이 이해의 상은 모르고 관념의 상만 만들고 있다. 자존심의 상, 열등감의 상을 만들어 놓으니 누구를 만나도 마음이 편하지 않고 하는 말마다 상처가 되고 싸움이 되는 것이다.

　이제 사랑과 자비, 보시로서 탁하고 나쁜 상을 소멸시키고 어떠한 감정이 오더라도 걸림이 없는 삶을 살아야 한다.”

이해의 상

“수련을 하면 갈등을 일으키는 상이 소멸되어 이해의 상이 형성된다. 이 이해의 상이 얼마나 깊고 넓고 큰가에 따라서 수용과 포용의 상이 달라진다. 엄연히 따지고 보면 석가나 예수도 하나의 상을 가지고 있었던 사람이다. 단지 그 상이 우리가 생각하는 이해의 폭으로는 잴 수가 없기 때문에 상을 보지 못하고 못 느낄 뿐이다. 그 상을 어떠한 단어로 본성과 열반, 하나님을 얘기해도 하나의 상에서 벗어날 수 없다. 단어로 묶음과 동시에 또 하나의 상이 되기 때문이다.

　상은 하나의 틀과 같아서 똑같은 것을 계속 찍어내는 힘을 가지고 있지만, 깨쳐버리면 그 틀은 연기처럼 사라지게 된다. 예를 들면 애를 키우면서 힘들다는 상에 갇혀 사랑과 정을 제대로 주지 못해 아이가 상처 받았다는 것을 나이가 들어 알았을 때 그때의 힘듦은 사라지고 미안함과 안쓰러움이 남게 된다. 반면에 아이때문이란 생각이 강하면 강할수록 수많은 상을 만들게 된다.

　짚신 박테리아가 있다. 처음에는 하나의 박테리아지만 순식간에 수백만 마리로 불어나게 된다. 하나가 두 개가 되고 두 개가 네 개가 되고 이런 식으로 분열되는 것처럼 하나의 상이 또 하나의 상을 만들고 그 상이 또 하나의 상을 만들어 불같이 일으키게 된다. 즉 긍정적인 상 하나가 형성되면 긍정적인 생각을 하지만 부정적인 상 하나가 들어오면 모든 것을 부정적으로만 생각하게 된다. 결과적으로는 상 하나를 통해 감정, 마음, 행동이 일어나는 것이다. 그래서 좋은 상 하나를 깨치면 보고 듣는 것이 순하고 좋은 쪽으로 가지만 나쁜 상 하나가 생기면 모든 것이 미워지고 원망하게 된다. 그래서 아무생각 없이 받아들이고 일으킨 상 하나를 닦기 위해서는 많은 노력과 수련이 필요하다. 너희는 상 닦는 것을 게을리 하지 말아야 한다.

상이 형성되었다가 깨치게 되면 사라지는 예를 하나들까 한다. 이 이야기는 실제로 있었던 일이다.

'한 여인이 정말 사랑하는 남자와 결혼을 했다. 서로 믿고 의지하면서 살다가 어느 날 남편 사물함을 정리하다가 우연하게 편지 한 통을 읽게 되었다. 그 내용은 당신을 너무나 사랑하고 당신과 함께 한 시간들이 내게 얼마나 소중했는지 모른다며 떠나보내는 마음이 너무 아파서 어떻게 해야 할지를 모르겠다는 내용이었다. 그때부터 이제까지 남편에게 속아 살아온 것이 분하고 억울해서 이 남자와 살아야 하나 말아야 하나를 생각하게 되었고 남편이 하는 모든 말과 행동이 거짓말처럼 들리더라는 것이다. 마침내 남편과 갈라서야겠다는 마음을 먹고 어느 날 당신 사물함에 있는 편지 내용의 여자가 누구냐고 차분하게 물으면서 이혼을 하자고 했다고 한다. 그때 남편은 당황한 얼굴로 무슨 말을 하느냐면서 나를 그것밖에 믿지 못하느냐고 오히려 야단을 맞고 나서 자초지종을 들어보니 동생이 결혼을 하면서 과거의 추억을 간직하기는 해야겠는데 부인에게 들킬 것 같아 형님에게 맡겨 둔 것이라고 했다고 한다. 이이야기를 듣고 나서 그렇게 일어났던 마음은 온데간데 없어지고 남편을 더 믿게 되었다고 한다.'

너희는 여기에서 바로 상이 움직이고 있다는 것을 알아야 한다. 항상 고정되어 있는 것이 아니라 자신의 마음에 맞추어서 상은 계속 움직이는 것이다. 그런데 여기서 알아야 할 것이 움직이는 상이 있으면 움직이지 않는 상이 있다는 것을 알아야 한다. '천성'이라는 상이다. 이 상은 움직임도 없고 내가 나이기 때문에 분간하기가 참으로 어려운 일이다.

석가모니 부처가 보리수나무 아래에서 수많은 혼영들이 나다니는데 가장 마지막 단계에서 환영이 나타나서 물었다고 한다.

'네가 나고 내가 너인데 어떻게 구별할 수 있겠느냐.'

'물러가라! 네가 나인과 동시에 내가 아니고 내가 너임과 동시에 네가 아니다.'

그러자 그 환영이 없어지고 주위가 밝아지면서 이때까지 그렇게 알고자 했던 것들이 딴 데 있는 것이 아니라 하나의 흩어짐도 없이 있던 그 자리에 그대로 있더라는 것이다.

상은 진실을 보지 못하게 하는 힘을 가지고 있다. 이 힘이 시간을 통해 익어가면서 자신도 모르게 집착하게 되고 싫어하게 된다. 앞에서도 말했지만 처음에는 남편을 미워하면서 좋아하고 좋아하면서도 미워하다 자신도 모르게 이 두 간격이 점점 없어지면서 경직되어 어떤 것도 믿지 못하고 아무 잘못을 하지 않았는데도 꼴도 보기 싫어지는 상이 형성되게 된다. 그래서 너희는 이 상을 잘 분별하여 닦고 수련해야 한다.

또한 너희는 나의 생각과 아무런 관계없이 만들어지는 상을 주의해야 한다. 신문이나 매스컴, 기타 친구나 주위의 사람들로부터 듣는 말을 통해서 상이 만들어 진다는 것이다. 너희는 이것을 빨리 깨쳐야 한다. 그래서 깨달음이라고 하는 것은 상을 깨닫는 것이다. 현 교육, 도덕, 규범들이 상을 일깨워주는 방향으로 가야 하는데 그렇지 못하고 상을 더욱 못 보게 하고 있는 것이 문제이다. 또 종교와 수련단체들도 상을 보게 하는 것이 아니라 교세확장과 단체화에만 열을 올리고 있다. 그러니 사람들을 자꾸 채우려고 하는 상만 만들고 있는 것이다. 살면 살수록 더 많은 스트레스

가 생기고 더 많은 갈등 속에 살고 있는 것을 보면 정말 안타깝기가 그지
없다.
  너와 내가 사랑으로 만나는 것이 아니라 상의 칼과 창으로 서로를 찌르
고 다치게 하고 있다. 이제는 이것을 바꿔야 한다. 빨리 보고 느껴 자신의
상에서 깨어나야 한다."

물질과 영

이제는 깨어나야 한다

"요즘 사람들은 몸 건강하고 돈 많이 버는 것이 목표가 되어 버렸다. 건강과 돈이 목표가 되다보니 서로 많이 가지려고 하면서 화로 삶을 살고 있는 것이다. 내가 말하고자 하는 것은 건강과 물질을 버리라는 것이 아니라 필요에 의해서 쓰이는 물질은 꼭 있어야 한다는 것이다. 가령 등산을 한다면 교통비와 등산복, 등산화 등 기타 등산에 필요한 것이 갖추어질 때 비로소 즐거운 산행이 된다. 아무리 좋은 명산에 올라도 등산복과 등산화는 한 벌 밖에 입고 신을 수밖에 없다. 그런데도 사람들은 에베레스트 정도의 산을 오를 수 있는 장비를 입고 신고는 겨우 한두 번 동네 산을 오르내리면서 항상 더 나은 장비에만 집착을 하고 그것을 과시하고 있다. 옷과 신발 때문에 산에 가지 못하는 것이 아니라 마음과 몸 때문에 가지 못하는 것을 모르고 옷과 신발을 탓하고만 있다. 진정한 산을 가고자 한다면 분별과 집착을 놓고 산행하기에 편한 옷과 신발을 신고 한 발짝씩 걸어가기만 하면 된다.

그래서 너희는 물질은 자신의 능력만큼만 가지면 된다. 이것을 가지고 나의 영과 얼을 자라게 하면 되는 것이다. 영이 자라기 위해서 물질이 필요한 것은 아니다. 단지 스승으로부터 보고들은 것을 실천하여 수련하기만 하면 영은 저절로 자라게 된다. 우리 사회는 영을 자라게 하는 교육이 없다. 단지 어떻게 하면 남들보다 물질을 많이 가질 수 있는가 하는 교육

밖에 하지 않는 탓에 이렇게 많은 아픔이 생겨나는 것이다. 또 영이 자라지 못하니 본성과도 멀어지고 진리와 멀어져서 답답한 삶을 사는 것이다. 이제는 깨어나야 한다. 바른 영이 자랄 수 있도록 모두 힘을 모아야 한다. 그래야 행복을 누릴 수 있는 바른 사회가 되고 바른 나라가 된다.

나의 몫은 진실 되게 수련을 전하는 일이다. 나무가 하나의 씨앗을 만들어 보내듯이 말이다. 또 하나의 씨앗은 그 다음해에 싹을 틔워 수년이 지나면 수백 개의 씨앗을 만들게 된다. 나는 이렇게 되기를 간절하게 바란다. 이러한 간절함이 너희의 가슴에 와 닿았으면 한다. 이렇게 말하면 이 수련을 전파하고 또 하나의 단체를 만들기 위한 방법에 지나지 않느냐고 반문하는 사람도 있다. 이 질문은 당연한 질문이다. 많은 종교들과 단체들이 처음부터 나쁘게 시작한 것은 아니다. 또 이제까지 너무나 많이 속아왔기 때문에 그렇게 생각하는 것은 당연한 일이다. 하지만 이제는 바로 보고 바로 판단해야 한다. 과거의 상처 때문에 진실을 보지 못한다면 이것만큼 어리석은 일도 없다. 단체가 커진다고 해서 수련이 잘 되는 것은 아니다. 단체가 커지면 커질수록 마음은 더욱 허무해진다는 것을 알 수 있다."

깨닫기만 하면

"만약에 각자 개인의 마음이 그 단체와 수련으로 해서 허무해진다면 그것은 바름이 아니다. 진정한 바름은 각 개인의 마음이 행복해지고 꽉 찬 마음이 될 때 바른 수련이 된다. 이 마음을 찾고 단체에 속하는 것이 아니라 민들레 씨앗처럼 인연 닿는 곳에서 자신의 기쁨과 행복을 나누어주고 함께 행복한 삶을 살면 그 뿐이다. 우리 종교와 단체를 믿으면 천당에 가고 기운 줄이 연결되어 복 받을 것이라고들 이야기 하지만 진정한 천당과 복은 자신의 마음에서부터 시작되어야 한다. 이것이 진정한 바름이다. 나는 이것을 전하고자 한다.

　현재의 종교는 너무나 격렬하다. 내 종교가 아니면 이단이라 치고 서로 대립하여 싸우는 것은 무엇 때문일까? 그것은 종교에 너무 빠져있기 때문이다. 우리가 신문을 볼 때 너무 눈 가까이에 대고 보면 한 글자도 제대로 볼 수 없다. 그런 반면에 적당한 거리를 유지하면서 신문을 보게 되면 글자가 정확하게 잘 보이고 내용의 의미를 정확하게 파악할 수 있다. 또 무조건 믿으라는 말밖에 하지 않으면서, 반대 의견을 내면 믿음이 부족하다면서 더욱 강한 믿음을 요구한다. 앞에서 말했듯이 신문 한 장을 주고는 이것이 신문이니 보라고 해놓고는 읽고 생각하려고 하면 너의 믿음이 약하다고 하면서 신문을 더욱 가까이에서 보라고 눈앞에 바싹 갖다대는 것과 같은 것이다. 결국 따지지 말고 시키는 대로만 하라는 것이다.

　요즘의 종교는 근본과 진리를 상실했다. 근본과 진리는 신에게 있는 것이 아니라 자신에게 있다는 것을 알아야 한다. 마음호흡 수련은 이것을 깨치게 해주자는 것이다. 장님에게 빛을 설명해주는 것이 아니라 자신이 장님이라는 것을 일깨워주고 난 다음 희미하나마 빛을 보여주자는 것이다. 그래서 철저하게 나에게서부터 출발해야 한다. 이 출발이 끝이자 시작이다. 나는 이 수련을 통해서 물질을 모으자는 것이 아니라 유지할 수 있을 정도의 물질이면 충분하다고 생각한다. 나는 현재에 가지고 있는 물질만으로도 행복하다. 너희가 보면 밥 먹고 살겠느냐고 걱정하지만 나는 충분히 먹고 살 만큼의 물질이 있기 때문에 나를 걱정하는 것이 아니라 너희의 물질을 걱정하면 된다. 깨닫기만 하면 여기에 있던 미국에 있던 어디가도 상관이 없다. 깨닫지 못 하면 상대를 탓하게 되고 좀더 나은 것을 찾아 헤매다 생을 마감하는 것이다.

　이제 이런 방황은 그만 끝내야 한다. 너무 많이 방황했고 너무 많이 아파했기 때문에 달라질 수밖에 없다. 달라질 수밖에 없는 환경을 가슴으로 받아들여 새롭게 태어나야 한다. 알겠느냐!"

구멍의 재미

스스로 닫힌 구멍

"사람들은 재미있게 살고 싶어 한다. 또 재미없는 삶은 따분하고 무기력한 것이기 때문에 항상 재미를 찾아서 살고 있다. 그러면 재미는 어떻게 생기는 것일까?

너희는 많은 재미를 이야기하면서도 재미의 근본을 모르고 있다. 재미는 몸의 구멍을 채울 때 재미를 느끼게 된다. 다시 말해 눈, 귀, 코, 입은 채울 때 재미있다고 하고 성기와 항문은 내 보낼 때 재미있다고 한다.

내가 말할 때 누군가가 진지하게 들어줄 때 느끼는 재미, 아름다운 풍경과 사랑하는 사람을 보는 재미, 귀로 감미롭고 칭찬을 들을 때의 재미, 입으로 맛있는 음식을 먹을 때 느끼는 재미. 성관계를 통해 오르가즘을 느끼는 재미, 쾌변을 볼 때 느끼는 재미 이 모두가 구멍을 채우는데서 오는 재미이다. 이 채우는 재미가 지나치면 감정이 상하고 화가 나고 병들게 된다.

보는 것을 너무 자극적으로 보게 되면 더 강한 자극이 와야 재미있다고 한다. 옛날 영화와 지금의 영화를 비교해 보면 그 차이를 알 수 있다. 옛날에는 단지 서로 부둥켜안기만 해도 민망하다고 했는데 지금은 성행위까지 해야 약간 민망하다고 한다. 요즈음은 귀, 코, 입, 성기, 기타 모든 것이 더 강한 자극을 가해야 재미를 느끼기 때문이다. 앞으로 어디까지 가야만 하

겠는가. 이 재미를 그대로 유지하다가는 결국 자멸하게 될 것이 뻔하지 않
겠는가.

수련하는 너희는 재미 속에 들어 있는 재미의 감정을 알아야 한다. 반
드시 재미는 감정을 통해서 생겨나기 때문이다. 이 감정이 일어나 본성을
해치게 되면 구멍은 스스로 닫히게 된다. 구멍이 닫힌다는 것은 바로 눈
은 점점 나빠지고, 귀는 잘 들리지 않고, 입맛을 잃게 되고, 성욕이 떨어
지게 되는 것이다. 이렇게 되는 것은 스스로 그러한 본성을 보호하기 위
해서이다."

한순간 느꼈던 재미

"너희는 재미의 욕심에 빠져 구멍이 닫치는 줄 모르고 계속 재미를 추
구하다가 결국 구멍을 못쓰게 된다. 이와는 반대로 재미를 순일하고 부드
럽게 하면 구멍이 살고 본성이 살아나게 된다는 것이다.

지금 현 사회의 모든 재미는 극에서 극으로 치닫고 있다. 사람 죽이는
것도 그냥 칼로 찔러 죽이는 것이 아니라 토막 내 죽이고 음악도 옛날에는
부드러웠지만 지금은 날카롭기가 그지없고 맛도 은은하지가 않고 새콤달
콤해야 맛있다고 한다. 이 모든 것이 재미를 통해 극으로 가다 보니 본성
이 너무 많은 상처를 입었기 때문이다. 이 상처는 어떤 것으로도 치유하지
못한다. 오직 구멍을 순일하게 하고 부드럽고 사랑스럽게 하면 본성은 스
스로 치유하기 시작한다.

눈으로 부드럽고 따뜻한 것을 볼 때 화가 내려가고 귀로 좋은 진리의
말을 들을 때 감정이 가라앉게 되고 입으로는 싱겁고 순한 것을 먹을 때
오장육부가 좋아지게 됩니다. 성관계도 아이를 갖기 위한 관계가 될 때 아
이를 통해 행복을 느끼게 된다.

구멍을 채우는 재미로 사느냐 감정과 본성을 어루만지는 재미로 사느냐에 따라 삶은 큰 차이가 나게 된다. 작은 재미가 감정을 상하게 하여 혈기를 상하게 하고 삶을 힘들게 한다는 것이다. 결국 너와 나를 깊은 수렁 속으로 몰아가 양심을 죽게 만들고 정을 고갈시키게 된다. 너희는 빨리 깨어나 구멍을 순하게 하고 본성의 상처를 어루만져야 한다.

그리고 요즘 사람들은 재미를 쫓아 살지만 결국 돌려받아야 될 상처가 너무 크다는 것을 모르고 있다. 또 이 상처들이 왜곡되어 서로에게 양심을 마비시키고 있다.

너희는 재미의 덧없음을 많은 사람들에게 일러주고 듣게 해야 한다. 너무 오랫동안 마비된 상태에서 듣다보니 무엇이 바름인지 그름인지도 모르고 있다. 이 얼마나 가슴 아픈 일이냐! 너희는 꼭 알아야 한다. 한순간 느꼈던 재미보다 더 깊고 깊은 고통으로 살고 있는 것은 아닌지를 항상 생각해야 한다.

알겠느냐?"

관념 허물기

맑고 밝게

"사람이 태어나 살다보면 자연스럽게 관념이 생겨나게 된다. 관념이 생기고 아상이 생기면 또 분별하는 마음이 생긴다. 나와 맞는 사람, 맞지 않는 사람 등 이런 분별로 희로애락을 겪으면서 살아가게 된다. 분별한 생각들이 밖으로 나오면서 감정이 되고 이 감정을 서로 주고받으며 사는 것이다. 너희가 알아야 하는 것은 분별한 생각이 밖으로 나올 때 어떠한 닦음의 상태에서 나오는가에 따라서 감정이 크게 달라진다. 닦음을 통해서 나오면 온화한 성품이 되지만, 닦음이 없는 상태로 나오게 되면 성질이 된다.

그래서 분별의 시작은 관념과 상에서 시작한다. '내가 욕심이 많은 사람이었구나!', '내가 죄인이었구나!,' '아 덧없는 세상이구나!' 하는 것을 느낄 때 성질이 성품으로 바뀌게 되고 관념과 상은 허물어지게 된다. 이렇게 관념과 상을 허물 수 있는 것은 참회하는 마음이 생겨났기 때문이다. 관념과 참회하는 마음에는 큰 차이가 있다.

한 사람이 나에게 와서 하소연을 했다. 어릴 때 집안에서 부리던 종의 아들이 사회에 나가 크게 출세해서 마을에 많은 기부를 했다고 한다. 종놈 주제에 잘난 척 한다며 화 아닌 화를 내면서 그 사람 욕을 하는 것이다. 너희는 여기서 이 사람을 통해 어떠한 관념과 상을 가졌느냐에 따라서 많은 것이 달라진다는 것을 알 수 있다. 자신은 부잣집 아들이고 저 사람은 종의 아들이라는 관념을 밑바탕에 깔고 보기 때문에 열등감으로 화를 내는 것이다.

요즘 세상에 종이 어디 있고 상놈이 어디 있느냐? 관념의 뿌리를 잘라 버리면 화는 자연스럽게 없어지게 된다. 줄기와 잎을 아무리 잘라도 뿌리가 남아있으면 계속 자라게 되지만 뿌리를 자르게 되면 줄기와 잎은 저절로 없어지게 된다. 결국 참회하는 마음을 가지면 열등감, 아집, 관념은 저절로 사라지고 이해와 수용을 하게 된다. 이해하는 마음과 수용하는 마음은 어느 누구와도 걸리지 않고 바람처럼 햇볕처럼 가림 없이 다가가게 된다. 큰나무 작은 나무, 좋은 사람 나쁜 사람을 분별하는 것이 아니라 만물의 이치에 따라서 살게 된다. 큰 나무는 크게 자랄 것이고 작은 나무는 작게 자라는 것이 이치인데 관념을 통해서 분별하는 마음이 생기면서 모두 갈라진 것이다.

그래서 참회하는 마음이 깊어질 때 본성을 찾게 된다. 너희는 지금까지 자신을 속이면서 살아왔다. 진짜 참회의 눈물을 흘려보지 못했고 진정한 기쁨도 느끼지 못했다. 단지 막연하게 살아온 까닭에 닦음이 무엇인지 마음공부가 무엇인지 모르니 참회를 알지 못하는 것이다. 마음공부의 시작은 참회하는 마음에서 시작해야 한다. 참회하지 않으면 시기하는 마음과 원망하는 마음이 커져서 결국 삶을 고통으로 몰고 가게 된다. 닦음을 통해 마음공부를 해야 하는 것은 함께 어우러져 맑고 밝게 살자는 것이다."

깨침

"얼마 전에 해인사에 갔었는데 경치가 얼마나 아름답든지 정말 절경이었다. 천년 묵은 고사목과 여러 나무들이 한데 잘 어우러졌기 때문에 좋은 곳이라 생각이 들었다. 만약에 주위에 아무것도 없이 절만 달랑 있다면 그렇게 아름답지는 않았을 것이다. 천년이라는 긴 세월을 모두 함께 어우러졌기 때문에 기품이 있고 멋스러운 것이다. 너희도 기품 있고 멋스러운 사람이 되어야 한다. 기품이 없고 멋스러움이 없다는 것은 관념과 상이 두텁다는 뜻이다. 자신의 관념과 상이 참회로 허물어질 때 비로소 함께 어우러지며 기품과 멋스러움이 자연스럽게 생겨나게 된다.

하루는 성재가 나에게 와서 하는 말이 커피를 먹으니 수련이 되기보다 방해가 되니 수련하는 사람은 커피를 먹지 않는 것이 좋겠다는 의견을 내놓았다. 그래서 그렇게 생각되면 커피를 먹지 말라고 했다. 그런데 얼마 지나지 않아 성재와 희승이가 다투고 있기에 무슨 일인지 자초지종을 들어보니 성재는 커피가 수련에 방해가 된다고 하고 희승이는 커피를 마시면 오히려 수련이 잘된다고 하면서 서로 다투기에 두 사람 모두를 야단쳤다.

커피를 먹었을 때와 먹지 않았을 때와의 차이가 별로 없기 때문이다. 왜 그러냐하면 커피를 먹은 사람이 수련이 잘된다고 느끼면 그것은 잘되는 것이고 또 커피를 안 먹을 때 수련이 잘되면 그 또한 잘되는 것이기 때문이다. 이 둘의 차이는 관념과 상의 차이다. 커피를 먹으면 기맥을 흩트린다고 스스로 느껴질 때 커피를 먹지 않고 수련하게 되는 것이다. 자신이 이것을 느끼기까지 순일하게 기다리는 마음이 필요하다.

자신이 느낀 것이 설혹 옳다고 하더라도 우기지 말아야 한다. 자신의 것을 우기게 되면 관념과 상의 틀을 가지게 되어 항상 거기에만 맞추려고 한다. 어렵게 수련한 사람일수록 관념과 상의 틀이 강해서 자기의 주장이 강해진다. 너희는 관념과 상의 틀을 깨야 한다. 틀이 깨어지고 나면 어떠한 것이 오더라도 걸림이 없이 이해하고 수용하게 된다.

그리고 알아야 할 것은 관념과 상을 통해 깨침을 얻을 수도 있다. 모든 것이 틀이 되는 것이 아니라 틀을 깰 수 있는 깨침 또한 관념과 상에서 온다는 것을 알아야 한다. 단지 내가 말하는 것은 경직된 관념과 상을 말한 것이다. 경직은 상대를 이해하고 수용하지 못하고 서로 상처만 주기 때문에 깨어야 한다고 표현한 것이다.

그리고 또 지금 내가 깨치고 있는 것이 상대와 맞지 않아도 이해하려고 하는 관념과 상은 하나의 열쇠가 되어 서로를 수용하게 될 것이다. 오락실과 수련장 열쇠가 다르듯이 각자 각자의 깨침은 다른 것이다. 깨침과 깨침을 수용할 수 있는 것이 깨달음이다. 깨닫고 나면 열쇠가 없어도 모든 공간에 들어갈 수 있다. 아무리 관념과 상의 벽이 높아도 깨달음은 그것을 초월하게 된다. 그래서 너희는 경직되고 굳은 관념과 상은 허물어버리고 깨칠 수 있는 닦음을 통해 깨달음의 넓고 깊은 행복을 찾았으면 한다.”

맑은 숨

경험과 느낌

"근본적으로 깨칠 수 있는 것이 나는 숨이라고 생각한다. 숨을 깨치면 나와 너희가 하나라는 것을 알 수 있기 때문이다. 형제들이 한 엄마의 젖을 먹고 자라듯이 너희가 쉬는 숨이나 내가 쉬는 숨이 다르지 않기 때문이다. 만약에 내 입 안의 음식을 꼭꼭 씹어 너희 입속에 넣어 주면 받아먹을 사람은 아무도 없다. 그런데 나의 입속으로 들어왔던 숨이 너희 입속으로 들어가고 있는 데도 아무도 더럽다고 하거나 숨을 안 쉬겠다고 하는 사람은 없다.

그래서 숨은 어느 누구에게 특정되어 있는 것이 아니라 모두에게 공평한 것이다. 또 한 번 들이쉬고 두 번 들이쉬는 숨이 결국 나를 새롭게 태어나게 한다는 것이다. 더러운 옷을 빨면 새롭게 깨끗해지는 것처럼 들이쉬는 숨과 내쉬는 숨이 내 몸을 세탁하고 있다. 너희는 이 세탁을 한 마음으로 행해야 한다.

호흡할 때 내 숨이 어디에서 들어와서 어디로 나가는가를 관하여 몸에 반응을 이어가게 하는 것이 호흡수련이다. 호흡수련을 통해서 느껴야 하는 것은 가슴속에 쌓여있는 감정이다. 이 쌓여 있는 감정이 성질이 되어 남과 나를 상처 나게 하고 있기 때문이다. 물을 한 곳에 오래두면 고약한 냄새가 나듯이 감정 또한 가슴속에 너무 오래 쌓아두면 결국 몸과 마음을 탁하게 한다. 그래서 호흡수련으로 가슴의 감정을 연기를 뽑아내듯이 빼내야 한다. 이 사무실에 고약한 냄새를 내는 연기가 가득하다고 할 때 없애는 방법이 따로 있는 것이 아니라 창문을 열고 새로운 공기를 넣어주면 연기는 저절로 빠지게 되는 것처럼 호흡으로 생기를 만들어 중단전으로 공급하면 가슴의 탁한 감정들이 조금씩 빠지면서 감정이 순해진다는 것을 알 수 있다.

화를 잘 내고 성질이 급한 사람은 대부분 가슴에 쌓여있는 마음들이 많다는 뜻이며 또 쌓여 있는 마음이 내면으로 갇힌 사람은 소심하고 남을 험담하거나 비꼬아 말하고 불면증이 생기고 우울하게 된다. 그래서 마음호흡 수련은 가슴을 여는 수련이다.

지금 서점에 가면 수많은 책들이 마음과 화에 대해서 설명해놓았지만 정작 그 글을 읽은 우리의 화는 그대로 있다는 것이다. 지식과 생각으로는 잘되는데 화낼 상황에서는 화를 다잡지 못하고 시시비비에 빠지는 경우가 많다. 화는 지식과 생각으로 되는 것이 아니다. 몸과 마음을 통해 순함과 부드러움이 느껴질 때 화를 다스릴 수 있게 된다. 숨은 지식과 생각이 아니라 실천으로만 가능하다. 들이쉬는 숨과 나가는 숨이 몸 안에서 어떻게 만들어져 몸을 살리는지 또 감정에 어떻게 영향을 미치는 지를 느끼는 것이 바로 마음호흡 수련이다. 한 번 더 말하지만 마음호흡 수련은 지식이 아니다. 경험과 느낌으로 행해야 한다."

화를 관리하는 방법

"지금부터는 호흡의 변화에 따라서 감정의 변화를 관해 보겠다. 내가 잘못을 하지 않았는데도 누군가로부터 욕을 먹을 때에 감정이 상하고 화가 나게 된다. 화가 날 때 상대에게 화를 내는 것이 아니라 자신의 숨의 변화를 잘 관찰해보면 호흡이 변한다는 것을 알 수 있다. 이때 호흡의 변화를 다잡고 호흡을 관리하면 화가 40%정도 가라앉게 된다, 이것이 화를 관리하는 방법이다. 그런데 사람들은 대부분 화가 나면 화나게 한 상대방밖에 보이지 않는다. 수련자는 화와 감정을 따라가는 것이 아니라 생각과 마음을 숨으로 가져가 다잡으면 화를 다잡게 된다.

또 다 잡는다고 해서 100% 다 잡는 것이 아니라 40%정도만 가능한데 그 나머지는 심공수련을 할 때 가능하게 된다. 나도 수련하기 전에는 감정이 날카롭고 성질이 급해서 욱하는 마음이 많았었는데 호흡수련을 하고부터는 들어오고 나가는 숨에 감정이 소멸된다는 것을 느꼈다. 그렇게 느끼기 시작하니 감정의 샘이 무엇인지를 알게 되었다. 한 사람을 미워한다고 할 때 미워할 수 있는 것은 그 사람에게 집착하고 있는 마음 때문이다. 결국 집착된 마음이 있었다는 것이다. 그래서 무작정 화를 내는 것이 아니라 화나는 숨을 통해서 집착된 마음을 느끼고 느낀 것을 없애면 화는 저절로 사라지게 된다.

한 번은 움막에서 돼지고기를 구우려고 하는데 성재가 자꾸 불을 빨리 피우려고 통풍구까지 나무를 넣는 바람에 더 늦어지고 말았다. 너희는 이 단순한 불 피우는 이야기이지만 깊게 이해하면서 들어야 한다. 불이라는 것은 반드시 아궁이가 있으면 굴뚝이 있어야 한다. 굴뚝까지 막아버리면 결국 자신이 내는 연기 때문에 불은 꺼지고 만다. 화도 마찬가지이다. 자연스럽게 피어나게 하여 어떠한 경로를 따라서 나가게 할 때 화가 소멸되는데 너희는 나가는 경로까지 막아 화를 쌓아만 두고 있으니 몸과 마음이 탁해지는 것이다.

나무가 다 타고나면 남는 것이 재이다. 재는 무게를 가지고 있지 않다. 다시 말해 자신이 가지고 있는 에너지를 열이라는 것을 발생시켜 허공 속으로 날려버렸기 때문이다. 그래서 재는 가벼운 것이다. 다 연소가 된 것은 가볍게 된다. 지금 너희 몸이 무거운 것은 너무 잡다한 지기를 쌓아 놓았기 때문이며 마음이 무거운 것은 집착하는 감정을 너무 많이 쌓아 놓았기 때문이다. 불을 통해 나무의 에너지를 허공으로 날려 보내는 것처럼 호흡수련으로 잡다하게 쌓인 지기를 소멸시키고 마음의 집착을 끊어 마음을 가볍게 할 때에 삶이 편해지고 쉬워지게 된다."

호흡수련

"나는 이 마음호흡 수련을 통해 몸과 마음이 가벼워 진다는 것을 깨달았기 때문에 많은 세파를 쉽게 넘을 수 있었다. 몸과 마음이 무거운 사람은 누가 조금만 건드려도 넘어져서 일어나지 못한다. 일어나지 못하면 남을 원망하고 괘씸해하며 더 깊은 수렁에서 허우적대다가 생을 마치게 된다. 얼마나 아쉬운 일인가? 조금만 깨치면 삶의 모든 것이 달라질 수도 있는데 이것을 모르고 힘들어하는 것이 너무 가슴 아픈 일이다. 호흡은 나를 살리는 것과 동시에 가족과 사회를 살리는 길이다.

숨을 통해 이렇게 쉽게 살 줄은 나도 몰랐다. 너희는 얼마나 무겁고 힘든 삶을 사느냐하면 장작을 태우지 않고 쌓아 놓기만 하니 몸은 천근만근이고 또 미워하는 사람을 보기만 하면 잡아먹으려고 하는 것이다. 몸과 마음이 달라진다는 것은 어려운 일이 아니다. 원망하는 마음 싫어하는 마음은 그대로 두고 호흡수련을 열심히 하다보면 그것은 저절로 승화되어 사라지게 된다. 호흡으로 근본을 느끼면 깨치게 된다. 미워했던 마음이 연민으로 바뀌고 한쪽으로 집착된 마음이 모두를 사랑하게 된다.

사랑하는 만큼 미워하게 되고 미워했던 만큼 좋아하게 되는 것이 세상의 이치이다. 너희도 자신을 집착으로 가두어 버리면 결국 원망하게 된다. 아무런 집착 없이 부드럽게 풀어놓고 함께 하면 원망하는 것이 아니라 이해하게 된다. 이 이해를 통해서 사랑을 하면 싫고 좋음으로 삶을 사는 것이 아니라 햇볕과 같은 항상 그러함으로 살게 된다.

　지금 마신 물이 피를 정화하듯이 지금 쉬는 숨으로 감정을 정화할 때 몸과 마음이 맑아지게 된다. 몸과 감정의 정화를 깨치지 못하면 너희는 영원히 병과 아픔에서 깨어나지 못할 것이다. 그래서 맑은 물을 먹을 때 맑은 혈이 되는 것이고 맑은 숨을 바르게 쉴 때 감정이 바로 서게 된다. 이 시간 이후로는 몸의 병과 감정을 태운다는 마음으로 호흡을 수련을 했으면 한다."

동화의 뜻

동화수련

"오늘은 너희와 함께 동화수련을 하려고 한다. 동화수련은 스승과 제자의 마음이 자유롭게 오갈 수 있는 수련이다. 마음을 열고 서로의 기운과 마음을 느끼자는 것이다.

그리고 알아야 할 것은 기운과 마음을 느끼는 가운데 관념과 상이 부닥치는 과정을 거치게 된다. 이것을 잘 넘어갈 때만이 서로의 기운과 마음이 깊게 동화하게 된다. 수련이 잘되기 시작하면 스승의 기운과 부닥치는 과정을 거치게 되는데 이때 깊은 동화로 연결되지 못하면 더 이상 스승으로부터 배움은 없고 자신의 아상에 빠져 스승을 업신여기고 또 다른 종파를 만들게 된다.

태권도 도장에서 가장 무서운 단이 초단이다. 초단 띠를 매면 과시하는 마음이 생기고 상대를 무시하고 자신이 최고인 줄 알고 으스대다 앞과 뒤를 보지 못해 결국 스스로 다치게 된다. 수련도 마찬가지로 자신이 느끼고 경험한 것만 옳다고 생각하는 것은 스스로를 갇히게 한다. 초단에서 2~3단으로 올라가면 초단일 때 자신이 얼마나 어리석고 만용을 부렸는지를 알게 된다.

그래서 동화수련은 스승의 기운과 마음을 통해 자신의 기운과 마음을 바꾸어 나가게 하는 것을 말한다. 또 동화수련을 하면서 스스로 잘 되었다.

안 되었다를 판단해서는 안 되며 항상 수용적인 상태를 유지해야 한다. 만약에 수용적인 상태가 되지못하면 스승의 법을 전수받지 못하게 된다.

내가 경험한 동화수련을 간단하게 말하면 처음 몇 개월은 정말 수련이 되지 않았다. 별 느낌 없이 지내다 스승님이 한마디 하셨다.

'수용적일 때 동화수련이 깊어진다.'

그래서 수용이 무엇일까? 하는 의문에 빠졌다. 고민을 하고 고민을 해도 답은 떠오르지 않고 답답함만 더해져 갔다. 한참동안 산중턱에 앉아 수련하는데 문득 어머니가 떠올랐다. 아픈 자식을 만나기 위해 이틀을 걸어와 전해들은 소리가 '화장하여 산에 뿌렸다.' 는 말을 듣고 소리 없이 눈물을 흘리며 돌아서던 어머니의 모습, 그 모습에서 수용이라는 단어가 떠올랐다. 그때 그 단어가 왜 떠올랐는지 모른다. 그런데 신기한 것은 그 단어가 떠오르고 얼마 지나지 않아 중단전이 뜨거워지면서 화한 느낌이 들기 시작하고 기운이 정화되면서 예전에 없던 감정이 일어나 그렇게 많은 눈물을 흘렸다. 죽은 자식을 가슴에 안고 돌아서는 어머니의 모습이 스승과 나를 동화 되게 한 것이다. 진심으로 어머니에게 감사한 마음에서 절을 올렸다.

또 이 눈물은 예전에 흘리던 눈물과는 차원이 다른 눈물이었다. 그렇게 눈물을 한참 흘리고 있는데 상단전에서 청색 빛 두 줄기가 허공을 향해 올라가더니 큰 원을 그리고 다시 안쪽으로 모여 다시 내 백회로 들어와 상단전 중단전 하단전 회음까지 뚫어주고 다시 두 개의 기운으로 나누어져 용천으로 들어와 임맥을 따라 올라 양팔의 장심으로 나오더니 가슴을 만지며 세월 구비 구비에 있는 상처를 어루만지기 시작하는데 그렇게 온화하고 따사로울 수가 없었다. 3시간이 지나서야 수련을 마칠 수가 있었다.

수련을 마치고 보니 스승이 내 등 뒤에서 수련을 하고 있는 것이다. 그때 스승과 내 기운이 깊게 동화했다는 것을 알았다. 스승은 몹시 지쳐보였다. 수련 중에 경험한 이야기를 하자 너의 기맥이 동화수련을 통해 개화가 되었다며 기뻐하셨다. 나는 그때부터 진정한 수련이란 수용적인 상태에서 시작된다는 것을 알았다."

수련하는 방법

"그래서 지금부터 간단하게 수련하는 방법을 설명하고자 한다. 방법을 설명하기에 앞서 왜 해야 하는지를 알아야 한다. 사람이 기쁨을 느끼기 위해서 항상 다른 사람의 감동을 통해서 기쁨을 느끼게 된다. 남자와 여자가 섹스를 통해 서로를 받아드리므로 해서 더 깊은 오르가즘을 느끼는 것과 같은 것이다. 동화수련도 이와 같은 이치를 가지고 있다. 스승과 제자가 서로 감응함으로서 더 깊은 경지에 들어가게 된다. 그래서 한 치의 의심도 없는 수용적인 상태가 되어야 하는 이유가 여기에 있다.

수련하는 방법을 설명하면 먼저 '제자 자신이 스승의 기운을 받아들일 준비'가 되었는지를 깊게 살펴야 한다. 한 여자가 진정으로 한 남자를 사랑할 때 받아들이는 것처럼 말이다. 이렇게 받아들일 준비가 되면 스승에게 알리고 수련에 들어가게 된다. 먼저 반가부좌를 하고 앉아 명문호흡에 들어간다. 명문호흡을 통해서 단전에 열감이 생기고 다시 단丹이 형성되면 대맥을 따라 운기 한 다음 이것을 회음으로 빼내 스승의 회음에 준 다음 중단전으로 올린 다음 다시 빼내 자신의 중단전으로 받아들여 다시 하단전으로 내려 단을 만들면 된다. 이것이 일차 동화수련이다.

이차 동화수련은 '인당을 열기위한 수련'으로 먼저 스승의 기운을 의식적으로 백회로 받아들인다는 생각으로 호흡을 한다. 이때 호흡은 백회호흡이 되고 백회에 강한 기적인 작용이 생기면 화하고 청색을 띤 기운이 느껴지면 아주 부드럽게 인당으로 끌어와 우리하고 묵직한 느낌과 함께 밝은 빛이 형성될 때까지 기다렸다가 밝은 빛이 형성되면 좌측 태양혈자리로 운기하고 다시 옥침으로 운기하고 다시 우측태양혈로 운기하여 인당으로 운기하면 된다. 이렇게 운기하면 상단전이 개화하였는지를 느끼게 된다. 이 개화한 느낌에 따라서 천돌 쪽으로 운기하여 머물게 한 다음 단중으로 내려 중맥을 유통하게 되면 중단전에 축기를 또 알 수 있게 된다. 다시 하단전으로 운기하여 대맥을 돌리면 하단전 축기를 알 수 있게 된다. 이렇게 축기를 확인한 다음 가장 약한 단전을 중점적으로 스승의 기운을 받아들여 감응하게 되면 큰 도움을 받게 된다. 그래서 일차와 이차를 잘 구별하여 수련해야 하고 오늘 이야기한 것 가장 기본적인 동화수련이며 이것을 바탕으로 하여 보다 깊은 동화로 이어지게 될 것이다.

그래서 나는 너희에게 동화수련를 먼저 하고 본 수련에 들어가는 것이다. 동화수련으로 나의 심파와 너희의 심파가 감응하게 되면 상과 관념이 깨어지고 본성이 깨어나게 된다. 본성이 깨어난다는 것은 씨앗이 땅을 만나 싹을 틔워 자라는 것처럼 나의 영이 자라게 된다.

그런데 사람들의 영은 항상 그대로 있다는 것이다. 일 년이 지나고 십 년이 지나도 영은 자라지 못하고 더욱 어려지고 있다. 그러면 영이 자랄 수 있는 것은 무엇일까? 영이 자라기 위해서는 많은 것이 있겠지만 그 중에서 본성을 근본적으로 알 수 있는 것이 동화수련이다. 동화수련은 다른 것이 아니다. 동화를 통해 뜻을 세우게 된다."

뜻

"뜻을 어떻게 세우고 품느냐에 따라서 많은 것이 달라진다. 뜻 때문에 몸이 상하기도 하고 좋아지기도 하는 것이다. 그런데 대부분 사람들은 진정한 뜻을 모르고 있다. 몸을 생각하며 몸만큼 살고 정신을 생각하면 정신만큼 살게 된다. 다시 말해 돈에 집착하고 사는 사람은 돈에 뜻을 두는 것이고 권력에 집착하여 사는 사람은 권력에 뜻을 두는 것이다. 이렇게 잘못된 뜻으로 살다보니 영은 자라지 못하고 결국 허무에 빠지는 것이다. 그래서 뜻이 무엇이냐에 따라서 크게 달라진다.

수련을 통해 몸을 만들고 감정을 만들고 지혜를 만들어도 뜻이 바르지 못하면 모든 것은 탁해지고 만다. 또 몸이 병들고 지혜가 막히면 뜻을 버리게 된다. 너희는 이것을 반복하며 살아왔다. 이제는 정신을 바로 차려야 한다. 그래야 무엇이 앞이고 뒤인지를 알게 된다.

석가모니 부처는 모든 근본으로부터 벗어나는 뜻을 세워 깨달음으로서 윤회의 사슬에서 벗어난 것이다. 그래서 너희는 어떠한 뜻으로 수련할 것인가를 생각해야 한다. 막무가내 수련한다고 해서 되는 것은 아니다.

그러면 어떤 뜻을 세우고 수련해야 하느냐하면 본성을 찾겠다는 뜻으로 수련해야 한다. 촛불이 꺼지지 않고 계속 탈수 있는 것은 심지를 통해 촛농을 끌어올리기 때문이다. 뜻을 세워 계속 나가다보면 몸은 좋아지고 마음은 밝아져 영이 자란다는 것을 알 수 있다. 그런 반면에 뜻을 잃게 되면 촛불이 꺼져 어두워지는 것처럼 서로를 불신하고 미워하게 된다. 그래서 이 촛불처럼 꺼지지 않고 본성을 찾겠다는 뜻을 세워 수련해야 한다.

또 뜻을 세워 수련해도 탁해지는 경우가 있다. 이 경우는 뜻에 너무 집착하기 때문에 생기는 경우이다. 얼핏 봐서는 바른 것 같지만 모든 것을 잃게 만든다. 그래서 뜻에 집착하고 있는 지를 살피고 근본을 밝혀 영을 자라게 해야 한다. 영이 자라기 시작하면 나를 둘러 싼 모든 것이 변하기 시작할 것이다. 밝음으로 변해간다는 것은 얼마나 행복한 일인지 모른다. 나는 이 행복을 전해줄 것이다.

이렇게 말하면 먹고 살기도 바빠 죽겠는데 본성을 어떻게 생각하고 또 모자라는 내가 뜻을 세우고 수련한다 해서 되겠느냐고 반문한다.”

항상 초심의 마음

"여기서 너희는 잘 생각해야 한다. 본성을 밝히는 것, 뜻을 세우는 것을 위해 모든 것을 버리라는 것이 아니라, 본성과 뜻을 위해 물질을 모우고, 아이를 키우되 근본을 닦기 위한 아이로 키우라는 것이다.

본성과 뜻이 없이 오직 잘 먹고 잘 사는 것만 가르치다보니 잘 먹고 잘 살게 되었는데 그 다음에 무엇을 해야 될 줄을 모르고 막연하게 살고 있다는 것이다. 이 막연함이 뜻을 모르고 산 사람들의 허무인 것이다. 물질을 나와 다른 사람의 본성을 찾는데 쓰게 되면 혼자 잘 먹고 잘 사는 것보다 훨씬 알차고 보람 있는 삶이 된다. 또 아이를 키우면서 이 아이가 커서 혼자 잘 먹고 잘 사는 것이 아니라 많은 사람들에게 사랑을 나누고 자비를 나누도록 키운다면 그 얼마나 희망적인 일이 되겠느냐하는 것이다. 아이를 키운다는 것이 오직 자신만 잘 먹고 잘 살도록 키우니 상과 관념에 갇혀서 서로 이해하지 못하고 싸우고만 있는 것이다.

그래서 동화수련은 '근본의 싹을 틔우기 위한 중요한 수련'이다. 나는 하늘의 뜻을 대신해서 너희를 수련시키고 있다. 그러니 한 치의 흐트러짐 없이 수련해야 한다. 너희는 잘 모르지만 나는 안다. 하늘의 뜻을 확고하게 심고 세워 놓느냐에 따라서 상단전이 흐려지지 않고 몸이 병들지 않게 된다.

앞에서도 말했지만 너희는 수련의 뜻을 확실하게 세워 수련해야 한다. 뜻이 확실하게 서게 되면 밥을 먹어도 본성을 닦기 위해 먹고, 사람을 만나도 본성을 닦기 위해 만나게 되고 돈을 벌어도 본성을 위해서 벌게 된다. 이렇게 하면 삶이 허무하지 않고 나의 영은 어른이 되게 된다. 자신을 거듭나게 하고 채워 주는 것은 물질과 향락이 아니라 근본에 뜻을 세우고 수련해 가는 가운데 있다.

또 너희가 생각할 때 본성도 확실하게 모르는데 어떻게 가라는 것인지

막막할 것이다. 본성으로 가는 길은 아무도 모른다. 단지 스승의 말을 믿
고 가다보면 알게 된다. 다시 말해 뜻을 세워 가다 보면 몸과 마음이 달라
진다는 것을 느끼게 된다. 항상 초심의 마음으로 수련해야 한다."

눈물의 뿌리

진정한 승화

"재성이가 눈물의 의미를 나에게 물었다. 내가 어떻게 알겠는가? 수련 중에 눈물이 나면 눈물이 나는 것을 질문하는 것이 아니라 눈물이 나는 감정을 질문해야 한다. 밑도 끝도 없이 눈물이 나느냐고 물으면 내가 할말이 없다. 수련 중에 이러한 감정이 일어나는데 이러한 감정은 무엇입니까? 라고 질문하면 답을 줄 수 있다.

어떠한 수련을 하든지 나타나는 현상을 중요하게 생각하고 그 느낌을 충분히 느낀 다음 질문하는 것이 그 느낌을 이어갈 수 있게 된다.

눈물이 나면 그냥 눈물을 흘려야 한다. 감정이 사라질 때까지 흘리고 나면 무슨 눈물인지를 스스로 알게 된다. 눈물에서 의미를 찾으려고 하니 무슨 감정인지 못 찾는 것이다. 감정이 북받쳐 화산처럼 폭발하여 터져 나올 때 눈물의 깊은 의미를 알게 된다. 의식이 감정의 상태보다 내려갈 때는 눈물이 나지만 감정보다 떠 있으면 눈물이 나지 않는다. 의식이 감정 속으로 녹아들 때 아파하고 힘들었던 감정이 눈물로 승화되어 터져 나오게 되는데 그때 '아! 이것 이였구나!'가 되는 것이다. '이것 이였구나!'가 되면 감정의 눈물이 아니라 용서하고 연민하는 눈물이 나게 된다.

용서와 연민의 눈물이 나야 승화가 될 수 있다. 그래서 승화되는 마음에 파장을 맞추어 느끼다 보면 한 선이 나타나는데 그 선을 넘어가야 진정한 승화가 된다. 넘어가지 못하면 항상 그 상태에 머물게 된다.

여기서 선이라고 하는 것은 감추어진 뿌리와 드러난 줄기를 흙이 경계하고 있는 것처럼 맺히고 아파한 마음은 가지와 같은 것이고 맺히고 아파한 마음을 만든 것이 뿌리와 같은 것이다. 그 둘이 갈려지는 땅을 선이라 하는 것이다.

지금 재성이가 흘리는 눈물은 바로 가지와 같은 맺히고 아파한 마음에서 나오는 눈물이기 때문에 한 선을 넘어 뿌리에 맺히고 아픔을 만든 곳까지 들어가야 한다는 뜻이다. 이 선 안에서 깨치면 세상에 태어나서 고맙고 숨 한 모금이 너무 감사하고 우주만물이 나와 함께 돌아가는 것이 얼마나 감사한지 모르게 된다. 이 감사하는 마음이 더욱 깊게 감응하면 다른 형태의 눈물이 나오게 된다. 참회와 감사의 눈물이다. 이 눈물은 나의 모든 것을 녹이고 보시하고 사랑하게 만들 것이다.

그리고 알아야 할 것은 감정을 싸고 있는 부끄러움 체면치레라는 포장지이다. 포장지는 알맹이가 아니다. 단지 아름답게 보이기 위해 포장한 것뿐이지 진짜가 아니다. 포장을 벗길 때만이 내용물을 사용할 수 있는 것처럼 부끄럽고 체면이라는 것을 벗어던질 때 감정이 승화된다. 포장은 진짜가 아니다. 이것을 명심해야 한 선 너머의 뿌리를 뽑게 될 것이다."

번개의 의미

굳었다는 것을 깊게 살펴보면

"번개를 과학적으로 보면 구름(+)과 구름(-)이 부닥치는 것과 구름과 대지 사이에서 전기의 방전이 일어나 생기는 빛과 소리를 말한 것이다. 이 것을 면밀히 짚고 들어가면 태양이 물을 상승시켜 구름을 만들고 구름은 다시 음과 양이 만나면서 빛을 내고 소리를 내며 비를 내리게 된다. 이 내림이 사람의 오르가즘과 같은 현상이 된다. 비는 남자의 사정과 같아서 마른 땅에 비가 떨어지면 생명이 돋아나게 한다.

번개와 천둥소리는 지구의 음핵과 하늘의 양핵이 연결되는 과정이다. 너희는 번개 치는 것이 무섭고 두렵다고 생각하지만 자연의 부드러움에서 나타나는 과정일 뿐이다. 만약 강함과 강함이 부닥치면 파계가 일어나지만 번개와 천둥은 '부드러움의 극치에서 일어나는 현상'이다. 남녀가 만날 때 강함으로 되는 것이 아니라 감미로움의 속삭임과 서로 위하는 사랑이 절정에 다다랐을 때의 소리가 같다.

그래서 이 부드러움을 느끼고 항상 준비해야 한다. 그래야 내면의 또 다른 나를 만나 절정의 본성에 다다를 수 있기 때문이다. 몸을 부드럽게 하고 감정을 순하게 하고 마음을 밝게 하여 누구도 수용할 수 있는 삶이 된다. 그리고 몸과 감정과 마음 중에서 감정이 제일 부드러워야 한다. 감정이 부드럽다는 것은 맺힘이 적다는 뜻이며, 맺힘은 몸과 감정과 마음을 굳게 한다. 굳은 것은 어떤 것도 자라지 못하게 하고 또 들어오지 못하게 한다.

자연은 굳음을 싫어하고 항상 그러한 부드러움을 유지하기 위해서 번개와 천둥소리를 내며 스스로를 다스리고 있는 것이다.

너희는 굳어가는 것을 살펴야 한다. 굳었다는 것을 깊게 살펴보면 집착하고 있다는 것이고 집착하고 있다는 것은 관념이 생겼고 관념이 생겼다는 것은 갇혀 있다는 뜻이다. 갇혀 있다는 것은 모든 것을 부자연스럽고 힘들어지게 한다.

여기서 너희가 짚고 넘어가야 할 것은 진정한 자유는 관념과 집착이 없다는 것이다. 관념과 집착을 다스릴 때만이 감정이 순해진다."

집착 풀기

"특히 관념보다 집착을 더 깊게 생각해야 한다. 관념은 누구나 가지고 있는 것이다. 관념이 없다는 것은 죽었다는 이야기와 같다. 깨닫고자 하는 마음조차도 하나의 관념이기 때문이다. 중요한 것은 집착이다. 관념에 집착이 생기면 이상이 되어 시시비비가 끊임없이 일어나지만 관념에 집착이 없으면 벽에 걸려 있는 액자와 같이 시비의 대상이 아니라 삶을 장식하는 하나의 소품과 같은 것이 된다.

그리고 집착하여 맺히게 한 것을 풀어야 한다. 흔히 '원한이 맺혔다.', 아니면 '두고 보자.' 라고 할 때 집착하여 누구도 들어오지 못하게 닫고 있는 것이 된다. 닫힌 생각은 모든 것을 배척하고 스스로 힘든 삶을 만들게 된다.

또 자기주장이 강한 사람을 보면 대부분 집착된 마음과 과거의 상처를 숨기기 위해 강하게 주장을 한다는 것이다. 이 얼마나 불쌍한 주장인가?

속마음은 많은 갈등 속에 힘들어하고 있는지 모른다.

너희는 이 강함을 돌려야 한다. 밖으로 나오게 하는 것은 순하고 부드럽게 해야 하고 자신의 내면으로 들어 갈 때에는 강해야 한다. 그래야 돌과 같은 관념과 집착이 깨어지기 때문이다. 마치 번개와 천둥소리처럼 말이다.

옛날 우화에서도 나오지만 '할' 이라는 한 단어를 가지고 많은 제자를 깨닫게 했다는 우화도 있다. 제자가 넋을 놓고 있을 때에 스승이 갑자기 '할' 이라는 벼락같은 소리에 제자는 깜짝 놀라 깨닫게 된다는 이야기이다. 이와 같이 자신의 내면으로 들어갈 때에는 관념과 집착을 강하게 치고 들어가야 한다. 그래야 본성의 순함과 부드러움이 상처받은 삶을 치유할 수 있기 때문이다.

그리고 또 알아야 할 것은 수련을 하다보면 '아~, 본성이란 이것이구나!' 할 때 다른 사람의 본성과 어우러지는지를 보아야 한다. 자신의 본성에 갇히지 말라는 것이다. 대부분 공부했다는 사람을 보면 다른 사람의 공부는 인정하지도 않으려 한다. 이 인정하지 않으려고 하는 자체가 바로 관념과 집착에 갇혀 있는 것이다. 상대의 공부가 아무리 하잘것없는 공부라도 그 사람 입장에서 보면 진솔한 것이기 때문에 작든 크든 소중하게 생각해야 한다. 내가 본성을 느꼈다고 하는 관념과 집착을 버릴 때만이 시시비비 없이 함께 어우러질 수 있게 된다."

열림과 닫힘

의식적으로 기문을 열 때

"기는 스스로 그러한 힘을 가지고 몸 안과 밖을 오가며 생명을 유지하는데 내 의식과 감정에 따라서 많이 달라진다. 또 의식과 감정에 따라 기공은 열리기도 하고 닫히기도 한다. 너희는 이 열림과 닫힘을 느끼고 조절해야 한다. 댐 속의 물을 수문이 관리하는 것처럼 말이다.

기문의 열림은 '심파와 뇌파가 내려가고 감정이 온화할 때'에 열리게 된다. 따뜻한 봄날이 되면 초목이 잎을 내는 것처럼 따뜻한 의식과 감정을 가지면 자연스럽게 열리게 된다. 이 열림을 통해서 모든 세포가 살아나고 기 순환이 활발하여 몸과 마음이 좋아진다.

또 닫힘은 언제 일어나느냐하면 화가 났을 때는 닫히게 된다. 화는 아주 강한 기운을 필요하기 때문에 모든 기문이 닫히게 한다. 이 닫힘은 스스로 그러한 자연의 원리에 의해서 일어나는 초자연적인 현상이다.

기 수련하는 대부분 사람들이 부작용에 시달리는 것은 이 닫힘과 열림을 모르기 때문이다. 지금부터 하는 이야기를 잘 들어야 한다. 그래야 부작용에 시달리지 않고 수련할 수 있기 때문이다.

앞에서도 말했지만 닫힘과 열림을 잘 조절하되 특히 열림을 잘 조절해야 한다. 닫힘은 스스로 그러함에 의해서 일어나기 때문에 걱정하지 않아도 되지만 열림은 그렇지 않다. 자신이 아무리 열려고 해도 열리지 않는다. 또 잘못 열게 되면 빙의나 사기로 인해 큰 어려움을 겪게 된다. 다시 말해 누군가 찾아와 문을 열어달라고 했을 때 무작정 열어주는 것이 아니라 누구인지를 확인한 다음 열어주어야 한다.

이렇게 말하면 앞에서는 따뜻한 봄날처럼 감정이 온순해져 자연스럽게 열린다고 해놓고 지금은 위험하니 누구인가를 확인하고 열어라 하니 무슨 말인가 이해가 잘 가지 않을 것이다. 이 말은 감정이 온화해서 열리는 이 기문 또한 스스로 그러한 자연원리에 의해 열리는 것이기 때문에 아무 문제가 되지 않지만 의식적으로 기문을 열 때 문제가 생긴다는 것이다. 잘못하면 많은 부작용에 시달릴 수 있기 때문이다.

문을 열고 많은 사람들을 초대했을 때 나를 이롭게 하는 사람도 오지만 나를 이롭지 않게 하는 사람도 온다는 것이다. 몸 안으로 들어오는 기운도 마찬가지로 나를 살리는 기운도 들어오지만 빙의와 전생과 현생에 얽힌 인연의 빚을 받기위해 기맥을 타고 들어올 수도 있다. 내가 빚을 갚을만한 여유가 없는데 오게 되면 많은 힘듦을 겪게 된다. 이 겪음이 깨친 상태에서 받아들이게 되면 힘은 들어도 무사히 갚을 수 있지만 깨치지 못한 상태에서 빚을 갚게 되면 더 많은 빚을 지게 된다."

빙의는 업의 인연에 의해서

"그래서 기문을 열 때에는 스승에게 조언을 구해야 한다. 이렇게 말하면 빙의는 무엇이고 빚은 무엇인지? 또 말도 되지 않는 소리라고 하는 사람도 있다. 정말 말도 되지 않는 소리이다. 그러나 경험해보면 나의 말이 무엇인지를 알게 된다. 믿지 않는 사람을 믿게끔 하는 것이 아니라 스스로 믿음이 생길 때 그때 이해시키고 느끼게 할 것이다. 빙의는 보통 의식으로 느껴지는 것도 아니고 과학으로도 증명되는 것은 아니다. 그러나 우리는 이것라고는 확신할 수 없지만 어렴풋이 느끼고는 있다. 그래서 수련하는 사람들은 한결같이 빙의를 이야기하는 것이다.

세간에 빙의를 너무 많은 수련자들이 없는 것도 있는 것처럼 보지도 못한 것을 본 것처럼 이야기하는 바람에 사람들은 거짓말이라며 믿지 않으려고 한다. 그러니 바르게 일러주어도 믿지 않고 화를 당하는 경우가 있다. 또 별것도 아닌 것을 큰일이 날 것처럼 부추기는 바람에 낭패를 보는 경우도 있다.

빙의는 앞에서도 말했지만은 이해하고자 하는 사람에게만 전해주고자 한다. 나에게 논쟁을 하려고하는 것은 맞지 않다. 느낌을 가지고 이해하면 그만이다. 논쟁은 그 사람의 지식과 상의 흐름이기 때문에 어떤 말을 해주면 또 다른 지식과 상을 준비하여 논쟁하게 된다. 이 논쟁은 끝이 없는 것이기 때문에 논쟁으로 이해시키기란 불가능하다.

논쟁은 지식이 많은 사람들에게 주고, 너희는 자신의 느낌으로 경험하고 경험한 것을 가지고 짚어 들어가면 된다. 경험은 논쟁을 만들지 않는다. 단지 이해와 수용만 있을 뿐이다. 이해와 수용이 진실한 관계를 만들고 깊고 넓은 곳으로 이끌어가게 된다. 그래서 빙의를 잘 구별하여 기문을 닫고 열어야 한다.

그러면 어떻게 열고 닫을 것인가 하는 것이다.

이 의문은 당연하다.

빙의는 업의 인연에 의해서 생기는 것이기 때문에 한마음으로 받아들여 용서하고 참회하면 소멸된다. 그런데 빙의가 들어와 몸과 마음을 힘들게 할 때에 이것은 나의 것이 아니라 생각하고 대상에 집착하면 할수록 더 힘들어진다."

용서와 참회로

"그러면 이 수련을 처음부터 하지 않으면 빙의가 들어오지 않고 몸과 마음이 힘들지 않을 텐데 굳이 수련을 해 빙의를 만날 필요가 있을까하는 사람도 있다. 맞는 말이다.

그런데 알아야 할 것은 수련을 하면 빙의를 느끼게 되어 보다 쉽고 빠르게 해결할 수 있지만 수련을 하지 않으면 무엇 때문인지를 몰라 막막하게 헤매게 된다. 우리가 살면서 무작정 어려워지는 것 같지만 근본으로 들어가 보면 업의 빙의가 작용하고 있다는 것을 알 수 있다. 현생에서 업의 빙의를 피할 길은 없다. 어떠한 방식이든 대가를 치러야 하는데 우리는 무조건 피하기만 하려고 한다. 수련은 빙의를 정확하게 느끼고 용서와 참회를 통해 풀면 된다. 이것은 어려운 일도 아니고 두려워 할 일도 아니다. 업은 내가 풀 수 있을 만큼만 오기 때문이다. 단지 근본에서 풀려고 하지 않고 현상에서만 풀려고 하다보니 힘들어 지는 것이다.

두 사람이 싸웠는데 두 사람이 만나 죽이 되던 밥이 되던 해결을 해야 하는데 제삼자를 통해 해결하려고 하니 문제는 항상 남아 있는 것이다. 언젠가는 두 사람이 만나 풀어야 한다. 빙의도 이와 같이 나의 근본과 빙의가 만나 용서와 참회로 하나가 될 때 모든 것이 풀리게 된다.

빙의로 부작용이 생긴다는 것은 근본으로 만나지 못했기 때문이다. 그러면 빙의가 들어올 때에는 어떤 느낌이 있느냐하는 것이다. 이 느낌은 말로 표현되어질 수 없고 또 표현한다하더라도 그대로 느껴지는 것이 아니기 때문에 단정 지어 말할 수 없다. 기운과 느낌은 혼자 판단하기보다 항상 스승과 의논하는 것이 좋다.

한 여인이 아이를 너무 갖고 싶은 나머지 상상임신을 하게 되면 진짜임신이 아닌데도 임신인 것처럼 느끼게 된다. 임신 여부를 의사가 판단해야 하는 것처럼 자신이 빙의라고 판단하는 것이 잘못된 것일 수도 있기 때문에 스승의 조언을 들어야 한다.

　그리고 꼭 스승의 조언을 통해서만 빙의를 판단하는 것은 아니다. 자신의 내면을 깊고 넓게 하면 이것이 빙의인지 아닌지를 스스로 알 수도 있다. 앞에서도 말했지만 빙의를 해결하는 길은 용서와 참회만이 가능하기 때문에 현재의 문제를 용서하는 마음으로 기다리면 없어지게 된다. 너희는 문제해결을 너무 조급하게 해결하려고 하기 때문에 문제가 생기는 것이다.

　다시 한 번 빙의를 정리해서 말하면 중단전이 막히게 되면 기분이 나쁘고 감정이 안정되지 못해 초초함이 지속되다 상단전의 기문을 막아 빙의가 들어올 수 있는 환경을 만들게 된다. 환경이 만들어지면 의식과 관계없이 보이거나 목소리가 들리기도 한다. 이러한 현상이 나타날 때 수련이 되어 있으면 기문을 열고 닫을 수 있게 된다. 공기가 신선할 때 창을 열고 탁할 때 닫는 것과 같은 이치이다. 문을 닫고 여는 것은 바로 내가 하는 것이다. 너희는 이것을 빨리 깨쳐야 한다."

자기를 바로 보지 못하는 데서

"오늘은 집착에 대해 생각해보고자 한다. 산 아래 내가 잘 아는 사람이 살고 있는데 이 사람은 만나기만 하면 딸 자랑을 한다. 하루는 하도 딸 자랑을 자꾸 하기에 그 딸이 자네 딸이 아닐 수도 있다고 말했더니만 화를 내기에 농담이라고 해도 나와는 말도 하려고 하지 않는다. 참 딱한 노릇이다. 왜 내 딸이라고 생각하는지 물었더니 그냥 내 딸이기 때문이라고 말한다. 딸이 다니는 학교에 가면 똑같은 또래들이 수도 없이 많은데도 내 딸만 눈에 보이는 것은 집착된 마음 때문이라고 아무리 설명을 해주어도 무슨 말인지 알아듣지 못한다.

이렇게 집착된 마음으로 시간이 지나다보면 서로에게 큰 상처를 주고 원망하며 세월을 보내게 된다. 딸에게 집착하고 있는 마음을 없애면 너와 내가 따로 있는 것이 아니라는 것을 알게 된다. 집착은 남과 나를 구별하게 하여 더 많은 고통을 일으킬 뿐이다. 그런 반면에 내 아이는 누구인가를 자꾸 생각하다 보면 이 아이가 내 아이가 아닐 수도 있고 모든 아이가 내 아이일 수도 있겠다는 생각이 든다. 이 생각을 다시 짚고 들어가서 왜 나의 몸을 통해서 태어났는지 또 나와 어떠한 인연인지 느끼게 되면 나와 자식의 관계를 알게 되고, 더 나은 관계로 승화하기 위한 인연이라는 것을 알게 된다. 이 인연의 관계를 느낄 때 자식에 집착하지 않게 되고 서로 정을 나누는 관계로 바뀌게 된다.

너희가 알고 있는 석가 부처도 마찬가지이다. 사람은 왜 병이 들어야 하고, 죽어야 하는지 또 가난한 사람은 왜 가난해야 하는가에 대한 의문이 발심發心이 되었고 그 발심으로 수련해 들어가서 깨닫고 보니 가난한 사람은 가난한 것이 이치이고 아픈 사람은 아픈 것이 이치이고 부자는 부자인 것이 이치라는 것을 알게 된 것이다.

이 세상에 존재하고 일어나는 모든 것이 하나의 조화이고 자기를 성숙시키고 거듭나게 하기위한 하나의 과정들이라는 것을 알게 된다. 그래서 모든 사랑, 믿음, 자비, 보시, 원망, 아픔, 가난, 죽음 등 이것이 곧 본성의 흐름이다. 아픈 사람은 아픈 대로 가난한 사람은 가난한대로 주어진 환경을 정으로 말없이 살면 반드시 달라진다. 그런데 대부분의 사람들이 없는 사람은 있는 사람을 비난하고, 있는 사람은 없는 사람을 업신여기며 살았기 때문에 결국 서로에게 아픔만 주게 된다. 이러한 아픔들은 자기를 바로 보지 못하는 데서 생기는 아픔이다.

또 사람들은 이 아픔을 물질로만 어루만지려고 한다. 또 물질의 흐름을 자세히 보면 욕심의 흐름이라는 것을 알 수 있다. 현 사회의 흐름이 너무 이기적이고 욕심적으로만 흘러가고 있는 것이 염려스럽기만 하다.

지금 우리 각자 각자가 물질을 잘 관리하지 못하면 멸滅할 수밖에 없다. 옛날에는 정을 느끼는 곳이면 무슨 일이든 한다는 생각으로 모여들었는데 지금은 돈 되는 곳에만 사람들이 모여 들고 있다. 이 현상은 정을 상실했다는 증거이다. 옛말에 이웃간에 정이 있어야 하고 형제간에 정이 있어야 한다는 말은 물질을 경계하라는 말과 같은 말이다."

마음을 느끼며

"그러면 정은 어떻게 생기는가 하는 것이다. 정은 어느 날 한 순간에 생기는 것 아니라 너와 나의 마음이 골고루 섞일 때만이 정이 생기게 된다. 미움도 섞이고 사랑도 섞이고 보시도 섞이고 절망도 섞이고 원망도 섞이고 기타 모든 마음들이 섞일 때 정이 생겨나게 된다. 그래서 정은 시간이 지나면 서로를 더욱더 사랑하게 하고 이해하게 하여 승화된 삶을 살게 한다.

현 사회가 정이 메말라가는 이유는 너무 빠르기 때문이다. 즉 정들 시간이 없다. 부산에서 서울 가는 시간만 보더라도 옛날에는 6~7시간 걸리던 것이 지금은 2~3시간 만에 갈 수 있다. 지금 모든 것이 빨라지고 있다. 그러니 정을 느낄만한 시간이 없는 것이다. 현 사회는 정을 쌓을 수 있는 여유가 없다. 단지 앞만 보고 달리고 있다.

지금 너희가 수련하는 모든 것이 느린 것이다. 자신의 느낌을 통해 정들 시간을 주자는 것이다. 하루 중에 자신을 느낄 수 있는 시간이 얼마나 되느냐고 물으면 대부분 없다고 말한다. 그러니 우울하고 외로운 것이다. 지금 세상이 외로워지고 있다. 이 외로움을 모르고 물질에만 집착하고 욕심내고 있으니 정은 마비되고 또 무엇이 정인지도 모르고 남들보다 잘 사는 것이 맞는 줄 알고 살지만 정신병원에는 사람들이 더욱 많아지고 있다. 이것은 무엇인가가 잘못되고 있다는 증거이다. 너희는 마비된 정을 살려내야 한다. 정을 살리는 길만이 모두가 사는 길이기 때문이다.

너희가 이렇게 같이 모여 얘기하는 하나하나가 정을 쌓고 있는 것이다. 할머니들이 보따리를 이고 시장을 오가면서 얘기하는 하나하나가 3~40년을 이어오며 정을 쌓다보니 먼 사촌보다 이웃사촌이 낫다는 말이 나온 것이다.

느린 시간 속에서 정의 꽃이 핀다는 것을 명심해야 한다. 물질에는 정의 향기가 없다. 단지 욕심의 비린내 밖에 나지 않는다. 특히 과학은 정밀

적으로 정을 고갈시키고 있다. 주위에 연구직이나 아이디어 쪽에 일하는 사람일수록 외로움과 허무에 더 깊게 빠지고 있다.

그래서 지금의 과학과 문화를 천천히, 더디게, 느리게 가게 해야 한다. 올림픽의 정신도 바꿔야 한다. 더 빨리가 아니라 더 느리게, 더 멀리가 아니라 더 짧게 이렇게 할 때에 사람들은 자신을 느끼고 생각할 수 있는 시간적인 여유를 가지게 될 것이다.

결과적으로 과학과 물질이 우리 삶을 윤택하게 해주는 것 같지만 삶의 정을 고갈시키고 있다. 옛날에는 편지 한 장을 쓰더라도 얼마나 따뜻함이 있었는지 모른다. 편지를 기다리는 동안 상대를 생각하는 마음이 더욱 깊어지고 또 편지를 한 번 읽고 두 번 읽으며 그 글 속에 녹아있는 마음을 느끼며 정을 쌓았는데 요즘은 전화와 문자로 만나다보니 헤어지는 것도 빠른 것이다. 그러니 정을 쌓을 수 있는 여유를 만들어 너와 내가 깊은 정으로 만났으면 한다.”

화

화火 보기

"수련에서 가장 큰 문제는 화이다. 화를 어떻게 다스리느냐에 따라 마음공부가 달라지기 때문이다. 화를 다스리는 데는 여러 방법이 있지만 처음에는 의식적으로 화를 통제해야 한다. 화가 날 때 '아! 나는 마음 공부 하는 사람이다.'는 생각으로 한 마음을 낮춰야 한다. 한 마음을 의식적으로 낮추다 보면 화는 힘을 잃게 된다.

스님이 머리를 깎는 이유는 다른 이유도 있겠지만 마음을 다스리기 위해서다. 애욕과 물욕으로 화가 생기면 자신의 머리를 만지며 '아! 나는 머리 깎은 스님이지.'라며 마음을 낮추어 다잡는 것이다.

마음을 낮추어 다잡으면 상이 느껴지고 화를 다스릴 수 있게 된다. 화는 상으로부터 생겨나는 안개와 같은 것이다. 화 자체로는 힘이 없는데 상이라는 땔감이 자꾸 쌓이기 때문에 불 같이 화를 내는 것이다.

그래서 내가 너희에게 상을 보라고 하는 것이다. 상을 보게 되면 화가 생길 수 있는 땔감을 없애는 것과 같은 것인데 우리는 상을 쌓기만 한 탓에 불같은 화로 결국 삶을 고통으로 몰아가고 있다.

얼마 전 성재의 이야기이다. 아래 산장에서 어떤 등산객과 대화를 하다 등산객이 정치에 관한 얘기를 하며 특정 정치인을 심하게 욕을 하더라는 것이다. 성재는 내심 그 정치인을 존경하고 있었는데 너무 심한 말로 욕을 하기에 말을 받아 싸움 아닌 싸움을 했다며 나에게 하소연하기에 한참을 듣고 있는데 웃음이 났다.

성재야! 따지고 보면 그 사람도 자신의 소견으로 욕을 하고 있는 것인데 단지 네가 존경한다는 이유로 모든 사람이 존경해야 하는 이유가 없는 것이다. 그 등산객은 싫어하는 상을 가졌고 너는 좋아하는 상을 가졌을 뿐이다. 좋은 것과 싫어하는 것이 만났으니 화가 생기는 것은 당연한 것이다. 이 놈아, 이때 너의 상을 보아야 화를 다스리는 것이다. 그 상 하나를 다스리지 못하고 화를 내는 모습을 보니 정말 답답하기 그지없구나. 화라는 것은 일어나는 대로 방출할 것이 아니라 화나는 상이 무엇인가를 찾으려 해야 한다. 이 찾으려고 하는 것이 수련이며 봄이다. 화를 볼 수 있는 근본적인 수련으로 화를 다스려야 한다. 근본적인 수련이 없이 무작정 화를 참는다는 것은 고무풍선에 바람을 꽉 차게 하는 것과 같은 이치이다. (화를 다스리는 근본적인 수련은 도서출판 엠에스북스의 『마음호흡』의 「호흡편」에 자세하게 나와 있기 때문에 참조 바랍니다.)

한 번은 하동시장에서 시장을 보고 있는데 사람들이 많이 모여 있기에 무슨 일인가 봤더니 한 사람이 칼에 찔려 병원에 실려 가고 찌른 사람을 경찰이 막 잡아 가는 것이었다. 사람들에게 자초지종을 물으니 두 사람은 시장에서 장사하는 사람으로 한 사람은 정육점을 하고 한 사람은 바로 옆에서 과일 장사를 하는데 마침 그날 정육점에 싱싱한 소간과 천엽이 들어와서 과일 가게 아저씨와 소주를 한 잔 했는데 설악산 이야기를 하다가 정육점 주인이 설악산 높이가 1707m라 하고 과일주인은 1607m라고 서로 우기다가 격분한 나머지 과일가게 아저씨가 과도로 정육점 아저씨를 찔렀다는 이야기였다. 서로 모르는 사이도 아닌데 결국 상이 일으킨 화로 인해 칼로 찌르는 관계까지 가게 된 것이다."

상 짚기

"너희는 이 이야기를 쉽게 들어 넘길 일이 아니다. 화나는 상 하나를 깨치면 화가 90%까지 소멸되게 된다. 쉽게 말해 상을 깨치지 못하면 주화입마에 걸리는 것이다. 자신이 알고 있다는 한 생각에 집착함으로서 화가 생겨나 주인이 주인노릇을 못하니 마魔가 들어와 일을 저지른 것이다. 정육점 주인과 과일 주인이 아무리 우겨도 설악산 높이가 바뀌는 것은 아니다. 단지 두 사람의 상이 싸웠을 뿐이다. 그래서 화가 생기는 것은 다른 것이 아니라 상이 힘을 가지면 화가 되는 것이다.

앞에서도 말했지만 화가 날 때 화를 내는 것이 아니라 화나는 상을 보려고 해야 한다. 상을 보기만 하면 화는 저절로 없어진다. 정육점 주인이 과일집 주인의 말에 자신의 상을 내세우지만 않았어도 칼에 찔리는 일은 없었을 것이다. 또 맞다고 해 주어도 설악산이 변하지 않는 것을 알고 있었다면 이러한 사고는 없을 것이다. 결국 굳은 상 하나 때문에 서로에게 잊지 못할 상처를 남기게 된 것이다.

그러면 상은 무엇인가 하는 것이다. 상을 아무리 잘 설명해도 자신이 느끼지 못하면 안 된다. 어떤 사람은 상을 느낄 수 있는 방법을 설명하면 될 것이 아니냐고 하는데 방법을 설명해도 이해할 만한 느낌을 가지고 있지 않으면 이해 할 수 없기 때문이다. 여기 욕심이라는 글자가 있다. 글을 알지 못하는 아이에게 욕심이라는 단어를 아무리 잘 설명해주어도 모른다. 그러면 그 아이가 욕심이라는 단어를 이해하게 하기위해서는 무엇부터 해야 할까? 기역 니은부터 공부해야 한다. 기역 니은은 다시 아, 야, 어, 여를 만나 가가되고 나가 된다는 것을 깨칠 때 욕심이라는 단어를 이해하게 된다. 지금 너희에게 상과 화를 다스리라고 하면 화가 무엇인지도 모르는데 어떻게 다스리겠느냐고 되묻는다.

화를 다스리기 위해서는 기역, 니은부터 공부해서 단어를 이해하는 것처럼 숨을 통해 기운을 느끼고 감정을 느끼면 상이 무엇이라는 것과 화를 다스릴 방법이 무엇인지를 자연스럽게 알게 된다.

자연스럽게 알고 나면 일어나는 상을 상대에게 전할 것인가 말 것인가를 알게 된다. 그런데 이것을 구별하지 못하면 오히려 상대의 화가 칼과 창이 되어 돌아오게 되고 더 많은 아픔이 생겨나게 된다. 그래서 상과 화는 근본적으로 느끼고 다스릴 때만이 서로 아픔을 이해하게 되고 더 깊은 수련에 들어갈 수 있게 된다.

그리고 또 알아야 할 것은 스승이 상을 짚을 때에는 잘 수용해야 한다. 잘못 받아들이게 되면 화가 형성되어 스승과 제자의 관계가 끊어지게 된다. 내가 짚어나가는 데는 두 가지로 짚어나가는데 첫번째는 화를 나게 해서 관하는 방법이 그 하나이고 두번째는 스승과 대화를 통해 푸는 방법이 있다.

첫번째 화를 나게 해서 관하게 하는 방법은 조심해야 한다. 관觀 하는 수련이 되어 있지 않으면 자칫 자신과 상대에게 상처를 줄 수 있기 때문이다. 그러면 화를 어떻게 관하는 것일까? 관하는 방법은 마음호흡 하다보면 자연스럽게 터득되게 된다. (마음호흡하는 방법은 전편 책「호흡편」에 자세하게 나와 있기 때문에 참조하기 바란다.)

두번째는 스승과 대화를 통해서 푸는 방법인데 이것은 깊은 신뢰와 믿음이 있어야 한다. 신뢰와 믿음이 없는 대화는 결국 잘못된 스승과 제자의 관계가 되어 세속적인 대화만 하게 되고 수련은 더 이상 깊어지지 않는다. 자신이 가지고 있는 모든 것을 스승에게 보여주고 깰 때 성인과 같은 화를 내게 된다. 성인이 내는 화는 꽃과 같다. 성인이 내는 화는 쓰레기통을 비우는 것처럼 화가 사라지지만 너희가 내는 화는 시간이 지나면 원수가 되어 원망만 깊어진다는 것이다. 그래서 스승이 상을 짚을 때 신뢰와 믿음으로 수용하여 상과 화를 다스리게 되면 진정으로 깊어지고 넓어져 참 삶을 살게 될 것이다."

숨과 행법

자연치유력

"사람들은 호흡을 하면서 호흡의 중요성을 잘 모르고 있다. 그래서 간단하게 왜 중요한지에 대해서 설명하겠다. 음식을 먹을 때 깨끗하고 정갈한 것을 먹으면 건강해진다. 반대로 상한 음식을 먹으면 식중독이나 대장염에 걸려 많은 고생을 한다. 숨도 마찬가지라 생각한다. 정갈하고 바른 숨을 쉴 때 생기가 돌고 활기차게 되는데 바른 숨이 아닐 때는 아무리 음식을 잘 먹어도 몸은 천근만근이게 된다.

그러면 바른 숨은 무엇인가 하는 것이다. 무작정 숨을 쉰다고 해서 되는 것은 아니다. 원래에는 바른 숨이었는데 화내고 스트레스 받으며 점점 뜨기 시작하여 잘못 되어진 것이라고 말하면 별것 아니네! 라고 생각하는 사람도 있다.

여기서 너희는 주의 깊게 느껴야 한다. 화가 날 때 쉬어지는 숨과 화가 나지 않았을 때 쉬어지는 숨이 다르다는 것이다. 화가 날 때 쉬는 숨은 화가 나지 않았을 때 쉬는 숨보다 몸에 미치는 영향이 크다. 눈으로 볼 때 별 영향이 없는 것처럼 보이지만 몸은 정확하게 느끼고 있다. 그러면 어떤 숨이 바른 숨일까! 하는 것이다. 문자를 써가며 거창하고 특별하게 표현할 것이 아니라 가장 쉽고 바르게 알려주겠다.

봄에 피는 어린잎은 순하고 부드럽지만 여름과 가을을 거치면 점점 억

세져 가을에 떨어진다. 이 낙엽처럼 너희도 태어날 때에는 거의 완벽에 가까운 숨을 쉬지만 세월이 흐르면서 굳어지고 병든 숨을 쉬게 된 것이다. 그래서 태어나자마자 쉬는 숨이 가장 바른 숨이다. 바르지 않는 숨은 기를 흩어지게 하여 조금만 다녀도 기진맥진한 몸을 만들게 된다.

너희는 숨을 바로 잡아야 한다. 바로잡지 못하면 많은 것을 잃게 된다. 바로 잡기 위해서는 간난아이가 쉬는 숨을 잘 관찰해 보면 알 수 있다. 간난아이의 숨을 관찰하라는 것은 가장 바른 숨이기 때문이다. 간난아이의 숨을 보면 단전호흡을 하고 있다는 것을 알 수 있다. 배로 호흡한다는 것이다. 배로 쉬는 단전호흡이 가장 바른 호흡이자 근본의 호흡이다. 너희는 이 단전호흡으로 돌아가는 것이 살 길이다. 화의 호흡은 단전호흡을 흐트러지게 하고 힘을 써지 못하고 항상 기진맥진하여 살게 된다. 지금 쉬고 있는 호흡을 단전호흡으로 바꾸면 내 몸에 생기를 극대화할 수 있다. 특히 자연치유력을 극대화하여 지병을 좋아지게 할 수 있다.

단전호흡을 열심히 한 사람들을 보면 처음에는 별것 아니라고 생각한다. 몸이 점점 좋아지고 나면 '아! 약보다 낫다.'고 한다. 처음에는 기운이 이것이다. 호흡이 이런 것이라 느껴지지는 않지만 열심히 하면 기혈이 열리고 생기가 살아 몸과 마음이 많이 좋아지는 것을 느끼게 된다."

행선법

"또 너희가 알아야 할 것은 호흡과 기맥을 바로잡기 위해서는 어떠한 따름이 있어야 하는데 그 따름이 행선법이다. 행선법은 왜 행하느냐 하면 내가 알지 못한 경락과 기운이 한 숨도 쉬지 않고 흐르고 있기 때문에 이것을 순리에 맞추어 흐르게 할 수 있는 방법이 행선법이기 때문이다.

모터가 돌아갈 수 있는 것은 안에 수많은 코일이 감겼는데 그 코일에 전기를 흐르게 하면 엔극과 에스극이 만들어지고 서로 밀며 회전을 하는 것이다. 그러나 코일이 잘못 감겼거나 끊어지면 모터가 돌아가지 않는다. 이와 같은 현상이 내 몸에서 일어나고 있다. 경락을 통해 화기와 수기가 유통되면 혈이 맑아지고 활기차게 흘러 몸과 마음이 좋아지게 된다. 너희는 이 흐름을 잘 알아야 하는데 화와 스트레스로 자꾸 흐트러지게 하고 있으니 답답하다. 모터가 잘 돌다가 돌지 않으면 반드시 원인이 있는데 그 원인을 모르고 더욱 혹사시키니 결국 모터는 정지하는 것이다. 머리가 아파오는데 왜 아파오는지도 모르고 단지 통증만 없애다보니 결국 고생하다 죽는 것이다.

몸에 대맥, 중맥을 돌리고 운기 하는 것은 정지해 가는 모터를 청소하는 것처럼 경락을 청소하고 기공을 열어주자는 것이다. 그러면 청소는 어떻게 해야 할까? 처음 누워 숨 자리 잡기를 하고 숨 자리 잡기가 끝나면 행선법으로 들어가면 된다. 모터를 고치는데 있어서 먼저 케이스를 뜯고 모터선이 어떻게 됐는지를 확인하고 순서에 맞게 고치면 된다. 뒤죽박죽 해서는 고칠 수 없다.

호흡 하나하나를 정성들여 할 때에 한 단계 한 단계가 올라가게 된다. 다소 지겹다는 느낌이 있더라도 열심히 하다보면 하단전에 축기가 되고 이 축기를 기본으로 와선, 좌선, 입선 심공으로 들어가면 많은 변화를 경험하게 된다. 그런데 대부분 열심히는 하지 않고 잘 되기만을 바라고 있으니 잘 되는 것도 없고 느껴지는 것도 없는 것이다.

나는 이 수련을 통해 많은 것이 달라졌기 때문에 열심히만 하면 된다고 생각한다. 호흡으로 달라진다는 것만 깨치면 모든 것이 다 바뀐다. 젊은 사람이 깨치면 잘 사는 방법을 터득하게 되고 나이 많은 어른이 깨치면 잘 죽는 방법을 터득하게 된다. 또 결혼하지 않는 사람이 깨치면 배우자를 잘 선택하게 된다. 사람들은 이야기한다. 돈 잘 벌고 명예까지 있으면 그만큼 좋은 배우자가 어디 있느냐고 하지만 진짜 모르는 소리이다. 결혼이 무엇인가! 영과 영이 맺어지는 것이 결혼이다. 돈과 명예를 보고 결혼한다면 정말 착각이라고 말해주고 싶다. 돈과 명예를 보고 결혼을 했는데 정작 말이 안 통한다면 그만큼 답답한 것은 없다. 반면에 영이 통하는 사람과 만나게 되면 자장면 하나를 먹어도 행복을 느낄 수 있다.

그래서 행선법을 열심히 하게 되면 모든 것이 바로 보이고 시시비비가 일어나지 않게 된다.”

숨을 정성스럽게 들이쉬고 내쉬면

“요즘 사람들은 잘 사는 방법을 모르고 있다. 무조건 있는 것을 과시하고 명품을 걸치는 것이 잘 사는 것이라고 생각하지만 착각이다. 내가 생각하는 잘 사는 방법은 자신을 볼 수 있는 수련적인 방법이 제일이라고 생각한다. 이렇게 말하면 꼭 수련적인 것 밖에 없는 것입니까 라고 묻는 사람이 있다. 꼭 수련만이 자신을 볼 수 있다고 생각하지는 않는다. 단지 다른 것보다 더 빠르고 정확하게 할 수 있기 때문이다. 고기를 잡기 위해서는 물에 들어간 사람이 잡을 확률이 제일 높다. 그런데 물에도 들어가지 않고 물의 온도는 몇 도이고 물의 성분은 무엇이며 수심의 깊이는 얼마이고 따지다보면 한 마리라도 잡을 수가 없다. 단지 너희는 물속으로 들어가 물도 좀 먹고 하다보면 저절로 물고기를 잡게 된다. 지식과 이론으로 하는 것보다 그 속으로 들어가 있다보면 알게 된다. 나처럼 배운 것도 없고 돈도 없지만 누구보다도 행복하게 잘살고 있다.

숨을 정성스럽게 들이쉬고 내쉬면 기를 느끼게 되고 기를 느끼면 상대의 감정이 무엇인지를 느끼게 되어 서로 이해하게 된다. 나는 이 이해가 행복의 조건이라 생각한다. 내면에서 일어나는 감정의 흐름을 알고 있으면 상대의 감정을 저절로 알게 된다. 모두가 상대를 모른다는 것은 자신이

허하고 떠있기 때문이다. 자신을 깊게 알면 상대의 마음을 깊게 이해하게
된다.

또 본성까지 알게 되면 현생에 무슨 인연으로 와서 어떤 공부를 해야
하는지를 알고 언제 죽을지를 알게 된다. 이것은 가능한 일이다. 내가 하
고 싶은 말은 호흡을 정성 속으로 넣어 우러나게 하면 삶이 행복하게 된
다. 이 행선법은 전체적인 안목과 내면의 깊음을 느끼게 하는 수련이다.
몸을 살리고 마음을 살려 깊고 깊은 깨달음을 얻고자 노력해야 한다."

병과 자연의 이치

병은 자연의 브레이크

"오늘은 치유기공 수련을 간단하게 설명하고 수련에 들어가겠다. 치유기공이란 어떤 아픔과 병을 기운으로 좋아지게 하는 것을 말한다. 기를 통해 병을 낫게 하고자 하는 수련이다. 그리고 치유기공을 하기 전에 먼저 알아야 될 것이 있다. 병이라는 것이다. 병 자체를 이해하지 못하면 치유기공 수련에 들어갈 수 없다. 병은 자연의 이치를 벗어났을 때 생기는 것이다. 병은 자연의 브레이크이다. 탐내고 화내다보니 자연의 흐름은 깨어지고 깨어진 틈으로 병이 생기는 것이다. 갈라진 벽사이로 찬바람이 들어오듯이 말이다. 병은 욕심을 보는 거울이기도하다. 거울을 통해 옷맵시를 다듬는 것처럼 병을 통해 욕심을 다스려야 한다. 욕심은 병의 결정체이기 때문이다. 그래서 욕심을 줄이는 것이 병을 줄이는 것과 같다.

그리고 병은 항상 아픔을 수반隨伴(어떤 것과 더불어 생김.)한다.

그러면 아픔은 왜 생길까! 아픔은 자동차의 브레이크와 같이 지금 하고 있는 모든 것을 멈추고 보호하라는 자연의 신호이다. 그런데 너희는 이 통증과 아픔을 무시하고 계속 행함으로서 죽음을 맞이하는 것이다. 또 병을 낫게 한다는 것이 통증만 없애려고 한다. 그러다 보니 더 깊은 병에 시달리고 있다. 병을 세밀하게 따져보면 화, 욕심, 자존심, 열등감 등을 오래 지속 할 때 생긴다는 것이다. 아무 이유 없이 병이 생기는 것 같지만 병은 반드시 어떠한 작용에 의해 생기는 것인데 이 작용을 우리는 생각지도 않고 있다.

병의 근본을 살펴보면 전부 마음에 있다. 마음을 중심으로 기가 형성되는데 이때에 욕심, 자존심, 열등감 등이 자극을 주면 기氣가 화로 바뀌어 몸을 자극하고 자극 받은 몸에 병이 생기는 것이다. 결국 병이라는 것은 화와 욕심으로부터 시작된다.

특히 암, 치매, 중풍과 같은 질병이 있는 사람들의 공통점이 내성적이면서 화가 많고 자기 고집을 꺾지 못해 가슴에 쌓아 놓다가 그러한 병에 걸리는 것이다. 그러나 너희 몸에서 나타난 병을 다스리기보다는 병이 나타나기 전에 먼저 마음을 다스리고자 하는 것이 치유기공 수련이다. 기가 나빠지기 전에 마음을 다스려서 기를 활기차게 하자는 것이다.

치유기공 수련을 하는 방법은 먼저 내 몸에 단전이라는 곳을 찾고 그곳에 정精을 축기하고 축기한 정을 운기 하여 아픈 부위를 유통하게 되면 아픈 부위가 호전되게 된다. 이렇게 말하면 모르는 사람들은 별것 아니라고 말하지만 경험해 본 사람은 약보다 더 빠르게 낫는다고들 말한다. 이것은 정이 곧 자연치유력이기 때문이다."

마음에 생긴 상처는

"그 다음은 정에서 마음으로 가는 감정의 흐름을 알아야 한다. 정에서 마음으로 가는 흐름을 느낄 수 있는 수련이 마음선법이다. 마음선법 수련이 될 때만이 병으로부터 완전히 자유로워지게 된다. 사람들은 이 마음선법 수련을 잘 모르고 있다. 또 어렵다고 하여 무조건 종교나 기타 신앙에만 매달려 마음을 치유하려고만 한다. 마음선법을 가장 잘한 사람은 석가와 예수이다.

석가와 예수는 마음의 상처를 낫게 한 사람이다. 너희는 몸에 난 상처와 마음에 난 상처를 구분해야 한다. 몸에 난 상처는 치료를 잘 하면 낫지만 마음에 난 상처는 병원치료로는 잘 낫지 않는다. 그래서 너희는 마음에 난 상처를 치료하고자 석가와 예수를 찾는 것이다.

그러면 마음에 상처가 왜 생기는 것인가 하는 것이다. 마음의 상처는 다른 것이 아니다. 진정으로 믿은 마음이 깨어졌을 때, 진정으로 사랑했는데 배신을 당했을 때 깊은 상처가 생긴다. 또 열등감, 자존심, 나라고 하는 상들이 마음의 상처를 나게 한다. 너희는 이러한 마음의 상처를 치료하기 위해서는 무엇을 해야 할까? 마음에 생긴 상처는 사랑, 이해, 수용, 믿음, 보시가 상처를 아물게 하는 치료약이 된다. 몸에 정을 쌓아 몸을 치유하고 다시 몸의 기맥을 따라 유통하여 정을 감성으로 바꾸어 마음을 치유하자는 것이다. (이 치유법은 『마음호흡』 「호흡편」에 나와 있음.)."

치유하는 방법

"오늘은 정에서 몸으로 이어지는 기적인 유통을 통해서 아픔을 치유하는 방법을 배워보도록 하자. 이 방법이 아픔을 해결할 수 있는 것은 첫째, 안 좋은 부분이 아프다는 것은 세포와 세포를 이어주는 신경이 원활하지 못하기 때문에 아픔이 생기는 것이다. 이 신경을 원활하게 유통시켜 주는 힘을 자연치유력이라 한다.

그러면 자연치유력은 무엇인가! 하는 것이다. 자연치유력은 글자 그대로 원래의 상태로 돌아가는 힘을 말하는 것이다. 기의 흐름이 활발할 때에는 치유력이 증강하지만 기의 흐름이 약해지면 치유력이 떨어진다. 자연치유력을 극대화하기위해서는 정을 충만하게 해야 한다. 하단전의 정을 안 좋은 부분으로 운기 하게 되면 신경이 살아나고 원활하지 못했던 기의 흐름이 좋아지게 된다. 그리고 치유할 때에는 기의 회전방향을 잘 알아야 한다. 이렇게 말하면 무슨 기 유통에 회전이 필요 하느냐고 반문하는 사람도 있다.

지구가 태양을 중심으로 회전을 하고 물은 지구를 중심으로 회전을 하고 생명체는 물을 중심으로 회전하면서 생명을 유지하고 있다. 너희 주위만 보더라도 모든 것이 회전하고 있다는 것을 알 수 있다. 수증기가 올라가서 비로 다시 내려오고, 동물들의 먹이 사슬이 회전을 하고, 먹은 음식이 위장, 소장, 대장을 거처 항문으로 나오는 이것이 회전이다. 회전하지 않는 것은 진화되지 못해서 멸종하게 된다. 그래서 우리 병도 회전시켜 줌으로서 훨씬 빠르게 낫게 할 수 있다. 너희 손을 한 번 들어보아라! 손가락 하나를 펴고 오른쪽으로 돌리면 안으로 모여든다는 느낌이 들고 왼쪽으로 돌리면 풀린다는 느낌이 들것이다. 이게 자연의 회전현상이다.

암나사와 수나사가 그냥 만들어진 것이 아니다. 암나사와 수나사가 서로 회전하여 조이게 되면 아주 강한 힘이 생기는 것처럼 기맥을 자연 회전방향에 맞추어 순일하게 돌리게 되면 축기가 훨씬 강해진다는 것을 알 수 있다. 그런 반면에 중단전의 축기는 반대방향으로 회전시켜 얽히고설킨 것을 푼 다음 다시 자연의 회전방향으로 축기하면 된다. 왜 반대 방향으로 회전시킨 다음 다시 원래의 방향으로 회전시키느냐하면 맺힌 마음 때문이다. 알게 모르게 맺혀있는 마음은 나사를 꽉 조여 놓은 것처럼 조여 있기 때문에 먼저 푼 다음 다시 이치에 맞게 조여 줄 때 근본의 쓰임이 되는 것처럼 원래의 순한 마음으로 돌아가기 위해서이다.

그래서 기 회전을 어떻게 하느냐에 따라 많은 현상이 일어나게 된다. 푸는 것과 조이는 것을 잘 알고 기운을 유통해야 한다. 기맥이 그냥 돌아가는 것 같지만 생명이 살기위한 회전이기 때문에 이치에 따라 몸을 풀고 마음을 열어 세상의 빛이 되었으면 한다."

DNA

생명의 본질을

"나는 하루에 한 번씩 내 방을 닦는다. 알게 모르게 지저분해지기 때문이다. 지저분함을 그대로 두면 더 지저분해진다. 세상에 살면 살수록 깨끗해지는 것은 없다. 그래서 매일같이 청소를 하는 것이다. 매일같이 쓸고 닦음으로 해서 맑고 밝게 살 수 있는데 너희는 이것을 모르고 온갖 지저분함 속에서 살고 있다. 감정을 닦고 몸을 닦고 마음을 닦아야 한다. 요즘 사람들은 겉은 화려하고 깨끗해 보이는데 내면은 왜 그렇게 지저분한지 모르겠다. 겉이 아무리 깨끗해도 안이 깨끗하지 못하면 결국 지저분해진다.

잎과 줄기를 아무리 깨끗하게 해도 뿌리가 튼튼하지 못하면 결국 잎과 줄기는 생기를 잃고 만다. 쇠 또한 강하다고 하지만 결국 자신이 내는 녹 때문에 쓰러진다. 그래서 수련한다는 것은 자신의 내면을 청소하고 닦는 것이다. 그래서 항상 내 안을 살피고 청소해야 한다. 무슨 물건이든 사는 것과 동시에 헌 것이 된다. 쓰면 쓸수록 새 것이 되는 것은 없다. 만들어지는 것과 동시에 원래의 상태로 돌아가는 것이다. 세상 모든 것이 원래의 상태로 돌아가는 것이 진리이다. 그러나 수련은 원래의 상태로 돌아가는 것이 아니라 더 맑고 밝음으로 가고자 함이다. 생명은 항상 더 나음을 위해 진화한다. 그런데 더 나음으로 가지 못하는 것은 욕심 때문이다.

수련은 특별한 것을 하자는 것이 아니라 욕심을 닦자는 것이다. 욕심을 닦으면 저절로 맑아지고 밝아지게 된다. 자연에 있는 모든 생명체는 더 나음으로 진화하고 욕심으로 진화하지 못한 것은 멸종하게 된다.

그리고 사람이 이렇게 맑아질 수 있었던 것은 바로 과학의 발전 때문이다. 과학의 발전이 없었으면 나약하기 짝이 없는 인간은 멸종했을 것이다. 그런데 너희가 알아야 할 것은 밖의 과학은 눈부시게 발전을 거듭했지만 그 과학을 사용하는 마음이 발전하지 못했다는 것이다. 그러니 이렇게 많은 전쟁이 일어나고 서로를 불신하고 죽이고 있는 것이다.

나는 경고한다. 이 발전된 과학을 바로 쓰기위해서는 마음을 발전시켜야 한다. 이것만이 너희가 살길이다. 발전된 과학을 오감 채우는 데만 사용하고 있으니 이렇게 많은 욕심과 속임이 생겨나는 것이다. 지금은 속임이 아니라 참 마음을 깨어나게 해야 한다. 깨어나지 못하면 아이에게 더 많은 고통을 주게 된다. 지금 잘 먹고 잘사는 방법이 아니라, 더 행복하고 더 깨달을 수 있는 마음을 일러주어야 한다. 마음이 진화할 수 있는 방법을 가르쳐 생명의 본질을 깨닫게 해 주자는 것이다."

디엔에이와 욕심

"한 TV에서 패션쇼를 하는 것을 보고 정말 예쁘고 화려하다고 생각했다. 밖을 예쁘고 화려하기 위해 많은 돈과 시간을 투자하면서, 자신의 내면은 무엇이 있는지조차 모르고 욕심과 집착으로 사는 것을 보면 답답한 마음이 든다.

또 어른들은 나이 많은 아이로 돌아가고 있다. 밖의 화려함은 오래가지 못한다. 너희는 빨리 내면을 청소할 수 있는 방법을 터득해야 한다.

계단에 떨어진 종이 한 장을 희승이가 주워 나에게 주었다. '기쁜 소식'이라는 작은 회보였는데 내용은 하나님 믿는 마음을 가지면 하나님의 디

엔에이가 생겨나 하나님 백성이 되고 하나님을 믿지 않으면 악마의 디엔
에이가 생겨나 악마의 행동을 한다는 내용이었다.

그 내용을 읽으며 참 답답하다는 생각이 들었다. 또 그 밑의 내용은 실
내 체육관에 만 명이 넘는 인원이 몰렸고 참회하고 하나님을 믿을 수 있는
사람이 많아졌다는 이야기였다. 그리고 하나님을 믿지 않는 악마는 죽어
야 하고 하나님을 믿는 자신들은 더 많은 복을 받을 것이라 한다. 이것만
큼 무식한 믿음은 없다. 하나님을 믿음으로서 디엔에이가 변하는 것이 아
니라 정자와 난자가 만나 스스로 그러한 자연의 이치에 따라 서로 도우고
의지하며 눈, 코, 귀, 입이 생겨나 밖의 느낌을 받아들이며 삶을 사는 것인
데 하나님을 믿으면 디엔에이가 바뀐다는 것은 말도 안 되는 소리이다. 세
포와 세포를 전자 현미경으로 크게 확대해보면 공간이 비어있다. 그 비어
있는 공간으로 어떠한 하늘 기운이 한 숨도 쉬지 않고 들어오고 나가고를
반복하며 사는 것이다.

그리고 또 엄격하게 따지고 보면 하나님을 향한 믿음이 나를 진정으로
행복하게 한다면 그 행복이 세포를 좋아지게는 할 수 있다. 그런데 하나님
의 디엔에이가 생긴다는 것은 과장된 말인 것 같다. 디엔에이가 나빠지는
것은 바로 욕심 때문이다. 욕심을 내면 신경이 자극을 받고 다시 신경이
세포를 자극하여 몸을 병들게 하는 것이다. 그래서 내면을 닦고 청소한다
는 것은 다른 것이 아니라 이 욕심을 없애는 것이다. 지금 몰라서 그렇지
60조의 디엔에이가 하나로 연결되어 있다. 이 연결은 스스로 항상 그러한
흐름에 의해 움직이기 때문에 순리와 이치에 따르면 되는데 욕심과 집착
으로 흩어지게 하니 모든 것이 어긋나는 것이다. 그래서 순리와 이치에 따
를 수 있도록 도와주어야 한다.

또 알아야 할 것이 욕심과 집착이 강해지면 세포들이 긴장하고 변하여
병이 된다. 내가 하고 싶은 말은 화내고 신경 쓰고 욕심내는 모든 것이 병
의 원인이다. 반면에 부드럽게 순리에 따르면 모든 것이 살아난다.”

세포 하나하나가

"00 교도소에 강의를 처음 갔을 때 부담이 많이 되었다. 너희가 알기로는 죄질이 나쁜 수용자만 있는 줄로 알고 갔는데 막상 가보니 너무 순진하고 선하더라는 것이다. 처음부터 죄질이 나쁜 사람은 없다. 대부분 순간의 화를 참지 못해 청송까지 오게 된 것이다.

너희는 화를 잘 다스려야 한다. 화를 잘 다스릴 때 몸이 순해지고 마음이 순해져야 천사가 된다. 이렇게 천사가 될 때에 진정한 천사가 되는 것이지 말로는 천사가 되지 않는다.

화는 내 안을 지저분하게 하지만 잘 다스리게 되면 60조나 되는 세포를 어루만져서 나를 좋아지게 한다. 세포를 따뜻하고 온화하게 어루만질 수 있는 수련을 해야 한다. 명문에서 단전으로 호흡하면 에너지가 살아난다. 단전호흡을 1~2개월 하면 화가 잘 나지 않는 다는 것을 몸으로 느낄 수 있다. 이렇게 느낄 수 있는 것은 숨으로 세포를 어루만졌기 때문이다. 이 어루만짐을 통해 기공을 열어줘야 한다.

앞에서도 말했지만 디엔에이 구조를 보면 구멍이 많이 있다는 것을 알 수 있다. 갑자기 화를 내거나 열을 받게 되면 디엔에이의 구멍이 순간적으로 수축되어 기의 흐름을 막아버린다. 기의 흐름이 원활하지 못하면 경직되고 굳어져 아픔을 느끼게 된다. 아픔이 생겼다는 것은 그 곳을 보호하고 열어주라는 것인데 무시함으로서 더 큰 병에 시달리는 것이다.

이것만큼 어리석은 것도 없다. 수련은 아프기 전에 다스리자는 것이다. 이것이 제일가는 치유방법이다. 명문에서 단전으로 호흡하면 모든 기능이 살아나고 좋아지게 된다. 또 기능이 살아나면 영을 성장시켜야 한다. 디엔에이의 조직도를 보면 서로 연결되어 각자 진화한다는 것을 알 수 있다. 세포 하나하나가 영을 가지고 있다는 뜻이다. 이 모든 영을 통틀어 우리는 정신이라고 한다. 너희는 정을 다스리고 승화시켜 세포 하나하나를 진화시켜야 한다. 그런데 하나하나 연결된 기운이 욕심과 집착으로 탁해져 자라지 못하는 것이다.

할머니 할아버지를 보면 모두가 나이든 어린아이가 되어 있다. 이것은 영이 자라지 못했다는 증거이다. 나이가 들면 영도 함께 자라야 한다. 나이가 들면 들수록 깊어지고 넓어져야 하는데 그렇지 못한 것은 교육의 문제, 종교의 문제, 물질의 문제, 기타 많은 문제들 때문이다. 너희는 이 문제를 바로 잡아야 한다. 또 나 혼자 바로 잡는 다는 것은 어려운 일이다. 너희의 진실한 마음과 도움이 필요하다."

영을 자라게 해야

"그래서 이 진실함을 느끼고 만들기 위해 수련하는 것이다. 진실은 먼데 있는 것도 아니고 학습을 통해서 얻어지는 것도 아니다. 진실은 실천이자 경험에서 느껴지게 된다. 단전에서 명문, 명문에서 단전으로 충실하게 실천할 때에 기를 경험하게 된다. 행하고 행하는 가운데에 느껴지는 것이 진정한 진실이다. 정갈하게 열심히 호흡해 주면 정과 영이 무엇인지를 저절로 알게 된다.

단전호흡의 가장 처음은 기를 느끼는 것이다. 호흡을 통해 기를 만들고 이 기를 가지고 몸과 마음을 닦아 영을 자라게 해야 한다. 나는 목욕탕갈 때 꼭 가지고 가는 것이 있다. 떼미는 타월이다. 손으로 떼를 밀면 깨끗하게 밀리지 않지만 떼 타월로 밀면 깨끗하게 밀 수 있기 때문이다. 보약과 건강식품을 먹는 것은 맨손으로 떼를 미는 것과 같은 것이며 기운으로 몸과 마음을 다스린다는 것은 타월로 떼를 미는 것과 같은 이치이다. 기운으로 대맥을 유통하고 중맥을 유통하고 용천을 유통하고 장심을 유통하고 인당을 유통하면 저절로 몸과 영은 자연스럽게 좋아지고 자라게 된다. 이

것이 진정한 기 수련이자 나를 살리는 방법이다. 청소할 때 눈앞만 깨끗하게 한다고 해서 모든 청소가 끝난 것은 아니다. 진정한 청소는 흩어진 물건 하나하나를 원래의 상태로 돌려 놓을 때 진정한 청소가 된다.

한 번은 밖에서 손님을 만났는데 갑자기 나의 움막에 가보고 싶다고 하는 것이다. 그래서 희승에게 손님을 모시고 간다고 하고 움막에 도착해 보니 움막이 말끔하게 정리가 되어 있었다. 손님은 차와 과일을 먹고는 돌아갔다. 희승아, 정말 깔끔하게 청소를 잘 했다고 칭찬을 하고보니 한 구석에 이불이 덮혀 있기에 들어보니 모든 지저분함이 이불에 가려져 있었다. 이불에 덮혀 있던 잡동사니를 희승이와 정리하는데 한 생각이 떠올랐다. 지금 너희 모습이 이와 똑같이 닮아있다는 것이다. 모든 문제를 근본적으로 해결하는 것이 아니라 막연하게 덮으니 문제없는 것처럼 보이지만 언젠가 폭발하게 되고 해결해야 한다는 것을 명심해야 한다. 그래서 기를 안다는 것은 근본을 닦는 일이며 약과 보약을 먹는다는 것은 막연하게 덮어버리는 것과 같다.

지금 마음호흡과 단전호흡을 하는 것은 기의 걸레로 몸과 마음을 청소하고 있는 것이라 생각하면 된다. 이 청소를 게을리 하면 결국 몸은 탁해져 병들고 마음은 관념과 상으로 상처받아 돌과 같은 감정이 된다. 너희는 돌과 같은 감정을 녹여야 한다. 감정이 녹으면 세포는 더욱 활기를 찾고 영과 얼이 성숙되게 한다.

영과 얼이 성숙되게 되면 선과 악을 구별하지 않는다. 그런데 선과 악을 구별한다는 것은 모순이다. 나의 입장에 서면 선이 되지만 상대의 입장에서 보면 악이 될 수도 있기 때문이다. 기독교의 선, 불교의 선, 유교의 선이 다른 것은 모두가 자신의 입장에서 보기 때문이다. 기독교의 사랑, 불교의 사랑, 유교의 사랑이 다르지 않다."

진정한 변화

"선도수련은 선과 악을 구별하는 것이 아니라 영과 얼이 자랄 수 있는 근본 느낌을 찾게 해준다. 이 느낌으로 불교의 근본을 알면 되는 것이고 기독교의 근본을 알면 되는 것이다. 이 이상 가는 것도 없고 이하 가는 것도 없다. 그래서 마음호흡과 단전호흡은 중용이며 자신을 가장 깊게 알 수 있는 근본적 수련이다.

이 수련을 하면서 확실하게 느낀 것은 내가 변하면 상대가 변한다는 것이다. 모든 사람들은 상대가 변해야 내가 변한다고 생각한다. 진정한 변화는 나로부터 시작해야 한다. 나의 변화는 호흡으로 시작해야 하고 호흡은 기로부터 기는 마음으로부터 마음은 업으로부터 시작되어야 한다. 현재에 겪고 있는 모든 일이 업의 시작이기 때문에 한 마음으로 받아들이면 마음이 순해지고 마음이 순해지면 기가 맑아지고 기가 맑아지면 나와 만나고 있는 모든 사람이 달라진다. 이것이 단전호흡과 마음호흡의 흐름이다.

그리고 또 알아야 할 것이 업으로부터 시작되는 감정이다. 아이가 태어나자마자 감정을 가지는 것은 아니다. 전생과 현생의 업의 인연으로 생겨나기 때문에 이것을 깨치고 순하게 받아들이면 업이 소멸되어 삶이 달라진다.

그래서 수련으로 자신을 닦아 자식에게 바름을 전해주어야 한다. 그런데 업으로 받은 관념과 상을 닦지 못한 상태에서 아이에게 전달되면 아이는 또 부모로부터 받은 업을 되풀이 하며 살게 된다. 이 되풀이를 과학적인 용어로 유전이라 한다. 유전은 항상 더 나음으로 진화를 하는데 한 생각이 막히고 탁해져 더 나음으로 진화하지 못하고 원망하고 남을 해치는 유전으로 결국 더 많은 고통을 겪게 되는 것이다. 업의 전달을 너희는 깊게 깨달아야 한다. 이것을 깨닫지 못하면 자멸하고 만다.

지금 감정과 마음이 항상 상대에게 전달되고 있다는 것을 명심해야 한

다. 나무도 한 해를 살면 더 나은 유전자를 씨앗에 넣어 그 다음 해에 자라
게 한다. 너희도 아이를 낳아 기른다는 것을 깊게 생각하고 무엇을 전해
줄 것인가를 생각해야 한다. 지금은 누구보다도 강하게 키운다는 것이 누
구보다도 상처를 깊게 주고 있다. 어떻게 해야 할지를 모르기 때문에 그런
것이다. 이 닦음은 누구도 대신해 주지 않는다. 내 스스로가 닦지 않으면
되지 않는다. 닦음의 첫발은 호흡부터 시작해서 근본까지 닦아야 한다. 그
렇게 닦으면 마음이 바뀌고 삶이 바뀌게 된다. 마음이 바뀌면 생각이 바뀌
고 생각이 바뀌면 행동이 바뀌고 행동이 바뀌면 삶이 바뀌게 된다.

알겠느냐?”

욕심에 대해

욕심을 어떻게 느낄 수 있을까

"오늘은 욕심에 대해 생각해 볼까 한다. 어떤 일을 할 때 사심私心 없이 하게 되면 모든 것이 좋은 쪽으로 가지만, 욕심을 부리게 되면 무엇인가 틀어지고 꼬여 잘 되지 않는 다는 것을 한 번쯤은 경험 했을 것이다. 욕심은 특히 수련과 마음공부에 많은 방해가 된다.

그런데 너희는 이렇게 많은 방해를 받으면서도 욕심이 뭔지를 모르고 있다.

욕심이라고 하면 대부분의 사람들이 물질이라고 생각하고 탐하지 않아야겠다고 생각한다. 또 어떤 사람은 욕심 없이 어떻게 삽니까! 라고 반문하는 사람도 있다. 그래서 내가 생각하는 욕심과 너희가 생각하는 욕심이 무엇이 다른지를 한 번 짚어보자!

욕심을 여러 가지 각도에서 접근해야 한다. 굶주린 배를 채우기 위해서 노력하는 것은 욕심이 아니다. 쉽게 말하면 사자가 배가 고파서 사슴을 잡는 것은 욕심에 의해서 잡은 것이 아니다. 살려고 하는 어떤 생존 본능적인 행위에 서오는 자연의 이치일 뿐이다. 그리고 동물들은 배가 부르면 절대 사냥을 하지 않는다.

그래서 너희가 일정한 돈을 모으기 위해 노력하는 것, 또 남편과 아이가 잘되기를 바라는 마음, 이런 생각들은 욕심이 아니라, 더 좋은 관계를 유지되기 위해서 일으키는 본능적인 자연 현상일 뿐이다.

　그러면 욕심이 뭐냐? 하는 것이다. '욕심은 오관을 즐겁게 하기 위해 내는 생각과 마음'을 말한 것이다. 나의 재미를 위해 약한 사람을 괴롭힌 다든가 내가 가지고 있는 것이 충분한데도 더 가지려고 하는 마음이 욕심 이다.

　그리고 욕심은 스스로가 잘 느끼지 못한다. 욕심은 항상 자기합리화에 의해서 이루어지기 때문이다. 그러면 이 합리화 된 욕심을 어떻게 느낄 수 있을까 하는 것이다. 우리가 흔히 하는 말 중에 분수에 넘치다, 분수를 모 른다, 분수를 지키다 등의 말이 있다. 분수를 알면 욕심의 선이 무엇인지 를 깨치게 된다. 지금 이 탁자 위에 이렇게 선을 그어 놓으면 이쪽과 저쪽 이 생겨나 자신이 어느 쪽으로 넘어가는지를 알게 되지만 선이 없으면 무 엇이 이쪽인지 저쪽인지를 모르게 된다. 그래서 이 선을 확고하게 나누어 야 한다. 단지 배가 고파서 먹으려고 하는 것과, 더 많이 가지기 위해 내는 마음을 깨쳐 선을 긋는 것이 분수이다.

　그런데 대부분의 사람들은 이 분수의 선을 모르고 있다. 안다고 하더라 도 이 선을 자신을 합리화 하는 쪽으로만 끌어가려고 한다. 자기의 쾌락, 자기의 명예, 자기의 이상 쪽으로만 유리하게 하려고 하는 마음이 곧 욕심 이다. 너희는 유리하게 하려고 하는 마음을 깊게 느껴야 한다. 이것을 깊 게 느끼지 못하면 결국은 욕심 때문에 마음과 몸이 병들게 된다."

욕심의 뿌리는

　"그러면 욕심의 뿌리는 무엇인가 하는 것이다. 욕심의 근본 뿌리는 수 면욕과 식욕과 성욕, 이 세 가지가 가장 근본적인 뿌리이다. 이 세 가지의 뿌리를 통해서 만들어지는 줄기가 바로 물질이다. 물질은 수면욕도 채우고 식욕도 채우고 성욕도 채울 수 있기 때문이다. 그래서 우리는 물질을 가지기 위해서 앞뒤 가리지 않고 행동하는 것이다.

현재 사람들은 물질이 모든 것을 채워 준다고 생각한다. 또 이 물질의 뿌리를 가만히 들여다보면 관념, 아상, 습이 자리 잡고 있다. 관념, 아상, 습이 묘妙한 마음을 만들어 욕심내게 하는 것이다.

그러면 또 관념과 아상과 습은 어떻게 생겨난 것일까? 하는 것이다. 너희도 알다시피 관념이라는 것은 내가 기억하고 있는 생각이다. 예를 들어 지금 내가 알고 있는 개 한 마리를 설명한다고 할 때 아마 너희 자신 머릿속에 떠오르는 개가 있을 것이다. 나는 마당에 풀어놓고 키우는 누렁이를 설명한 것인데 각자의 머릿속에 이 누렁이와 다른 개들이 떠올랐을 것이다. 이것이 관념이다. 자기가 생각하고 있는 것이 원래에는 없는 것인데 어떤 것을 보고 들으므로 해서 생겨나는 모든 현상을 관념이라고 한다. 또 관념은 스스로 힘을 가지고 있지 않지만 생각을 통해 힘을 가지면 아상이 된다. 관념을 통해 생각하는 집착이 많으면 많을수록 아상이 높아지고 서로 부닥치게 된다. 이것을 계속 반복하면 습이 되는 것이다. 너희가 자신도 모르게 화를 내고 기뻐하는 모든 것이 관념과 아상과 습을 통해서 나타나는 현상일 뿐이다. 이 현상을 채우고자 하는 것이 욕심이다.

그래서 진정으로 물질을 가지고자 한다면 가장 근본이 되는 선을 찾아야 한다. 이 선을 모르면 결과적으로는 나의 근본을 탁하게 할 뿐이다.

쇠는 누구 때문에 슬어지느냐? 바로 녹 때문에 슬어진다. 결과적으로 스스로 내는 녹 때문에 슬어지는 것이다. 결국 내 스스로가 일으키는 관념, 아상, 습은 쇠의 녹과 같은 것이다. 그러면 쇠에 녹을 슬지 않게 하는 것은 다른 특별한 방법이 있는 것이 아니라 적당하게 움직이면 녹은 슬지 않게 된다. 본성에서 생겨난 욕심 또한 관념과 아상과 습을 다잡고 수련하고 또 수련하면 저절로 사라지게 된다."

본성의 해

"그래서 내가 일으키는 마음 하나하나를 잘 관해서 다잡다보면 저절로 욕심은 사라지게 된다. 욕심을 다스리는 것은 많이 가지려고 하는 마음을 줄여 가면 된다. 적게 먹어야지, 덜 먹어야지, 하는 마음을 자꾸 내게 되면 먹는 것이 줄어들게 되고 어느 선에 가면 자기도 모르게 먹으려고 하는 마음이 없어지게 된다.

수면욕, 식욕, 성욕, 이 세 가지 욕은 부리기보다 다잡아야 한다. 욕심은 부리면 부릴수록 늘어나지 줄어드는 법이 없다. 또 욕심이 늘어나면 늘어 날 수록 줄어드는 것이 있는데 첫째 수명이 줄어들고, 두번째 삶의 행복이 줄어들고, 세번째 병이 생겨나게 된다. 그런 반면에 욕심을 줄이면 수명이 늘어나고, 삶의 기쁨이 늘어나고, 병이 사라지게 된다. 그래서 욕심을 잘 다잡고 다스려야 한다.

그런데 사람들은 이 욕심을 다스리지 못하고 자꾸 욕심을 내고 있다. 그러니 물질에 허덕이고 고통에 빠져서 허우적대다 생을 마치는 것이다. 지금 너희는 욕심의 바다에 빠져있다. 욕심의 바다는 자신도 모르게 차오르고 있는데 천년만년 살 것처럼 욕심내고 있는 것을 보면 정말 안타까워 눈물이 난다.

그래서 근본적인 욕심을 다스리지 못하면 근본을 깨닫기가 더욱 어려워진다. 욕심으로 어두워진 마음들을 밝은 데로 드러나게 하라는 것이다.

밝음은 욕심을 사라지게 하는 힘을 가지고 있지만 어둠은 욕심을 더욱 강하게 하여 결국 자멸하게 된다. 나무의 그늘이 가장 적은 시기는 정오이다. 해가 나무 바로 위에 있을 때에 그늘은 가장 작아지게 된다. 다시 말하면 나의 밝음을 바로 위에 둘 때 큰 행복이 있지만 밝음을 낮추게 되면 일몰 때 나무의 그늘이 늘어나는 것처럼 아픔과 불행이 자꾸만 늘어나게 된다.

그래서 나의 밝음을 낮추지 말고 높이고 높여 항상 내 정수리 위에 있게 할 때 상단전이 밝아져 중단전과 하단전에 있는 욕심이 작아지게 된다. 많은 사람들이 밝음을 상단전에 있게 하지 못하기 때문에 중단전의 감정과 하단전의 정이 어두워져 힘들어하는 것이다.

그리고 어떤 사람은 어두워지면 더욱 자유로워지기 때문에 그 자유를 충분히 누릴 때 깨달을 수 있다고 한다. 그 말도 틀린 것은 아니다. 욕심을 보고 느낄 줄 알 때에 가능한 일이다. 밝던 어둡던 구별 없이 행동할 수 있는 사람을 우리는 성인이라 한다. 그래서 상단전이 밝고 지혜로울 때 욕심과 욕망은 줄어들게 된다. 나의 본성을 밝히고 본성의 해를 뜨게 해야 한다.

알겠느냐."

상과 뿌리

단단한 의식

"고정관념 固定觀念 이란, 글자 그대로 고정된 하나의 의식인데 이 의식을 없애는 방법을 이야기 할까 한다. 여기서 이야기한다는 자체가 하나의 관념이지만 돌보다 더욱 단단한 관념을 다스리기 위해서는 또 하나의 관념이 있어야 한다. 콘크리트를 부수기위해서는 큰 해머가 있어야하듯 우리의 의식을 다스리기 위해서는 다스릴만한 관념을 가지고 들어가야 한다. 결국 이것 또한 때가 되면 다스려야 한다. 돌보다 단단한 의식을 없애는 방법 중의 첫째가 자신을 느끼는 것이고 둘째가 내가 일으키는 생각의 뿌리가 어디인가를 찾는 것이다.

그러면 첫번째인 돌보다 단단한 의식을 어떻게 느낄까 하는 것이다. 그 것을 느끼려고 하기 전에 의식이 무엇인지부터 먼저 알아야 한다. 의식意識 은 깨어 있는 상태에서 자기 자신이나 사물에 대한 인식을 말하는 것이다. 상과 관념이 일으키는 하나의 느낌상태를 말하는 것이다. 깊은 느낌이 없으면 내 안의 상과 관념을 알지 못한다는 뜻이다.

우리는 무엇이든지 보고 듣는 순간 느끼고 판단한다. 벽을 향해 돌을 던지면 벽에 닿는 순간 쿵 하고 소리가 나는 것처럼 이 소리를 잘 들으면 생각이 상과 관념에 닫는 순간 의식의 시작을 알게 된다. 벽을 상과 관념이라 생각하고 돌이 사물이라 생각하면 된다. 사물이 눈의 각막을 통해 상과 관념에 닿는 순간 느끼고 판단하게 된다. 돌이 벽과 부딪쳐서 소리가 나듯이 상과 관념에 사물이 닿는 순간 의식이 생겨나게 된다.

우리는 이 의식이 시작되는 순간을 항상 놓치고 있다. 그러다 보니 수많은 생각들이 잡념이 되어 바른 판단을 흐리게 하는 것이다. 그래서 사물과 상이 만나는 시작점을 느끼자는 것이다. 그 시작점만이 잡념을 없앨 수 있기 때문이다. 시작점은 그냥 느껴지는 것이 아니다. 또 무작정 느끼려 한다고 해서 느껴지는 것도 아니다. 이것을 느끼기 위한 가장 처음인 근본의 기를 먼저 느껴야 한다.

기를 느끼고 화를 느끼면 의식이 어디에서부터 시작되었는지를 알게 된다. 대맥을 느끼고 중맥을 느끼게 되면 내 안의 화를 느끼게 되고 화는 한 집착에서 시작되었다는 것을 알게 된다. 또 집착은 상과 관념이 만들어 내는 하나의 의식이라는 것을 느끼게 된다. 우리는 이때까지 기의 작용을 잘 몰랐기 때문에 의식이 무엇인지 집착이 무엇인지 상과 관념이 무엇인지 몰랐던 것이다. 이 흐름의 순서를 차근차근 짚어나가면 반드시 그것을 알 수 있다.

한 번은 길을 가고 있는데 전화선을 연결하는 사람이 있었다. 가던 발길을 멈추고 그 광경을 한참 보았다. 한참 보다가 그렇게 많은 선을 어떻게 맞추어서 연결하느냐고 묻자. 전화선을 들어 보이며 색깔에 맞추어 하나하나를 전화국과 통화를 하면서 맞추어 나가면 된다고 했다. 이 전화선 하나하나를 맞추어나가는 것처럼 기의 흐름을 하나하나 느껴 가다보면 상과 관념이 무엇인지를 알게 된다."

생각의 뿌리

"두번째는 일으키는 생각의 뿌리를 느껴야 한다. 앞의 말은 대상을 통

해 들어오는 것을 느끼기는 것이지만, 지금 말하고자하는 것은 스스로 일
으키는 의식의 뿌리를 찾아야 한다는 것이다. 의식에는 반드시 뿌리가 있
다. 이 뿌리는 보이는 것도 아니고 들리는 것도 아니다. 단지 내 안에 무형
으로 존재하면서 모든 의식과 감정을 만들고 있다. 너희는 이 무형의 존재
를 찾아내야한다. 깜깜한 밤에 손을 더듬어 물건을 찾는 것처럼 대맥과 중
맥의 느낌으로 그것을 찾아야 한다.

뿌리는 밖으로 잘 드러나지는 않지만 밖의 잎과 줄기를 끊임없이 만들
고 있다. 화분에 심겨있는 난도 뿌리를 가지고 있기 때문에 싱싱하게 보이
는 것이다. 이 난의 뿌리처럼 너희의 생각도 내면의 무엇인가가 끊임없이
만들어내고 있다.

어제 성재와 더덕을 캤다. 더덕을 캘 때 먼저 찾는 것이 잎과 줄기이다,
잎과 줄기를 따라가면 뿌리는 저절로 찾아지게 된다.

더덕의 잎과 줄기를 따라가는 것처럼 한 생각이 떠오르면 왜 이 생각이
떠올랐는가를 끊임없이 되짚어보고 되짚어볼 때 '아! 이것이구나' 하는
느낌이 나타나게 된다. 느낌이 나타나면 젖은 옷을 태양 볕에 쪼이는 것처
럼 계속 바라봐야 한다. 그러면 생각의 뿌리가 무엇인지를 알게 되고, 소
멸시킬 수 있게 된다. 뿌리가 없어지면 나무 전체가 없어지는 것과 같은
것이다. 그런데 너희는 잎과 줄기에만 집착하여 그것을 없애고 있지만 얼
마 지나지 않아서 또 다시 잎과 줄기가 생기게 된다.

한 생각이 떠오르면 그 한 생각을 무조건 없앤다고 해서 없어지는 것이
아니다. 어디에서부터 시작되었는지를 차근차근 되짚어 들어가면 집착에
서 생겨나고 집착을 다시 되짚어 들어가다 보면 어느 한 순간에 '아! 이것
이구나.' 할 때 없어진다.

그래서 수련하는 사람은 일어나는 생각을 항상 경계해야 한다. 이것을
경계하지 못하면 기름 진 밭에 잡초의 씨를 뿌리는 것과 같은 것이 된다.
처음에는 맑고 깨끗한 밭이지만 시간이 지날수록 수많은 잡초들이 생겨나

서 밭을 망쳐버리게 된다.

너희 마음도 이 밭과 같이 처음에는 맑고 깨끗하다가 상과 관념이 일으키는 의식 하나 때문에 마음 전체를 화로 채우게 된다. 항상 보는 것과 듣는 것을 통해 상과 관념이 생겨나지 않도록 경계해야 한다."

최고의 방법

"지금 마음은 한 뙈기 밭과 같아서 보고 듣는 것을 무분별하게 하다보면 잡념의 씨앗을 의식 속에 묻는 것과 같다. 묻힌 씨앗들은 촉을 틔워서 몸과 마음을 어지럽게 할 것이다. 어지럽혀진 것을 다잡으려 애쓰다보면 진짜 길러야 될 곡식마저 기르지 못하게 된다. 보고 듣는 것을 가리는 것은 밭에 있는 잡초와 곡식을 가려 뽑는 것과 같다.

이 곡식을 내면에 비추어 굳이 이름 짓는다면 본성, 사랑, 믿음, 보시, 자비가 된다. 이 이름 지어진 것을 몸과 마음에 익게 하면 어떠한 잡초가 생겨나더라도 몸과 마음을 어지럽히지 못한다. 혹 자란다 하더라도 힘을 쓰지 못하고 스스로 자멸되게 된다. 본성, 사랑, 믿음, 보시, 자비라는 곡식이 완전히 익기 전에는 잡초와 곡식을 잘 구별하기 힘들고 또 잡초들이 자라는 속도가 훨씬 빠르기 때문에 항상 경계해야 한다.

그래서 처음 수련하는 사람은 자신의 내면에서 일어나는 잡념을 다잡게 되면 본성, 사랑, 믿음, 보시, 자비가 자신도 모르게 자라게 된다. 본성, 사랑, 믿음, 보시, 자비가 자라기 시작하면 내 안의 영이 자라게 된다. 영이 자라게 되면 내게서 일어나는 어떠한 잡념도 몸과 마음에 영향을 미치지 못한다. 큰 나무 밑에는 잡초가 없다. 잡풀이 있더라도 절대로 자라지 못한다. 그래서 큰 나무 아래에서는 사람들이 즐거워하고 편안한 안식을 취하는 것이다. 본성, 사랑, 믿음, 보시, 자비는 내 안에서 찾아 길러야 한다.

그런데 너희에게는 본성과 자비와 믿음을 기를만한 거름이 없다는 것이다. 단지 비료와 같은 지식으로만 그것을 느끼려하다 보니 잡초는 더 무성해져서 본성, 사랑, 믿음, 보시, 자비를 더욱 약하게 하는 것이다. 비료는 본성, 사랑, 믿음, 보시, 자비를 자라게 할 수 있는 근본을 가지고 있지 않다. 단지 유지하게만 할뿐이다. 본성, 사랑, 믿음, 보시, 자비를 자라게 하는 것은 퇴비와 같은 정성만이 자라게 할 수 있다. 이것은 수련을 방해한 잡념을 정성으로 다잡으면 더 깊은 본성, 사랑, 믿음, 보시, 자비를 느끼게 될 것이다. 지금 정성 없이 약삭빠르게 행한 방편 하나가 많은 것을 느끼게 해주는 것 같지만 결국 더 많은 아픔을 준다는 것이다.

작년에 앞뜰에 살구나무를 여섯 그루를 심었다. 그 중 한 나무에만 비료를 너무 많이 주는 바람에 많이 웃자라 있었다. 다른 나무는 9월 달 태풍에 가지 하나 다치지 않았지만 웃자란 나무는 지난 장마에 부러져 죽고 말았다. 자라야 할 만큼만 자라야 하는데 자신을 지탱할 수 없을 정도로 자라다보니 결국 죽게 된 것이다.

기와 정성은 내면으로 들어가는 최고의 방법이다. 밭의 잡초 하나하나를 뽑아내듯이 시간을 가지고 정성으로 짚어 들어가다 보면 본성, 사랑, 믿음, 보시, 자비가 무엇인지를 알게 된다. 그래서 항상 의식의 흐름을 느끼고 그 흐름이 어디에서 시작되었는지를 찾는 것이 수련이다."

대화

깨치게 하는 대화

"사람들은 수많은 대화를 하지만 정작 대화하는 것이 무엇인지 모르고 있다. 대화對話는 마주 대하여 주고받는 것을 말하는 것으로 내가 생각하고 있는 것을 상대에게 주고 상대의 생각을 받아들이는 것을 얼마만큼 깊게 하느냐에 따라서 대화가 달라진다.

그런데 너희가 알아야 할 것은 현재의 생각에서 깨어나고 과거보다 나은 영을 만들고자 한다면 나의 생각을 깊게 들어주고, 들어준 것을 다시 깨침으로 돌려 줄 수 있는 사람인지 아닌지를 대화를 통해서 알아야 한다. 대화가 잘 된다고 해서 무조건 좋은 것이 아니라 나의 생각을 보게 하고 깨치게 해줄 수 있는 그런 대화를 해야 한다.

그러면 깨치게 해주는 대화인지 아닌지를 알려면 무엇부터 해야 할까. 바로 자신을 아는 것이다. 상대를 잘 아는 것이 아니라 나를 잘 알 때에 상대는 저절로 알게 된다. 대화를 할 때에는 그 사람에게 맞는 대화를 하면서 서로를 깨치게 해주어야 한다. 만약에 그 사람에게 맞지 않는 대화를 하게 되면 결국 그 사람과는 좋지 않은 관계가 된다.

너희는 사람들과 대화할 때 그 사람에게 맞는 대화를 해야 한다. 물질에 관심 있는 사람에게 아무리 도에 대해 얘기한다 해도 들리지 않고 이해하려고도 하지 않다. 또 마음공부에 관심 있는 사람에게 땅 투기하는 법과 돈버는 방법에 대해서 아무리 이야기를 해주어도 맞지 않다. 사회에 산다는 것은 누구든 만나야 하기 때문에 거기에 맞는 대화를 해야 한다.

그래서 지혜 있는 사람은 그 사람의 마음상태에 따라 대화를 한다. 그렇게 할 때 바른 관계가 형성된다. 반면에 어긋난 관계가 되는 것은 대화의 깊이를 모르고 관심사를 모르기 때문에 어긋나는 것이다. 또 기존에 있는 스승은 녹음테이프처럼 누구에게나 똑같은 말로 도를 이야기하지만 진정한 스승은 그 사람에게 맞는 대화를 하면서도 깨치게 해준다. 물질 얘기를 들어주면서 도를 알게 하고 또 도에만 관심을 가지고 있으면 물질을 통해서 도를 알 수 있게 대화한다. 그래서 나는 기존 주입식 강의 보다 너희에게 맞는 질문과 답을 먼저 하면서 강의를 시작하는 것이다. 또 근기에 맞는 대화를 하는 것이다.

그러면 의문이 생길 것이다. 모든 사람의 근기를 다 알 수 있느냐하는 것이다. 이것만 없으면 충분히 가능하다. 바로 자신의 상을 빼면 가능하다. 상이라는 것은 원래에는 없는 것인데 있는 것처럼 형상화시킴으로 해서 현재의 것을 바로보지 못하게 하기 때문에 근기를 알 수 없는 것이다. 공부하지 않는 자식을 볼 때 화가 나는 것은 내면의 자식과 밖의 자식이 다르기 때문이다. 내가 생각하는 자식을 없애면 살아있는 자식과는 아무 부닥침 없이 대화를 하게 되는데 내 안에 상의 자식을 통해서 밖의 자식을 보면 천불이 나고 대화가 되지 않는 것이다. 이 상을 알게 되면 근기에 맞게 대화를 할 수 있게 된다."

상을 깨고

"종교도 마찬가지라 생각한다. 종교가 기독교인이면 나만이 생각하는 하나님이 생겨나게 된다. 불교 믿는 사람 또한 불교에 대한 자신만의 진리가 생겨나게 된다. 이 생겨난 상을 통해서만 다른 종교를 보기 때문에 대립하는 것이다. 기독교라는 상을 빼버리면 불교에 대해 거부반응 없이 받아들이게 된다.

그래서 수련이라는 것은 자신을 느끼고 상과 관념을 깨닫기 위해 수련하는 것이다. 상과 관념은 항상 분별을 낳고 분별은 너와 나를 다르게 생각하게 하여 결국 싸우게 한다. 수련으로 분별을 빼고 나면 내가 남자인지 여자인지 알 수 없게 된다. 왜 그러느냐하면 엄마의 반과 아빠의 반을 동시에 받았기 때문에 남자와 여자를 구별하기란 어려운 일이다. 이렇게 말하면 성기가 다르기 때문에 남자와 여자가 다르다고 생각하지만 자신의 내면을 들여다보면 남자이면서도 여자 같을 때가 있고 여자인데 남자 같을 때가 있다는 것이다. 이것은 생김새로 판단하는 것이 아니라 자신에게서 일어나는 감정을 가지고 살펴보면 내가 여자인지 남지인지 구별이 가지 않을 때가 많이 있다. 실제로 여자인데 남자 성격으로 사는 사람도 있고 남자인데 여자처럼 행동하는 사람이 의외로 많다.

그래서 나의 상을 깨고 대화해야 한다. 그래야 상대를 깊게 이해할 수 있기 때문이다. 그릇에 뭔가 꽉 차 있으면 아무것도 담을 수 없다. 비어 있을 때만이 담을 수 있다. 상과 관념을 빈 상태로 만들 때 상대를 받아들이게 된다.

지금 너희는 대화하는 방식을 모르고 또 얘기해주어도 듣지 않는다. 계모임이나 동창회 가서 대화하는 것을 찬찬히 지켜보면 모두가 상대에게는 관심이 없고 자기 말만 하고 있다. 상대의 얘기를 듣는 사람은 아무도 없고 전부 자기 얘기만 하고 있다. 그래서 나의 상을 줄이면 누구하고도 대화가 가능해 진다. 항상 말하지만 그 사람에게 맞는 대화를 해야 한다. 그 맞는 대화를 하면 믿는 마음과 수용하는 마음이 조금씩 생겨나게 된다. 그때 근본을 조금씩 깨치게 해주면 된다.

그러면 근본이 변해 많은 것이 달라질 것이다. 알겠느냐!"

민감함

감응현상

"한 어머니가 자기자식을 데리고 와서는 이 아이도 수련할 수 있느냐고 묻기에 할 수 있다고 안으로 들어오라고 했다. 그런데 그 아이는 들어오지 않으려고 떼를 쓰면서 울기 시작했다. 나는 아이를 달래려고 애를 써보았지만 별 소용이 없었다. 어머니는 이 아이가 새로운 환경이 주어지면 아주 예민해진다고 했다. 여기 뿐만 아니라 다른 어떤 곳을 가더라도 그러니 양해 바란다면서 방에 들어오지도 못하고 마당에서 돌아가고 말았다.

나는 녹차를 마시면서 그 아이를 생각해 보았다. 저 아이 과거 속에 어떤 일이 있었기에 저렇게 새로운 환경을 싫어하는 것일까. 예민함이 무엇일까? '예민하다는 것은 긴장되고 불안하다.'는 뜻이다. 또 새로운 환경에 많이 놀랐던 적이 있었을지도 모른다.

그리고 예민함은 민감함의 차이일 수도 있다는 생각이 들었다. 그러면 민감함은 무엇인가 하는 것이다. 민감함은 두 가지로 나누어지는데 화가 나서 극한 마음으로 갈 때 민감해질 수 있고, 심파가 아주 깊게 내려갔을 때도 민감해질 수 있다. 그러나 이 둘은 아주 많은 차이를 가지고 있다. 화가 났을 때의 민감함은 집착된 마음과 갇힌 마음에서 시작한다는 것이다. 이렇게 화로 민감해지면 그 외의 다른 것을 느낄 수 없게 된다. 그러다가 화가 풀리고 민감함이 사라지게 나면 많은 것을 잃게 된다.

그런 반면에 아주 조용한 상태에서 심파가 깊게 내려가서 느껴지는 민감함은 갇히고 닫힌 것이 아니라 누구라도 수용할 수 있는 감응상태가 된다. 감응상태에서 마음이 아이에게 가 있으면 아이를 느낄 수 있고 남편에게 가 있으면 남편을 느낄 수 있고 또 나무에 가 있으면 나무를 느낄 수 있게 된다.

그래서 우리가 내면으로 깊게 들어가 민감함을 통해 원래의 자성自性(모든 법法이 갖추고 있는, 변하지 않는 본성.)을 느끼고자 하는 것이다. 화를 통해 느껴지는 것과 자성에서 느껴지는 것은 많은 차이가 있다. 화도 내가 느끼는 것이고 자성도 내가 느끼는 것인데 이 느낌이 다른 것은 바로 기의 변화 때문이다.

화를 통해서 민감하게 일어나는 기는 항상 눈과 귀와 표정을 통해 일어나지만 자성을 통해 민감하게 일어나는 기는 상대를 이해하고 수용할 수 있는 감응현상이 된다. 그래서 자성을 깊게 느낀 사람은 상대의 말과 표정에서 느끼는 것이 아니라 근기를 느끼고 거기에 맞추어 인연을 만들어 간다.

옛날 스승들은 제자를 선택할 때 바로 이 근기의 느낌으로 선택하게 된다. 또 제자가 선택되면 무조건 자성의 느낌을 가르치는 것이 아니라. 그 제자에게 맞춘 자성으로 다가간다는 것이다. 그렇지 못하면 말에서 끝나버리게 된다. 자성으로 다가갈 때에는 먼저 제자의 말을 들어주고 상과 근기에 맞는 답을 줄 때에 더 깊은 자성의 느낌을 전달할 수 있게 된다. 반면에 수용적인 자세가 아니라 강압적으로 다가가면 단절과 아픔만 느끼게 된다."

강함과 약함

"어릴 때 창고 벽 작은 구멍으로 쥐 한 마리가 인기척이 없으면 나왔다가 작은 소리라도 들리면 쏙 들어갔다 하는 것을 보고 놀리며 놀았던 기억이 난다. 너희는 이 쥐를 통해 자신의 나약함과 강함을 보아야 한다. 나보다 약한 사람에게는 강해지고 강한 사람에게는 약해지는 것이 쥐가 나왔다가 놀라 들어가는 것과 같은 것이 된다.

그런데 자성을 느낀 사람은 약함과 강함을 조절할 수 있는 마음이 있기 때문에 약한 사람에게는 더 약해져서 상대를 위로하면서 강함으로 이끌어주고, 강한 사람에게는 강함으로 다가가는 것이 아니라 부드러움이 더 강하다는 것을 보여주어 강함을 순함으로 이끌어주게 된다. 사랑이라는 부드러움을 능가하는 강함이 없다는 것을 느끼게 해 준다는 것이다. 물을 손으로 아무리 쳐보아도 그냥 퍽하며 들어가지만 돌을 망치로 치게 되면 큰 소리를 내며 깨지고 만다. 상대를 물처럼 감싸 안아야 한다. 상대를 감싸 안으면 유柔하게 되고 그 유함이 자성을 밝게 해준다. 그래서 우리는 내면의 강함과 약함을 잘 느껴야한다.

지금 너희가 알아야 할 것은 강함과 약함의 구별이다. 강함과 약함이 서로 만나지는 않지만 나누어지게 된다. 쥐와 고양이는 서로 만나지 않는다. 왜냐 하면 강함과 약함이 나누어지기 때문이다. 싸우고 헐뜯는 것은 같은 약한 것끼리만 가능하기 때문이다. 그런데 너희는 항상 자신을 나약한 쥐라 생각하고 상대는 강한 고양이라 생각하지만 결과적으로 자신도 고양이라는 것이다. 고양이와 고양이가 만나기 때문에 싸움이 되는 것이지 쥐와 고양이는 싸움이 되지 않는다.

단지 자신을 쥐라고 생각하는 것은 발톱 사용법과 공격 방법을 몰랐기 때문에 그렇게 생각하는 것이다. 싸움을 모르던 고양이가 싸움을 배우게 되면 아주 강해지게 된다. 결국 이 강함은 또 다른 상처를 남기게 되고 모든 것을 불행하게 만든다. 그래서 너희는 밖으로 강해지기보다 안으로 강해져서 자성을 찾고 밝혀야 한다. 자성을 찾고 밝히면 모든 것을 바르게 볼 수 있게 된다."

봉사하는 마음

봉사의 의미

"한 택시기사가 자신 수익의 일부를 자신보다 힘든 사람에게 오랫동안 도왔다는 신문 기사를 보면서 참 봉사를 실천하는구나 생각했다. 너희가 생각하는 봉사는 여유가 있어야 한다고 생각하지만 봉사는 남을 돕고자 내는 마음 모두가 봉사다. 백 원을 가진 사람이 팔십 원을 쓰고 이십 원을 봉사하는 것이나 백만 원을 가진 사람이 팔십만 원을 쓰고 이십만 원 봉사하는 것이나 같은 마음이다. 백 원을 가진 사람은 백 원이 전부이기 때문에 여기서 이십 원을 내놓는다는 것은 정말 큰마음이 아니면 어렵다. 그런데 백만 원에서 이십만 원을 내놓는 것은 백 원에서 이십 원을 내놓는 것보다 쉬운 일이다. 남들이 생각 할 때에는 이십만 원이 크기 때문에 쉽지 않을 것으로 생각하지만 정작 백 원 밖에 없는 사람은 빵 한 조각 살 수 없어 쓰러질 지경인데 이십 원을 내놓는다는 것은 정말 돕고자 하는 마음이 아니면 할 수 없기 때문이다. 반면 백만 원에서 이십만 원을 돕는다는 것은 좋은 옷을 입을까 생각하다 좋은 옷보다는 싼 옷을 사고 그 나머지를 돕고자 하기 때문에 이십 원의 마음보다는 덜 간절하다. 백만 원에서 이십만 원을 돕는 것은 배가 불러 돕는다는 뜻이 아니다. 이 돕는 마음도 참 어려운 일이다. 여기서 말하고자 하는 것은 내가 다 갖추어서 남을 돕겠다는 것을 꼬집고 항상 남을 생각하는 마음을 내자는 뜻에서 한 말이다.

그래서 너희는 항상 도울 수 있는 마음을 내고 도와야 한다. 또 돕는 일에 어떤 마음이 붙어서는 되지 않는다. 남을 위해 많은 봉사를 하지만 그 내면을 보면 본심에서 봉사를 하는지, 호감을 사기 위해서하는지, 뭔가 목적을 이루기 위해 하는지를 알 수 있게 된다. 어떤 마음을 가지고 하느냐에 따라서 봉사의 의미가 달라지게 된다.

항상 봉사하는 마음을 염려해야 한다. 왜냐하면 내가 믿는 만큼 봉사하고 도와주는 것은 아무 마음이 생기지 않지만 넉넉하여 봉사하고 돕는 것은 자칫하면 상대에게 상처가 될 수 있기 때문이다. 또 봉사하고 돕는다는 마음을 버려야 한다. 이 마음을 버리지 못하면 어디에도 없던 마음이 생겨나 내가 너에게 이렇게 까지 했는데 네가 나한테 섭섭하게 할 수 있느냐면서 이때까지 해왔던 모든 봉사의 셈을 하여 미워하고 원망하게 된다. 다시 말해 A라는 사람이 한 가지 잘못을 했으면 한 가지만 미워하면 되는데 열 번의 봉사를 했으면 열 번의 봉사까지 엎쳐서 미워하게 된다. 이 미움은 봉사하지 않은 사람에 비해 훨씬 강하다는 것이다.

몇 해 전 아랫마을에서도 이와 비슷한 일이 있었다. 김 씨라는 사람이 오래도록 한 어른을 시봉하며 지냈는데 어느 날 김 씨가 배 씨라는 사람과 논쟁을 하며 다투게 되었다. 김 씨는 어른을 찾아가 배 씨와 있었던 일을 소상하게 이야기하면서 자기편이 되어 줄 것을 간접적으로 청했는데 어른이 어느 편도 들어주지 않고 침묵만 지키자 김 씨는 어른만큼은 자기편이 되어줄 줄 알았는데 자기편을 들어주지 않자, 이제까지 해온 모든 시봉이 후회스러웠고 섭섭한 마음을 감출 수 없었다. 하루 이틀이 지나자 섭섭한 마음은 배신감까지 느끼게 되어 급기야 마을을 떠나고 말았다. 이 이야기를 쉽게 생각해서는 안 된다. 김 씨가 떠나게 된 것은 다른 것이 아니다. 봉사했다는 집착된 마음 때문이다. 이 집착된 마음을 항시 조심하여 자신을 다잡아야 한다. 또 집착한 마음을 조급하게 풀려고 하면 더욱 이상을 키우는 경우가 되기 때문에 시간을 두고 풀어야 진정한 봉사의 마음을 알 게 된다."

봉사는 참 묘한 것

"그러면 진정한 봉사를 하기위해서는 집착된 마음을 어떻게 풀 것인 가? 하는 것이다.

풀 수 있는 첫번째가 내가 왜 저 사람을 도와야 하는가를 명백하게 알 아야하고 스스로 쓸 수 있는 선까지만 도울 때 얽히고설키는 마음이 없게 된다. 두번째 저 사람이 나에게 무엇을 해주기를 바라고 있는가를 생각하 여 봉사하면 묻어오는 마음이 없게 된다. 세번째 봉사할 것과 하지 않을 것을 구별해야 한다. 무조건 상대를 돕는 것이 좋은 것 같지만 더 힘들게 할 수도 있고 일어서지 못하게도 할 수도 있기 때문이다. 네번째 봉사는 서로에게 이해적이고 수용적인 봉사가 되어야 한다. 물질을 좀 가졌다고 무조건 베푼다고 해서 상대가 봉사로 받아들이지 않는다는 것이다. 그 사 람이 받아들일 만큼과 내가 봉사할 수 있는 능력만큼이 이해와 수용이 될 때 참 봉사가 되는 것이다.

도움과 봉사는 참 묘한 것이다. 처음 도움을 받을 때에는 미안한 마음 이 있었는데 이것이 자꾸 반복되다보면 미안한 마음보다 바라는 마음이 커져 자신도 모르게 원망하게 된다. 봉사는 그 사람의 그릇에 맞게끔 해야 한다. 그 사람이 희망적일 때 도와줘야지 의욕이 없을 때 도와주게 되면 오히려 의지하게 되어 스스로 일어날 힘조차 없게 만들 수도 있다.

그리고 마지막으로 꼭 알아야 것은 말로 하는 봉사다. 물질과 몸으로 하는 봉사도 큰 봉사지만 말로 하는 봉사도 큰 봉사다. 또 말로 하는 봉사 를 너무 쉽게 생각하면 아첨阿諂(남의 환심을 사거나 잘 보이려고 알랑거리는 것.)하고 아부阿附(남의 비위를 맞추어 알랑거리는 것.)하는 것이 되기 때문에 조심해야 한다.

어느 날 산장에 사는 아이가 울고 있기에 왜 우느냐고 물으니 친구들이 자기만 따돌린다는 것이다. 그래서 네가 '친구들이 싫어하는 말과 행동을 많이 했구나! 친구의 좋은 점을 보고 좋은 말을 많이 하면 따돌리지 않을 것이다.' 라고 말하고는 사탕을 주었다. 아이는 빙그레 웃으며 친구를 만나야겠다면서 나가버렸다. 사탕 때문인지 나의 말을 알아들어서인지는 모르지만 빙그레 웃는 모습이 참 좋아보였다. 지금 너희가 하는 따뜻한 말 한마디의 봉사가 서로의 정을 깊게 할 것이다. 모든 것이 그냥 스쳐 지나는 것 같지만 항상 주고받으며 삶을 살게 된다는 것을 명심해야 한다."

본성과 상

그러한 믿음

"종교는 한 관념을 깨고 보면 서로 같다는 것을 알 수 있다. 불교의 자비나 기독교의 사랑이 다르지 않기 때문이다. 그런데 자신의 종교에 집착함으로서 그것을 완전히 다른 것으로 생각하는 것에서 문제가 생긴다. 이 문제는 종교의 지도자들이 사람들을 헷갈리게 한다. 서로를 미워하게 하고 불신하게 함으로서 더 많은 믿음을 강요하고 있지만 믿으면 믿을수록 더 힘들어져 간다.

종교에 대한 집착을 놓고 자비와 사랑을 실천하고 행복해질 수 있는 그러한 믿음이 되어야 한다. 너희 본성의 믿음은 항상 옳음을 추구하고 있다. 그런데 관념의 믿음이 잘못되어 너와 나를 아프게 하고 있으니 얼마나 가슴 아픈 일인가? 종교의 집착에서 벗어나 자신의 내면으로 돌아와 본성을 찾고 영을 자라게 하여 근본의 삶을 살아야 한다.

너희는 태어날 때부터 두 마음이 생겨났다. 본성적인 마음 하나와 아상적인 마음 하나이다. 이 두 마음이 서로 교차하면서 영을 자라게 하며 삶을 만들고 있다. 그런데 사람들은 본성적인 마음인 은은하고 따뜻한 마음을 원하면서도 아상에 길들여진 습 때문에 새콤달콤한 자극에 현혹되고 쾌락에 빠져서 스스로 고통 받고 있다. 너희는 아상적인 마음을 느끼고 따라가기보다는 본성적인 마음을 느끼고 따라가야 한다. 아상적인 마음이 강하고 자극적이기 때문에 본성의 은은함을 느끼지 못한다.

그리고 현 사회의 구조가 본성을 느끼고 따라가게 하는 것이 아니라 더욱더 이상적인 것으로 가게끔 요구하고 있다. 그중에서도 대표적인 것이 바로 스포츠이다. 국가가 나서서 스포츠를 장려하는 것은 국민들을 다스리기가 쉽기 때문이다. 스포츠는 이상을 만들어내는 기계와 같다. 그래서 정부 자신들이 원하는 이념으로 이끌어가기가 쉽기 때문에 스포츠를 발전시키는 것이다. 그리고 종교와 정치가 본성을 느낄 수 있는 장을 만들어 주지 않다는 것이다. 사람들이 본성을 느끼게 되면 종교에 빠지지 않고 정치하기가 힘들어지기 때문이다. 이상적인 흐름이 되어야 더 굳건한 한 종교와 정치를 할 수 있기 때문이다. '지금 종교에서 수많은 계율과 방편들이 만들어지고 있는 것은 석가와 예수 같은 사람들을 더 이상 만들지 않겠다.'는 것이다. 자신들이 석가와 예수같이 본성을 찾았을 때 더 이상 그 종교에 머물지 않기 때문이다.

정치도 마찬가지로 사람들이 현재에 가지고 있는 것으로 만족하게 되면 더 이상 정치가 존재할 수 없기 때문에 본성적인 것보다 이상을 자신도 모르게 심고 있는 것이다. 올림픽, 아시안 게임 등 각종 모든 경기들이 자신도 모르게 이상을 보이지 않게 심고 있다는 것이다. 진정한 올림픽은 등수가 없는 올림픽이어야 한다. 그래야 이상 없이 즐길 수 있기 때문이다. 그래서 너희는 본성을 닦고 찾아야 한다."

개인의 행복

"정치는 욕심적인 단체이다. 항상 노력을 요구하고 투쟁을 요구하지만 정작 개인의 행복을 만들어 주지는 않는다. 욕심이 채워질 때 행복해질 수 있다고 사람들에게 끊임없이 주입시키고 있다.

내가 이루고 있는 가정도 집착하게 되면 아상이 생겨나 욕심스럽게 된다. 내 아내, 내 남편, 내 아이, 내 물질이라는 것에 집착하기 시작하면 아상이 생기고 욕심이 생겨나 모든 관계가 어지럽게 된다. 또 집착이 욕심의 시작점이기도 하다. 이 시작점들이 커지면 이념이 되고 사상이 되어 더 많은 갈등을 낳게 된다. 아이가 자랄 때 본성적인 느낌을 가질 수 있도록 교육과 종교가 제 역할을 해주면 모든 것이 근본에 맞추어져 서로를 위하고 돕게 된다. 석가를 보면 물질과 권력, 가정과 안락을 버린 것 같지만 진정으로 버린 것은 물질의 상, 권력의 상, 가정과 안락의 상을 버린 것이다. 상을 버리고 나니 깨달은 것이다. 깨닫고 보니 물질을 모아도 걸림이 없고 권력을 가져도 부리지 않고 가족을 구속하는 것이 아니라 서로 위하게 되는 것이다. 너희는 상을 깨야 한다.

앞에서도 말했지만 국민을 관리할 수 있는 가장 이상적인 방법이 스포츠이다. 스포츠에 빠지면 단순하고 단열적인 성격으로 변하게 된다. 이러한 성격이 되면 무엇이든지 깊게 생각하지 못하고 상대가 하자는 대로 끌려가게 되고 다른 사람이 자신이 속해있는 단체나 모임을 좋지 않는 쪽으로 평하게 되면 설사 그것이 맞다하더라도 상대를 비난하고 욕하면 싸우게 된다.

그래서 너희는 수련해야 한다. 내가 수련해서 그런 것이 아니라 수련한 대부분의 사람들이 이구동성으로 몸이 건강해지고 감정을 다스릴 수 있게 되고 지혜롭게 판단할 수 있어서 좋다고들 하기 때문이다. 스포츠는 인간 욕심의 잔치이다. 자기나라가 이기면 잔치판이 벌어지고, 지면 온 국민이 자신의 부모라도 돌아간 듯 슬퍼하고 침울해하는 것이 얼마나 많은 희노애락을 주고 있는지 모른다.

이제는 깨어나야 한다. 너와 나의 상이 없는 화합적인 스포츠를 만들어야 한다. 지금 세계는 스포츠 때문에 너무나 많은 살인과 화염병들이 난무하고 있다. 이런 난무는 곧 전쟁으로 이어질 수밖에 없다. 그래서 인간과 자연이, 인간과 하늘이, 인간과 땅이 어떻게 함께 살아갈 것인가를 느끼고 공부해야 한다. 지금 사람들은 욕심에만 치우쳐 사니 환경이 파괴되고 문화가 파괴되어 결국 자기가 저질은 잘못이 도리어 자신의 목을 조른다는 것은 까맣게 모르고 있으니 정말 답답한 마음이 앞선다. 이제는 내면의 본성을 찾아 영을 자라게 하여 근본적인 삶을 살아야 한다."

중심

몸의 중심

"수련으로 중심이 바로 서게 되면 열고 닫음을 정확하게 할 수 있는데 집착과 욕심으로 중심을 잃고 있으니 언제 문을 열고 닫아야 할지를 몰라 고통 받는 것이다. 술 취한 사람이 겨울인데도 판단력을 잃고 여름으로 착각하고 문을 열어두고 자다가는 동사하고 만다. 너희는 중심을 빨리 찾아야 한다. 그렇지 못하면 여름에 문을 꼭 닫아 고통 받고 겨울에 창문을 열어 추위에 고통 받게 된다. 결국 나의 중심을 알지 못하면 스스로 고통 받게 된다. 그러면 중심은 무엇인가 하는 것이다. 무작정 중심을 잡겠다고 하다가는 잡고 있는 중심마저 잃게 된다. 무엇이든지 근본 중심을 잡을 때 바로 서게 된다. 나는 중심을 세 가지로 본다.

첫째 몸의 중심이다. 몸이 움직이고 살아있는 것이 아무렇게나 있는 것 같지만 항상 몸은 균형과 중심을 잡고 있다. 몸이 가장 먼저 중심을 잡는 곳이 혈이다. 몸에 한 숨도 쉬지 않고 움직이는 혈이 있기 때문에 건강하게 사는 것이다. 몸은 항상 혈에다 중심을 잡는다. 병원에 가더라도 가장 먼저 하는 것이 혈액검사다. 혈액검사를 기본으로 하여 다른 검사를 하는 것이다.

그러면 혈의 중심은 어디인가 라는 것이다. 혈의 중심은 정精이다. 정을 중심으로 혈이 이루어지는데 이렇게 말하면 어떻게 정이 혈의 중심이 될 수 있느냐고 반문할 수도 있다. 그러면 내가 다시 묻겠다. 혈은 어떻게 만들어질까? 바로 음식과 숨에 의해서 만들어진다. 음식이 몸속으로 들어와 폐를 통해서 공기와 만나 몸 구석구석을 돌면서 세포 하나하나를 살리고 있는 것이다. 그러면 정의 중심은 어디인가 하는 것이다. 정의 중심은 하단전이다. 근본 에너지의 결정체가 형성되는 곳이 아랫배의 단전이기 때문이다. 단전에 힘이 없으면 몸은 천근만근이고 기진맥진해 결국 병들게 된다. 그래서 몸의 중심을 하단전에 맞추어 잡아야 한다. 천근만근인 몸으로 사는 것이 아니라 항상 활기차고 생기 있는 몸을 만들 수 있기 때문이다.”

감정의 중심

“두번째는 감정의 중심이다. 우리는 감정을 잘 다스려야 한다. 상대가 화를 내면 흥분하지 말라고 한다. 너희는 한 감정을 조절하지 못해 많은 것을 잃고 고통 받는다. 그래서 감정을 다스리기 위해서는 감정의 중심을 알아야 한다. 감정의 중심을 알기 위해서는 먼저 화기와 수기를 알아야 한다. 화기와 수기를 알지 못하면 감정을 다스리지 못한다. 화가 났다, 열 받았다, 천불이 난다 등의 말들은 화기와 수기가 바르게 유통되지 않고 감정으로 인해 흩어질 때 쓰는 말이다. 바꾸어 말하면 화와 수를 잘 다스리면 감정을 조절할 수 있게 된다. 화는 수기로 다스려야 한다. 화기가 동할 때 수기를 유통시키면 화기는 저절로 가라앉게 된다.

수승화강 水昇火降이 될 때 근본적인 화가 가라앉게 된다. 너희는 화를 참고 가슴에 묻어두기만 하고 한다. 이 묻어둔 화는 또 다른 화와 만나면서 더 큰 화를 일으키게 된다. 그래서 살인도 하고 잊지 못할 상처를 주게 되는 것이다.

그러면 화기와 수기의 중심은 어디인가 하는 것이다. 화기의 중심은 심장이 되고 수기의 중심은 신장이 된다. 화가 났을 때 심장이 두근두근 거리는 것이 이 때문이며 긴장하고 초조할 때 소변이 마려운 경우가 이 때문이다. 심장과 신장은 신경에 중심을 두고 신경은 중단전에 중심을 두게 된다. 다시 정리를 하면 중단전에 축기하면 몸에 있는 신경이 안정을 찾게되고 모든 장부에 영향을 주게 되는데 이때 심장과 신장에 가장 큰 안정된 흐름을 만들게 된다. 이 안정된 흐름에 따라 화기와 수기가 서로 화합하고 유통되기 시작하면 다시 중단전이 열려 이때까지 쌓아온 감정들이 녹아내리기 시작한다. 감정이 녹아내릴 때 모든 것을 용서하고 참회하면서 온전한 감정을 다스리게 된다. 그래서 감정의 중심은 중단전이 된다."

지혜의 중심

"세번째는 지혜의 중심이다. 너희는 한 생각을 잘못 판단하면 얼마나 많은 고통이 생겨나는지 모른다. 또 고통 속에서 벗어난다는 것이 더 고통 속으로 들어가는 것을 보면 가슴이 아프다. 한 생각의 판단은 어디에 중심을 두고 일어나는 것일까! 하는 것이다. 영과 얼을 중심으로 한 생각을 하게 된다. 영과 얼이라고 하면 아니라고 하는 사람도 있을 것이다. 감정에서 온다. 내가판단 한다. 등 기타 많은 것을 말할 수 있지만 너희는 깊게 생각해야 한다. 잠을 잘 때 자신을 느끼는 사람은 없다.

그러면 몸에서 생각을 일으키는 것은 아니다. 화가 날 때 그냥 화가 나는 것이 아니라 상대의 말과 행동을 보고 화가 나는 것을 보면 상대를 보는 무엇인가가 바로 영이 된다. 그래서 영과 얼을 느끼기는 것이 중요하다.

여기서 영의 중심은 어디인가 하는 것이다. 저도 여기에서는 정확하게 답을 내릴 수는 없지만 굳이 답을 내린다면 본성이라 생각한다. 원래의 본성은 모든 것을 관장하고 바르게 이끌고 있는데 본성과 영 사이에 욕심이 들어오므로 해서 바른 판단을 내리지 못하고 지혜를 잃어 힘듦을 겪는 것이다. 욕심은 몸의 안락을 위한 것이지 영과 얼을 위한 것이 아니다. 영과 얼을 위한 지혜를 만들어야 한다. 지혜를 만들기 위해서는 상단전을 열어야 한다. 상단전을 열 때 비로소 욕심을 다스릴 수 있게 된다.

앞에서 말한 세 개의 중심을 잡을 때만이 바르고 옳은 삶을 살 수 있다. 세 개의 중심이 바르게 형성되어 있으면 바깥의 빙의가 들어오고 나가고 할 때 용서하고 참회하는 기운을 만들 수 있는 힘이 되는데 중심이 없을 때는 창문을 그냥 열어놓는 격이 되기 때문에 용서와 참회가 없이 그냥 받아들이게 되어 더 큰 힘듦을 겪게 된다.

이 움막에서 가르쳐주는 수련은 쉽게 빙의를 해결하고 큰 깨달음을 순간적으로 얻는 것이 아니라 자신의 기문을 닫고 닫지 않음을 알게 하고 닫음을 통해 자신을 성숙시키고 또 닫지 않음을 통해 용서와 참회를 하고 영을 자라게 하여 이 힘들고 고통 받는 삶에서 벗어나게 해주고자 하는 것이다."

부정하는 마음

세 개의 주먹밥

"너희가 기적적인 경험을 하고 지병이 호전될 때 수련이 잘 된다고 하지만 나는 그렇게 생각하지 않는다. 3~4년 전 한 사람을 수련지도 했지만 수련과 지병은 호전되지 않고 부정하는 마음이 너무 강하게 일어나더라는 것이다. 자신이 이때까지 맞았다고 생각했던 것이 아닐 수도 있다는 마음이 들어서 너무 혼란스럽다고 했다. 그래서 나에게 '이 부정하는 마음으로도 수련이 되겠습니까?' 라고 물었다. 나는 그때 부정하는 마음이야말로 참 수련이라고 했다. 부정하는 마음이 더 강하게 일어나도록 하면 이때까지 살아온 모든 것이 달라질 것이라 했다. 4~5개월이 지나 그 사람이 와서 자신의 모든 것이 달라졌다고 했다. 지병도 사라졌고 아내와 아이, 자신을 알고 있는 모든 사람이 사랑스럽다고 했다. 가식이 아닌 진심에서 우러나는 말이었다.

항상 너희는 자신을 내세우면서 살아왔고 또 뭔가를 이루기 위해 투쟁만 했다. 투쟁은 나에게 많은 것을 얻게 한 것 같지만 결국 허무만 남기고, 허무를 느꼈을 때에는 이미 너무 많은 세월이 흘러 버렸기 때문에 무엇을 어떻게 해야 할지 몰라 방황만 하게 된다. 그런데 지금 앉은 이 자리에서 내가 이때까지 잘못했구나 하는 부정하는 마음을 느끼게 되면 반대로 삶의 허무가 많이 줄어들게 된다. 내가 어느 누구보다도 욕심스럽고 이기적이라고 느낄 때 욕심스러운 사람을 용서하게 되고 이기적인 사람을 사랑으로 감싸게 된다.

또 한 사람의 경험을 이야기할까 한다. 자신은 산을 좋아해서 시간만 나면 등산하는 것이 취미라고 했다. 한 번은 동료들과 함께 덕유산을 종주하게 되었는데, 종주는 장시간 걷는 것이기 때문에 짐이 많으면 종주하기 힘들 것 같아 취사도구를 가져가지 않고 주먹밥을 끼니마다 준비해 산행을 시작했다고 한다. 너무 오래 동안 산행을 하지 못했던 탓에 중반도 못 가서 쳐지고 말았다고 한다. 일행을 먼저 보내고 지친 몸을 이끌며 겨우겨우 걸어가고 있는데 바로 앞에 자신보다 더 힘들어하며 가고 있는 두 사람이 있었다고 한다. 이 사람들과 같이 하산을 하든지 아니면 시간이 좀 걸리더라도 종주를 해야겠다는 마음으로 말을 걸었다고 한다. 알고 보니 부산에서 왔고 향적봉만 왔다가려고 했는데 갑자기 덕유산을 종주하고 싶다는 생각이 들어 다른 일행은 하산을 하고 자신 둘만 종주를 하게 되었다고 한다. 종주를 하려고 했던 것이 아니었기 때문에 먹을 것도 별로 없고 장비도 없이 산행중이라고 했다.

정말 대책 없는 사람들이었다. 점심을 먹었는지 물어보니 너무 일찍 출발한 탓에 아침 겸 점심을 먹고는 아무것도 먹지 못해서 허기가 져서 너무 힘들다고 했다. 그 소리를 듣는 순간 배낭 속에 든 세 개의 주먹밥이 떠오르면서 그것을 줄 것인가 말 것인가를 고민했다고 한다. 하지만 두 사람의 모습을 보니 너무 힘들어보여서 고민 끝에 주먹밥을 나누어주려고 하는데 하필이면 두 개는 작고 한 개가 크더라는 것이다. 순간 큰 것은 내가 먹고 작은 것 두 개는 그 사람들에게 하나씩 주면되겠다는 생각이 들었다고 한다. 그러나 자신은 다른 것을 좀 먹었기 때문에 큰 것을 주었다 한다. 그렇게 나누어 먹고 어렵게 종주를 마쳤다고 한다."

진정한 욕심

"많은 세월이 지난 지금도 주기적으로 그 사람들과 산행을 한다고 했다. 그렇게 산행을 마치고 2~3년이 지나 나와 인연이 되어 수련을 시작했는데 6~7개월은 별 느낌 없이 지나갔는데 욕심이란 무엇인가에 대한 강의를 듣고 수련을 하는데 정말 자신이 욕심이 많다는 생각이 들면서 가슴이 저리도록 아팠다고 한다. 특히 덕유산 종주에서 주먹밥을 줄 때에 큰 것을 먹으려했던 자신이 얼마나 욕심스럽고 계산적이었는지 내 앞에서 고개를 들지 못할 정도로 부끄러웠다고 한다. 그러면서 많은 눈물을 흘렸다고 한다.

너희는 여기서 이 사람의 참회하는 마음이 얼마나 깊고 간절한지 알아야 한다. 객관적인 입장에서 볼 때 남의 물건을 탐내고 훔친 것도 아닌데 그것이 무슨 욕심이 될 수 있느냐고 하는 사람도 있다. 그런데 너희가 알아야 할 것은 어떤 사람이 남의 물건을 탐내고 많이 가지기 위해 살다가 어느 날 '아! 내가 참 욕심이 많다.'는 것을 느낀 사람과 주먹밥을 줄 때 참 욕심 많다는 것을 느낀 사람 중에 누가 진정한 욕심을 느낀 사람일까 하는 것이다. 내가 볼 때 주먹밥에서 일으킨 마음이 더 애절하고 더 참회하는 마음이라고 생각한다. 이러한 참회를 느낄 때 비로소 수련이 되는 것이다.

사회적으로 봐서는 정말 아무 욕심도 없고 자비로운 사람이지만 결국 진정한 자비로운 사람은 자신의 본성에서 느껴지는 마음으로 참회하는 사람이다. 너희는 알아야 한다. 이 참회야 말로 진정한 욕심이 무엇인지를 느끼게 한다는 것이다.

큰 것을 자신이 먹으려고 하다가 먹지 않고 상대에게 주었기 때문에 욕심스럽다고 하는 것이 언뜻 생각하면 이해가 가지 않을 수도 있다. 그런데 여기서 단순하게 생각해서는 되지 않는다. 남의 물건을 훔치려고 하다가

'아, 내가 욕심이 많구나.' 하는 것이 아니라 숨쉬고 밥 먹는 자체가 욕심이라는 것을 느낄 때 비로소 이 세상의 욕심을 이해하고 감싸 안을 수 있게 된다.

또 저 사람은 참 욕심스럽다고 느끼는 그 자체가 욕심이라는 것을 깨닫게 된다. 너희는 자기 부정을 통해서 자신의 관념을 갈아엎어야 한다. 이 부정하는 마음이 없이는 근본의 마음을 알 수 없기 때문이다. 논의 잡초를 뽑지 않고는 모내기를 할 수 없는 법이다. 설사 모내기를 한다해도 제대로 된 추수를 할 수 없다. 거울을 열심히 닦을 때 밝아지는 것과 같이 자신을 진정으로 부정할 때 본성은 밝아진다는 것을 명심해야 한다."

심공이론

마음수련으로 전환

"오늘은 너희에게 심공행법에 대해 설명하려고 한다. 심공행법은 일반 기 수련과는 다르며 一학, 二학, 三학, 四학, 五학까지 있다. 와선법, 좌선법, 입선법, 장심유통, 용천유통이 기 수련에 해당되고 심공 一학에서 五학까지는 마음호흡에 해당된다. 너희가 나를 만나 가장 먼저 수련한 것이 숨자리 잡기와 기 수련이다. 기의 움직임을 알아야 마음의 움직임을 알 수 있기 때문이다. 심공수련은 지금까지 한 기 수련과 마음수련을 연결하는 과정으로 나무에 접을 붙이는 것과 같은 이치이다.

심공수련을 얼마만큼 탄탄하고 바르게 하느냐에 따라 마음공부가 달라진다. 기적인 세계는 물질의 세계와 비슷하기 때문에 만용을 부리거나 집착을 가지면 오히려 자신을 해치게 된다. 그래서 기 수련을 마음수련으로 전환시켜주는 것이 무엇보다도 중요하다.

심공수련은 기와 마음을 잇는 교량과 같은 역할을 한다. 너희가 와선법, 좌선법, 입선법을 거치며 나름대로 기를 터득하였을 것이다. 그런데 중요한 것은 '운기 하는 것이 아니라, 운기 하는 과정에서 마음이 기를 움직이고 있다는 것을 느껴야 한다.'는 것이다. 이것을 느낄 때 심공수련을 바르게 할 수 있다. 또 심공수련을 한다고 해서 기 수련을 쉽게 생각해서는 안 된다. 자기 몸은 천근만근인데 이것을 무시하고 심공수련을 해서는 안 된다. 몸 상태를 점검하고 상태에 따라 와선법, 좌선법, 입선법을 병행하면서 심공수련을 해야 한다.

몸을 유지하는 데는 물질이 아주 중요하다. 물질은 제2의 마음으로 이 마음과 본성을 향한 마음을 구별하고 느끼는 것 이것이 중요하다. 우리는 이것을 구별하지 못하고 사는 탓에 이렇게 많은 고통에 사는 것이다.

그래서 물질에 집착하고 있는 마음을 얼마만큼 깊게 깨치고 심공수련에 들어가는가에 따라 마음수련이 달라진다. 사람들은 물질의 새콤달콤함에 빠져 마음공부가 무엇이고 물질공부가 무엇인지도 모르고 욕망의 늪으로만 들어가고 있다. 너희는 심공수련을 통해 물질에서 마음공부로 넘어와야 한다. 넘어오게 되면 물질이 많아서 잘난 것이 아니라 물질이 있어서 내가 편하다는 것을 느끼게 된다. 사람들은 물질을 모아 명예로 자신을 내세우지만 이것은 참 덧없는 것이다.

몸을 위해 사는 사람들과 마음을 위해서 사는 사람은 많이 다르다. 몸이라는 것은 자고 나면 자꾸 늙어지는 것인데 늙어가는 것을 이렇게 섬기고 있으니 얼마나 한심스러운가? 심공수련은 몸과 물질을 정확하게 보고 느끼는 수련이다."

진심법眞心法

"특히 심공 ―선은 물질과 몸, 몸과 마음을 연결하는 교량과 같은 것이기 때문에 열심히 해야 한다. (스승님의 심공 ― 선의 운기설명은 도서출판 엠에스북스에서 발간한 『마음호흡』의 「호흡편」에 자세하게 설명하고 있기 때문에 생략하고 여기서는 각 동작의 포괄적인 강의 내용을 적으려고 한다.)

심공 ―선의 진심법眞心法에서는 일차 소주천을 하게 된다.(일차 소주천 또한 「호흡편」에 자세하게 나와 있기 때문에 설명을 생략한다.) 일차 소주천은 화를 다스리기 위해서 하는 것이다. 하루를 살면 하루의 화가 생기고 3일을 살면 3일의 화가 생기는 것이 우리의 생활이다. 우리는 이 화를 다스리지 못하면 삶이 힘들어지고 제대로 된 운기도 할 수 없다. 화가 있는 상태에서 운기를 하게 되면 좋아지는 것이 아니라 오히려 부작용이 생길 수 있다.

지금 현 사회의 교육이 화를 소멸시키는 교육이 아니라 화를 일으키는 교육을 하고 있다. 그러니 대부분의 사람들이 열 받으면서 살고 있는 것이다. 길 가다가 조금 부딪쳐도 눈을 부라리고 눈 똑바로 뜨고 다니라고 한다. 이 얼마나 살벌한 세상인가. 우리는 화를 다스려야 한다. 화를 다스리지 못하면 결국 우리 스스로 자멸의 길로 들어 갈 수밖에 없다.

그래서 화를 다스릴 수 있는 방법을 나름대로 터득해 놓아야 한다. 화를 다스리는 방법은 많이 있겠지만 가장 좋은 방법이 일차 소주천이라 생각한다. 그리고 꼭 일차 소주천이 아니더라도 화를 소멸시킬 수 있는 방법이 있다면 굳이 일차 소주천을 하지 않아도 상관이 없다.

그러면 화는 왜 생길까? 하는 것이다. 화는 집착과 관념의 사이에서 일어나는 파장을 말한 것이다. 집착과 관념이 서로 강해질 때 화는 더욱 강해진다. 반면에 집착과 관념이 약해지면 화는 작아지게 된다. 집착과 관념의 이 파장을 풀 수 있는 것이 바로 일차 소주천이다. 이렇게 화를 소멸시키고 나면 2번 동작에 들어간다."

계심법啓心法 과 청심법淸心法 과 화심법花心法

"2번 계심법啓心法은 진심법으로 화를 내리고 나면 하늘, 땅 기운을 함축蓄시켜 단전으로 가져오는 동작이다. 이 동작을 행하면 머리가 청량해지고 기운이 안정되어 하단전에 축기를 근본적으로 할 수 있는 동작이

다. 양 장심에 기 파장을 일으켜 함축시킨 다음 끌어내리면 임독맥을 열어
주게 된다. 이렇게 열리면 독맥으로 흐르는 신경이 살아나고 임맥의 중심
인 중단전을 열어 얽히고설켜 있는 감정을 풀게 된다. 독맥의 신경은 유형
이고 임맥의 감정은 무형이다. 이 유형과 무형은 다시 백회와 연결되어 교
류하게 된다. 이 교류로 앉음과 동시에 하늘과 지구와 내가 하나가 된다.
이 하나를 느끼고 3번 동작인 청심법淸心法으로 들어가면 된다.

청심법에서는 단을 형성해야 한다. 단은 붉을 단丹인데 하늘과 땅기운
을 함축시켜 모으는 것을 말한다. 단은 아주 중요하다. 단은 영의 기운을
형성하는 뿌리이자 근본의 에너지기 때문에 하단전에 반드시 형성시켜야
한다. 단이 없으면 몸과 감정이 날카로워져서 영이 자라지 못하게 된다.
반면에 단을 형성시키면 깊은 수련에 들어가고 영이 자라면서 어른스럽게
된다.

'산은 산이요 물은 물이다.' 라는 화두를 들고 세상에 나오셔서 세간에
화제를 불러일으킨 조계종 전 종정이셨던 성철스님은 법문 중에 이런 말
씀을 하셨다.

'나는 아랫배에 철판이 들었다.'

이 말은 단이 형성되었다는 말이다.

단이 형성되고 나면 4번 동작인 화심법花心法으로 들어가게 된다. 단전
에 있는 단을 양 장심으로 운기하면 손바닥이 연꽃잎이 된 것처럼 피어나
게 되고 피어난 양 장심을 중단전으로 가져가 감정의 뿌리를 무 뽑듯이 뽑
아내면 근본의 화가 없어지게 된다. 허공으로 밀가루 한 줌을 뿌리듯이 뿌
리게 되면 맺히고 아파한 모든 감정이 소멸 된다."

심고心告

　"5번 동작은 심고心告에 들어가는데 한 마음으로 들어가야 한다. 한 마음을 어디에 고하냐 하면 천지 부모에게 고하게 된다. 여기서 부모라는 것을 깊게 생각해야 한다. 우리는 네 명의 부모가 있다. 몸을 자라게 한 부모는 아버지, 어머니가 되고 영을 자라게 한 부모는 천지가 된다. 하늘과 땅이 나의 근본적인 부모이다. 어머니 배속에 있을 때는 탯줄을 통해 모든 것을 흡수하지만 태어남과 동시에 숨이라는 탯줄로 하늘과 땅에 연결하여 생을 마칠 때까지 살게 된다.

　이 근본적인 탯줄을 모르기 때문에 병들어 힘들게 사는 것이다. 천지 부모를 잘 섬기고 사는 사람은 건강하고 행복해지지만 천지 부모의 뜻을 따르지 않는 사람은 벌을 받게 된다.

　공자가 말씀하셨다.

　'순천자順天者는 살고 역행자逆行者는 죽는다.'

　이 말이 바로 천지 부모를 잘 섬기고 따르라는 말과 같은 것이다. 천지 부모를 믿고 따르면 영이 자라게 된다. 그런데 우리는 천지 부모를 따르지 않고 욕망에만 빠져 있는 탓에 얼이 0.01mm도 안 자라니 업의 굴레를 벗어나지 못하고 윤회의 고리를 따라 끝도 없이 돌고 있는 것이다.

　만약에 영이 0.01mm라도 자라게 되면 다음 생은 쉬운 삶을 살게 된다. 그래서 영을 자라게 해야 한다. 몸은 참 덧없는 것이다. 이 덧없는 것을 좋아지게 하려고 물질에 집착하고 욕심내다 보니 얼이 자라지 못한 것이다. 너희는 빨리 깨어나야 한다. 먹고, 자고, 배우고, 생각하는 이 모든 것이 영을 자라게 하기 위함인데 몸만 위하고 있으니 영이 빠져 허무를 느끼고 고통스럽게 생을 마감하는 것이다.

지금 힘들고 원망하는 것을 승화시켜 한다는 것이다.

사람들이 왜 자식을 잘 키우려고 하는지 아느냐? 현재보다 더 나은 삶을 살기 위해서다. 그런데 문제는 영을 자라게 하고 있지 않다는 것이다. 모두들 몸을 위한 가르침만 하고 있다. 부모가 영을 못 깨치니 자식에게 무엇을 해주어야 바른 것인지를 모르고 무조건 남들과 비교하여 잘 되기만 바라고 있다.

현재 부모는 자식이 원하는 것을 사 주지 못하면 가슴을 아파한다.

이 아픔은 무엇일까?

반면에 원하는 것을 다 사주어도 자식을 망치게 된다.

또 이 망침은 무엇인가?

부모 자신이 뭐가 뭔지도 모르고 단지 안다는 것이 물질밖에 없으니 물질만 더 줄려고 하는 것이다. 자신은 뭔가 이루지 못했는데 내 아이만큼은 이루기를 바라고 모든 교육과 물질을 아낌없이 주고 있지만 결코 그 자식은 행복해하지 않는다는 것이다.

무엇이 문제인가?

나는 이 문제를 근본적으로 풀 수 있는 방법을 가르쳐 주고자 한다. 다른 것이 아니다. 천지 부모를 알게 하면 된다. 자연에서 자식을 키우면 참 행복이 무엇인지를 알게 되고 감성과 지성이 자란다는 것을 알 수 있다.

현 사회의 가르침은 단지 지식을 통해 화만 일으키고 있다는 것이다. 길가는 학생들의 얼굴을 보면 모두가 웃음이 없다. 공부에 찌들려 우거지상을 하고 있다. 이렇게 자란 아이들이 과연 행복한 삶을 살 수 있겠는가 하는 것이다. 부모가 자식 키우는 것을 가만히 보면 나이에 따라 바라는 것이 다르게 된다. 30대 부모는 건강하게만 자라라고 하고, 40대 부모는 무조건 공부 잘 해라고 하고 50대 부모는 무조건 잘 살고 돈 많이 벌라고 하고 60대 부모는 바르게 살라고 얘기한다. 이 얼마나 어리석은 말인가?

이미 굳어지고 굳어진 감정에서 영을 찾으려고 해도 찾을 길이 없다.

영은 그냥 자라는 것이 아니라 천지 부모와 감응할 때에 자라게 된다. 천지 부모와 감응할 수 있는 것은 심고라 생각한다."

영을 자라게 하는 힘

"심고는 영을 찾고 자라게 하는 힘을 가지고 있다.
한용이가 나에게 물었다.

'영이 무엇입니까?'

들고 있던 찻잔을 보고 말했다.

'이것이 영이다.'

한용이는 웃으며 되물었다.

'그것이 어떻게 영이 됩니까?'
'찻잔을 깨어버렸다. 순간 당황해 한 한용이가 나에게 용서를 빌었다. 왜 용서를 비느냐고 물었더니 스승님 영을 화나게 해서 미안하다고 하기에 크게 웃고 말았다. 너희는 한용이의 대답을 쉽게 생각해서는 안 된다.'

모세가 유대민족을 이끌고 바다를 건너기 위해 하나님에게 기도했다. 순간 하늘에서 음성이 들렸다.

'모세야 네가 행하는 모든 곳에 내가 있으리라. 또 네가 하는 행이 내가

하는 행하는 것이 되리라. 그러니 나를 믿고 네가 행하라.'

그 말을 듣고 모세가 갈릴리 바다를 지팡이로 내리치자 바다가 갈라지며 무사히 유대민족이 강을 건너게 되었다는 성경 구절이 있다. 영은 분석과 계산으로는 자라지 않는다는 것이다. 지금 앉아 있는 자리에서 느끼고 경험하는 행이 될 때 영이 자라게 된다. 모세의 하나님을 향한 한 치도 의심 없는 믿음이 그 기적을 이루어지게 한 것이다. 너희도 마찬가지로 일어나는 모든 것이 영을 자라게 한다는 것을 믿고 행할 때에 영이 자라게 되는데 분석하고 욕심내기 때문에 영이 자라지 못하는 것이다. 분석은 나를 헷갈리게 할 뿐이다. 영은 행하는 가운데 느껴지는 것으로 자라게 된다.

심고로 얼이 자라기 시작하면 6번 동작인 진기소주천眞氣小周天에 들어간다. 이 진기소주천은 삼단전을 연결하게 된다. 삼단전을 간단하게 설명하면 건강의 뿌리는 하단전이고 감정의 뿌리는 중단전이고 지혜의 뿌리는 상단전이 된다. 이 삼단전인 건강, 감정, 지혜가 합해지면 영이 나타나게 된다. 건강할 때 몸이 없어지고 마음이 고요할 때 감정이 없어지고 생각이 맑을 때 지혜가 생기고 한 얼이 느껴져 자라게 된다. 결국 하단전, 중단전, 상단전이 영이 된다는 뜻이다. 이 영이 형성되면 곧 '하늘이 나고 내가 하늘이다.' 는 것을 알게 되고 '대자유인' 이 된다.

다시 정리를 하면 1번은 화를 다스리고 2번은 임독맥을 자극하여 감정을 녹이고 3번은 단을 형성하고 4번은 막히고 닫는 마음을 뽑아내고 5번은 심고를 통해 천지 부모를 찾게 되고 6번 동작은 영을 자라게 한다. 이와 같이 심공수련은 병든 영을 무명이라는 꿈에서 깨어나게 하여 아파하고 상처받은 마음을 치유하고 천지 부모를 찾아 대자유인이 되고자하는 것이 심공수련이다."

경과 기운의 흐름

역할

"경전을 내 마음에 떠올리는 것은 경전을 가지고 진리와 하나가 되기 위해서이다. 쉽게 말해 마음에 떠오른 경전을 본성으로 녹아들게 하여, 단 丹의 진기를 만들어 상과 관념을 소멸시켜 어디에도 걸림 없는 깨달음을 얻고자함이다. 그런데 지금 너희는 경전을 생각과 지식으로만 이해하고 있다. 그러니 이렇게 많은 논쟁과 시비가 일어나는 것이다. 그렇다고 해서 지식이 완전히 필요 없다는 것은 아니다. 처음에는 지식적인 단어가 필요하다. 지식으로 이해만해도 마음이 순해지고 몸에 흐르는 기맥이 안정되어 수용과 이해가 훨씬 쉬워지게 된다.

그런데 여기서 우리가 알아야 할 것은 지식은 어느 선까지는 가능하지만 그 이상은 되지 않는다.

그러면 그 선을 넘어 설 수 있는 방법은 무엇인가 하는 것이다.

바로 감응이다. 수련으로 감응할 수 있는 상태에 들어갈 때만이 가능하다. 그래서 우리는 경전과 감응할 수 있는 수련을 해야 한다.

그러면 또 어디를 통해서 감응할 수 있는가 하는 것이다.

무조건 외우고 생각한다고 해서 감응하는 것은 아니다. 감응은 상단전을 통해서 이루어진다. 감응으로 상단전을 열게 되면 하단전에 어떠한(여기서 어떠한 이란 단을 말한다.) 기맥이 형성되게 된다. 이 기맥 위에 경전의 의미를 싣게 되면 감정을 정화할 수 있는 기운으로 바뀌게 되고 또 바뀐 기운은 다시 중단전과 감응하여 상단전을 열수 있는 광명 光明 으로 바뀌게 된다. 바뀐 광명이 다시 경전과 감응하여 내가 가지고 있는 상, 관념, 열등 감, 자존심 기타 많은 것들이 소멸되게 된다. 그래서 경전을 본성을 통해 느끼면, 느낀 자체가 에너지가 되어 너희 삶에 피어나게 될 것이다.

경전은 근본 진리의 말이기 때문에 그냥 외워서도 되지 않고 짧은 지식 으로 이해해서도 되지 않는다. 해석이 되는 것과 동시에 경전으로서의 역 할을 하지 못하게 된다. 왜냐하면 경전이 해석된 것을 보면 사람마다 다르 다는 것이다. 깨달음의 자리에서 해석되지 않고 지식과 의식으로만 해석 하기 때문에 다른 것이다.

그래서 현 시대에 이렇게 종파가 많은 것이다. 처음 경전 수련을 할 때 에는 세속적인 마음으로 수련하기 때문에 많은 현상들이 나타나게 된다. 이 현상들을 스승과 도반에 비추어 다듬다 보면 구도심이 일어나게 되는 데 이때 경전에 집착하고 있는 마음과 경험을 없애야 한다. 그것을 없애지 못하면 또 하나의 종파와 교주가 탄생된다."

경심기합經心氣合 수련

"현 사회의 종교와 교주를 보면 예수와 석가의 깨달음과는 큰 차이가 있다. 석가와 예수는 항상 '자신을 보고 자신을 믿을 때만이' 하나님을 만 나게 될 것이라 이야기한다. 그런데 옳지 않는 종교와 교주는 우리 종교만 이 난세를 구원하고 근본자리에 들 수 있다고 이야기한다. 이러한 얘기는 지식을 통해 일어나는 현상을 이야기하는 것이다. 진정한 사과는 먹지 못 하고 사진 속 사과만 보고 맛과 모양을 이야기하는 것과 같은 것이다.

너희는 1이라고 하면 수학적인 1이란 개념槪念(어떤 사물 현상에 대한 일반적인 지식.)이 떠오르게 된다. 하지만 1은 수많은 개념들이 있다는 것이다. 또 무無라고 하면 없는 것으로 이해하지만 결국 없음이 1이 될 수도 있다. 없는 것이 1이라고 말하면 이해가 잘 가지 않을 것이다. 이 이해가 지 않는데서 1을 말하기 때문에 종교와 교주가 생기고 또 억지가 되고 강압이 되어 대립하고 싸우는 것입니다. 무라는 의미를 표현할 방법이 없어 무라고 얘기했을 뿐인데 자신의 관념과 지식으로 해석함으로서 또 하나의 경직된 무를 만들어 버린 것이다.

그래서 지금 알고 있는 1이라는 것은 나의 생각이 될 수도 있고 또 나의 존재가 될 수도 있다. 이 1의 무가 시작되어 2345789가 되어 많은 형상들이 생겨나는 것이다. 경전은 항상 1을 이야기하고 있기 때문에 삶의 23456789 고苦가 점차적으로 줄어들게 된다. 특히 소주천이나 기타 수련을 경전과 감응한 상태에서 운기가 되면 몸과 마음이 근본과 하나라는 것을 느끼게 된다. 이것이 경심기합經心氣合 수련이라 한다.

경전과 감응할 때에는 해석하거나 분석하지 말아야 한다. 분석과 해석은 경전을 왜곡되기 할 뿐이다.

경전은 상단전에 영향을 많이 미친다."

경은 단을 움직이는 힘을 가지고 있다

"경을 외울 때에는 어떠한 마음으로 외우느냐가 아주 중요하다. 욕심이 가득 찬 마음으로 외우면 욕심의 현상이 나타날 것이고 참회하는 마음으로 외우면 참회하는 현상이 나타날 것이다.

이 말이 무슨 말인가.

기독교를 믿는 사람의 꿈과 환영幻影(눈앞에 없는 것이 있는 것처럼 보이는 것.)에는 항상 예수와 천사만 나타난다. 또 불교를 믿는 사람에게는 부처님과 스님들만 나타난다. 내 마음이 무엇을 염원하고 있느냐에 따라 모든 현상이 나타나는 것이다. 기독교인 꿈과 환영에 부처님이 나타났다는 소리를 못 들었고 불교인 꿈과 환영에 예수가 나타났다는 소리를 듣지 못했다. 기독교의 사랑과 믿음이나 불교의 사랑과 믿음이 다른 것이 아닌데 꼭 꿈과 환영에서만 다르게 나타나는 것은 치우쳐진 마음 때문이다.

그래서 경 수련을 할 때 나의 생각을 빼고 1이라고 했을 때 그 1이 내 몸에서 어떻게 돌아가는지를 경험하면 '아! 경은 단을 움직이는 힘을 가지고 있다.'는 것을 알게 된다. 그래서 내가 외우고 있는 경소리를 내가 들으며 수련해야 한다.

그리고 경이라고 하면 많은 사람들이 불경과 성경을 떠올리게 된다. 경전은 불경과 성경만이 경전은 아니다. '진정한 경전은 나의 소리이다.' 너희는 상대가 말하는 말 한마디에 마음이 무거워지고 가벼워지는 것을 경험했을 것이다. 직장을 잘 다니는 남편이 항상 회사를 그만 둔다는 이야기를 하고 힘들어서 못 살겠다는 말을 자주하게 되면 아내와 아이들의 마음이 무거워지기 시작한다. 이러다가 정말 회사를 그만두는 것은 아닌지 또 앞으로 먹고 살 수 있을지 걱정이 되어 한숨만 쉬게 된다. 반면에 정말 회사가 어렵고 힘들지만 '여보, 당신은 나만 믿으면 되고 지금은 어렵지만 젊기 때문에 충분히 극복할 수 있다.'며 희망적인 말을 했을 때에 아내와 아이들은 마음이 가벼워지고 밝아지게 된다. 이러한 말 한마디가 결국 경전인 것이다. 경전은 따로 있는 것이 아니라 나의 말 한마디가 상대의 마음을 가볍게 할 때에 경전이 되고 상대의 마음을 무겁게 할 때 아픔이 되는 것이다.

그래서 항상 내 소리를 듣고 한마음을 낮추면 상대를 이해할 수 있게 된다. 이것이 경 수련이다.

경전의 진리를 느끼면 '우주의 근본 에너지와 나의 에너지가 같다.'는 것을 느끼게 된다."

어둠을 걷어낼 수 있는 수련

"경은 양심과 욕심을 구별하는 힘을 우리에게 주었다. 경經 수련을 통해 욕심을 다잡고 양심을 회복하면 본성이 밝아지게 된다. 그리고 욕심은 본성과는 항상 정반대의 길을 가고 있지만 나를 보게 하는 근본적인 거울이 될 수도 있다. 가령 양심을 속이고 물건을 훔쳤을 때 자신이 무엇을 속이고 있는가를 느끼고 생각함으로서 더욱 양심적인 사람이 되는 동시에 본성과 가까워지기 때문이다.

그런데 여기서 중요한 것은 욕심을 보고 욕심을 깨칠 때만이 양심적인 사람이 된다. 욕심도 자신을 보고 느끼는 욕심은 많은 것을 깨치게 하지만 반면에 채우는 욕심은 너와 나를 다치게 할 뿐이라는 것이다.

그래서 욕심은 양심을 회복되게 하는 휴식의 공간으로 만들어야 한다. 태양과 지구가 일정한 선을 유지하면서 흐트러짐 없이 돌아가는 것처럼 양심과 욕심을 일정하게 유지하게 되면 삶이 바르게 될 것이다. 아주 선한 일을 한다고 해서 이 선을 벗어나지 않고 많은 욕심을 부린다고 해서 이 선을 벗어나지는 않는다. 경은 이 선을 가장 정확하게 볼 수 있는 돋보기와 같은 역할을 하게 될 것이다. 경 수련으로 근본을 깨달은 사람은 항상 본성과 늘 같음을 유지하며 삶을 살지만 보통 사람은 상과 관념에 갇혀 고苦를 겪게 될 것이다.

여기서 너희가 알아야 할 것은 본성은 태양과 같아서 항상 그러한 밝음을 유지하며 우리에게 비추는데 우리가 상과 관념으로 가렸기 때문에 어두워진 것이다.

경經 수련은 '어둠을 걷어낼 수 있는 수련'이다. 내면으로 깊게 내려 갈수록 어둠은 걷히고 본성과 일치하여 어디에도 걸리지 않는 행복을 느끼게 될 것이다."

믿음과 영

진정한 사후세계

"석가와 예수는 우리가 살고 있는 삶은 대나무 한 마디처럼 맺히는 삶이라 했다. 행하고 있는 모든 일이 현생으로 끝나는 것이 아니라 다시 이어진다는 것을 강조하시고 현재를 바르게 살라고 한 것이다. 그래서 자비, 보시, 사랑, 믿음을 말하신 것이다.

불교에서 말하는 극락, 기독교에서 말하는 천당, 지옥은 우리의 삶을 바로 잡기위한 하나의 방편이다. 무조건 종교를 믿으라고 하면 잘 따르지 않자 수학적인 방법을 도입한 것이 바로 극락과 천당, 지옥이다. 열심히 믿고 따르면 그 만큼의 보상을 해준다는 것이다.

그러면 사후세계는 무엇인가 하는 것이다. 종교 차원에서는 사후세계를 인정하지만 과학 차원에서는 사후세계를 인정하지 않는다. 그런데 이 둘은 동전의 양면과 같이 있다는 것은 없다는 것을 전제로 하고 없다는 것은 있다는 것을 전제로 하기 때문에 엄격하게 따지고 보면 서로를 견제하면서 도우고 있다.

그래서 있고 없고를 단정 지을 수는 없다. 사후세계가 없다고 하는 사람은 없는 것이고 있다고 하는 사람은 있는 것이다. 나 또한 단정 지어 말할 수는 없지만 사후세계는 두 가지로 나누어진다고 생각한다. 죽고 난 다음 나를 알고 있는 사람들 마음에 남아 있는 나의 잔상들이 그 첫번째 사후세계라 생각한다. 나를 칭찬하는 사람, 원망하는 사람, 기타 많은 평가들이 나를 심판하는 것이다. 두번째 사후세계는 영의 자람이다. 얼마만큼 영이 자라서 익고 죽었느냐하는 것이다. 이것은 누구도 모르는 일이다. 오직 자신만이 알 수 있고 스승만이 알 수 있다. 석가와 예수에게 있는 것도 아니고 믿음에 있는 것도 아니다.

종교에서는 믿음만이 영을 자라게 한다고 하지만 손을 가슴에 얹고 자신이 믿고 있는 것이 어떤 믿음인지를 생각해 보면 알 수 있다. 남에게 보여주기 위한 믿음인지 천당에 가기 위한 믿음인지를 짚어보면 정확하게 알 수 있다. 진정한 영의 자람은 자신만이 알 수 있다. 그리고 스승이 알 수 있다고 했는데 진실한 스승이라면 알 수 있다. 한 어머니가 아이를 기르면서 아이가 무슨 생각을 하고 있는지 알 수 있듯이 스승과 제자는 하나의 느낌으로 통하고 있기 때문에 제자가 어떤 상태에 있는지를 알 수 있다. 스승과 아무리 오래 있어도 잘 모르겠다고 하는 것은 진정한 느낌이 오가지 않았기 때문이다.

진정한 느낌은 신뢰를 타고 움직이기 때문에 자신의 신뢰를 깊게 생각해보면 알 수 있다. 그래서 사후세계는 이 두 가지로 이루어져 있기 때문에 자비, 보시, 사랑, 믿음으로 살게 되면 이 두 가지 모두가 충만해져 극락과 천당이 될 것이다."

뿌리

"내가 이 수련을 확실하게 하게 된 동기도 나를 보고 나를 느낄 수 있기 때문이다. 이게 무슨 말인가 하면 나무는 항상 뿌리를 통해서 자라고 열매를 맺기 때문에 뿌리를 얼마만큼 잘 아는가에 따라서 가지와 열매가 달라진다. 뿌리는 땅속에 있는 영양과 물을 빨아 올려줌으로서 줄기와 잎을 자라게 하고 다시 줄기와 잎은 햇볕을 받아 다시 뿌리를 자라게 하는 것이다. 이 서로도움이 열매를 만들고 자신의 존재를 함축시켜 땅으로 다시 돌려보내는 것이다. 너희도 마찬가지로 스승의 말을 듣고 경전을 읽는 것은 나뭇잎이 햇빛과 광합성 작용하는 것과 같이 나의 본성과 진리가 서로 감응하여 업을 소멸시키고 영을 자라게 한다.

나무를 볼 때 뿌리가 예쁘다고 하는 사람은 아무도 없다. 가지와 잎을 보고 그 나무가 아름답다고 한다. 그러나 나무를 볼 때 뿌리가 얼마만큼 깊고 넓게 자라느냐에 따라 가지와 줄기가 결정되기 때문에 서로 상호작용을 깊게 살펴야 한다. 사람도 마찬가지이다. 가지와 잎이 상호작용으로 아름다움을 만들어 내듯이 몸과 의식이, 의식과 마음이 서로 유통되어 건강한 몸과 마음을 만들어 내고 있는 것이다. 그래서 밖의 화려함보다는 내면의 깊고 넓음을 만들어야 한다. 내면의 깊고 넓음을 만들게 되면 밖은 저절로 아름답고 행복해지기 때문이다. 내면으로 자라는 마음의 뿌리를 찾고 느끼는 것을 게을리 하지 말아야 하는데 자꾸 외향적으로만 치우치다보니 사는 것이 힘들고 고통을 받는 것이다.

이제 너희는 내면으로 돌아와야 한다. 이것만이 이 고통의 바다에서 구원을 받는 길이다. 내면으로 들어가는 길은 많이 있지만 가장 쉽고 편하게 들어가는 길이 마음호흡이라 생각한다. 호흡을 통해 자신을 정확하게 느끼기 시작하면 무엇이 나를 힘들게 하고 좋아지게 하는지를 구별함으로서 감정을 다스리고 삶을 다스릴 수 있기 때문이다.

너희 자신이 일으킨 한 감정에 빠져 상처받는 것은 모르고 모든 것이 상대에게 문제가 있다고 생각한다. 상대는 나에게 아무 문제가 되지 않는다. 단지 내가 상대에게 집착하여 미워하고 좋아하고 있는 것뿐이다. 수련을 통해 하나하나 짚고 들어가 보면 알게 된다. 내면의 뿌리를 자라게 하여 본성까지 자라게 하면 영이라는 열매를 얻게 된다.

얼마 전 움막 옆에 있는 창고를 정리하다가 6년 된 옥수수 씨앗이 있기에 밭에 심어놓았는데 며칠이 지나 싹이 텄다. 6년이라는 세월이 짧은 세월이 아닌데 싹을 틔우는 것을 보면 씨앗 속에 들어있는 생명력이라는 것은 뿌리를 가지고 있는 나무보다도 더 심오함을 가지고 있다는 생각이 들었다.

너희도 영속에 본성의 근본을 연결하게 되면 영은 자라고 익어 가게 되어 어디에도 걸림이 없이 옥수수의 씨앗처럼 근본 싹을 틔우게 된다.

그래서 내가 본성까지 뿌리를 내리게 되면 나와 너의 관계, 죽음과 삶의 관계, 건강함과 병드는 관계, 부자와 가난한 사람의 관계, 이 모든 관계를 이해하고 깨닫게 된다."

영의 자람

"대부분의 사람들은 영의 자람을 잘 모르고 있다. 그러니 더 많은 상처와 아픔이 생겨나고 있다. 영을 자라게 한다는 것은 다른 것이 아니다. 사기를 당할 인연에는 사기를 당해주는 것이 업을 푸는 한 방법이며 영을 자라게 하는 일이다. 만약에 사기 당할 인연인데 욕심에 집착하여 사기당하지 않으면 더 큰 미움, 더 큰 힘듦을 겪게 되고 영은 더욱 어두워지게 된다. 너희는 욕심의 늪에 빠져 앞뒤 가리지 않고 허덕이다 많은 시간이 지나서야 그때 그렇게 욕심 부리지 않아도 될 것이라며 후회하는 것이다. 그땐 이미 늦다.

그리고 너희가 만나고 있는 인연이 어떠한 인연인지를 잘 알아야 한다. 탁함을 주는 인연인지 이로움을 주는 인연인지 잘 알 때 나의 영을 자라게 할 수 있다. 너희가 이 움막에서 나와 같이 수련한다는 것은 본성을 밝히고 영을 자라게 하기 위해서이다. 그런데 너희는 몸의 안락만 생각하기 때문에 영이 자라지 않는 것이다. 영이 자란 사람을 우리는 어른이라 한다.

현대인을 보면 나이든 사람은 있어도 영이 성숙한 어른은 없다. 영이 자라지 못한 사람은 몸은 어른이지만 정신은 대부분 어린아이로 돌아가 있다. 그래서 60~70세 사람들의 행동을 보면 꼭 초등학교 1~2학년의 수준밖에 되지 않는다. 초등학교 1~2학년의 행동밖에 하지 못하는 것은 밖의 일에만 집착하여 산 까닭에 영이 자라지 못했기 때문이다. 영은 육체가 자란다고해서 자라는 것이 아니다. 밖의 느낌과 경험을 깨칠 때만이 영이 자라게 된다.

일상의 반복된 집착은 나의 존재와 영을 느낄 만한 무엇인가가 없다. 너희는 이 무엇인가를 찾기 위해 내면으로 들어가야 한다. 태어나 무엇을 반복하며 살아왔는지를 차근차근 짚어 가다보면 자신의 존재를 느끼고 영을 느끼게 된다. 영을 느끼면 자신의 삶을 주관할 수가 있게 된다.

요즘 사람들은 자신의 삶을 주관하는 것이 아니라 피 주관자가 되어 살아가다보니 너무 많은 연극을 해야 하고 그 연극 속에 자신을 더욱더 숨기게 되어 영은 더욱 자라지 못하는 것이다. 영이 자라지 못하다 보니 운명을 믿게 되고 천당과 지옥을 믿게 되어 더 많이 우왕좌왕하게 사는 것이다. 너희는 이 불안에서 빨리 벗어나야 한다. 벗어나지 못하면 불과 같은 삶을 살게 된다. 이 불과 같은 삶에서 벗어나는 길은 자신의 내면으로 들어가는 길 밖에 없다. 더 깊게 들어가면 들어갈수록 운명과 천당, 지옥은 본성을 알지 못하는 것에서 생겨 난 하나의 안개라는 것을 깨치게 된다."

고삐

"수련을 해 보면 죽음이란 것은 하나의 문턱에 불과하다는 것을 알게 된다. 이쪽 방에서 저 쪽 방으로 들어갈 때에 반드시 문턱을 지나가는 것처럼 죽음 또한 다음 생으로 이어지는 문턱에 불과 한 것이다. 단지 현재

앉아 있는 이 자리에서 본성을 느끼면 죽음은 저절로 알게 된다. 그런데 너희는 죽음을 자신의 회피용으로 쓰고 있고, 또 종교는 천당과 지옥이라는 고삐(말이나 소를 몰거나 부리려고 재갈이나 코뚜레, 굴레에 잡아매는 줄.)를 우리에게 매어 이리 끌고 저리 끌고 있다.

죽고 난 다음의 일을 가지고 현재의 일 인양 겁을 주어 자신의 삶을 돌아보지 못하게 하고 있는 것이다. 그러다보니 삶은 더욱 더 힘들어진 것이다. 너희는 항상 긴장하고 바쁘지 않으면 남에게 뒤쳐진 것 같고 불행해질 것 같은 느낌이 더욱 조여 오는 것을 느끼게 된다. 나도 산중에서 수련하면 혼자 있어도 무섭지가 않았다. 오히려 밤이 안식의 세계이며 어머니가 안아주는 것처럼 몸과 마음을 어루만져 준다는 느낌을 받았지만, 도심 속에 몇 개월을 지내다 움막으로 돌아오면 밤이 무섭다는 것을 느꼈다. 도시라는 안주가 나도 모르게 젖어든다는 것이다. 그래서 항상 자신을 놓치지 말아야 한다.

나는 종교도 마찬가지라고 생각한다. 젊을 때는 자신을 주관하는 힘이 강하기 때문에 종교에 끌려 다니지 않지만 나이가 들면서 자신의 의지로 되지 않을 때 주관하는 힘이 약해져 종교와 무속인들에게 끌려 다니게 되어 자기 삶을 주관할 수도 없고 영이 자라지 못하게 된다.

그러면 끌려 다니지 않기 위해서는 어떻게 해야 할까.

특별한 것이 아니라 자신의 내면으로 돌아오는 길 밖에 없다. 내면으로 돌아오면 집착에 끌려 다니는 것이 아니라 편안함과 고요함과 기쁨의 삶을 살고 영은 자라게 될 것이다.

그래서 도시의 안주에 길들여진 나를 다잡고 내면으로 들어가 자신의 근본을 찾아 영을 자라게 하여 진정한 어른이 되어야 한다.”

화

"도시에 길들여지면 화가 많아지고 아주 예민해지게 된다. 도시는 하나의 톱니바퀴와 같이 서로 맞물려 돌아가야 하기 때문이다. 같이 돌아주지 않으면 부닥치고 넘어져 다치게 된다.

또 도시는 욕심의 원리에 의해서 돌아가고 있다. 그리고 욕심의 원리는 화이다. 화가 늘 내 자신을 주관하기 때문에 이렇게 많은 고통이 따라다니는 것이다.

그러면 화로부터 벗어나는 방법은 없는 것인가 하는 것이다.

나를 보고 느끼면 저절로 화는 사라지게 된다. 그러면 무엇을 보고 느껴야 한다는 것일까? 첫째 나의 관념을 봐야 한다. 관념이라는 것은 내가 정해 놓은 생각의 틀이기 때문에 이 틀에 맞지 않으면 화가 생기게 된다. 또 이 관념에 힘이 실리면 아상이 생겨나게 된다. 여기 타조 알 하나가 있는데 한 사람은 타조 알을 보고 갓난아기가 가지고 노는 공이라 하고 한 사람은 야구공이라고 했을 때, 타조 알을 보고 공과 야구공이라고 하는 것이 관념의 차이라는 것을 알 수 있다. 이 관념에다 자신의 생각이 강하게 들어가면 아상이 되는 것이다. 자신이 직접 만든 것도 아닌데 야구공이라 단정 지어 말하는 것이 관념이자 아상인 것이다.

내가 맞는다고 하는 생각을 낮추고 상대의 의견을 들어줄 때 아상이 약해지는 것이고, 상대의 의견은 아예 들어주지도 않고 자신의 생각만 옳다고 우기는 것은 강한 아상을 가졌다고 보면 된다. 그래서 아상과 아상이 부닥치게 되면 내면에서는 큰 화가 생기게 된다. 화가 극으로 가게 되면 상대에게 깊은 상처도 주고 그 상처가 또 다른 관념의 상처를 만들어 창과 같은 상으로 상대를 공격하게 된다. 그래서 수련은 아상과 관념을 닦게 하고 사랑으로 상처를 치유해주게 된다.

너희는 이때까지 내 삶을 주관적으로 산 것이 아니라 관념만 쌓아 오다

보니 몸과 마음은 만신창이가 되어 스스로 자멸의 길을 걸어온 것이다. 그 래서 관념을 풀 수 있는 수련을 해야 한다. 그리할 때에 삶을 주관할 수 있 고 영을 자라게 할 수 있는 지혜가 생기게 된다. 지금 내가 일으키고 있는 감정 하나하나가 수만 개의 관념을 통해 상으로 형성되고 있다. 상은 쇠창 살과 같이 본성을 어둡게 하고 영을 자라지 못하게 한다.

마음호흡은 영을 자라지 못하게 하는 틀을 느끼게 해준다. 그리고 이 틀이 꼭 관념과 아상으로 단정 지어 말할 수는 없지만 전생의 업과 습의 틀일 수도 있다. 너희도 살다보면 나의 의지로 되지 않는 일이 있을 것이 다. 이것이 전생의 업이자 습일 수도 있다. 그래서 전생의 업과 습을 느껴 본성을 밝게 하면 근본적으로 영을 자라게 할 수 있다. 이 영의 자람은 내 면의 본성으로부터 시작되어야 한다. 이렇게 되면 죽음도, 삶도 주관할 수 있게 된다.

태풍이 올 때 나무를 유심히 보면 가지가 바람에 부러질 것 같이 휘어 지지만 원래의 상태로 돌아오는 것을 보고 뿌리의 역할이 얼마나 크다는 것을 느꼈다.

나의 본이 밝고 밝지 않음에 따라서 영을 자라게 하느냐 아니면 전생의 습으로 돌아가 힘들게 살다 죽느냐 하는 것이다.

그래서 너희는 이 수련을 통해서 본성을 밝히고 영을 자라게 하여 전생 의 업과 습의 굴레에서 벗어나야 한다."

운기 하는 마음

보이지 않는 교류

"너희는 항상 다른 사람과 교류하며 살아간다. 말과 말이 교류하고 생각과 생각이 교류하고 기운과 기운이 교류한다. 이러한 교류를 통해서 깨치기도 하고 감정이 상하기도 한다. 그래서 이러한 교류를 잘 할 수 있는 법을 배우자는 것이다. 이 교류를 잘 배우지 않으면 단절되고 아파하게 되고 또 정을 느끼지 못해 따뜻한 사랑을 할 수 없게 된다.

나는 이 교류를 운기 하는 마음이라 생각한다. 사랑하고 염려하는 마음이 한결같이 상대에게 가 있으면 어렵고 힘든 일이 생기면 순간적으로 느끼게 된다. 순간적으로 느낀 이것이 기의 파장으로 서로 동했기 때문에 느껴지는 현상이다.

한 예로 수련을 참 열심히 하는 사람이 있었다. 하루는 TV를 보고 있는데 갑자기 가슴이 두근거리기 시작하더니 불길한 예감이 들기에 불안한 마음으로 자율학습을 하고 있는 아이게 전화해보니 어떤 아저씨가 대신 받으면서 아이가 교통사고가 났는데 지금 병원으로 가는 중이라고 말하더라는 것이다. 믿기지가 않아서 이름을 확인하니 자기 아이가 맞더라는 것이다. 급히 달려가니 다리와 갈비뼈가 부러지는 사고를 당했다고 한다.

너희는 여기서 부모와 딸이 보이지 않는 교류를 하고 있다는 것을 알 수 있다. 거리상으로는 크게 떨어져 있지만 시간과 공간을 초월하여 기운은 서로를 연결 되고 있는 것이다. 이것은 이 사람만 느낄 수 있는 것이 아니라 모든 사람이 다 느낄 수 있는 일이다. 그런데 느끼는 사람과 느끼지 못하는 사람의 차이는 마음과 기운의 차이 때문이다. 전화는 있지만 걸려고 하는 마음이 없으면 상대와는 연결할 수 없다. 또 상대가 전화를 해도 벨소리를 듣지 못하면 연결될 수 없는 법이다. 그래서 마음으로 기운을 일으키는 방법을 터득하고 언제라도 느낄 수 있는 기문을 열어 놓을 때 상대와 교류를 깊게 하게 된다.

교류의 기본은 애틋한 정과 사랑이다. 그러면 의문이 생길 것입니다. 정과 사랑의 파장을 어떻게 만들 수 있고 보낼 수 있을까 하는 것이다. 이것은 어려운 일이 아니다. 하단전에 정을 키우고 감성을 열면 저절로 되게 된다. 정과 감성을 열어 마음을 통해 파장을 일으키면 상대가 받을 만한 상태이면 전달이 가능하다. 상대의 전화번호를 외우고 있으면 되는 것이다. 항상 상대에게 관심을 가지고 정을 주고 사랑을 주면 기운은 저절로 가게 된다. 이것이 보이지 않는 교류이다.

그래서 기의 파장으로 상대에게 도움을 줄 수 있는 것이다. 기운의 파장이 동하기 시작하면 신성과 감정이 안정되면서 불안과 초초가 사라지게 된다. 또 아이가 아프거나 기타 문제가 생기면 부모를 떠올리며 마음의 파장이 형성되어 부모에게 전달되어 느끼는 것이다.

또 한 사람이 겪은 경험을 이야기하면 아이가 중간고사 치기 전날 음식을 잘못 먹어서 두통과 설사를 심하게 하여 기진맥진한 상태에서 시험을 치르게 되었다고 한다. 아이를 학교에 보내놓고 움막에 와서 나에게 사정을 이야기하기에 마음주천 수련을 권했다. 마음주천 수련을 10시 정도에 본격적으로 행했는데 아이에게 기운이 잘 가면서 시험을 잘 봤을 것 같은 느낌이 들기에 집에 가 아이를 기다렸다고 한다.

학교에서 돌아온 아이에게 오늘 시험이 어떠냐고 물었더니 참 신기한 일을 경험했다고 한다. '1교시는 머리가 너무 아파서 겨우 시험을 쳤는데 한 10시정도 되니 머리가 맑아지고 아프던 배도 아프지 않고 집중력이 생기는데 정말 신기했다.'고 한다. 속으로 마음주천이 정말 신기하다는 생각을 했다고 한다."

마음주천

"여기서 마음주천을 간단하게 설명하겠다. 이 마음주천은 수련만하면 누구든지 되는 수련이기 때문에 너무 신기해 할 필요는 없다. 허리를 펴고 바르게 않은 다음 하단전호흡을 하면서 느낌을 살피다가 기운이 느껴지면 대맥을 돌리고 대맥이 돌기 시작하면 독맥 쪽으로 운기 하여 임맥으로 내린다. 다시 신주호흡을 하면서 중단전의 느낌을 체크 한 다음 기운이 느껴지면 생각으로 기운을 주고자 한 사람을 생각하면서 백회로 기운을 빼낸다. 다시 상대의 백회로 기운을 넣어 임맥으로 내려 회음으로 빼내 다시 자신의 회음으로 받아 독맥으로 끌어올려 기운을 정화한다. 다시 똑같은 방법으로 운기를 하면 상대가 좋아지게 된다. 그리고 운기가 제대로 되지 않는 사람이 이 수련을 하게 되면 물 없는 보일러를 돌리는 것과 같은 이치가 되어 결국 보일러는 고장이 나게 된다. 막연하게 될 것이라 생각하고 하는 것이 아니라 하나하나를 제대로 하는 것이 중요하다.

그 옛날 어머니들이 이상한 꿈을 꾸거나 순간적인 느낌이 이상할 때 조심하고 또 조심하라고 일러준 일이 한 번씩은 있을 것이다. 이러한 느낌은 중단전과 상단전을 통해서 느껴진 것이다.

요즘 사람들은 아이가 다치고 안 좋은 운때가 형성되고 있는데도 모르는 것은 상단전이 탁해져 있거나 중단전이 탁해져 있기 때문이다. 수련으로 중단전이 열리고 상단전이 밝아지면 그러한 감응현상은 저절로 느낄 수 있다.

그런데 동물들은 앞으로 일어나는 일에 대해 느끼고 준비한다는 것이다. 수십 년 전 인도에서 일어난 해일을 통해 얼마나 많은 피해가 났는지 모른다. 하지만 해일이 일어나기 몇 시간 전에 이미 동물들은 그 조짐의 느낌을 받아 그곳을 피했는데 사람만이 그 느낌을 받지 못해 많은 인명 피해가 났다고 한다. 또 관광객을 태운 코끼리가 갑자기 뛰기 시작하자 당황한 조련사가 회초리로 때렸지만 말을 듣지 않고 산자락까지 달아났다고 한다. 조련사가 등에서 내려 마구 코끼리를 때리고 있는데 해일이 덮쳐 그 일대를 다 쓸어갔다고 한다. 그 코끼리 때문에 목숨을 구한 것이다. 사람이 얼마나 무지한지를 증명하는 순간이다. 모두가 상단전이 닫혀있기 때문에 그런 것이다.

그러면 코끼리는 왜 느낄 수 있었을까 하는 것이다. 마음에 욕심이 없는 상태이기 때문이다. 자연의 흐름을 알기 때문에 그 흐름이 순간적으로 흐트러지자 무엇인가가 일어날 것이라는 것을 감으로 느낄 수 있었던 것이다.

너희는 너무나 자연의 상태에서 벗어났다. 화식이 그렇고 화내고 욕심부리는 모든 것이 자연에 역행하고 있는 것이다. 자연과의 역행은 결국 자기 자신을 멸하게 된다. 너희는 마음을 열고 기문을 열어 자연에 맞추어 살아야 한다. 또 지금 마음에서 일으키는 기의 파장이 말과 행으로 그대로 내 얼굴에 나타나고 있다. 사십대의 얼굴은 자신이 책임져한다는 말이 여기에서 나온 말이다. 간절한 마음을 가지면 기의 파장이 일어나 보이지 기운이 나를 살리고 상대를 살린다는 것을 알게 된다.

이러한 보이지 않는 기운은 결국 욕심과 집착이 없을 때만이 가능하다. 욕심과 집착이 없어지면 자식을 사랑하는 부모처럼 애틋한 마음이 기운을 일으켜 사랑이란 에너지로 상대에게 전달되게 된다. 우리는 이 에너지의 힘을 개발해야 하고 상대에게 전달해야 한다. 그래야 맑고 밝은 정精의 사회로 만들 수 있기 때문이다. 모든 사람이 물질에 눈이 어두워 욕망 쪽으로만 가다보니 모두가 상처를 주고받고 있는 것이다. 이제 바른 마음주천으로 기운을 교류하여 모두가 행복한 사회가 되었으면 한다.”

깨침과 깨달음

승화

"너희는 깨침과 깨달음을 구별해야 한다. 깨침과 깨달음의 근본을 모르고 있기 때문에 누가 깨닫고 누가 깨쳤는지를 모르는 것이다. 깨침이라는 것은 현재 알지 못했던 것을 경험으로 느끼고 아는 것을 말한다. 또 깨달음은 많은 깨침들이 모여서 하나로 합쳐진 것을 말한다. 석가모니 부처가 6년의 고행을 통해서 병을 깨치고, 죽음을 깨치고, 삶을 깨치고 난 다음날 깨달은 것이다. 이렇게 깨침과 깨달음은 서로 연결되어 큰 하나를 느끼게 한다.

그런데 너희는 깨닫기를 간절하게 바라면서 깨침을 소홀히 하고 있다. 맑은 물을 아무리 잘 관리해도 소금이 들어오면 소금물이 되고 만다. 그런데 하나의 샘을 찾으면 소금을 아무리 넣어도 소금물이 되는 것이 아니라 오히려 소금을 정화시킨다. 이렇게 정화시키는 것이 깨침의 샘이고 그 물을 언제든지 떠서 목을 축일 수 있는 것이 깨달음이다. 깨달음이 어떠한 것이던 사랑과 자비로 소화하게 된다. 너희는 깨침의 샘을 계속 찾아야 한다. 샘 하나가 있는 것과 네다섯 개가 있는 것은 큰 차이가 있다.

물에 들어가 뜬다는 것을 깨치면 영국에 가든 미국에 가든 상관없이 물을 두려워하지 않게 된다. 그런데 깨치지 못하면 물을 두려워해서 분석만 하다 끝내게 된다.

그래서 하나의 깨침이 얼마나 중요한지 모른다. 그리고 너희는 깨침을 통해 깨달음으로 가야 한다. 깨침에만 머물러 있게 되면 물에 뜬다는 것은 알지만 강과 바다를 두려워하게 된다. 하지만 깨달음을 얻게 되면 강이든 바다든 어떠한 물이든 두려워하지 않는다. 따라서 깨침에 머물러 있을 것이 아니라 깨달음으로 승화해야 한다.

너희는 한글을 깨쳤다고 하지 한글을 깨달았다고는 이야기하지 않는다. 한글을 깨쳤다는 것은 글을 읽을 수 있다는 뜻이지 그 뜻을 알았다는 것은 아니다. 깨침과 깨달음은 구별이 되어져야 한다. 그래서 그 깨침을 통해서 깨달음으로 가기위해 고행을 겪으면서 수련하는 것이다. 석가모니 부처가 6년이라는 세월 동안 세상에 마지막 남은 돌멩이 하나까지 다 들쳐보았지만 결국 아무것도 없었다는 것을 깨치면서 허무함虛無과 절망감이 한 치의 틈도 없이 숨 막히게 했지만 다음 날 아침 눈 뜨는 순간 그렇게 절망적이었던 마음이 사라지고 그렇게 찾고자했던 것이 거기에 그대로 있더라는 것이다. 나무, 돌, 건강한 사람, 병든 사람, 고통 받는 사람이 그대로 거기 살고 있고 있더라는 것이다. 자신이 찾고자 했던 진리, 극락, 영원불변함이 한 치의 흩어짐도 없이 거기에 있다는 것을 깨달은 것이다. 이것이 깨달음이다. 다시 말해 내가 생활하며 느끼는 모든 것이 진리인 것이다.

깨달음은 어느 날 번개 치듯이 오는 것이라 생각하지만 너희는 이것이 착각이다. 영어를 배워 본적이 없는데 영어를 잘 할 것이라고 막연하게 생각하는 것과 같다. 깨달음은 섬광처럼 오지 않는다. 순간순간의 깨침이 모여 깨달음이 된다는 것을 알아야 한다.

석가모니 부처의 6년 고행을 너희는 쉽게 생각해서는 안 된다. 그 6년의 세월은 전력투구였고 죽음을 건 시간이었다."

관념을 넘어

"어제 한의사 한 분이 찾아와 나에게 질문했다.

『동의보감』에 대해서도 모르고 침 자리에 대해서 배워 본적이 없는 사람이 한의학 공부를 한 사람보다 병을 더 잘 다스린다는데 어떻게 이런 일이 있을 수 있습니까.'

'침을 한 번도 공부해 보지 않은 사람이 침을 잘 놓을 수는 없다. 반드시 과거에 한의학 공부를 했거나 거기에 합당한 일을 했을 것이다. 어느 날 갑자기 그것을 한다는 것은 불가능한 일이다.

그런데 이런 경우는 있을 수 있다. 수련을 깊게 하면 그 사람의 기맥의 흐름을 느낄 수 있기 때문에 침과 같은 도구를 사용하여 병을 다스릴 수 있다. 침이라는 것은 뾰족한 것을 혈 자리에 꽂아서 기맥의 흐름에 자극을 주어서 낫게 하는 방법이다. 수련에서 침과 같은 도구를 사용하지 않더라도 운기로서 혈 자리를 열어줄 수 있기 때문에 꼭 침을 배우지 않더라도 낫게 할 수 있다. 사람들은 침 공부와 수련이 별개라고 생각하기 때문에 수련은 하지 않고 한의학 공부만 하다보니 참 신기하게 생각하는 것이다.

그래서 한의사에게 진정한 병을 다스리기 위해서는 한의학 공부와 수련을 병행하는 것이 좋다고 했다. 지금 보면 양의학 공부 한 사람은 한의학과 기학을 미신취급 한다. 그런데 알아야 할 것은 양의학도 좋지만 한의학과 기학도 인정해주어야 한다. 수많은 사람들이 한의학과 기학으로 병이 낫고 있기 때문이다. 각자의 입장만 생각하고 우기는 것을 보면 중국의 귀신은 강시고, 우리 귀신은 머리 푼 여자이고, 서양 귀신은 드라큘라라고 우기는 것과 같은 것이다. 이는 자신이 생각하고 믿고 있는 관념 때문이다. 관념을 없앨 때 서로 도울 수 있게 된다. 그래서 한의사에게 내가 병을 꼭 한의학으로 해결하려고 할 때에 억지가 되어 서로를 힘들게 하니 관념을 넘어 수

용하는 자세로 행하다보면 큰 깨달음을 얻을 것이라 말해주었다.'

　너희는 관념 때문에 깨침으로 나아갈 수 없다. 그래서 지금 느끼고 있는 작은 앎과 깨침을 소중하게 생각해야 한다. 소중하게 생각하고 품을 때만이 깨달을 수 있다. 그런데 깨달음과 멀어지는 것은 오늘 깨친 것을 내일되면 잊어버리기 때문이다.

　그리고 석가모니 부처가 깨닫기 위해 바친 그 정열과 혼신을 모르고 너희는 그냥 앉아서 흉내만 내고 있으니 얼마나 답답한지 모른다. 깨침과 깨달음을 바르게 알고 스스로 정진해나가야 한다."

일침

"또 깨침은 일상에서 일어나야 한다. 일상에서 일어나지 않는 것은 온실 속의 꽃과 같다. 그리고 깨침을 깨닫게 해 줄 스승이 있어야 한다. 내 스스로 시행착오를 겪으며 목적지에 도착하기란 어려운 일이며 설사 목적지에 도착한다고 하더라도 너무 많은 시간이 걸리게 된다.

　그런데 스승과 도반을 믿고 따르게 되면 시행착오와 시간을 훨씬 줄일 수 있다. 버스를 타고 목적지에 가면 훨씬 쉽고 빠르다. 스승은 안내양이 되고 승객은 도반이 되어 함께 가자는 것이다. 요즘 사람들은 버스에 탔으면서도 타지 않은 사람처럼 불안해하고 '이 길 아닌데요. 저 길인 것 같아요.' 라고 우기며 믿지 않고 있다. 휴게소에 쉬어 가겠다고 하면 길을 모른다며 다른 버스를 찾아 헤매고 다닌다. 또 다른 사람을 태우기 위해 버스가 정지하면 목적지에 다 온 줄 알고 얼떨결에 내려버린다.

　이와 같은 일이 왜 벌어지느냐 하면 목적지를 모르기 때문이다. 내가 진정으로 가야 될 목적지를 안다면 버스가 수백 대가 있더라도 헷갈리지 않는다. 대구역 가는 버스, 지산동 가는 버스, 칠곡 가는 버스 등 자신이 가야 할 길을 가고 있는데 우리 스스로가 칠곡을 가는지 지산동을 가는지 대구역을 가는지를 확실하게 모르기 때문에 이 버스 저 버스를 기웃거리면서 헤매게 된다. 결국 나의 깨침과 깨달음을 모르기 때문에 타지 못하는 것이다.

본인 스스로 버스 안내양에게 '어디로 가는 버스입니까?' 라고 한마디만 물어도 많은 것이 달라진다. 바로 이것이 스승에게 질문하는 것과 같다. 안내양이 목적지를 이야기할 때 자신이 가고자하는 목적지와 같다는 생각이 들면 믿고 가면 되는 것이고 아니다 싶으면 내리면 되는 것이다. 스승과 대화를 해보면서 그 사람이 나를 이끌어 줄 스승이라는 확신이 서면 따라가면 되는 것이고 아니다 싶으면 그만두면 된다.

여기서 너희는 스승을 잘 알아야 한다. 한 스승이 모든 것을 책임지고 목적지까지 길을 안내하는 것이 아니다. 길을 제시만 하는 스승이 있고, 믿음을 다지게 하는 스승도 있고, 마지막 목적지까지 인도하는 스승이 있다는 것이다. 스승이라고 해서 모든 것을 다 알고 있고 반드시 목적지까지 인도한다는 것은 참 어려운 일이다. 그래서 현재 만나고 있는 스승을 통해 다음의 스승으로 나가든지 아니면 한 단계 올라서든지 해야 한다. 그래서 내가 깨칠 때에 스승이 바뀌는 것이고 깨치지 못했을 때 혼탁한 스승을 만나게 된다. 그렇게 많은 깨침을 가지게 되면 마지막에 스승이 일침으로 깨달음을 얻게 해준다.

그리고 또 알아야 할 것은 스승은 수련을 가르키는 스승만이 스승이 아니다. 물질을 많이 가지게 해주는 스승도 스승이고 용접하는 방법을 가르쳐주는 스승도 스승이다. 스승은 어떻게든 현재의 무지에서 앎을 있게 하는 모든 것이 스승이 된다.

깨침은 많은 것을 보게 한다. 그래서 너희는 깨치는 수련에서 깨닫는 수련으로 넘어가야 한다. 알겠느냐!"

지식화 된 경전

옥공

"경전을 책을 통해 이해하다 보면 지식을 쌓는 것밖에 되지 않는다. 지식이 쌓였다는 것은 관념화 된다는 뜻과 같은 것이다. 또 관념화 된다고 해서 지식을 무시해서는 경전을 깊게 이해 할 수 없다. 경전을 느낄 수 있는 수련을 충분히 한 다음에 경전을 지식으로 접하면 느낌으로 다가오지만 충분한 수련 없이 바로 경전을 접하게 되면 경전을 해석한 사람의 관념을 받아들이게 되어 더 이상의 경험을 하지 못하게 된다.

경전에 목 말라있을 때 경전에서 해석한 한 구절이 몸 전체를 적시는 것 같지만 얼마 가지 않아 또 목말라오게 된다. 내가 하고 싶은 말은 영원히 마르지 않는 샘을 파야 한다는 것이다. 언제든지 먹을 수 있는 샘이 있을 때에 목마르지 않는 여유로서 경험과 느낌이 온다.

이야기 하나 예를 들겠다.

옛날이 왕이 살았다. 이 왕은 옥을 너무 좋아해 항상 옥을 지니고 다녔는데 하루는 문득 죽기 전에 옥으로 된 왕관을 한 번 써보고 싶다는 생각이 들었다. 그래서 대신들에게 옥으로 만든 왕관을 만들 수 있는 옥공을 추천하라고 명하였다. 대신들이 여기저기 수소문 하여 마침내 80년을 한결같이 옥을 다듬고 있는 신의 경지에 도달한 진주에 사는 한 옥공을 추천하였다.

왕은 이 사람이 옥으로 왕관을 만들 수 있는 적임자라 생각하고 궁궐로 그를 불렀다.

'내게 옥으로 왕관을 만들어 줄 수 잇느냐.'
'일 년의 시간이 걸리겠습니다.'

왕은 궁궐 내 집을 지어주고 옥으로 된 왕관을 만들게 했다. 임금은 조바심이 나 왕관이 어떻게 만들어지는지 궁금해서 왕관을 만드는 곳 바로 옆에 팔각정을 짓게 하여 항상 거기에서 시간을 보내면서 가끔 책을 읽기도 했다. 하루는 임금이 정자에서 경을 읽고 있는데 옥공이 잠시 쉬는 시간에 왕에게 다가 왔다.

'임금님께서 읽고 계시는 경이 너무 좋아 보여서 나도 모르게 여기까지 왔습니다.'
'이 경은 천년 전에 석가모니 부처가 쓴 아주 훌륭한 경전이다. 내가 다 읽고 나면 너에게 줄 테니 읽어보아라.'
'경을 쓴 사람이 죽었습니까? 아니면 살았습니까!'
'천 년 전에 석가가 쓴 것이라 했지 않았느냐. 죽어도 벌써 죽었을 것이다.' '그러면 임금님은 죽은 경전을 읽고 계십니다.'

임금이 생각해보니 이놈이 자신을 가르치려 든다는 생각에 화가 머리 끝까지 치미는 것이다. 그래도 자신의 왕관을 만들고 있는데 화는 낼 수 없고 또 가만히 있자니 왕으로서 체면이 말이 아니다.

'내가 읽고 있는 경전이 왜 죽은 경전인지 합당한 이유를 대지 못하면

너에게 벌을 내릴 것이다.'

   '저는 내가 알고 있는 이 비법을 내 아들에게 전수하기 위하여 5년 동안 다섯 권의 책을 써서 아들에게 6년 동안 읽고 외우게 하여 옥을 다듬게 하였는데 불가능하다는 것을 알았습니다. 하는 수 없이 내가 정을 들고 직접 다듬고 있다는 느낌으로 가르치자 아들이 하나씩 깨치기 시작하여 5년이라는 세월에 걸쳐 완벽하게 비법을 전수 할 수 있었습니다. 그때 느낀 것이 글과 지식으로는 비법 전수가 불가능하다는 것을 알았습니다.

   그래서 임금님이 읽고 계신 경전에는 석가모니의 느낌이 빠져있기 때문에 죽은 경전을 읽고 계신다고 말한 것입니다.'

   임금이 그 이야기를 가만히 듣고 있다가 되물으셨다.

   '그러면 어떻게 하면 석가모니의 느낌으로 경전을 읽을 수 있겠느냐.'
   '숨을 느껴 야합니다. 정으로 옥을 칠 때에 숨을 느끼지 못하면 옥을 제대로 쪼을 수가 없습니다. 경을 외울 때 들이쉬는 숨이 단전에 멈추고 멈추었든 숨이 다시 나오면서 소리가 되는데 이때에 감정이 동하는 느낌을 찾으면 석가의 느낌을 받게 됩니다.'
   임금은 그 길로 숨에 느낌을 싣고 경전을 읽기 시작하여 왕관이 다 되어 갈 무렵 옥공을 불러 술 한 잔 따라주며 칭찬을 아끼지 않았다.

   '네가 나의 눈을 뜨게 했구나! 너의 식솔을 데리고 궁에 들어와 나한테 좋은 말벗이 되어주기를 바란다.'

   옥공은 흔쾌히 받아들여 궁에서 여생을 편안하게 보냈다고 한다."

감흥

"너희가 이 이야기에서 알아야 할 것은 다른 것이 아니다. 숨의 느낌이
다. 이 느낌만이 경전을 이해할 수 있는 근본을 제공할 것이다. 그런데 경
전을 느끼지 못하고 지식으로 받아들이면 그 지식은 칼과 창이 되어 경전
을 죽이고 느낌을 죽게 하고 있다. 경전을 공부하기 전에 먼저 자신의 느
낌을 살려야 한다. 자신의 느낌을 살리는 것이 진정한 수련이다. 느낌을
살리면 경전의 뜻은 저절로 우러나오게 된다. 또 느낌을 살려 놓으면 어떠
한 지식으로 도전하더라도 지식으로 쌓아놓는 것이 아니므로 모든 것을
흡수하여 깨치게 된다.

그래서 경전을 무조건 외우고 수련할 것이 아니라 자신의 느낌부터 살
리는 것을 가장 우선시해야 한다. 나의 스승은 항상 경전이 가슴에서 전율
이 일어나도록 하라고 하셨다.

여기 장미꽃 한 송이가 피어있다. 한용이가 물었다.

'이 꽃이 무슨 꽃이냐고.'

'나는 답을 주지 않고 느낄 시간을 주었다. 그러자 한용이는 알고 있는
모든 것을 동원해 생각해 보았지만 알 수 없었다. 한용이는 그것이 무엇일
까! 가 숨을 못 쉬게 했다. 그렇게 반쯤 죽어 있을 때에 나는 장미꽃이라
답을 주었다. 순간 그렇게 죽어가던 한용이가 살아나는 것을 보았다 한용
이의 숨 못 쉴 정도의 마음이 모든 꽃들의 느낌을 다 받아들이게 되었다.

만약에 한용이가 저 꽃은 무엇입니까? 라고 했을 때 장미꽃이라는 답을
주었다면 영원히 장미꽃이라는 단어밖에 느끼지 못했을 것이다. 장미꽃이
필 때 충분한 감흥感興과 전율이 일어나게 할 때에 꽃의 근본과 교감하게
된다. 그래서 충분하게 느낄 수 있는 시간을 만들어야 한다. 이 시간만이
서로를 흡수할 수 있는 근본이 되기 때문이다.'

　경전도 이와 같이 감흥 할 수 있는 느낌이 있어야 하는데 느낄 시간 없이 경전을 접함으로 해서 이렇게 많은 종교들이 생겨난 것이다. 경전은 진리이기 때문에 관념과 상으로 접할 것이 아니라 관념과 상을 충분히 닦고 난 다음 경전의 깊은 맛을 보아야 한다. 그런데 사람들은 단지 단어화 된 것을 느끼고 생각함으로서 결국 아무것도 모르게 된 것이다. 경전을 관념의 느낌으로 외우기보다 경전은 그대로 두고 호흡을 통해 감각을 살려내면 경전은 저절로 우러나게 된다.

　경전은 완전한 원리의 길이다. 완전한 길을 가기 위해서는 느낌으로 정을 만들어 관념과 상을 깨면서 나아가야 한다. 나아가는 것이 우주의 시작을 알게 되고 지구의 자전은 나를 중심으로 하고 있다는 것을 깨치게 된다. 이 깨침으로 살아가야 하는데 사람들은 욕심으로 살다보니 감정만 쌓이고 있는 것이다.

　그리고 지식을 넓히는 것도 축기이고 돈을 모으는 것도 축기이고 살림살이가 늘어나는 것도 축기이고 모든 것이 축기로부터 시작해서 축기로 끝나게 된다. 그런데 알아야 하는 것은 지식과 물질이 쌓여지면 쌓여질수록 마음은 더욱더 줄어든다는 것이다. 그래서 허무를 느끼고 우울증에 빠지는 것이다. 너희는 이 덧없는 지식과 물질을 축기할 것이 아니라 마음에 축기를 해야 한다. 마음을 축기하는데 도움을 주고 있는 것이 경전이다.

　그래서 나의 느낌을 살려 경전을 외우게 되면 마음은 더욱더 깊어지고 넓어지게 된다. 경전과 충분한 교감이 될 때 감동을 받게 되고 감동을 받을 때 석가가 말한, 내가 부처이고 법당이며, 예수가 말한 나는 생명이고 진리다 는 말이 무엇인지를 알게 될 것이다."

03

우러나는 경전

지식으로 이해하려고 해서는 안 된다

"정신적 스승이 하는 말들은 현실과 동떨어진 것이 아니다. 그런데 우리가 삶과 동떨어지게 느끼는 것은 집착된 마음 때문이다. 경전이란 부처님이 깨닫고 나서 집착으로 사는 사람들을 보니 모든 것이 아픔이며 불타는 집과 같다는 것을 아시고는 설법과 강론을 하신 것을 글로 적은 것이다. 너희는 이 강론한 경전을 엄숙한 자세로 보고 받아드려야 한다. 또 한 번 보고 말 것이 아니라 하루 보고 일 년 보고 이십 년 볼 때 진정한 내용의 깊이를 알게 된다. 항상 같은 경전이지만 들을 때마다 느낌이 다르다는 것을 느끼게 되면 자신이 집착하고 있는 것이 참 덧없다는 것을 알게 된다.

너희가 앉은 이 자리에서 강론한 경전의 뜻을 행으로 나타나게 해야 한다. 그런데 사람들은 대상에서만 찾으려고 하다보니 많은 시간을 대상에 투자 했지만 남은 것은 과거와 같은 고통뿐이다. 이제 바로 보고 바로 느껴야 한다. 내 행에서 경전의 뜻이 우러날 때 과거와 같이 아파하는 모습이 아니라 성숙된 나를 느끼게 된다.

그래서 성숙되기 위해서는 먼저 하단전을 따뜻하게 해야 한다. 하단전이 따뜻하다는 것은 기와 혈이 막힘없이 잘 돈다는 뜻이며 기와 혈이 잘 돈다는 것은 중단전에 쌓인 감정이 적다는 뜻이며 쌓인 감정이 적다는 것은 이해하고 수용하는 마음이 되었다는 뜻이다.

하단전에 축기가 쌓이게 되면 씨앗이 땅에 심겨지는 것과 같이 얼마 지나지 않아 싹을 틔우고 뿌리를 내리게 된다. 그 뿌리를 통해 모든 에너지의 힘이 가지와 잎을 자라게 하고 다시 가지와 잎에서 뿌리로 내려와 서로 교통하면서 근본의 열매를 맺게 된다. 근본의 열매를 맺게 되면 어디에도 치우치지 않는 공평의 이치를 깨치게 된다. 이와 같이 내가 사는 삶이 욕심과 치우침 없는 사랑으로 만들어져야 하는데 너희는 너무 많은 집착으로 잘못되어 가고 있다.

그래서 경전을 읽고 느껴야 한다. 경전은 공평과 사랑의 언어이다.

나뭇잎에 올라갔던 물과 뿌리가 흡수하고 있던 물이 항상 같음으로 돌고 있기 때문에 생명이 살 수 있는 것과 같이 한 마음을 깨닫게 되면 상단전, 중단전, 하단전이 따뜻해질 때 자성과 근본이 만나게 된다. 지금 불안하고, 초조하고, 미워하고, 좋아하는 모든 것이 현실에 집착된 마음 때문에 나타나는 감정일 뿐이다. 처음에는 이러한 집착을 단번에 끊으면 죽을 것 같고 불안과 두려움이 나타나지만 실제로 죽는 것은 없다.

백억 원 부도 맞고도 시간이 지나면 그 나름대로 살게 되는 것과 같이 집착하는 마음을 다스리면 모든 것이 별것이 아니라는 것을 알게 된다. 반면에 집착된 마음은 자살을 하게하고 한 치의 앞도 보지 못하게 하여 서로에게 고통만 주게 된다.

너희는 경전을 통해 집착의 끈을 끊어야 한다. 그리고 알아야 할 것은 경전을 지식으로 이해하려고 해서는 안 된다. 이해하려고 하면 할수록 집착된 마음은 더 커져갈 것이다."

깊은 감응

"수련으로 이것을 알기까지 얼마나 많은 좌절과 아픔을 견뎌야 하는지 모른다. 10을 알기 위해 1,2,3을 가고 있는데 3에서 10을 이해하려고 하면 4,5,6,7,8,9가 빠진 상태이기 때문에 10을 이해하지 못한다. 경전을 거울 삼아 1에서 2, 2에서 3, 3에서 4, 4에서 5로 이런 식으로 계속 닦아가다 보면 7,8,9,10을 알게 될 때 '아! 그 경전의 뜻이 이것이었구나!' 가 된다.

그래서 현재에 수많은 경전을 한 마음으로 받아들여야 한다. 내가 안고 있는 삶과 또 미워하고 좋아하는 감정의 문제를 경전에 비추어 수련하면 풀리게 된다. 산삼 녹용을 아무리 집에 많이 쌓아 둔다 해도 내 입 안으로 들어오지 않는 것은 몸에 도움을 주지 못한다. 즉 내가 소화시켜야 한다. 내가 소화시키지 못한 이해는 시간이 지나면 다시 원래의 상태로 돌아가게 된다. 그런데 근본으로 이해하게 되면 말이 아닌 눈빛 하나에서도 우주 전체를 이해할 수 있는 감동의 파장이 일어나게 된다. 지식으로 아는 이해는 누구나 할 수 있다. 또 자신이 처한 입장과 일치하게 되면 깊은 감응을 주지만 그 상황을 벗어나게는 하지 않는다,

서점가에서 『마음』이라는 종류의 책이 베스트셀러라고 한다. 그렇게 많은 마음에 관한 책이 팔리고 있지만 깨달았다는 사람은 보지 못했다. 글에 대해서는 공감을 하지만 관념과 상은 그대로라는 것이다. 너희는 근본으로 감동할 수 있는 감정을 만들어야 한다. 언어와 지식이 아닌 수용과 이해로 어우러질 때 감동하게 된다. 너희는 한 걸음 한 걸음을 최선을 다해 관념과 상을 다잡고 문제를 풀어야 한다.

심공단계에 들어가면 관념과 상을 다잡고 경전과 감응하는 수련을 하게 되는데 그때 근본과 감응하는 것이 무엇인가를 알게 된다."

교량

"경전은 교량과 같은 역할을 한다. 나와 우주를, 우주와 나를 연결시켜

많은 근본을 깨닫게 한다. 그런데 너희는 경전을 흉내만 내고 남에게 보여 주기 위해서만 행을 한다. 이 행은 진정한 경전의 뜻이 아니다. 경전의 참 뜻은 인애, 자비, 보시, 사랑, 믿음이 된다. 여기서 무조건 남에게 보시한 다고 해서 경전의 행이 되는 것은 아니다. 처음에는 보시가 되지만 시간이 흐르면 흐를수록 많은 갈등들이 일어나게 되고 보시를 포기하게 된다. 경 전의 보시는 시작할 때의 보시나 죽음을 맞이할 때까지의 보시가 같아야 한다. 이 보시가 근본 보시라는 것이다. 진정한 보시는 처음이나 끝이나 같다. 좋은 음식을 먹고 영양을 섭취해 삶을 잘 살 수 있도록 하는 것처럼 경전의 감응을 조금씩, 조금씩 일어나게 하여 삶을 행복하게 해야 한다.

하루는 스승님과 함께 길을 가다가 배가 고파서 끼니를 해결하고 대구 역으로 가려고 하는데 스승님이 난데없이 한 말씀 던지는 것이다.

'오늘은 대구에서 그냥 자고 내일 일찍 가자.'

그리고는 육교 밑으로 가시더니.

'육교로 오르는 사람의 짐을 들어 주거라.'

처음에는 농담인줄 알았다.

'오늘 좋은 음식을 먹었기 때문에 사람들에게 봉사를 해야 한다.'

육교 밑에 섰다가 무거운 짐을 들고 가는 사람의 짐을 대신 들어서 육 교를 건네주는 일이었다. 짐을 들어주면 어떤 사람은 도둑으로 오해하기 도 하고 어떤 사람은 너무 고맙다고 인사하기도 했다. 또 그렇게 의심했던 사람도 끝까지 들어주고 나면 고맙다는 인사를 했다. 그렇게 밤이 되자 간단하게 밥을 먹으며 말씀하셨다.

'이 먹는다는 것은 결국 내 즐거움을 위해서 먹는 것이 아니라 내 삶에 더 많은 수용과 보시가 되도록 하기 위함인데, 사람들은 맛에 집착하여 욕심내면서 살다보니 이렇게 아픔과 고통이 많은 것이다. 또 입 안에 들어온 맛은 순간의 즐거움은 주지만 얼마가지 못하고 위장이 불편하고 똥을 누지 못해 짜증나게 할 것이다. 하지만 오늘 봉사한 시간은 세월이 흘러도 상대와 너의 가슴에 은은한 향기가 될 것이고 삶의 행복이 될 것이다. 경전도 마찬가지로 감동적인 느낌이 들어오면 맛 나는 음식을 먹은 것처럼 그 느낌에 즐거워하는 것이 아니라 내게 완전히 흡수되게 하고 익게 한 다음 행으로 나타나는 것을 보고 즐거워하고 기뻐해야 한다. 그래야 너와 내가 행복해진다.' 고."

노송의 익음

"그런데 사람들은 맛의 즐거움에 빠져 더욱 맛 나는 것을 먹기 위해 수단과 방법을 가리지 않고 욕심내고 있다. 욕심은 논쟁을 만들고 싸움을 만들어 파멸로 이끌어가게 된다. 맛있는 것을 많이 먹는다는 것은 더 많은 사람들에게 봉사해야 한다는 메시지인 것이다. 식탐이 많은 사람은 대체로 수면욕으로 이어지고 수면욕이 많은 사람은 게으르게 되어 결국 남에게 피해를 준다. 네가 먹고, 마시고, 자고 하는 모든 것은 더 나은 삶으로 가기위한 하나의 행이 되어야 한다. 이 행이 되지 않을 때에는 욕망 속에 빠져 허덕일 수밖에 없다.

그리고 너희가 또 알아야 할 것은 경전은 경전일 뿐이라는 것이다. 경전은 다만 글자일 뿐이다. 너희도 많은 경전을 보았겠지만 진정한 삶과 목마름을 해결할 수 없다. 경전과 책은 본성을 얘기하고 깨달음을 얘기하지만 항상 그 선까지만 나를 깨치게 한다. 웬만한 불자치고 경전 하나쯤은 못 외우는 사람은 거의 없다. 그런데 삶은 항상 그 자리에서 반복되고 있다. 이것이 어느 선까지는 이끌어주지만 그 이상은 내 스스로가 우러나게 해야 한다.

하루는 스승님과 길을 가는데 갑자기 나무를 가리키시며 말씀하셨습니다.

'저 나무를 보거라.'

나무를 한참을 보고 있었다.

'뭐가 느껴지느냐.'
'별 느낌 없이 나무그늘이 시원하게 보입니다. 그 그늘에 들어가 쉬면서 정원에 조경수나 했으면 좋겠습니다.
'네가 보는 느낌에는 도가 없다. 항상 사람들은 좋음을 보면 소유하고 싶은 것 외에는 느끼지를 못한다. 그러니 욕심과 욕심이 부닥쳐 싸우는 것이다. 대상을 통해서 항상 도를 느껴야 한다. 도를 느끼지 못하면 욕심을 부리게 된다.
이것을 명심해라.
저 나무가 저렇게 크게 자라기까지는 수많은 세월동안 말없이 힘듦과 아픔을 견디었기에 저렇게 기품이 좋은 나무로 자라게 된 것이다. 땡볕의 따가운 햇살을 막아 그늘을 만들어 편안함과 휴식을 우리에게 주고 있는 것이다. 또 노송이 되어 간다는 것은 깊어져 간다는 것이다. 이 이치를 알지 못하면 나이 들어간다는 것이 허무하게 된다. 노송은 자기 나름대로의 큰 넓음으로 가기위해 한 순간도 쉬지 않고 노력하고 있다.'

그때는 별 느낌 없이 그렇게 생각했는데 많은 시간이 지나 구마 고속도로 현풍휴게소에서 화원 IC 쪽으로 터널을 지나기 직전에 우측에 있는 노송을 보면서, 아! 저 아름다움이 한 순간에 이루어진 것이 아니라 수많은 세월을 통해 끊임없이 노력한 결과의 축적이라는 것을 그때 알았다."

집착

TV를 보다 스승님이 말씀하셨다.

"신문과 책은 활자로 되어있어서 자칫하면 전하고자 하는 내용과 다른 방향으로 전해질 수도 있기 때문에 항상 조심하여야 한다. 그리고 경전의 모순도 알아야 한다. 경전 또한 수많은 세월을 거치면서 고쳐지고 다듬어 졌기 때문에 사람으로서 도저히 행할 수 없는 것이 글로 남아있을 수도 있고 또 우리의 관점에서 해석되어 졌기 때문에 그 진정한 뜻이 잘못 해석되었을 수도 있다."

하루는 저녁을 먹고 있는데 스승에게서 전보前報가 왔다. 창고에 있는 물건을 정리하여 마을 아래에까지 짐을 옮겨 놓으라는 내용이었다. 우리는 저녁을 먹다말고는 그 많은 짐을 정리하여 산 아래로 새벽 2시까지 옮겨놓았다. 짐을 옮겨놓고 스승님을 기다렸다. 새벽4시가 지나고 아침 8시가 지나도 스승님이 오지 않는 것이다. 전보를 다시 확인해 보아도 새벽4시가 맞는데 할 수 없이 그 짐을 원래의 창고로 다시 옮겨놓으니 오후 3시가 다 되었다. 하도 졸려서 한숨 자야겠다는 생각에 막 자려고 하는데 스승님이 화를 내시며 올라오는 것이다.

"이 놈들아, 왜 내 말을 듣지 않느냐."
"약속을 했으면 약속을 지켜야 하지 않습니까?"

우리가 되레 따지고 들자, 스승은 오히려 화를 내시는 것이다.

"지금 아래에 짐 실을 차가 와있는데 무엇 하느냐."

우리는 전보를 보여주면서 항변했다.

"전보에 새벽 4시라고 해서 밤을 꼬박 새워 가면서 짐을 옮겨 놓고 스승님을 기다렸습니다."
"우체국에서 오후 4시를 새벽 4시로 잘못 전달한 것 같다. 미안하다."

이와 같이 같은 글자이지만 스승님이 생각하는 4시와 우리가 생각하는 4시가 달랐기 때문에 그렇게 고생들을 한 것이다. 경전도 이와 마찬가지로 석가와 예수의 깨달음과는 정반대로 가고 있는지도 모른다. 현 사회가 많은 갈등과 아픔이 많은 것을 보면 말이다.

"그래서 너희는 경전을 보되 집착하지 말고 분석하지 말며 있는 그대로 받아들여 진정한 깨달음을 얻어야 한다. 석가와 예수는 우리와 동떨어진 사람들이 아니다. 우리 스스로가 활자로 그 사이를 갈라놓았을 뿐이다. 이제 활자가 아니라 느낌과 느낌이 만나야 한다. 알겠느냐."

천부경

우리민족 고대로 내려오는 경전

"우리민족에게는 『천부경』이 아주 중요한 경전이다. 특히 선도를 수련하는 사람은 『천부경』에 대해 깊게 넓게 이해하고 있어야 한다. 『천부경』은 선도수련의 기준점이 되고 중심점이 되기 때문이다. 『천부경』을 여러 번에 걸쳐 다각도로 강의를 한 바가 있다.

오늘의 『천부경』 강의는 몸의 삼 단전에 맞추어 풀어 보고자 한다.

먼저 천부경을 설명하기 전에 너희는 경전에 대해서 좀 알아야 한다.

경전에는 불경, 성경, 코란 등 수많은 경전이 있지만 경전을 제대로 알고 있는 사람이 별로 없다. 경전은 진리의 법을 널리 전파하고 지속시키기 위해 그것을 언어화 시킨 것이다. 우주만물의 원리와 진리가 흐트러지고 깨어진 것을 법으로 바로 세운다는 뜻도 있다. 무심으로 흘러가는 물도 흘러가야 할 곳으로 제대로 흘러가야 하는데 탐욕에 휩싸여 물줄기가 바뀌고 탁해져서 물로서의 쓰임새를 가지지 못하면 고통의 바다에 빠져 허우적거리게 된다. 이것을 보고 안타깝게 여긴 석가와 예수 등 우리보다 앞선 선각자들이 여기서 빠져나올 수 있는 방법을 말한 것이 경전이다.

경전은 변하지 않는 진리이다. 세상의 모든 것은 변해 가는 것이 이치인데 여기서 변하지 않는 것이 진정한 가치를 가지고 있다. 그래서 한마음으로 경전을 읽고 외우면 우리의 마음이 편안해지고 순해지는 것이다.

또 내가 참 욕심이 많았구나, 이때까지 내가 잘못 살았구나, 내가 참 게을 렀구나 하는 등 많은 것을 뉘우치게 된다. 앞에서도 말했지만 물이 강을 따라서 끊임없이 흘러가야만 맑음을 유지하지만 물이 제 갈 길로 흐르지 않고 물길이 바뀐다든가 어느 한 군데 고이게 되면 탁해져 썩게 된다. 이미 썩은 물은 물로서 존재할 가치가 없다. 너희는 이 물의 비유를 항상 명심해야 한다. 이 모든 아픔과 고통은 한마음의 막힘 때문에 생기는 것이다. 이 막히고 맺힌 한마음을 활짝 열고 새로운 곳으로 인도하는 것이 경전이다.

이 지구상의 경전에는 수많은 것이 있겠지만 우리나라에도 옛날부터 내려오는 경전이 있다. 이스라엘민족의 성경과 인도의 불경만 수천 년을 걸쳐 내려온 것이 아니라 우리민족의 경전인 『천부경』도 사천 년이라는 장구한 세월을 우리민족의 영과 혼을 따라 내려왔다는 것이다. 우리는 우리조상들이 금지옥엽처럼 받들던 이 경전이 있는지 조차 모르고 남의 경전만 공부하다보니 우리민족의 영과 혼을 잠재우고 신토불이가 되지 않아 이렇게 많은 시시비비가 생긴 것이다.

그렇다고 성경과 불경이 나쁘고 잘못된 것은 아니다. 단지 우리민족의 경전이 무엇인지는 알아야 할 것 같아서 하는 말이다. 남의 조상의 이름은 눈감고도 줄줄 외우면서 우리네 조상이 누구인지 조차도 모르고 또 미신이라며 업신여기고 있으니 정말 답답한 일이다.

그래서 우리의 고유 경전인 『천부경』을 다각도로 해석하려고 한다. 하나에 묶이는 것이 아니라 사방의 문을 활짝 열어 젖혀 누구도 이해할 수 있는 해석을 하려고 한다. (처음 해석은 도서출판 엠에스북스에서 출판한 『마음호흡』의 「호흡편」에 실려 있다.) 다소 미약한 부분과 이해가 가지 않는 부분이 있더라도 넓은 마음으로 이해해 주었으면 한다. 또 앞에서도 말했지만 이번 해석은 몸의 삼 단전을 중심으로 해서 해석하려고 한다."

하늘로 돌아갈 수 있는 약도

"너희의 눈높이로 봤을 때 세상만사 모든 일이 우주와 지구는 움직이지 않고 내 삶이 주관하는 대로 되는 것 같지만, 근본 속으로 들어가 보면 우주가 법에 따라 움직이고, 지구가 이치에 따라 움직이며, 우리의 삶이 업에 따라 움직인다는 것을 알 수 있다. 그래서 『천부경』은 하늘의 흐름에 따라 땅이 움직이고, 땅의 움직임에 따라 생명체가 움직이는데, 이 모든 움직임은 법과 이치와 본성에 따른다는 것을 말한 것이다. 또 불경과 성경은 사람이 살아가는 도리인 자비, 보시, 믿음, 사랑을 말했지만 천부경은 인人의 몸으로서 우주의 법을 깨칠 수 있는 흐름을 말하고 있다. 성경은 선악의 분별을 통해 사람의 도리를 다스리는 경전이고, 『천부경』은 선악을 다스리는 것이 아니라 하늘의 근본도리를 말하고 있다.

하늘에는 선악이 없다. 왜냐하면 부모는 모든 자식을 똑같은 마음으로 보살피기 때문이다. 악하고 선한 것이 있는 것이 아니라 업의 굴레에 얽매여 있기 때문에 그 풀림만이 있을 뿐이다.

『천부경』은 어떠한 경전보다도 많은 것을 포용하고 수용하고 있다. 『천부경을』 깊게 깨달으면 내 안의 근본인 하늘로 갈 수 있는 길을 터득할 수 있게 된다. 그래서 『천부경』은 이 지구상에 나와 있는 경전 중에서도 가장 포괄적이며 큰 경전이다. 하늘로 돌아갈 수 있는 약도와 같은 것이다. 약도는 가보지 않는 길을 갈 수 있도록 한 것이다. 대전을 간다고 했을 때 구미를 지나서 김천으로 해서 영동을 지나 몇 km만 가면 대전에 갈 수 있다고 하는 안내문이 약도이다. 대전을 가는 약도처럼 『천부경』은 하늘의 근본을 이해할 수 있는 약도와 같은 것이다.

그런데 여기서 알아야 할 것은 약도에는 대전이 존재하지 않는다는 것이다. 왜냐하면 약도는 안내문 이상의 것이 아니기 때문이다. 약도를 따라 경험하고 느끼다보면 저절로 대전에 도착하게 된다. 대구에서 구미로 가다보면 연화재가 나오고 그 연화재를 지나면 왜관이 나오고 왜관을 지나 조금만 가면 칠곡 휴게소가 나오고 휴게소를 지나면 구미가 나오고 이렇게 자세하게 약도가 되어 있으면 약도에 나와 있는 대로 확인하고 느끼며 '아! 저기가 왜관, 저기가 구미구나.'를 느끼면 되는 것이다.

그래서 『천부경』자체에는 우주의 존재가 없지만 글자 하나하나를 수련으로 느끼고 경험하면 우주의 근본이치를 하나씩 깨치게 된다. 만약에 경전 없이 우주의 근본을 터득하고자 한다면 약도 없이 목적지를 찾아가야하는 참 어려운 일이고 시간이 많이 걸릴 것이다. 목적지인 대전에 가야하는 것은 아는데 약도가 없으면 어디로 가야 될지를 몰라 방황하다 생을 마치게 된다.

오늘 강의하고자하는 것은 선 체조, 와선, 좌선, 입선, 심공이『천부경』원리에 의해서 이루어 졌다는 것을 이야기하고 본성으로 들어가는 근본원리를 말하고자 한 것이다."

1이라는 것

"이번 강의는 내가『천부경』을 이해하고 깨친 것이지 너희 각자의 깨침이 아니기 때문에 참조해서 자신의 수련에 도움이 되었으면 한다. 또 강의를 관념과 상으로 듣지 말고 이해와 수용적인 태도에서 듣기 바란다. 강의를 통해 너희가 깊어지고 넓어져 자신만의 독자적인 해석을 내놓아야 할 것이다. 대전으로 가는 길은 경부 고속도로만 있는 것이 아니라 많은 길이 있기 때문에 자신만의『천부경』을 이해하고 있어야 할 것이다. 따라서 내 강의에 집착하지 말아야 한다. 집착하기 시작하면 엉뚱한 대전이 생겨나게 된다.

『천부경』의 공통된 것은 천지인을 중심으로 한다는 것이다. 이 천지인을 벗어난 해석은 잘못된 것이다. 그래서 한 생각에 집착해서 듣기보다

『천부경』에 녹아든다는 생각으로 강의를 들었으면 한다.

『천부경』의 가장 첫번째 문구가 1이라는 것이다. 1을 알지 못하면『천부경』의 한 글자도 이해하기가 어렵다. 1에 대한 의미는 말로 다할 수가 없다. 이렇게 많은 1이지만 세상에는 절대로 두 개인 것이 없다. 지구에 60억의 인구가 살고 있지만 같은 사람은 한 사람도 없다. 이 분필도 백만 개를 똑같이 만들어도 똑같은 두 개는 없다. 이 하나를 우주로 가져가는 것이 아니라 나의 모습으로 가져와야 한다. 나를 이해하면 우주의 모든 근본을 이해할 수 있기 때문이다

그래서 나와 같은 하나는 어디에도 없고 우주의 중심은 바로 나이다. 석가와 예수가 태어나 진리를 설한 것은 내 자신이 따르기 위한 진리가 아니라 나를 진리의 전당에 거듭 태어나게 하기위해 설한 것이다. 또 만물이 죽고 살고, 해와 달이 뜨고 지는 것은 나의 하나로부터 비롯된 것이다. 내가 인연이 없어 만물을 안 보면 만물이 안 보여 없는 것이고 내가 인연이 있어 만물을 보면 만물이 보여 있는 것이기 때문에 나라는 1을 완전히 깨쳐야 한다. 내가 죽으면 세상이 없는 것이고 내가 눈뜨면 세상이 열리는 것이다. 이런 뜻에서 너희가 1을 깨치지 못하면『천부경』을 이해할 수 없다.

1의 시작이 곧『천부경』의 시작이다. 그래서 세상의 모든 시작은 나의 하나로부터 시작한다."

일시무시일 一始無始一

"이 하나의 시작은 없음에서 시작됐다. 여기서 없음의 의미는 무無 이다. 무는 우리가 지금까지 인식하고 있는 '없는 것'이 아니라 '우주 공간 전체의 큰 하나를 없다.'고 표현한 것이다.

'지금 나라는 존재는 어디서 왔다고 생각하느냐!'
'내가 태어나기 전에는 이 우주 공간 전체가 나라는 것이다.'

가스렌인지 위에 물을 올려놓으면 온도가 올라갔다가 불을 끄면 온도가 내려가기 시작하는데 바로 밖의 온도만큼 내려가게 된다. 이 같아진 이것이 바로 없음의 무인 상태이다. 이 매직도 없는 것이고, TV도 없는 것인데, 우리가 인위적으로 지구에 있는 기를 끌어 모았기 때문에 이것이 생겨난 것이지 얼마 지나지 않으면 원래의 없음의 상태로 돌아가게 된다. 물건을 쓰면 쓸수록 새 것이 되는 것은 이 세상에 없다. 헌 것이 되어 간다는 것은 없음의 상태로 돌아가는 것이다. 이 없음이 무이다.

지금 이 책과 돌도 마찬가지이다. 돌은 아주 강하게 뭉쳐졌기 때문에 좀 천천히 무로 돌아가는 것이고 종이는 아주 약하게 뭉쳐졌기 때문에 빨리 돌아갈 뿐이다."

석삼극무진본析三極無盡本

"원래의 없는 하나가 시작되어 세 가지로 갈라지는데 세 가지는 하늘, 땅, 생명으로 갈라져 근본을 이루게 된다. 나의 몸은 하나이다. 그런데 이 하나에서 셋으로 나누어지는데 이것이 나누어지지 않으면 정상인으로 살아갈 수 없게 된다. 이 셋은 하단전, 중단전, 상단전으로 나누어지고 완전한 하단전 중단전, 상단전으로 보고 듣고 말하고 느낄 수 있게 된다.

내가 보고 듣고 말하고 움직일 수 있는 것은 하단전의 정이 충만하기 때문에 가능한 것이고, 또 감정이 순하고 이해가 깊은 것은 중단전의 감성 때문이며, 지혜롭고 판단이 순리에 가까운 것은 상단전의 신성 때문이다. 이 세 가지를 가지고 하나인 내가 사는 것이다. 하단전의 정과 중단전의 감성과 상단전의 신성으로 갈라진다 해도 근본은 무에 중심을 두게 된다. 그래서 무는 항상 그러한 상태를 유지하며 자연으로 돌아가는 것이다.

우리는 자연 상태를 벗어나면 존재할 수 없다. 밥을 먹고 숨을 쉬는 것은 자연 상태를 유지하기위한 본능적인 행위이다. 먹은 것이 변으로 나오기까지 우리는 아무것도 할 수 없는 일이다. 단지 기다릴 뿐이다. 먹은 것이 변으로 나오기까지가 스스로 그러한 자연 상태이다. 그래서 몸은 스스로 그러한 무에 본을 두고 움직이고 있다."

천일일지일이인일삼天——地—二人—三

"이 움직이는 것 중에도 첫번째와 두번째와 세번째로 나누어지는데 그 첫번째인 하늘天이 상단전이 되어 신성을 중심으로 지혜를 만들고, 두번째인 땅地이 하단전이 되어 정을 중심으로 몸을 만들고, 세번째인 인人이 중단전이 되어 감성을 중심으로 감정을 만들고 각자 각자는 서로 상부상조하며 움직이게 된다. 그리고 알아야 할 것은 몸 스스로가 일으키는 것은 아무것도 없다. 상단전의 신성인 영이 지혜를 잃게 되면 감정이 일어나 몸을 상하게 한다. 영과 감성과 정은 서로 의지하며 한 몸을 이루게 된다.

가장 처음인 하늘이 땅을 관장하고 땅은 인을 관장하며 자라다가 인이 이성理性을 가지면 인이 땅을 의지하고 땅이 하늘을 의지하여 영을 양육하게 된다. 다시 영은 감정을 가지게 되고 이 감정이 수많은 삶을 만들게 된다. 그래서 우리는 중단전의 흐름을 잘 알아야 한다. 이 흐름을 모르기 때문에 병들고 아파하는 것이다."

일적십거무궤화삼—積十鉅無匱化三

"하늘적인 영과 땅적인 몸이 감정을 일으켜 하나를 쌓아 가는데 여기서 쌓아간다는 것은 지혜를 터득하고 몸의 정을 터득하는 흐름으로 쌓아 완성을 이루면 큰 십이 된다.

십이라는 것은 '세 개의 단전이 갈라져서 지혜가 쌓이고, 정이 쌓이고, 감성이 비게 되면 각자의 본을 찾아 완성인 십으로 들어가게 된다.' 는 뜻이다. 이 들어가는 것이 몸이 아니라 영이어야 한다. 사람들은 몸을 위해 지혜를 쌓고 건강을 만들지만 이것은 알맹이는 없고 껍데기만 쥐고 가는 격이다. 몸을 위해 산다는 것은 참 덧없는 것이다. 지금 몸이 나라고 하는 사람은 죽어 가는 것을 섬기고 있는 것과 같은 이치이다.

몸은 항상 스스로 그러한 자연이기 때문에 어떻게 할 방법이 없다. 몸은 그대로 두고 영을 느끼고 자라게 하면 된다. 영이 본의 상태에 들게 되면 윤회가 없고 생로병사가 없게 된다. 알 수 없는 것은 완전한 무의 상태에 있는 몸을 왜 자꾸 관리하려고 하는지 모르겠다. 건강하기 위해 보약을 먹고 젊어지기 위해 노력하는 것을 보며 죽어 가는 몸을 어떻게 하겠다는 것인지 참 답답한 일이 아닐 수 없다.

선도인은 감정 속에 들어있는 영을 찾게 되면 몸이 늙어가고 병들어 가는 것이 그렇게 덧없는 것이 아니라는 것을 알게 된다. 몸은 하나의 옷과 같은 것이고 언젠가는 벗어야 한다는 것을 알게 된다. 그런데 사람들은 몸에만 메여 오도 가도 못하고 그 자리에서 발만 동동 구르고 있다. 선도인은 몸을 관리하는 것이 아니라 영을 자라게 해야 한다.

그래서 십거十鉅 해서 크게 이끌어 가면 결국은 무에 들어가며 세 개의 단전이 화합하게 된다. 화합이 될 때 완전한 무의 상태에 들게 된다."

천이삼지이삼인이삼 대삼합天二三地二三人二三 大三合

"하늘인 상단전의 신성이 존재하기 위해서는 땅인 하단전의 몸과 인人
인 중단전의 감정이 없이는 존재할 수 없으며, 땅인 몸 또한 하늘인 신성
과 인인 감정이 없으면 존재할 수 없고, 인 또한 하늘인 신성과 땅인 몸
없이는 존재하지 못한다. 이 셋은 항상 서로를 포용하고 도우면 십거인
완전한 본의 상태로 들어간다. 이 들어가는 과정에서 대삼합이 일어나게
된다. 크게 합치게 된다. 땅인 하단전의 정은 충만한데 하늘인 상단전이
지혜가 없게 되면 인인 중단전의 감정이 날카로워져 상대를 해치고 정을
고갈시키게 된다. 또 지혜롭긴 한대 정이 약하면 의기소침해지고 내성적
이 되어 자신을 해치게 된다. 그래서 하단전의 정과 중단전의 감정과 상
단전의 신성이 크게 서로를 도와 화합하게 되면 이 합함이 육생칠팔구를
가지게 된다."

육생칠팔구六生七八九

"크게 합한 셋이 각기 기운을 얻으면 육이 되어 살아나게 되는데, 즉 상
단전이 기를 얻고 중단전이 기를 얻고 하단전이 기를 얻어 새로운 삶이 된
다. 상단전의 지혜가 바른 판단을 하고 중단전의 감정이 상대를 이해하게
하고 하단전의 정이 몸을 건강하게 할 때만이 나의 삶이 시작된다는 뜻이
다. 이 삶이 시작되는데 어디를 향해서 가느냐 하면 바로 십이라는 완성을
향해서 가는데 이때에 칠팔구가 생겨나게 된다.

칠이라는 것은 일곱 개의 구멍을 말한 것이고 일곱 개의 구멍은 얼굴을
지칭하는 것으로 영의 구멍이 일곱 개라는 뜻이다. 이 구멍을 통해 생각하
고 느끼고 경험하여 지혜를 만들고 감정을 만들고 몸을 만들며 사는 것이

다. 이 모두를 관장하는 것이 바로 영이 되게 된다. 영은 뇌에 존재하는 것이 아니라 몸 전체에 존재하면서 일곱 개의 굴을 통해 보고 듣고 냄새 맡고 말하며 영을 성장시키게 된다. 이 일곱 개의 굴을 통해서 팔이 시작되는데 팔이 시작된다는 것은 삶이 시작되는 것과 같은 것이다. 삶의 희로애락喜怒哀樂으로 십이라는 완성의 근본으로 간다는 뜻이다.

이 희로애락에서 팔자라는 말이 나온 것이다. 희로애락이 극치에 다다르게 되면 다시 아홉 개의 구멍이 차게 되어 본으로 돌아가게 된다. 술잔에 술을 찰랑찰랑하게 따르면 아구가 찼다는 말을 하는데 아홉 개의 구멍이 찼다는 뜻이다. 우리 몸에 구멍을 세어보면 얼굴에 일곱 개 성기와 항문을 합하면 구가 되고 이 아홉 개의 구멍이 찼다는 말이다. 아홉 개의 구멍이 찼다는 말은 돌아갈 시간이 되었다 뜻이다."

운삼사성환오칠運三四成環五七

"셋이 기운을 얻으면 움직이기 시작하는데 그 움직임이 영의 굴을 통해 삶을 만들게 되고 이때 완성의 고리가 연결되어 목화토금수를 얻어 오장육부가 생겨나게 된다. 오장육부의 탄생이 기를 움직이게 하고 영의 굴을 만들고 그 굴을 통해서 마음이 오가면서 삶이 시작된다. 이 삶은 다시 칠이라는 주기를 타고 흐르게 된다. 여자가 아이를 낳으면 스무하루동안 요양을 시키는 이유가 바로 여기에 있다. 칠의 주기에 삼을 곱하면 스무하루가 된다. 우리도 육일을 일하고 칠 일째 쉬는 것은 몸의 리듬을 맞추기 위함이다. 24경락이 한 바퀴 도는데 21시간이 걸리게 된다. 칠의 주기는 알게 모르게 삼 단전을 중심으로 돌아가고 있는 것이다. 또 북두칠성의 움직임을 통해 주역이 만들어졌고 삶의 방향을 잡아 우리 조상들은 살아온 것이다.

그래서 삼 단전이 칠을 주기로 돌아가며 묘하게 일어나게 된다."

일묘연만왕만래용변부동본—妙衍萬往萬來用變不動本

"그 하나가 칠이라는 주기를 통해 묘하게 일어나는데 여기서 묘하다는 것을 깊게 알아야 한다. 내가 태어남과 동시에 엄마 아빠를 만나 감정이 오가고 다시 친구를 만나 미워하고 좋아하는 것이 참 묘하다는 것이다. 이 묘함을 통해 아파하고 고통 받으며 살아온 것이 얼마나 신기한 일인가. 또 묘함을 따라 만왕만래가 이루어지고 하루에도 수백 가지의 마음이 일어났다 없어졌다를 반복하며 살아온 것이다. 이 수백 가지가 오가는 가운데 용변부동본이다. 변하지 않는 본이 있다는 뜻이다. 이 근본은 바로 무이다.

태풍을 보면 모든 것을 잡아 삼킬듯하지만 정작 태풍의 눈은 고요하다는 것이다. 고요함이 전체를 일으키고 있다는 뜻이다. 마차바퀴가 수없이 돌아가지만 그 중에서도 돌아가지 않는 곳이 있다. 바로 축이다. 움직이지 않는 것이 움직이는 것을 만들어 내고 있는 것이다. 우리의 마음이 하루에도 수백 번 마음이 일어나지만 이 마음은 항상 움직이지 않는 곳에 중심을 두고 있다. 이 움직이지 않는 곳이 바로 본이다. 본은 말로 표현되어지지 않고 어떠한 단어로 해석할 수 없다. 본은 느낌과 경험으로만 알 수 있기 때문이다. 수만 가지가 오가는 것을 경험하고 느끼면 본을 중심으로 오간다는 것을 알게 된다. 내 아이를 걱정하고 내 남편을 걱정하는 것은 결국 나의 본을 걱정하는 것과 같은 이치이다. 사람들은 본을 물질이라 생각하고 그 위에다 많은 것을 세우지만 이것은 진정한 본이 아니다. 이 본은 얼마가지 못해 불안해질 것이다. 손 위의 콩가루와 같아서 작은 바람에도 모두 날아가게 된다.

우리는 아무리 많은 것이 오가도 냉철한 마음에서 움직임 없는 본의 축을 찾아야 한다. 본의 축을 찾을 수 있는 것이 수련이다. 내 몸의 하단전의 정을 채우고, 중단전의 감성을 열고, 상단전의 지혜를 밝힐 때 근본의 본을 느끼게 된다.

그래서 하단전, 중단전, 상단전이 크게 합하여 만왕만래에서 본을 찾게
되면 큰 밝음을 얻게 된다."

본심본태양앙명인중천지일일종무종일
本心本太陽昂明人中天地一一終無終一

"본심을 찾게 되면 아주 크고 맑고 밝음이 생겨나 인중천지일을 느끼게
된다. 하늘과 땅의 근본과 하나 된다는 말이다. 이는 태풍의 눈에 들어가
는 것이고 마차바퀴의 축에 들어가는 것이다. 이 축이 천치의 중심이 되어
만물이 죽고 사는 것과 해가 뜨고 해가 지는 것 또한 이 축에 중심을 두고
오고간 것이다. 나 또한 이 축에 삶을 만들어 오가다 끝을 맺게 되는데 이
것이 다시 한 얼이 되어 시작된다. 이것이 끊임없이 오가는 것이 윤회며
삶이다. 앞에서 말한 축이 바로 상단전, 중단전, 하단전이며 이 셋은 다시
하나의 축을 만들어 몸, 감정, 지혜를 관장하는 얼을 만들고 얼은 다시 삶
을 만들어 살게 된다.

우리가 알아야 할 것은 몸이 내가 아니라는 것이다. 살면서 몸을 느끼
며 사는 사람은 없다. 몸이 느껴질 때가 언제냐 하면 아플 때뿐이다. 몸이
아프다 것은 정의 흐름이 원활하지 못하고 기가 약해졌다는 뜻이다. 그래
서 우리는 영을 찾아야 하고 영을 자라게 하여 인중천지일이 되게 해야 한
다. 인중천지일이 될 때 모든 흐름을 끝낼 수 있다. 끝을 못 맺는 것은 삶
에 집착을 하고 있기 때문이다. 집착을 하니 끊임없이 고통과 아픔으로 돌
아가고 있는 것이다. 집착은 감정을 일으켜 정을 고갈시키고 지혜를 어둡
게 하여 근본의 무에 들지 못하게 하는 것이다. 또 들지 못하니 만왕만래
가 시작되고 시시비비가 삶의 창살이 되어 너와 나를 힘들게 하고 있는 것
이다. 결국 영이 자라지 못하면 집착과 감정이 일어나 몸을 병들게 하고

다시 윤회의 사슬로 이어지게 한다.

그래서 우리는 일적십거를 통해 얼을 십의 자리인 본에 들게 하야 한다. 지금 영을 제대로 자라게 하는 교육이 없다. 그러니 모든 영이 아이가 되어 가고 있는 것이다. 어린 영이 생각을 일으키고 감정을 오가게 하니 모든 삶이 시비로 이어지는 것이다. 상단전의 영을 바르게 자라게 할 수 있는 만왕만래를 줄이고 본심본에 들게 하여 인이 하늘과 땅의 중심축에 들게 하여 일종무종일로 종終 해야 한다는 뜻이다.

『천부경』은 하늘로 들어갈 수 있는 경전이다. 이 경전을 중심삼아 느끼다보면 하늘마음을 알게 된다. 그래서 무슨 경이든 얼을 자라게 하는 힘을 가지고 있다. 『천부경』이든 성경이든 불경이든 경을 자꾸 외우는 사람들은 업이 닦이고 맑고 밝음으로 간다는 것을 느끼게 된다. 나는 『천부경』 수련인 일시선법에서 불교에서 말하는 것과 기독교에서 말하는 것이 무엇인지를 이해할 수 있게 되었다. 기독교의 진리와 불교의 진리가 다른 것이 아니라 단지 입혀놓은 옷이 다르다는 것을 느꼈다. 깨닫지 못한 사람이 방편을 만들고 색깔을 입혀놓으니 우리가 진리를 느낄 수 없는 것이다."

『천부경』수련

"나는 수련을 통해 불교의 법이 진짜 바른 법이라는 것을 깨쳤고, 기독교의 성경이 진짜 근본의 바름이라는 것을 알았고 천주교의 교리 또한 바름이라는 것을 알았다. 『천부경』은 어느 종교에도 속하지 않으면서 모든 것을 포용하고 수용하고 있다.

자갈과 모래와 시멘트를 합칠 수 있는 물이 나는 『천부경』이라 생각한다. 그런데 기독교에 가면 불교 믿는 사람이 없고 절에 가면 기독교 믿는 사람이 없다. 무엇이 잘못되었는가 하는 것이다. 진리의 색깔만 보고 믿고

394 스승

있으니 문제가 생기는 것이다. 불교의 자비와 보시 기독교의 사랑과 믿음이 뭐가 어떻게 다른지 모르겠다. 자비, 보시, 사랑, 믿음으로 모든 사람을 용서하고 포용하라고 해놓고 종교가 다르다는 이유 하나로 자비, 보시, 사랑, 믿음을 하지 않는다는 것은 무엇 때문일까, 답답한 마음이 앞선다.

『천부경』은 가르지 않는다. 선과 악을 구별하는 경전이 아니라 영이 자라게 하는 경전이기 때문이다. 영이 자라서 불경과 성경을 읽게 되면 더 깊게 이해하게 되고 근본과 가까워지게 된다. '『천부경』은 느끼는 경전이지 지식으로 해석하는 경전'이 아니다. 만약에 지식으로 해석하여 가르친다면 또 하나의 종교가 만들어질 것이다.

나는 이 수련이 종교가 되기를 거부한다. 지식으로 해석이 되면 또 하나의 교리가 되어 더 많은 헷갈림을 만들게 될 것이다. 그래서 너희는 이 강의를 통해 느끼고 흡수하기만 하면 된다. 지금까지 말한 것은 단지 말일 뿐이다. 말은 아무것도 아니다.

지금부터는 『천부경』을 외우며 수련하는 방법을 말하는데 누구나 쉽게 『천부경』수련을 할 수 있도록 하고자 한다. 『천부경』을 10번을 외우는데 바로 외우는 것이 아니라 단전호흡을 20분정도하고 대맥을 형성시킨 다음, 입에서 나는 소리로 외우는 것이 아니라 대맥을 통해서 외워야 한다.

북을 치는 것과 같이 대맥이 쇠가죽이라 생각하고『천부경』으로 때리면 울림이 생기게 될 것이다. 이 울림으로 감정을 정화시켜야 한다. 처음에는 목에서 소리가 나지만 차츰 차츰 대맥에서 나게 되고 다시 대맥에서 난 소리를 내 귀로 들어 감정을 울리게 하고 감정의 울림이 영을 깨우게 될 것이다. 이것이 바로『천부경』수련이다.『천부경』의 울림에 관념이 깨어지고 상이 깨어지면 내면의 빛과 소리를 듣게 될 것이다. 항상 느끼고 경험하기 바란다."

지식과 지혜와 집착

지혜

"한의사 한 분이 나에게 찾아와 내게 물었다.

'수련하면 환자를 잘 치료할 수 있습니까.'
'할 수 있습니다.'

이어서 더 설명해 주었다.

'수련을 통해서 마음이 깊어지고 넓어지면 환자를 더 가까이서 이해할 수 있고 또 나라고 하는 생각에 치우치지 않기 때문에 환자의 병을 훨씬 깊게 치료할 수 있습니다. 하지만 깊지 않는 마음은 환자를 생각하는 것이 아니라 단지 빨리 낫게 하기위해 방편과 술수를 쓰게 되어 오히려 환자를 더 고통스럽게 할 수 있습니다.'

'어떻게 하면 침을 잘 놓을 수 있습니까.'

질문하는 마음이 너무나 진지하여 앞장에서 설명한 대로 답해 주었다.

'이제 정리가 잘 되었습니다. 결국 한 마음을 모르면 명의가 될 수 없다는 말이 가슴에 와 닿았습니다. 정말 감사합니다.'

진정한 명의는 이론과 지식에 매이는 것이 아니라 마음과 느낌에 의해 의술을 행해야 한다. 또 침으로 병이 다스려지지 않을 때 왜 안 될까? 라는 생각으로 책을 들추고 조언을 구하는 것이 아니라 자신의 내면으로 돌려 근본의 정을 손을 통해 침 끝으로 흐르게 하면 환자의 병은 훨씬 빠르게 호전된 다는 것을 모르고 있다.

이 단순한 진리를 모르고 지식에만 집착하여 침을 놓고 있으니 병이 잘 낫지 않는 것이다. 그러면 또 '지식이 없이 어떻게 치료할 수 있느냐.' 고 반문하는 사람들도 있다. 의사면허증을 딴다는 것은 이미 지식이 갖추어 졌기 때문에 본성의 정을 찾고 침 끝으로 흐르게만 하면 된다.

지금도 의사들은 지식이 모자란다며 끊임없이 밖으로 찾아다니지만 결국 내면으로 돌아와야 한다. 지식이 많은 것을 해결해주는 것 같지만 어느 선까지 밖에 해결해주지 못한다. 지식은 경험을 깊게 하는 하나의 방편으로 생각해야지 모든 것을 해결해 주는 것으로 생각해서는 되지 않는다. 무엇이든지 지식으로 감동받은 것은 하루를 넘기지 못하고 원래의 상태로 돌아간다. 그래서 지식에 집착하고 있는 마음을 빨리 깨쳐야 한다.

지식은 사탕의 단맛과 같아서 따라가다 보면 모든 것을 얻은 것처럼 보이지만 결국 한계를 느끼게 된다. 이 한계를 넘어설 수 있는 것은 경험뿐이다. 경험은 지식을 승화시킬 수 있는 힘을 가지고 있다. 지식과 경험이 하나가 될 때 지혜를 얻게 되는 것이다. 지혜는 내 삶을 밝게 만들고 광명되게 할 것이다.

한의사가 놓는 침이 병이 낫게도 하고 덧나게도 하는 것과 같이 내 지혜가 삶을 아프게도 하고 행복 되게도 하는 것이다. 그런데 요즘 사람들은 지혜롭지 못하고 지식으로만 얘기하다보니 논쟁하는 것이 꼭 배구공을 상대에게 쳐 넘기듯이 서로 떠넘기고만 있다. 침이 들어갈 때는 아프지만 맞고 나면 병이 호전되는 것처럼 처음에는 지혜를 얻기 위해 수련하다보면 마음이 상하고 힘들지만 시간이 지나면서 깨치게 된다."

오기

"그리고 알아야 할 것은 지혜도 느낄 만한 행을 행해야 하는데 행함이 없이 얻고자하니 힘들다, 어렵다는 말을 하는 것이다. 이해와 수용적인 마음으로 행하지 않는데 어떻게 지혜를 얻겠느냐 하는 것이다. 수용적인 상태가 되면 나의 가르침이 너희의 오기五氣를 자극하게 될 것이다. 흔히 오기가 생겼다는 말을 자주 쓰지만 오기를 바르게 알고 있는 사람은 그리 많지 않다. 오기는 고집스러움이 아니라 목화토금수의 기를 말한 것이다. 여기서 목화토금수의 오기란 목기木氣, 화기火氣, 토기土氣, 금기金氣, 수기水氣를 말한다. 목기木氣는 '서로 균형을 이루는 기운을 말하며 부드럽게 하는 힘'을 가지고 있다. 화기火氣는 '서로 부딪쳐 불꽃을 내는 기운을 말하며 흩어지는 힘'을 가지도 있다. 토기土氣는 '서로 부드럽게 잡아당기는 기운을 말하며 합치는 힘'을 가지고 있다. 금기金氣는 '서로 날카롭게 잡아당기는 기운을 말하고 긴장시키는 힘'을 가지고 있다. 수기水氣는 '서로 밀어내는 기운을 말하며 무르게 하는 힘'을 가지고 있다. 이 목화토금수의 기가 서로 상생相生하고 상극相克하면서 서로 균형을 이루어 생했다, 멸하며 우주만물을 이루고 있는 것이다. 또 목화토금수는 오장육부를 이루고 기쁨, 슬픔, 분노, 용기, 사랑을 일으켜 본성을 찾아가게 된다. 이 근본을 찾아가는 힘이 지혜인 것이다. 너희는 수련을 통해 오기의 지혜로 본성으로 들어가야 한다. 그런데 오기의 지혜가 하나로 모이지 않는 것은 상과 관념이 방해하기 때문이다. 상과 관념은 진흙과 같아서 지혜를 어둡게 만들지만, 어두움을 극복하게 되면 오기의 기운이 큰 지혜를 얻게 할 것이다.

갑자기 뜬구름처럼 오기를 이야기하니 오기가 무슨 지혜와 연관이 있느냐고 의문이 들 것이다. 오기의 작용을 얼마만큼 잘 아느냐에 따라 지혜의 깊이가 달라진다. 오기는 내 몸을 구성하고 있는 근본이기 때문이다. 이 근본을 몸에 비추어보면 밖의 오기와 안의 오기로 나누어지는데 안의 오기는 오장육부에 작용하면서 모든 신진대사를 관장하고 밖으로는 감정을 표출하여 삶을 만들고 있기 때문이다. 안과 밖의 작용으로 지혜가 만들어지기도 하고 어두워지기도 하는 것이다."

집착

"그래서 오기로 한마음을 다스려야 하는 것이다. 한마음을 다스리지 못하면 결국 바른 지혜를 얻지 못한다. 한마음이 연결된 지혜만이 상대를 깨치게 해줄 수 있기 때문이다.

그리고 누군가를 가르치거나 이로움을 줄 때에는 항상 자신의 오기의 지혜를 살펴야 한다. 불안하고 떠있는 마음으로 아무리 상대를 깨치게 해주고자 노력해도 되지 않는다.

그러면 불안하고 떠있는 마음은 왜 생기는 것일까!

불안하고 떠있는 마음은 집착 때문이다. 집착된 마음은 모든 것을 보지 못하고, 듣지 못해 더욱 불안해지게 된다.

한 대학병원의 과장이 있었다. 아들이 급성 맹장염으로 응급실에 들어온 것이다. 수술대 위에 누워있는 아들을 보고는 수술용 칼을 잡았는데 도저히 손이 떨려서 수술을 할 수가 없었다고 한다. 그렇게 많은 맹장염 수술을 했지만 막상 아들의 수술을 하지 못하고 동료 의사에게 수술을 맡겼다고 한다.

너희는 이 이야기를 단순하게 생각해서는 되지 않는다. 바로 집착된 마음이다. 그렇게 많은 수술을 했지만 막상 내 아이를 수술하려고 하니 잘할 수 있을까 라는 불안이 수술을 하지 못하게 하는 것이다. 내 자식이라는 집착이 불안을 일으킨 것이다. 집착은 지혜를 어둡게 하여 삶을 힘들게 한다.

그래서 너희는 집착된 마음을 잘 다스려 지혜를 찾아야 한다. 지혜를 잃으면 눈과 귀가 닫혀 상과 관념의 늪에 빠져 허우적거리게 된다. 상과 집착은 참 묘한 힘을 가지고 있다. 이 묘함을 자세하게 살펴보면 모든 마음이 밖에서는 집착의 끈을 쥐고 있다는 것이다. 이 집착의 끈을 하나하나 놓아야 한다. 그리하면 불안하고 초초한 마음은 사라지고 깊고 넓은 지혜가 살아나게 된다.

너희는 작은 상과 집착이 별것 아니라 생각하지만 얼마가지 않아 눈 더미 만큼 커져 지혜를 흩어지게 할 것이다. 모든 씨앗은 처음에는 작고 볼품없지만 이것이 세월을 따라 자라게 되면 누구도 건드릴 수 없는 나무로 자라게 된다. 그래서 작은 것을 방치하면 결국 전체를 아프게 하기 때문에 처음부터 떠있는 마음과 집착된 상을 다잡고 수련해야 한다. 그래야 본성의 깊고 깊은 지혜를 찾을 수 있기 때문이다. 본성의 깊은 지혜는 내 삶을 깨어나게 할 것이다.

마지막으로 너희에게 부탁하지만 순간적인 이득에 집착하지 말아야 한다. 얕고 좁은 생각이 아니라 깊고 넓은 수용으로 수련했으면 한다. 지혜의 깊은 물에서 노는 물고기는 여유와 참 행복이 있지만 지혜가 아닌 집착의 얕은 물에서 노는 물고기는 불같은 삶을 살게 된다.

깊은 물속의 물고기는 여유와 평온함이 있지만 얕은 물고기는 늘 불안하고 긴장하며 살게 된다. 지금 너희가 행하고 있는 하나하나가 깊은 본성으로 들어가기 위한 과정이기 때문에 정성을 다해 행해야 한다. 그렇게 행하면 깊은 본성과 하나 되어 어디에도 걸림이 없는 삶을 살게 될 것이다."

단전의 의미

밭의 의미

"오늘은 단전에 대해 알아보겠다. 너희에게 단전이 무엇이냐고 물으면 대체적으로 기를 모으는 곳이라 대답한다. 단전을 이해하지 못하면 수련에 대한 가장 기본적인 흐름을 모르는 것과 같다. 이 기본적인 흐름을 모르면 그 다음 그 다음의 것이 이어질 수가 없고 수련을 포기하게 된다. 그래서 단전을 깊게 알아야 하는 것이다. 단전의 단자는 붉은 씨앗과 같은 것이고 전자는 밭과 같은 것이다. 붉은 씨앗이 밭에 옮겨져 심어진다는 뜻으로 이해하면 된다. 밭이란 뭔가 심겨지면 최선을 다해 자라게 하는 것과 같은 것이다. 밭이 제 역할을 하지 못하면 생기를 잃게 된다. 지금 너희 눈으로 보고 듣고 말하는 이 모든 것이 밭의 힘 때문이다. 그래서 이 밭의 힘을 얼마만큼 잘 관리하느냐가 중요하다.

한 예로 위쪽 움막에 작은 밭이 하나 있는데 고추를 심기위해 가보니 잡초가 너무 많이 자라 있었다. 잡초가 많으면 고추를 아무리 잘 심더라도 고추가 자라지 못한다. 고추를 심기위해 가장 먼저 해야 할 일이 밭을 갈아엎는 것이다. 갈아엎지 않는 밭은 제대로 사용할 수 없기 때문이다. 갈아엎고 나서 그 다음에는 퇴비를 줘야 한다. 퇴비가 들어가야 기름진 밭이 되기 때문이다. 그 다음에 고추 모종을 심고 계속 관심을 가지고 관리해 주어야 한다. 만약에 심기만 하고 관리를 하지 않으면 잡초가 올라와 고추는 자라지 못하게 된다. 잘 관리해 고추가 어느 정도 자라게 되면 잡초가 아무리 올라와도 잡초에 치이지 않게 된다. 그런데 고추가 다 자라기 전에 잡초가 많아지면 고추는 열리지 않는다. 열린다 하더라도 노리 땡땡하게 되어 고추로서의 가치가 없다.

결과적으로 밭을 어떻게 관리하느냐가 중요한 것이다. 그래서 앞에서 말한 밭의 의미에 자신을 한 번 비추어봐야 한다. 지금 너희 단전에 거름이 없고 잡초가 너무 많다는 것이다. 그러니 몸은 힘이 없고 감정은 예민해 불면증과 우울증에 시달리며 힘들게 사는 것이다.

그러면 단전의 잡초가 무엇인가? 잡초의 첫번째가 잡념이고 두번째가 아상이며 세번째가 관념이고 네번째가 열등감이고 다섯번째가 지금 안고 있는 마음의 상처들이다. 이러한 모든 것이 잡초가 되어 근본의 정을 고갈시키고 있다. 그래서 이것을 갈아엎고 관리하는 것을 단전호흡이라고 한다. 단전의 밭을 갈아엎는다고 말하면 잘 이해가 되지 않지만 단전에서 명문으로 호흡을 하게 되면 냉기와 기타 지병들이 들고 일어나면서 사라지게 되는 것이 갈아엎는 것과 같은 것이다.

이렇게 명문호흡을 통해 갈아엎고 나면 거름을 주어야 한다. 거름을 주는 행위란 축기를 해야 한다는 뜻이다. 축기는 밭에 거름을 주는 것과 같은 것이다. 그리고 난 다음 감성을 단전에 심고 감성이 기를 타고 흐르기 시작하면 고추 묘목이 줄기와 잎을 내는 것처럼 감정이 순해지고 이해심이 많아지게 된다. 그렇게 감정이 순해지기 시작하면 지혜가 나타나기 시작하는데 이것이 고추나무가 꽃을 피우고 열매를 맺는 것과 같다. 열매가 익기 시작한다는 것은 얼이 자라기 시작하는 것과 같은 말이며 어른스러워지게 된다. 어른스러움이 결과적으로 내 삶의 근본을 보게 하고 참 행복을 느끼게 하는 것이다."

열매

"그래서 내 단전의 밭을 어떻게 일구어 관리할 것인가를 항상 염려해야 한다. 명문호흡을 시작으로 와선, 좌선, 입선, 심공 하는 하나하나가 하단전의 정의 밭, 중단전의 감성의 밭, 상단전의 지혜의 밭을 일구고 있는 것이다. 이렇게 밭이 일구어지면 영의 씨앗이 자라 하下와 상上이 좌左와 우右가 서로 연결되어 근본적인 씨앗이 사람들에게 맺히게 된다. 고추나무에 많은 고추가 달리는 것처럼 말이다. 그래서 단전이 근본의 밭이라 생각하고 호흡과 운기를 충실하게 해야 한다.

몇 해 전 태풍이 온 적이 있다. 그 태풍이 왔을 때 움막 앞에 있는 큰나무가 쓰러지고 말았다. 참 크고 그늘이 많아서 항상 사람들이 그 아래에서 모여서 이야기하며 쉴 수 있는 곳이었는데 그만 태풍에 쓰러진 것이다. 나무가 쓰러진 그날 톱으로 잘라서 땔감으로 정리하면서 쓰러지지 않았을 때는 그렇게 아름다웠고 또 많은 사람들이 함께 했는데, 쓰러지고 나니 가차 없이 잘려 나가는 것을 보고 참 덧없다는 생각을 했다.

이 나무를 통해 무엇을 느끼느냐?

사람들이 잘 자라라며 준 거름이 문제였다. 거름을 위쪽에만 주다보니 뿌리가 깊게 내리지 못했고 위쪽의 거름에만 의지하여 잎과 가지를 과다하게 키우다 보니 태풍에 쓰러진 것이다.

너희가 남에게 보여주기 위해서 옷에 집착하고 명예에 집착하고 있는 모든 것이 이 나무의 쓰러짐과 너무나 닮아 있다. 지금 우리 내면의 뿌리가 자라지를 못하고 있다. 그러니 겉으로 아무리 드러내고 자랑하고 화려해도 물밀 듯이 밀려오는 허무를 막을 길이 없다. 결국 옷자란 것은 잘리게 되는 것이다.

그래서 뿌리가 자랄 수 있는 정을 찾아야 한다. 정을 잘 모르니 저 사람은 정이 많다느니, 정이 없다느니 말만 하는 것이다. 너희는 정을 이야기하는 만큼 모르고 있으니 몸은 자꾸 깔리고 병드는 것이다. 정의 뿌리가 단전에 내릴 때 오관이 편안해져서 눈빛이 온화해지고 귀가 잘 들리고 맛이 좋아지고 기분이 좋아지게 된다. 이 오관이 좋아진다는 것은 결국 정의 뿌리가 튼튼하다는 것이다. 반면에 하단전에 정이 약하고 힘이 없으면 찡 그리고 짜증만 내게 된다.

이 단전의 밭을 명문호흡을 통해 일구자는 것이다. 정의 밭을 일구고 나면 감성이 자라서 열매를 맺게 되는데 이 열매가 신성이자 얼 인과 동시에 상단전에 중심을 두고 이루어지게 된다.

요즘 사람들은 정을 몰라도 너무 모르고 있다. 그러니 약삭빠르게 산 까닭에 정은 고갈되고 영이 자라지 못해서 힘들게 살면서도 왜 힘든지를 모르고 남만 원망하고 있다. 원망은 결국 관념과 상과 습을 만들어 과음, 과식, 과로, 과색을 생겨나게 하여 정을 해치게 된다.

정을 해치는 이것을 조심하여 하단전과 중단전에 축기하면 신성과 영이 자라 상단전이 열려 지혜가 생겨나 많은 깨침으로 깨닫게 된다.

앞에서 말한 과음, 과식, 과로, 과색을 주의하여 정을 밭을 찾고 감성의 나무를 자라게 하여 지혜의 열매를 맺히게 하고 현생과 전생으로 이어지는 길이 밝아져 업의 굴레에서 벗어나 참 행복을 찾게 된다. 그래서 삼단전을 얼마만큼 깊게 일구어 내느냐가 중요하며 깊게 일구면 와선, 좌선이 일구는 과정을 도와주게 된다."

중단전의 흐름

조화

"중단전은 내 감정의 모든 것이 모여 있는 창고와 같은 곳이다. 사람들은 이 창고를 모르고 단지 화내고 분석만 하고 있다. 분석을 아무리 잘 한다고 해도 감정을 제대로 아는 것은 아니다. 감정을 근본적으로 알고자 한다면 감정을 일으키는 상을 먼저 찾아야 한다.

그런데 우리는 상을 느끼지 못하고 오히려 상이라는 좁은 방에 갇혀 화만 내고 있다. 또 희미하게 느껴지는 감정의 벽을 더듬으며 벗어나고자 안간힘을 쓰고 있지만 항상 그 자리에서만 맴돌고 있다. 왜냐하면 감정의 집인 중단전은 생각지 않고 그냥 보이는 것과 듣는 것에만 집착하여 답을 찾다보니 오히려 더 많은 고통스러워 지는 것이다.

수련으로 감정의 집인 중단전을 열게 되면, 대지의 싱그러움과 초목의 향기가 집안을 가득 채우고 따사로운 햇살이 언 감정을 녹여 맺히고 닫힌 감정을 풀어 주게 된다.

석가모니 부처가 말한 인애, 자비, 보시는 중단전인 가슴에서 나온 말들이다. 중단전이 열리지 않으면 인애, 자비, 보시는 일어나지 않는다. 보통 사람들은 인애, 자비, 보시가 상단전에서 생긴다고 하지만 상단전은 지식으로 주어진 분석밖에 하지 못한다.

너희는 상단전 수련 보다 중단전 수련을 더욱 열심히 수련해야 하고 또 열기위해 노력해야 한다. 중단전이 닫히게 되면 화로 인해 아상적이고 관념적으로 변해 스스로를 고립시켜 우울증과 불면증을 낳고 공상, 망상을 하게하여 세상과 담을 쌓아 절망의 늪에 빠지게 된다.

그래서 중단전 수련을 깊게 해야 하는 이유가 바로 여기에 있다. 깊은 단계에서 중단전이 열리면 자연이 만들어 내는 하늘의 조화와 땅의 조화가 아름답고 노란 우산을 쓰고 가는 아이가 아름답게 보인다. 그 누구에게도 보일 수 있는 감정과 중단전을 만들어야 한다.

그리고 중단전에는 많은 현상들이 있지만 그 중에서도 불덩이 같은 열감이 생길 때에 열이 계속날 수 있도록 해 주어야 한다. 이 열감은 이때까지 닫히고 막히고 아파한 일들이 소멸되면서 나타나는 현상이다. 탁한 모든 감정을 태우고 있는 것이다. 특히 가슴이 답답하고, 화가 나고, 눈물이 나는 것은 풀리고 열리는 과정에서 나타나는 것으로 멈추지 말고 계속 유지해야 한다. 유지하지 않고 멈추게 되면 또 원래의 상태로 돌아간다."

답답함

"옛날 지리산에서 수련할 때 일이다. 정좌해 중맥을 한참 돌리고 있는데 갑자기 가슴이 답답하다 못해 터질 것 같았다. 이 답답함을 계속 유지해야 할지 말아야 할지를 고민하는데 어느 정점에 들자 가슴이 터지고 말았다. 뭔가 허공으로 흩어지더니 내가 남자인지 여자인지 또 내가 우주인지 우주가 나인지를 구별하지 못했고, 그때 열림이 뭔지, 시원함이 뭔지, 깨달음이 뭔지를 알게 되었다. 지금도 그때의 일이 생생하게 기억난다.

그런데 여기서 주의해야 할 것이 있다. 앞에서 말한 답답함인데 이 답답함을 잘못 이해하면 큰 부작용을 일으키게 될지도 모른다. 답답함을 무작정 참아서는 되지 않는다는 말이다. 순리와 이치에 따라 답답함을 유지하기도 하고 풀기도 해야지 억지와 강압으로 하게 되면 열리는 것은 고사하고 기맥 전체를 흩어지게 할 수도 있다.

그래서 답답함이 나타나면 열리기 위한 답답함인지 관념과 상으로 더욱 막혀가는 답답함인지를 구별해야 한다. 열려가는 답답함은 터질 듯한 화가 나는데 이 화에는 힘이 없고 관념과 상의 답답함은 터질 듯한 화에 힘이 있어 기분이 나쁘고 원망하는 마음이 생겨나게 된다. 이 둘을 잘 구별하여 전자는 밀고나가되 후자는 밀고 나가서는 되지 않는다. 또 전자의 수련을 포기한다는 것은 고무풍선이 더 부풀 수도 있는데 그만 두는 것과 같은 것이다. 아무리 터줄려고 해도 덜 부푼 풍선은 터지지 않는다. 그런 반면에 고무풍선이 완전히 부풀고 나면 특별한 도구를 사용하지 않더라도 터지게 된다. 터지고 나면 안과 밖이 하나 되어 어디에도 걸림이 없게 되지만, 후자인 관념과 상의 답답함은 LPG통과 같아서 터지게 되면 모든 것을 날려버리고 죽게 만든다.

그래서 힘을 가진 답답함은 의식적으로 다스려야 하는데 적당하게 타협하고 묻어버린다는 것이다. 묻게 되니 불안이 생기고 본성이 어두워져 삶을 막막하게 사는 것이다."

분수

"스승님이 시 한 소절을 들려 주셨습니다.

'고요 속에서 고요를 즐길 줄 알고
외로움 속에서 외로워 할 줄 안다.
그러다 외로움이 찾아오면 외로움을 극복하려고 노력하고
즐거움이 찾아오면 더욱 즐거워지려고 노력한다.

그러나 노력하는 만큼 더욱 외로워 질뿐이다.

차라리 외로움을 즐기며 외로움으로부터 벗어나고자 한다.

힘듦을 적당하게 타협하는 것이 아니라 힘듦과 함께 절실해 지는 것이다.'

너희는 이때가지 힘듦을 단지 피하기만 했다. 차라리 나의 힘듦 속으로 들어가 힘듦을 벗어나고자 하는 것이다. 힘듦에서 벗어나는 것은 중단전을 열고 분수를 알 때만이 가능하다. 분수分數를 안다는 것은 사물을 분별하는 지혜를 가졌다는 소리와 같다. 이 사물을 분별하는 지혜가 없기 때문에 중단전이 막히고 감정이 날카로워진 것이다.

지금 기진맥진하고, 감정이 일어나고, 투쟁하고, 자존심이 상하는 것은 분수를 알지 못한 어리석음이며 이것을 다시 중단전에 쌓아 상과 화를 만들어 서로 싸우고 있는 것이다. 분수를 알면 어떠한 곳에 있든지 시시비비에 들지 않는다.

국민학교 6학년 때의 일인 것 같다. 체육시간에 씨름을 하고 목이 말라 수돗가에서 물을 마시고 있는데 옆 분수대에서 물이 뿜어져 나오기에 잠시 시간도 있고 해서 친구와 분수를 하나씩 막고 물이 높이 올라가는 사람을 업어주는 내기를 하였다. 그때 내가 맡은 분수가 작게 올라가는 바람에 친구를 업어 준 적이 생각난다. 지금 와서 생각하면 참 어리석은 내기였다. 그런데 그때의 어리석음이 나의 분수를 깨닫게 한 것이다. 물은 올라갈 만큼만 올라갔다가 내려온다는 것이다. 너희가 볼 때 자꾸 높게 올라가는 것처럼 느껴지지만 물은 자기에게 주어진 힘만큼만 올라갔다가 내려온다. 1이라는 힘이 주어지면 1만큼만 올라갔다가 다시 내려오지 2만큼 올라가지 않는다는 것이다. 또 2가 주어지면 2만큼만 올라가지 1만큼 작게도 올라가지도 않는다는 것이다. 늘 주어진 힘만큼만 올라갔다가 내려오는 것이다. 그때는 잘 몰랐지만 수련을 하면서 분수의 이치를 지금에서야 알게 되었다.

　세상을 산다는 것은 자기가 타고난 운명이기 때문에 내 돈에 맞게끔, 내 생활에 맞게끔, 내 분수에 맞게끔 살면 저절로 풍요하고 행복해지는 법이다. 그런데 사람들은 자신의 분수를 깨치지 못하고 욕심내다 보니 허무하다느니 헛살았다느니 하며 한탄하는 것이다. 그래서 자기의 분수를 느끼고 근본을 찾는 길 밖에 길이 없다.

　근본을 찾는 길 중에서 가장 첫번째가 자신의 몸을 느끼고 두번째가 감정을 느끼고 세번째가 본성을 느끼면 된다. 몸은 감정을 감싸고 감정은 본성을 감싸고 있기 때문에 근본을 이해하게 되면 그 반대의 현상이 나타난다. 본성은 감정을 온화하게 하고 온화한 감정은 몸을 감싸고 건강하게 만들어 활기찬 삶을 살게 한다. 그래서 근본을 이해해야 한다. 이 이해만이 중단전을 열고 감성感性을 열어 너와 내가 하나라는 이치를 깨닫게 된다."

상단전과 영

열매

　"오늘은 상단전에 대해 설명할까 한다. 우리 몸에는 세 개의 단전인 하단전 중단전 상단전이 있는데 이 세 개의 단전을 중심으로 살아가게 된다. 아이가 태어나는 것과 동시에 하단전을 중심으로 살게 되는데 이때 하단전을 충실하게 해야 한다. 하단전인 아랫배를 항상 따뜻하게 해주고 영양을 골고루 먹게 하면 병 없이 자라게 된다. 사춘기를 거치면서 중단전을 중심으로 살아가게 된다. 이때 감정이 밖으로 나오는 단계로 따뜻하고 온화한 감정이 나오게 해야 한다. 봄에 새싹이 대지를 뚫고 올라오는 것처럼 자신의 감정을 밖으로 내는 과정에서 상처나 억압을 받게 되면 잘못된 감정이 성질로 변하게 되어 아픈 삶을 살게 된다.

　그래서 중단전 단계가 감정이 자라는 시기이기 때문에 반항하기도 하고 아프기도 하고 낙엽이 떨어지는 것만 봐도 눈물을 흘리는 것이다.

　특히 이때에 첫눈에 반하는 사랑, 조건 없는 사랑을 하게 된다. 이렇게 25세에서 30세정도가 되면 중단전에서 상단전으로 중심이 넘어가게 된다. 상단전은 생각하고 분별하고 지혜를 관장하게 되는데 대부분의 사람들은 상단전의 중심을 모르고 욕심 부리고 화내며 살게 된다. 이 하단전, 중단전, 상단전이 합쳐져야 바른 삶이 되는데 너희 중심은 하단전과 중단전 사이에서 멈추어 감정이 성품으로 이어져야 하는데 성질로 변하여 역으로 하단전의 정만 쓰고 이 정에서만 머물러 있기 때문에 기진맥진하여 지병에 시달리는 것이다. 이렇게 정이 고갈되면 감정은 날카로울 대로 날카로워져 조그마한 일에도 벼락같은 화를 내게 된다. 나의 감정 하나하나가 어떻게 내 중단전에 쌓이고 있는지 또 상단전에 어떤 영향을 주고 있는지 조금도 생각하지 않고 남자는 오로지 정력에만 관심을 가지고 여자들은 얼굴 탱탱해지고 피부 좋아지는 것에만 관심을 가지고 있으니 중단전은 막히고 상단전의 지혜는 흐려지고 있는 것이다. 이렇게 막히고 흐려지니 허무하다느니 덧없다느니 얘기하는 것이다.

나무의 열매는 생각지도 않고 오직 잘 자라는 나무의 잎과 줄기에만 신경을 쓰다가 가을이 되어 잎은 지는데 열매가 없으니 막막한 것이다. 항상 열매를 생각하면서 나무를 관리해야 한다. 너희 삶이라는 것이 하단전의 정으로는 어느 정도까지 살 수 있지만 그 이상은 아니기 때문이다. 그 이상은 나무가 열매를 맺는 것처럼 우리도 열매를 맺을 때만이 가능하다. 그러면 그 열매가 맺히는 자리가 바로 상단전이 된다. 나무의 열매도 아무데나 맺히는 것이 아니라 맺힐만한 자리에 맺히게 된다."

어른

"너희가 삶을 살면서 느끼고 생각한 모든 것이 상단전과 중단전에 맺히고 있는데 세월이 지나서보니 쭉정이가 된 것이다. 하단전을 중심으로 살아가는 사람은 벼가 봄에 파릇파릇하고 싱싱하면 그만이라고 생각하는 사람과 같다. 반면에 중단전과 상단전을 생각하며 살아가는 사람은 파릇파릇하고 싱싱한 것을 승화시켜 열매를 맺게 한다는 것이다. 파릇파릇하고 싱싱한 것은 가을이 되면 저절로 없어진다. 가을에 열매를 맺지 못하면 그렇게 파릇파릇함을 유지하려고 했던 몸과 마음은 허무해지고 만다. 그러나 열매는 그 다음 해 봄에 파릇파릇하고 싱싱한 새싹을 다시 올린다는 것이다. 그 한 해의 봄과 여름에 파릇파릇한 것을 가을이 되어도 지속하려고 하니 결과적으로는 추수도 못하고 허무한 것이다.

그래서 지금 너희가 수련하는 것, 산다는 것, 이 모든 것이 상단전의 영을 자라게 하기위한 삶이라는 것을 알아야 한다.

한 번은 매직을 사기위해 신호등에서 기다리고 있는데 맨 앞에 있던 초등학생 4명이 신호등이 바뀌지도 않았는데 건너갈 폼으로 도로 쪽으로 자꾸 나가기에 너희들 신호도 바뀌지 않았는데 나가지 말라고 했더니 네 명이 돌아보기에 혼을 내려고 하는데 그 중에 50대 어른이 있었다. 반말하고 혼내려한 내가 얼마나 미안하던지 '선생님 정말 미안합니다.' 라고 하고는 문구점으로 황급히 달려갔다. 나는 이 키 작은 선생님을 통해 우리의 모습을 보았다. 보통 아이들이 자라서 어른이 되면 키가 크고 어른다워 지기 때문에 어린아이와 어른이 구분되는 것이다. 그런데 커야할 키가 커지 않으면 언뜻 보기에 어린아이로 보이게 되어 어린이 취급받기가 일쑤다. 여기서 알아야 할 것은 몸이 자라지 않아서 아이처럼 보이는 사람과 영이 자라지 않아서 아이처럼 보이는 사람이 있다.

지금 너희는 몸만 다 자랐다고 해서 어른이 된 것이 아니다. 상단전의 영이 자라 어른이 되지 않으면 어른이 된 것이 아니다. 상단전에 축기가 되고 정신의 흐름이 영과 연결이 될 때 진정한 어른이 되는 것이다. 지금 어른들은 쭉정이 어른이다. 한 개그맨이 말한 것처럼 무늬만 어른이다. 너희는 어른을 깊게 깨달아야 한다. 내가 진정으로 무엇을 성숙시키고 자라게 할 것인가를 알아야 한다."

영을 자라게

"현 사회는 많은 스트레스를 안고 살아가고 있다. 과학의 발달과 급변하게 변하는 정보를 따라가지 못해 생길 수도 있지만 자세하게 들여다보면 결국 사람과 사람의 관계 때문에 생기는 스트레스가 대부분이라는 것을 알 수 있다. 스트레스를 받는다는 것은 나와 의견이 맞지 않거나 수용되지 않는 부분들이 다 스트레스가 된다. 결과적으로 스트레스가 많다는 것은 나의 영이 어리다고 생각하면 된다. 많은 사람들로부터 시시비비와 화가 잘 생기는 사람은 영이 어리기 때문이다. 그래서 여러분의 영을 자라게 할 수 있는 수련을 해야 한다.

영이 자라기위해서는 첫번째 몸이 건강해야 한다. 건강하지 않는 몸은 아무리 바른 삶을 살고자해도 되지 않는다. 그래서 몸이 건강할만한 수련을 해야 한다. 두번째는 감정을 순하고 따뜻하게 해야 한다. 감정이 날카롭게 되면 상대에게 상처를 주어 결국 돌려받게 되기 때문이다. 상처가 아니라 사랑하고 수용하는 감정을 만들어야 한다. 세번째는 지혜로운 생각이다. 지혜롭지 못한 생각은 항상 시시비비를 일으키게 된다. 지혜롭지 못한 한 생각의 욕심이 결국 나의 모든 것을 잃게 하기 때문이다.

너희는 마음호흡과 단전호흡으로 이 세 가지를 느낄 때 바른 삶이 된다. 많은 사람들에게 이렇게 말해 주어도 이구동성으로 내 몸이 건강하고 돈만 있으면 그만 이라고들 한다. 하지만 건강과 돈은 바른 지혜가 없으면 모두 한순간에 잃어버리게 된다.

지금 너희가 수련하고 있는 하나하나가 나의 영을 자라게 하고 있다는 것을 알아야 한다. 너희에게 다시 묻겠다.

몸이 건강하기 위해서는 무엇을 해야 하느냐.

내가 볼 때는 다른 것 없이 잘 먹고 잘 자고 운동만 잘 하면 된다.

그러면 영을 자라게 하기 위해서는 뭘 해야 되겠느냐.

사람들 모른다고만 한다. 영을 자라게 하기위해서는 앞에서 말한 세 가지를 열심히 실천하면 저절로 좋아지게 된다.

굳이 더 중요한 것을 말하라고 하면 감정이 중요하다 하겠다. 감정이 얼마만큼 따뜻하고 사랑하고 믿어주고 신뢰하느냐에 따라서 그 영이 달라지기 때문이다. 영의 자람이 멈춘 사람은 누구도 믿지를 못하고 신뢰하지 않고 의심하고 미워하게 된다.

그래서 깊고 넓은 수련을 한다는 것은 영을 자라게 하는 것과 같은 것이 된다. 지금 자신의 영의 자람이 얼마나 되는지를 알려면 믿고 사랑하고 신뢰하는 사람이 얼마만큼 있는가? 를 체크해 보면 알 수 있다.

그런데 대부분 나이가 30이 넘어가거나 40이 넘어가면 첫번째 사랑할 줄을 모른다. 여기서 사랑을 이야기하는 것은 남녀간의 사랑을 말한 것이 아니고 사람과 사람사이의 사랑을 말한 것이다, 두번째는 믿지를 못한다. 누구도 믿지 못하고 누구도 믿을 수 없으니 모두가 불신으로 이어져 결국 원망으로 헤어지게 된다. 세번째는 나타나지 않으면서 나에게 깊은 작용을 하고 있는 것이다. 바로 나의 관념과 상이다. 이 관념과 상이 어디에서 부터 시작되는지를 알 때만이 지혜로울 수 있기 때문이다. 지혜의 생각이 어디에서 나오는지를 모르면 나의 삶을 모르는 것과 같다. 결과적으로는 내면에서 일어나는 생각과 얘기를 한마음으로 들을 수 없다면 지혜는 형성되지 않는다."

마음 닦는 방법

"영을 자라게 하는 것은 생각이 어디에서 일어나고 있는지를 차근차근 짚어가는 가운데 자연스럽게 알게 된다. 지혜가 생기면 감정이 순해지고 너그러워져 건강은 저절로 얻어지게 된다. 앞에서 말한 세 가지 중에 하나라도 게을리 하면 두 개는 저절로 무너지게 된다. 이 세 가지는 서로 깊게 연결 되어 있기 때문이다. 너희가 이 세 가지를 얼마만큼 충실하게 열심히 닦느냐에 따라서 영의 성장이 다르게 된다. 영이 어른스러워지면 자신이 살아온 모든 흐름을 느낄 수 있기 때문에 허무해지거나 다른 사람을 원망하지 않게 된다. 항상 너희는 각자 각자가 영을 어떻게 자라게 할 것인가를 염려해야 한다.

지금 우리 주위를 돌아보면 세상 모든 존재가 더 나은 진화를 하고 있는데 사람만이 진화를 하지 못하고 더 많은 갈등 속에서 헤매고 있다. 자기의 영을 바르게 성숙시키지 못했기 때문에 이렇게 많은 고통과 아픔에 시달리는 것이다. 내가 이야기하고 싶은 것은 나무가 튼튼하게 자랄 수 있는 것은 그만큼의 굳건한 뿌리가 있기 때문이다. 아무리 잘 자란 나무라도 뿌리가 튼튼하고 깊지 못하면 결국 그 화려한 잎과 줄기 때문에 그 나무는 쓰러지게 된다. 지금 너희도 마찬가지이다. 나의 영을 자라게 하지 못하면 궁극에는 허무한 죽음을 맞이하게 된다.

지금 행하고 있는 명문호흡, 단전호흡, 신주호흡, 백회호흡 하나하나가 하단전과 중단전, 상단전을 축기하는 과정이며 내면의 영을 자라게 하는 과정이다. 이 과정을 마치게 되면 삶의 참 행복을 알게 된다. 이 참 행복을 누리면 성인과 같은 삶이 된다.

그런데 지금 보면 권력도 있고 돈도 있고 명예도 있는 사람이 더 많은 스트레스를 받으며 살고 있다. 스트레스를 뒤집어보면 나의 영이 자라지 못해 상대와 부닥침이 많다는 것이다. 이러한 부닥침이 많다는 것은 그만큼 힘들게 살고 있다는 반증이다. 진짜 소중하고 행복한 순간을 다 놓치고 사는 것이다.

그래서 빨리 깨어나야 한다. 이런 의미에서 때가 되면 상단전 수련을 중점적으로 할 것이다. 지금 너희에게 지도할 수련은 많은데 너희가 이 수련을 수용해 낼만한 몸과 영이 없는 것이다. 받아낼 만한 몸과 영이 아닌데 일러주게 되면 쇠귀에 경 읽기가 된다. 그런 반면에 여자이야기나 기적을 일으키는 현상을 이야기하면 눈이 번쩍 뜨인다. 때문에 마음 닦는 방법인 마음호흡을 열심히 해야 한다. 전적으로 나를 믿고 따르기만 하면 된다. 갓 태어난 아이가 엄마 젖을 열심히 먹는 것처럼 내가 젖을 물릴 때 그냥 많이 먹기만 하면 된다.

그런데 이것이 짜니, 다니, 쓰니, 구별하기 시작하면 아무것도 먹지 못하는 것이다. 간난아이가 우유를 먹다가 젖을 물리면 먹지 않고 또 젖을 먹다가 우유를 먹이면 먹지 않는 것처럼 처음에 알고 있는 것을 버릴 때만 이 새로운 것을 받아들일 수 있다. 과거에 알고 있는 모든 것은 접어두고 처음 시작한다는 마음으로 믿고 받아들이면 된다. 내가 일러주는 방법을 너희가 잘 받아들이고 수용하게 되면 이십대가 되어서 엄마가 젖 먹으라고 해도 웃으면서 자신이 알아서 모든 것을 하는 것처럼 근본적으로 영이 자라게 될 것이다. 알겠느냐!"

자연이 주는 경고

조심해야

"과거 로마제국이 멸망할 때의 환경과 현 사회의 환경이 많이 닮아 있다. 인류는 상을 통해 일어난 이념과 사상 때문에 자멸해가는 것이다. 자연은 스스로 자멸하는 법이 없다. 자연은 항상 생生 하는 방향으로 가는데 인간이 욕심을 부리기 때문에 멸하는 것이다.

앞으로 22~23세기가 가기 전에 인간이 멸종할 수도 있다. 남미의 아마존 강이 말랐다. 지진, 가뭄, 홍수 등 기타 많은 재난이 일어나는 것이 그 증거다. 모든 것이 인간의 상에게만 맞추어 발전해왔기 때문이다. 너희는 자연 환경이 주는 경고를 겸허하게 받아들여야 한다.

지금 세계에서 지진이 왜 일어나는지 아느냐?

지하수를 오염시키고 석유를 너무 많이 빼내서 쓰다가보니 지구의 음핵과 태양으로부터의 기운 교류가 흩어지기 때문에 지진과 같은 자연재해가 발생하는 것이다. 쉽게 말해 태양에서 오는 자력의 힘이 항상 그러하게 오는데 지구의 음핵이 환경파괴로 인해서 힘을 잃었기 때문에 지진이나 홍수 기타 해일이 일어나고 있는 것이다. 지금 우리는 자연이 주는 경고를 자각하지 못하고 더 편리한 쪽으로만 가고 있다는 것은 심히 걱정이 앞선다.

가뭄과 홍수가 자주 일어나는 것도 마찬가지이다. 수기와 화기의 흐름이 지금 어긋나고 있다는 뜻이다. 수기와 화기가 잘 돌고 잘 어우러지면 좋은 환경이 되는데, 프레온가스가 수기와 화기의 흐름을 방해하기 때문에 환경변화가 급격하게 일어나고 있는 것이다. 결과적으로 고기압과 저기압의 흐름이 일정한 방향으로 태양과 지구의 중심에 맞추어 움직이고 있는데 오염으로 인하여 흐트러지니 비가 오는 곳은 엄청나게 쏟아지고 비가 오지 않는 곳은 가뭄으로 타들어가고 있는 것이다. 지금의 자연재해는 인간이 저지른 만행의 결과이다.

자연은 엄청난 생명력을 가지고 있다. 그 생명력을 죽게 만들고 있으니 이것은 큰 범죄이다. 우리는 자연에게 사과해야 한다. 풀 한 포기, 나무, 돌, 기타 자연 앞에 참회해야 한다. 사람이 만물의 영장이라고 하지만 인간의 욕심을 위해 자연을 갈취하고 지배하려고 하는 것은 인간 스스로를 자해하고 있는 것이다. 이제는 깨어나야 한다. 깨어나지 못하면 수렁 속으로 들어가는 결과 밖에 되지 않는다. 그리고 우리는 과학의 발달을 조심해야 한다. 과학은 눈, 코, 입, 귀, 감촉, 오관五官의 발달이기 때문이다. 월드컵을 안방에서 볼 수 있는 것은 영상의 발달이라 하겠다. 또 전화로 서울이던 미국이던 어디서든 상대의 소리를 들을 수 있다는 것과 기타 음악의 발달이 여기에 속한다. 또 비누, 샴푸, 치약, 기타 향기 나는 모든 것이 여기에 해당된다. 또 우리는 배가 고파 먹는 것이 아니라 맛이 없어서 먹지 못하고 있다. 또 감촉의 발달로 성을 어떻게 만족할 것인가와 어떻게 하면 젊어질 것인가가 여기 속한다. 이것을 뺀 과학의 발달은 없다."

노력

"내가 하고 싶은 말은 과학은 오관을 발달시키는 것이 아니라 더욱 무뎌지게 하고 있다. TV를 너무 많이 보아서 눈이 나빠지고, 맛에 너무 집착하게 됨으로 해서 오장육부가 나빠지고, 냄새에 너무 집착하다보니 미세

한 냄새를 맡지 못하고, 성형도 자꾸 하다보니 얼굴이 흉하게 되었다. 우주선이 달나라에 가고 줄기세포를 만들어내는 이런 모든 것들은 오관을 기초로 해서 발달한 것이다. 나는 이 과학의 발달을 아주 염려한다.

그러면 진짜 발달해야 될 것이 뭐냐 하는 것이다.

나는 마음이라 생각한다. 마음이 발달될 때 너와 나의 진정한 행복이 있다고 본다. 과학은 항상 우리를 극으로 몰고 가지만 마음의 발달은 나를 순하고 행복하게 하기 때문이다. 마음의 발달은 정이 되어야 한다. 정을 기본으로 할 때 비로소 마음이 발달된다.

여기서 마음의 발달이라 표현하는 것은 과학과 비교하기 위해서이다. 진정한 마음의 발달은 지식과 상, 관념을 끄집어내어 닦는 것을 말한다. 과학의 발달로 마음과 정이 메말라가고 있다. 또 마음과 정이 발전할 수 있는 환경을 만들어야하는데 더 뒷전으로 밀려 나고 있다.

지금은 사람과 사람이 만나며 정이 생기는 것이 아니라 경쟁과 화만 생기고 있다. 옛날에는 어떻게 하면 도움을 줄까를 생각하며 정을 쌓아 갔는데 지금은 어떻게 하면 이용할까를 생각한다. 너희가 수련을 해야 하는 이유가 바로 마음의 발달을 통해 정을 쌓자는 것이다. 너와 내가 자신을 닦음으로서 이해의 눈빛, 용서의 오관을 만들어야 한다.

이 산중 움막에서 가르친다는 것은 많은 어려움이 있지만 나는 소신껏 해나가려고 한다. 또 믿지 못할 세상이지만 믿을 때까지 노력하려고 한다. 그래서 너희는 상대를 믿기 전에 나를 믿고 포기하지 말아야 한다. 어떠한 어려운 여건이 오더라도 수련을 해야 한다.

물 한 방울 떨어진다고 구정물이 맑은 물이 되느냐고 이야기하지만 나는 0.00001%라도 탁한 물이 맑아진다면 노력을 멈추지 않을 것이다. 당장에 눈에 보이지는 않지만 꾸준하게 노력하다보면 누구나 행복해질 때 너희의 노력이 빛을 발하는 것이다. 내 자신의 내면이 향기로울 때 상대도 향기로운 것이다."

중요한 호흡

근본적인 힘

"오늘은 왜 단전호흡을 하는지 또 단전호흡을 하면 어떻게 되는지를 설명하겠다. 이 자리에서 나의 강의를 듣고 있다는 것은 마음호흡과 단전호흡의 중요성을 알았기 때문이다. 또 남들이 좋다고 하니 얼떨결에 온 사람도 있으리라 생각 한다.

요즘 사람들은 호흡이 얼마만큼 중요한지를 잘 모르고 있다. 호흡은 되는대로 해서는 되지 않는다. 음식도 깨끗하고 정갈한 음식을 먹으려하지 지저분하고 더러운 음식은 먹으려 하지 않는다. 지저분하고 더러운 음식을 안 먹는 것은 먹으면 탈이 난다는 것을 알고 있기 때문이다. 아마 이 이야기는 하지 않아도 모두가 알고 있을 것이다.

그런데 참 이상한 것은 숨은 왜 상한 숨을 쉬고 있느냐하는 것이다. 또 상한 줄도 모르고 있다. 이렇게 말하면 숨이 어떻게 상하느냐며 말도 안 되는 소리라고 할 것이다.

어린아이가 상한 음식과 상하지 않는 음식을 구별하지 못하는 것처럼 너희도 이때까지 살아오면서 상한 숨이 무엇이고 깨끗한 숨이 무엇인지를 들어 본 적이 없기 때문에 그렇게 말할 수도 있다. 하지만 한 번 생각해 보아야 한다. 어린아이가 처음부터 상한 것과 상하지 않는 것을 아는 것은 아니다. 부모의 가르침과 경험이 상한 것과 상하지 않는 것을 가릴 수 있게 된 것이다. 숨은 어디를 가도 바르게 가르치는 데가 없다. 또 얘기 해주는 사람도 없다. 그러다보니 지금 쉬는 숨이 바른 숨인지 바르지 않은 숨인지 조차도 모르고 있는 것이다.

'음식은 몸을 상하게 하고 숨은 감정을 상하게 한다.' 는 것을 꼭 알아야 한다. 반대로 음식이 몸을 살리고 숨이 감정을 살리고 있다는 것 또한 알아야 한다. 그래서 바른 숨이 무엇인지를 알아야 하는 것이다. 바른 숨은 먼 데서 찾으면 안 된다.

가장 바른 숨은 갓 태어난 아이가 쉬는 숨이 가장 바른 숨이다. 가장 처음인 것이 가장 옳은 것이다. 처음을 아는 것만큼 중요한 것은 없다. 아이가 태어나자마자 쉬는 숨이 가장 바른 숨이자 근본인 숨이다.

너희는 아이들의 숨을 잘 관찰해야 한다. 그래야 나의 숨이 바른지 바르지 않는지를 알 수 있기 때문이다. 상하지 않는 음식이 아이를 자라게 하는 것처럼 바른 숨 하나가 나의 근본을 자라게 할 것이다. 또 이 불타고 있는 세상에서 나를 구원하는 길이기도 하다.

구원은 특별한 것이 아니다. 꼭 종교에서 말하는 천당을 가고 극락을 가는 것이 구원이 아니라 자신의 병에서 또 삶의 고통에서 벗어나게 하는 것이 곧 구원이다. 너희는 너무 많이 힘들어하고 아파했다. 그래서 자신을 구원하는 길은 숨을 바로잡고 그 숨으로 본성까지 들어가면 참 구원이 된다.

앞에서도 말했지만 숨을 바르게 쉬면 기운이 살고 감정이 안정되어 마음이 편안해진다. 먹는 것을 아무리 잘 먹어도 숨 한 번 잘못쉬면 결국 기는 흩어져 몸은 무거워지고 감정은 날카로워지게 된다. 호흡은 근본적인 힘을 가지고 있다."

근본적인 호흡

"도시의 건물이 왜 안전한지 아느냐! 콘크리트 기초가 잘 되어 있기 때문이다. 모래, 자갈, 철근, 물이 적당한 배합률로 혼합이 될 때 백 년이 갈 수 있다. 만약에 어느 하나라도 부족하거나 들어가지 않으면 그 건물은 오래가지 못한다. 또 그중에서도 가장 중요한 것이 물이다. 모래, 자갈, 시멘트, 철근을 하나로 만들어주는 역할을 하기 때문에 무엇보다도 중요하다. 너희도 마찬가지로 음식, 보약, 기타 아무리 잘 먹는다 해도 숨을 바르게 쉬지 못하면 건물의 기초가 약해 무너지듯이 몸의 균형이 깨어지고 기가 흐트러져 결국 병들어 죽게 된다.

그래서 너희는 갓 태어난 아이의 숨으로 돌아가야 한다. 이 숨으로 돌아간다는 것은 어려운 일이 아니다. 단지 방법을 몰라서 그렇지 방법만 터득하게 되면 근본적인 호흡을 하게 된다. 그러면 근본적인 호흡이 무엇이냐 하는 것이다. 근본적인 호흡은 단전호흡이다. 이 단전을 얼마만큼 느끼고 아느냐에 따라 많은 것이 달라진다. 지금 단전으로 쉬는 숨 하나가 기맥을 살리고 지병을 다스리고 있는 것이다.

단전으로 들이쉬고 내쉬고를 한 3~4개월 정도 해보면 컨디션이 달라지고 몸이 가뿐하다는 것을 느끼게 될 것이다.

또 우리 몸 안의 혈관이 몇 km냐 하면 총 12만 km이다. 서울에서 부산까지를 450km 잡으면 몇 백 번을 왔다 갔다 할 수 있는 길이다. 지금 12만 km가 내 몸 안에서 한 치의 오차도 없이 돌아가는 이것이 단전의 힘이자 숨의 힘이다. 숨의 힘에 의해 단이 형성되고 단의 힘에 의해 기맥이 흐르고 기맥의 흐름에 따라 감정이 생겨나게 된다. 감정은 다시 중단전에 쌓이기도 하고 풀리기를 반복하면서 삶을 살게 된다.

그래서 단전호흡을 와선, 좌선, 입선에 맞추어 행하고 다시 심공으로 들어가 마음호흡을 병행하면서 쌓인 감정을 풀고 기맥을 정상으로 만들자는 것이다. 이 숨만이 나를 살리는 길이다.

사람들은 이 이치를 모르고 철에 따라 보약 먹고 운동하는 것이 제일 좋은 것이라 생각하지만 이것은 한계가 있다. 어느 선까지는 되지만 그 이상 넘어서지 못한다. 그 선을 넘어설 수 있는 것이 바로 단전호흡이다.

그리고 근본호흡을 흩어지게 하는 것 중에서 가장 큰 것이 화이다. 이 화를 어떻게 다스리느냐에 따라 달려 있다. 그런데 사람들은 지식으로만 화를 다스리려고 하고 있다. 또 화를 다스려야 한다는 것은 알고 있지만 실질적으로 무엇부터 해야 될지를 모르고 있다. 예를 들어 4층을 올라가려고 하면 어디로 올라갈지를 찾은 다음 맨 처음부터 차근차근 해나가면 된다. 갑자기 일층에서 이층으로 올라가는 것은 없다. 현관문을 찾고 한 계단 한 계단을 밟고 올라가면 저절로 4층까지 올라가게 된다. 호흡을 지식으로 받아들이기보다 한 느낌으로 받아들이지 못하면 아무런 소용이 없다. 이 느낌이 근본호흡을 만들고 축기를 만들게 될 것이다.

단전에 축기가 되면 도와 달라하지 않아도 자진해서 도와주게 되는데 단전에 힘이 없으면 도움을 청할까 걱정을 하고 핑계를 대게 된다. 그래서 숨쉬는 하나하나가 마음을 살리고 기분을 살리고 병을 치유하고 있다는 것을 알아야 한다. 너희에게 하고 싶은 말은 보약 한 번 먹으려고 애를 쓸 것이 아니라 숨 한 번 더 쉬려고 애를 써야 할 것이다. 알겠느냐!"

화식과 생식과 단식

화식과 체질

"수련하는 사람은 수련단계에 맞추어 생식과 단식을 병행하여야 한다. 이것을 병행하지 못하면 수련단계가 올라가지 못하고 항상 그 자리에 머물게 되고 삿된 길로 가게 될 수도 있다. 그래서 생식과 단식을 깊게 생각해야 한다.

화식과 생식과 단식을 수련단계 별로 설명하겠다.

첫째 화식은 불로 익힌 음식을 말한다. 이 음식은 생명을 일정하게 유지시키기는 하지만 그 이상의 역할은 하지 못한다. 또 화식을 너무 지나치게 많이 먹게 되면 오히려 몸을 해치게 되고 생명을 위험하게도 한다.

현대인의 70%정도가 비만이라고 한다. 화식을 지나치게 많이 섭취하고 있기 때문이다. 이 섭취는 욕심으로 변해 감정을 날카롭게 만들어서 서로에게 상처를 주고 삶을 고통스럽게 하고 있다. 그래서 화식은 항상 조심해서 섭취해야 하고 자신의 체질에 맞추어서 먹어야 한다. 화식이 미치는 영향을 짚어보며 단 음식은 주위를 산만하게 만든다. 한 TV에서 아이를 대상으로 실험을 했는데 단 음식을 매일같이 먹인 한 부류와 단 음식을 전혀 먹이지 않는 한 부류를 실험하였다. 단 음식을 먹지 않는 부류는 산만도가 급격하게 떨어진 반면에 단 음식을 꾸준히 먹은 부류는 실험을 하기 전보다 훨씬 더 산만해졌다는 결과가 나왔다. 이것만 보더라도 먹는 음식에 따라서 큰 차이가 난다는 것을 알 수 있다.

그리고 짠 음식을 먹는 사람들은 대체적으로 성격이 급해진다는 것을 알 수 있다. 또 계절과 체질에 따라서 음식을 먹는 것이 중요하다. 여름에는 조금 짜게 먹어야 하고 겨울에는 싱겁게 먹어야한다. 여름에 싱겁게 먹게 되면 염분이 부족하여 몸기능이 제대로 작동하지 못하게 된다. 반면에 겨울에 너무 짜게 먹게 되면 염분이 너무 많아져서 성인병의 주된 원인이 되기도 한다.

그래서 어떤 화식을 먹느냐가 중요하다. 입맛에 맞춰서 먹기보다는 자신의 체질과 몸 상태를 잘 고려하여 적당한 양의 화식을 섭취했으면 한다."

생식과 감성

"두번째는 생식이다. 생식은 살아있는 것을 몸에 그대로 섭취함으로서 몸의 생기를 만들자는 것이다. 생식을 일일이 설명하지 않아도 너희가 잘 알고 있기 때문에 수련적으로만 이야기할까 한다. 화식을 할 때보다 생식을 하는 것이 하단전의 축기와 중단전의 축기를 훨씬 더 많이 돕게 된다. 하단전의 축기는 중단전을 여는데 많은 도움을 주기 때문이다. 찌개를 끓이는데 건더기가 많고 물이 적으면 금방 타게 되지만 물이 많으면 수증기가 많이 상승을 해도 타지 않게 된다. 하단전의 축기도 마찬가지로 화식을 많이 하면 물은 없고 건더기가 많은 경우와 같고 생식을 하게 되면 건더기보다 물이 많은 격이 된다. 이러한 하단전 축기를 가지고 중단전을 열게 되면 많은 차이가 있다.

너희도 생각해 보아라! 하단전에서 중단전을 열기 위해 기운이 상승을 하는데 탄 냄새가 나는 수증기가 상승하여 중단전을 열게 되는데 옳은 열림이 되겠는가 하는 것이다. 그런데 생식하여 맑은 수증기가 상승하여 중단전을 열게 되면 근본적인 감성이 형성되게 된다. 이 둘의 차이는 근본적으로 다르다. 지금 수련하고 있는 사람들을 보면 모두가 이 중단전을 열지 못하여 부작용에 시달리거나 한 단계를 올라서지 못하는 경우가 많다. 이런 수련자는 하단전 축기는 누구보다도 열심이 하는데 정작 중요한 중단전을 열지 못해서 오히려 하단전의 축기마저 망치는 경우가 있다. 중단전을 바르게 열어야 한다.

중단전을 바르게 열기 위해서는 화식에 대해 깊게 생각해야 한다. 화식을 깊게 생각하지 못하면 무거운 기운이 되어 중단전을 열기보다 더욱더 관념과 아상으로 변할 수 있기 때문이다. 너희도 장기간 육식을 장복하다 보면 육식하는 동물의 성격처럼 급하고 단열적으로 변해간다는 것을 알 수 있다. 그런데 채식과 생식을 장기간하게 되면 채식하는 동물처럼 온순하고 순해진다는 것을 알 수 있다. 중단전을 열 때에는 생식을 통해 열어야 한다. 그리고 무조건 생식이 중단전을 열게 하는 것은 아니다. 중단전이 열린다는 것은 항상 하단전을 거쳐 중단전이 열리게 된다. 생식이 몸속으로 흡수되어 하단전의 정精이 되고 다시 수승기와 같은 기운으로 상승하여 열리게 된다.

원유가 여과 장치를 거치면서 휘발유, 경유, 석유 등으로 나누어지듯이 하단전의 정도 몸을 관장하는 기운과 감정을 일으키고 생각하는 기운으로 나누어져 쓰이고 있다. 중단전은 감정이 모이고 맺히는 자리이기 때문에 정精 중에서도 가벼운 정의 기운을 필요로 한다. 휘발유가 가벼운 것에 속한다면 경유와 석유는 무거운 것에 속한다. 같은 기름이지만 차이는 크다. 그래서 화식을 많이 하게 되면 경유와 석유 같은 무거운 기운이 형성되어 하단전에 힘은 쌓이지만 중단전에는 도움을 주지 못한다. 경유를 넣어서 휘발유차를 아무리 시동을 걸어 봐도 걸리지 않는다. 혹시 걸린다고 해도 얼마가지 않아서 엔진을 쓰지 못하게 된다.

　앞에서도 말했지만 감정이 쓰는 에너지와 몸이 쓰는 에너지는 다르다. 몸이 쓰는 에너지는 근육을 이완하고 움직이는 것이기 때문에 육식을 하게 되면 훨씬 힘의 강도가 강해지는 반면에 중단전으로 상승하는 에너지는 더욱 약해진다는 것을 알 수 있다. 그런데 생식하게 되면 몸적인 근육의 힘을 부드럽게 함과 동시에 위로 상승하는 기운이 많아져 감정을 부드럽게 하고 순하게 만들어준다. 탁해진 감정이 하단전의 맑고 청량한 기운에 의해 맑아지기 시작한다는 것이다. 중단전이 열리게 되면 온화해지고 따뜻해지게 된다. 생식수련은 아주 중요한 수련이다. 이렇게 생식수련을 통해 중단전이 열리게 되면 상단전 개화에 들어가게 되는데 이때에 단식수련을 하게 된다.”

단식과 개화

　“세번째가 단식이다. 중단전이 열리고 나면 상단전 개화開化로 넘어가게 되는데 이때에는 중단전의 기운과는 또 다른 기운이 형성되어야 한다. 대부분의 수련생들이 이 기운을 구분하지 못해 주화입마走火入魔에 빠지는 경우가 많다. 상단전의 기운은 영적인 기운이기 때문에 중단전의 기운과 차이 많이 난다. 중단전의 기운은 앞에서도 말했지만 감정을 관장하는 기운으로 감정상태에 따라 변하기 때문에 생식을 통해 일정한 기운을 만들어 다잡자는 것이다. 이렇게 다잡아 수련하면 중단전이 열리게 된다. 열리고 나면 상단전 개화로 이어져야 하는데 보통 사람들은 이것을 무시하고 수련함으로서 영적인 부작용에 빠지는 경우가 많다. 화식과 생식의 기운은 상단전을 개화하는 데는 적합하지 않다. 왜냐 하면 상단전을 개화할 만한 기운이 아니기 때문이다.

사물을 보는데 안경이 맑고 투명할 때 바르게 보이지만 안경에 색깔이 있게 되면 사물을 잘못 보게 된다. 아무리 바르게 본다고 해도 안경의 색깔 때문에 있는 그대로를 보지 못하게 된다. 화식의 기운은 너무 탁하고 무겁기 때문에 상단전을 통해 나타나는 현상이 내가 느껴야 될 것과 완전하게 다르게 느낄 수도 있다. 생식은 화식보다 맑고 가볍지만 그래도 상단전을 개화하기에는 무겁고 탁하다는 것이다. 그리고 여기서 무겁고 탁하다는 표현을 하였는데 단지 예를 들기 위해 표현했을 뿐 여기에 집착하지 말아야 한다.

중단전의 감성을 상단전으로 올리기 위해서는 단식으로 중단전에 쌓인 기운을 완전하게 정화함으로서 상단전을 개화하게 된다. 여기서 정화한다는 표현을 했는데 단식으로 내 몸이 가지고 있는 화식의 기운을 완전하게 태워 없앨 때 기운이 다시 살아나는 데 그 살아나는 기운으로 상단전을 개화해야 한다.

단식수련을 통해서 바른 상단전이 개화된 사람이 바로 석가와 예수다. 석가와 예수는 40일에서 60일 정도를 단식하면서 신과 교감하여 바른 지혜의 문을 개화하여 우리에게 불경과 성경을 전해준 것이다. 불경과 성경은 지식으로 쓰여진 것이 아니다. 바로 상단전의 개화를 통해 삶의 이치와 깨달음을 적은 것이다. 상단전을 개화시킬 때 감정의 변화가 거의 일어나지 않아야 한다. 감정의 동요가 일기 시작하면 그 감정에 따라 개화되기 때문이다. 기독교를 믿는 사람에게는 항상 하나님과 성령만 보이지 석가나 보살을 봤다는 사람은 없다. 불교도 마찬가지이다. 불자에게는 항상 보살과 부처님만 보이지 하나님과 성령을 보았다는 불자는 없다. 이 같은 일이 일어나는 것은 자신의 관념이 항상 그 종교로 가득차있기 때문에 상단전이 개화해도 관념화된 형상만 나타나는 것이다. 상단전을 개화할 때에 단식하는 이유가 바로 여기에 있다.

식욕을 끊으므로 해서 근본의 욕심을 다스리고 또 몸에 배인 습, 관념,

아상 기타 많은 것을 다스리자는 것이다. 이것을 다스릴 때 현생의 업과 인연을 알게 되고 무슨 공부를 해야 할지 깨닫게 되어 바른 지혜로 삶을 살 수 있기 때문이다.

상단전은 지혜의 문이다. 너희는 이 문을 정성스럽게 개화해야 한다. 그래야 너와 내가 사랑할 수 있고 믿을 수 있기 때문이다.

지금 현 사회에서는 바른 상단전을 개화할 만한 곳이 없다. 모두가 지식과 물질로만 교육하고 이끌고 있는 것이 정말 안타깝기만 하다. 이제 너희는 화식을 다스리고 생식수련으로 중단전을 열고 단식으로 상단전을 개화하여 진정한 바른 삶을 살아야 한다."

목표

목표 찾기

"너희는 한 시간 동안 서로 많은 이야기를 했다. 서로에게 귀를 기울이고 있는 것 같지만 너희의 내면을 가만히 들여다보면 서로의 이익에만 관심을 가지고 있지 이익이 되지 않는 것에는 아무런 관심이 없다. 모두들 오직 돈과 건강에만 관심을 가지고 있는 것 같다.

그런데 너희가 알아야 할 것은 돈과 건강은 기본적인 것이라는 것이다. 자동차 바퀴와 같은 것이다. 내가 돈이라는 바퀴와 건강이라는 바퀴가 있기 때문에 목적지까지 무사히 갈 수 있는 것이지 이것이 없으면 목적지까지 한 발짝도 가지 못한다. 돈과 건강은 가장 기본이 되는 삶의 수단일 뿐이다. 돈이 삶의 목적이 된다는 것은 물속에 비치는 달을 잡으려고 하는 것과 같은 것이다. 아무리 잡으려고 해도 잡히지 않고 결국 애만 쓰다가 생을 마치게 된다.

건강 또한 마찬가지이다. 뚜렷한 목적 없이 오직 건강하기 위해서 노력한다는 것은 참 어리석은 일이다. 자동차 정비소에서 매일같이 차를 정비하고 세차를 하면서 정작 가고자하는 목적지가 없을 때 그 차는 아무런 소용이 없게 된다. 정비를 받고 세차를 했으면 내가 가고자하는 목적지까지 차를 안전하게 운전해서 가야 하는 것이다. 내가 진정으로 가야할 목적지를 알 때에 쓰임이 생기게 되는 것이지 남에게 보이고자 그것을 목표로 한다면 얼마가지도 못하고 깊은 허무에 빠지게 된다.

그래서 너희는 진정한 목표를 찾아야 한다. 목표가 무엇인가에 따라서 그 사람의 삶이 달라진다. 대부분의 사람들이 목표는 남편의 성공, 자식의 출세를 목표로 생각하고 열심히 그 길을 가고 있다. 이 목표가 잘못되었다는 것은 아니다. 잘 알아야 할 것은 내가 목표로 한 것이 나와 남을 허무하게 만든다면 그것은 뭔가 잘못되었다고 생각한다. 내가 믿었던 돈이, 자식이, 남편이, 아내가, 친구가, 건강이, 이 모든 것을 가만히 지켜보면 모두가 변해간다는 것을 알 수 있다. 변하지 않는다고 하는 사람들도 있지만 가슴에 손을 얹고 자신에게 물어보면 한 치의 오차도 없이 정확하게 답이 나온다. 여기서 변하고, 변하지 않는 것을 가지고 논쟁하자는 것이 아니라 정확하게 보자는 것이다. 그래야 서로 미워하지 않고 원망하지 않기 때문이다. 너희는 믿는다는 마음을 믿고 변하지 않는다는 것을 믿다가 너무 많은 시시비비에 빠져 고통 받고 있는 것을 보면 답답하기가 그지없다."

가슴에 손을 얹고

"이제 나의 목표를 이야기할까 한다. 나의 목표가 반드시 옳다는 것은 아니다. 단지 이 목표로 살아보니 살면 살수록 쉬워져가더라는 것이다. 자신이 목표로 한 것이 시간이 지나면 지날수록 자신을 힘들게 한다면 무엇인가 잘못되었다고 생각해야 한다. 반면에 시간이 지나면 지날수록 가벼워지고 쉬워지고 남과 함께 더불어 좋아진다면 그것은 어떠한 목표이든 바른 것이라고 생각한다. 나의 목표는 근본의 영을 자라게 하는 것이다.

한 어머니가 아이를 잘 길러 내듯이 나의 돈과 건강을 통해 나의 영을 바르게 자라게 하는 것이 나의 목표이다. 영을 자라게 해야 한다는 말을 듣고 어리둥절해하는 사람도 있을 것이다. 육체가 자라면 어른인 것이지 영이 자라야 한다는 그런 거짓말이 어디 있느냐고 반문하는 사람도 있다. 돈과 건강에만 집착하고 있으니 다른 무엇이 있는지 조차도 모르고 있는 것이다.

한 남자가 첩에게 마음이 뺏겨 본처와 자식들이 밥을 먹는지 굶고 있는지도 모르는 것과 같다. 그러다가 늙고 병들면 다시 집으로 돌아오지만 사람대접을 받지 못하고 주위만 맴돌게 된다. 지금 우리의 삶이 이 남자의 삶과 꼭 닮아있다. 오직 돈과 건강에만 마음이 뺏겨 있다가 그것이 허무인 줄 알고 영과 근본을 찾아보지만 너무 많은 집착과 원망을 쌓아온 탓에 무엇이 영이고 근본인지 잘 모르게 된다. 또 안다고 하더라도 너무 생소하고 어색하여 자신도 모르게 다시 자신의 습으로 돌아가서 허덕이게 된다. 그래서 나의 목표가 무엇인지를 찾아야 한다.

이렇게 말하면 가지고 있는 돈과 건강을 다 버리라는 것입니까! 라고 말하는 사람이 있다. 나는 이 말을 들을 때 제일 답답하다. 자신이 이때까지 돈과 건강이 제일이라고 생각하며 그것을 추구하며 살아왔는데 어느날 갑자기 그것이 잘못된 것이라고 하자 보이지 않는 불안함과 어리석음에서 그렇게 말을 하는 것이다.

그런 말은 나에게 할 것이 아니라 자신의 가슴에 손을 얹고 자신에게 물어보아야 한다. 과연 내가 추구한 돈과 건강이 나를 진정으로 행복하게 하고 있는지를 물어보면 답은 정확하게 나온다."

기와 감성과 영

"그러면 영을 어떻게 자라게 할 것인가 하는 것이다. 막연하게 영을 생각하고 본성을 생각한다고 해서 영이 자라는 것이 아니다. 근본적으로 하나하나 차근차근 해 나가야 한다. 영이 자라기 위해서는 먼저 자신의 몸을 느껴야 한다. 몸을 느끼지 못하면 영은 찾을 수가 없다. 자신의 집에서 한 물건을 찾으려고 하는데 집을 모른다면 한 물건은 영원히 찾지 못하게 된다. 그래서 한 물건을 찾기 이전에 자신의 집 구조를 알고 물건들이 어떻게 있는지를 알 때에 한 물건을 찾을 수 있는 것이다. 영이 살고 있는 몸을 알자는 것이다. 몸을 알기위해서는 반드시 알아야 할 것은 기氣다. 기를 모르면 몸은 아무것도 모르게 된다.

서양의학에서 말하는 해부학을 아무리 잘 알아도 몸을 아는 것은 한계가 있다. 그런데 기를 알면 머리끝에서 발끝까지를 알게 된다. 기를 수련한 사람들은 몸이 기운 덩어리라는 것을 알고 있다. 기운 덩어리는 기로만 이해 할 수 있다. 그래서 기를 알아야 몸을 알 수 있다. (몸 수련과 기 수련에 관한 것은 도서출판 엠에스북스에서 나온 『마음호흡』의 「호흡편」에 자세하게 기술해놓았기 때문에 참고 하기 바랍니다.)

이렇게 몸 수련과 기 수련을 통하면 알 수 있는 것이 감정이다. 항상 감정을 통해서 우리는 상대와 교류하면서 살아가고 있다. 감정은 무엇일까! 감정은 하나의 통로일 뿐이다. 즉 수도배관과 같은 역할을 한다. 물을 배관으로 보내는 것은 무엇일까! 바로 관념과 상이다. 관념과 상이배관을 타고나오는 것이 감정이며 기쁨과 화가 되는 것이다.

그러면 관념과 상은 무엇인가? 하는 것이다. 관념과 상은 근본을 싸고 있는 틀과 같은 것이다. 빛이 한 모양을 통과하면 항상 그 모양만 만들어내듯이 관념과 상이 만들어지면 항상 같은 감정을 반복하게 된다. 그래서 나이가 들면 들수록 관념과 상을 바꾸기란 정말 어렵다. 그러므로 원래의 본성은 항상 그러한 본성인데 관념과 상을 통하면서 감정이 되어 미워하고 좋아하게 된다.

그러면 영은 어디에 속하는 것일까! 또 영을 어떻게 자라게 해야 하는 것인가! 영은 이것 이다고 단정 짓기가 어렵다. 굳이 말한다면 본성과 관념 사이에 존재하고 관념과 상이 낮아지게 되면 영이 자라게 되고 관념과 상이 높아지게 되면 영이 자라지 못하여 감정의 질이 나빠지게 된다. 원래의 본성은 항상 그러한 본성이기 때문에 변화가 있는 것이 아니다. 변화가 있다는 것은 이 본성 위에 있는 영이 보고 듣고 생각하고 행동하게 되는데 이 보고 듣고 생각하고 행동하는 여기에 전생과 현생의 업이 끼어 있기 때문에 본성을 보지 못하고 업의 굴레를 구르고 있는 것이다.

관념과 상을 깊게 닦을 때 영이 자라기 시작한다. 아이가 자라기위해서는 엄마의 젖이 필요한 것처럼 영이 자라기 위해서는 본성의 밝음과 맑음이 필요하게 된다. 그런데 관념과 상이 형성되기 시작하면 엄마의 젖을 먹지 못해 말라가는 아이처럼 감정과 생각은 나날이 날카로워지는 것이다. 이 날카로움이 결국 나와 너를 해치게 되어 서로를 고통 속으로 몰아가게 된다. 그래서 영을 자라게 하기 위해서는 몸을 알아야 하고 몸을 알기위해서는 기를 알아야 하고 기를 알기위해서는 감정을 알아야 하고 감정을 알기위해서는 관념과 상을 알 때 비로소 영이 무엇이고 본성이 무엇인지를 알게 된다. 돈과 건강은 영을 자라게 하기 위한 하나의 도구여야 한다는 것을 꼭 명심해야 한다."

물질

물질의 포장

"지금 너희는 빨리 깨어나야 한다. 이 시대와 사회가 너무 빠르게 물질의 포장 속으로 빨려 들어가고 있다. 물질의 포장 속으로 들어간다는 것은 몸과 마음이 급속도로 황폐해 가고 무료한 허무만 커지게 된다는 것이다. 포장은 알맹이가 아니다. 한 물건을 담기위한 치 레 일 뿐이다. 닐이 갈수록 포장에만 집착하고 있는 너희 모습이 너무나 안타깝고 초라하기만 하다. 물건을 포장한다는 것은 내용물을 보호하기 위해서인데 내용물보다 포장에 더 많은 관심과 신경을 쓰고 있으니 주객이 전도돼도 한참 전도된 것이고 겉만 번지러한 화려함이 사람들의 혼을 빼놓고 있는 것이다.

작금의 현 사회는 물질의 포장시대라 해도 과언이 아니다. 옛날에는 선물을 하나 해도 자기가 손수 만들거나 소박하게 종이에 싸서 주고받아도 정과 감동이 있었는데 요즘에는 자기가 만들거나 종이에 싸서 주면 감사해하는 것이 아니라 도리어 이런 것을 선물하느냐며 핀잔을 당한다. 포장이 화려하고 값어치가 있어야 감사해 하고 소중하게 생각하다는 것이다.

현 사회가 물질의 포장에 너무 길들여지다 보니 진실이 약해지고, 도덕이 약해지고, 양심이 약해져 자멸의 길로만 치닫고 있다. 또 사회의 지성인들이 양심을 찾아야 하고 바르게 살아야 한다고 부르짖지만 돌아서서는 더 화려하고 풍요한 물질세계를 추구하고 있다. 역으로 물질세계에 현혹

될 것을 만들어 주면서 물질세계에 현혹되지 말라고 하고 있다. 이제는 바로 깨어나야 한다. 이 선도수련이 물질세계의 황홀한 꿈에서 바로 깨어날 수 있는 방법이라 생각한다.

망망대해에 물 한 방울 떨어뜨린다고 그 넓은 바다가 맑아지겠느냐고 반문하는 사람도 있지만 나는 한 방울의 물이 계속 떨어지다 보면 언젠가는 반드시 맑아진다고 생각한다. 하찮고 보잘 것 없는 작은 한 방울의 물이지만 이것이 질적 변화를 일으킬 때는 무한한 힘을 발휘하여 결국 변하게 된다고 본다. 너희도 수련이 되는지 안 되는지 잘 모를 때 그냥 앞만 보고 행하다보면 반드시 얻게 된다. 행하고 행하는 가운데 얻어지는 것이 바로 이 수련이다. 물질도 마찬가지로 깨치고 나면 삶에 있어서 전부가 아니라 작은 한 부분이라는 것을 알게 된다. 그래서 너희는 순간순간의 깨침을 계속 일어나게 해야 한다. 순간순간의 깨침이 일어나지 않으면 결국 물질의 화려한 면도날에 너와 내가 다치게 된다.

너희는 정말 빨리 깨어나야 한다. 신으로부터 구원받아 깨어나는 것이 아니라 나에게서 깨어나 나로부터 구원을 받아야 한다. 그렇지 않으면 더 많은 힘듦이 생겨나 너와 나를 힘들게 할 뿐이다. 깨어나기만 하며 행복이 너무나 많다는 것을 알게 된다.

또 내가 불행하다고 생각하는 만큼 불행하게 살게 된다. 살려고 하는 만큼 죽음도 같이하기 때문이다. 누구보다 내가 불행한 것 같지만 집착의 포장을 열고 보면 행복함이 너무 많다는 것을 알게 된다. 그리고 행복의 조건이 물질에 있다고 생각하니 이렇게 많은 아픔들이 생겨나는 것이다.

이제는 돌아가자! 내면으로 돌아와 나를 깨치면 앉아 있는 이 자리가 얼마나 행복하고 따뜻한지 또 친구와 말할 수 있는 것이, 두 발로 걸어간다는 것이, 스승의 강의를 들을 수 있는 이것이 얼마나 행복일인지를 알게 된다."

눈과 귀

"아랫마을에 76세 되시는 할아버지 한 분이 살고 있다. 이 분은 귀가 잘 들리지 않아서 항상 보청기를 끼어야만 상대의 말을 들을 수 있다. 하루는 나에게 사람이 그러면 안 된다면서 화 아닌 화를 내시는 것이다. '왜 그러세요!' 라고 물어 봤더니 3시까지 약을 사다준다고 했으면 약을 사다주어야지 하루 종일 기다려도 사람이 오지 않아서 같이 사는 젊은 청년에게 물으니 3일정도 걸릴 것이라고 한단다. '3일정도 걸리면 처음부터 그렇게 걸린다고 말을 해야지. 사람이 기다리지 않을 것이 아니냐.' 고 화를 내시는 것이다. 미안하다고 연거푸 이야기하자 옆에 있던 동네 사람이 '할아버지 3일정도 걸리기 때문에 약을 사다드리지 못하겠다고 한 것을 잘못들은 것 같습니다.' 라고 하자 '그제야 언제 그랬느냐.' 며 고개를 갸우뚱하는 것이다.

너희는 이 할아버지를 통해서 자신의 모습을 보아야 한다. 지금 너희는 수많은 얘기를 듣고 있지만 조금도 듣고 있지 않다는 것이다. 관념과 상으로 귀가 막혀 본성을 이야기하고, 바름을 이야기하고, 진리를 이야기해도 무슨 말인지조차 모르고 있다. 이렇게 눈과 귀를 막고 살다 원망하고 미워하며 할아버지처럼 마냥 기다리는 것이다.

특히 눈과 귀는 물질로 인해 점점 더 막혀가고 있다. 그러니 답답하고 자기 생각밖에 하지 못하는 것이다. 이제 물질로 막혀있는 눈과 귀를 뚫어야 한다. 물질의 귀가 아닌 지혜의 귀를 뚫어야 한다. 지금 너희는 너무 많은 외로움을 안고 산다. 물질과 이상과 관념으로 높은 벽을 쌓아서 오로지 나와 가족만 살면 그만 이라는 생각으로 살고 있으니 답답하기 그지없다.

너희는 너와 내가 함께 살고 있다는 것을 알아야 한다. 벽이 아무리 높아도 결국 땅에 중심을 두고 올라가는 것이기 때문에 땅으로 무너지게 된다. 또 높이 올라가면 갈수록 불안하고 외로워지게 된다. 그래서 벽을 허물고 너와 내가 함께 사는 중심을 만들어 행복하자는 것이다.

너희는 물질과 이상, 관념의 벽을 낮추기만 하면 많은 것을 볼 수 있게 된다. 담이 너무 높으면 아무것도 볼 수 없다. 지금 하는 강의가 별 느낌 없이 들릴지는 모르지만 세월이 흐르다 보면 많은 어려움을 해결해주는 열쇠가 될 것이다.”

관념과 상

“너희는 이러한 들음을 계속 이어가야 한다. 계속 이어갈 때 내가 가지고 있는 습이 사라지게 된다. 습은 하루아침에 생긴 것이 아니라 태어나서 보고 들으며 형성된 습이기 때문에 어릴 때 바로 잡게 되면 좋은 습이 생겨나 좋은 일을 하지만 나쁜 습이 생겨나면 나쁜 일만 하게 된다. 우리는 어떤 습을 가지느냐가 중요하고 또 환경으로부터 습이 생겨나는지를 알아야 한다. 맹모삼천지교孟母三遷之敎라는 말은 맹자가 어렸을 때 묘지 가까이 살았더니 장사 지내는 흉내를 내기에, 다시 집을 시장 근처로 옮겼더니 이번에는 물건 파는 흉내를 내므로, 다시 글방이 있는 곳으로 옮겨 공부를 시켰다는 것으로, 맹자의 어머니가 아들을 가르치기 위해 세 번이나 이사를 했다는 말이 다.

이와 같이 너희는 자신도 모르게 환경의 습이배여 살아가게 된다. 이렇게 살다 이성理性이 형성되면서 관념과 상으로 살게 된다. 이 관념과 상이 삶을 결정하게 된다. 너희는 어차피 어떠한 관념과 상이든 간에 길들여지게 되는데 이때에 옳음을 많이 듣고 보게 되면 바른 관념과 상을 가지게 되어 참 쉬운 삶을 살게 된다. 깨치고 깨닫게 되면 관념과 상부터 자유로워지게 된다. 이 자유 또한 관념과 상일 수도 있지만 삶의 문제를 풀어주는 그러한 관념과 상이 되기 때문에 깊게 느껴야 한다. 그래서 너희는 집착된 관념과 상을 만드는 것이 아니라 누구도 수용할 수 있는 관념과 상을 만들어야 한다.

현 사회에는 이러한 관념과 상을 짚어주고 말해 주는 곳이 없다. 전부 집착된 물질로만 사람들을 유혹하고 있다. 집착된 마음에다 진지하게 이야기해 주어도 무슨 말인지도 모르고 무조건 반박하기만 한다. 워낙 오래도록 갇히고 닫혀왔기 때문에 이해를 하지 못하는 것이다."

공부

"아랫마을에 사는 훈장이 있는데 그 분이 하는 말이 요즘 아이들은 안 가르쳐주면 모른다고 한다. 정확하게 짚어주고 하나하나를 이야기해 주어야 이해를 한다는 것이다. 또 그 이해한 것을 가지고 응용을 하면 되는데 그 응용을 할 줄 모른다고 한다. 그러니 입시과외가 생겨나는 것이다. 공부라는 것이 무엇인가. 영어와 수학 잘 하는 것이 공부의 전부가 아니다.

너희가 생활하는 모든 것이 공부인데 오직 학교공부만 공부로 치고 있으니 답답한 일이다. 어른에게 인사하는 방법, 걸레질하는 방법, 옷 입는 방법이 모두가 공부인데 이것을 소홀히 하니 이렇게 많은 문제가 생기고 있는 것입니다.

이제 바르게 공부해야 한다. 영어와 수학공부만 할 것이 아니라 우리가 살아갈 수 있는 모든 공부를 잘 해야 한다. 그래야 너와 내가 살고 우리 모두가 살 수 있기 때문이다. 학교공부는 삶의 전체에 비추어보면 아주 작은 한부분에 속한다. 공부는 전체를 볼 수 있고 느낄 수 있는 그런 공부를 해야 한다. 현 사회가 이렇게 가다가는 결혼도 과외를 받고 섹스도 과외를 받아야 하지 않을까 생각한다. 지금 아이들에게 하고 있는 스파르타식 교육은 이제 그만해야 한다. 스파르타식 교육을 막무가내로 받다보니 아이의 생각과 감정이 무시되고 어른이 되어서도 스스로 보고 듣지 못하는 것이다. 관념의 주입식 교육은 결국 그 아이를 훌륭하게 키우는 것이 아니라 보이지 않는 창살에 가두는 것이 된다. 이 창살에서 빨리 깨어나야 자신의 삶을 주관할 수 있게 된다. 나를 맞추어 서로가 서로를 영글게 할 수 있는 주인적인 삶이 될 때 자신의 행복을 주관할 수 있게 된다.

어제 한의사 한 분이 나를 찾아와 질문을 하기에 수십 가지의 답을 주었다. '왜 그렇게 많은 답을 주느냐.'고 묻기에 '답은 스스로 찾아야 한다.'고 했다. 정확하게 답을 줄 수도 있지만 자신 스스로가 답을 찾을 때 더 많은 얻음이 있기 때문이다. 또 스스로 답을 구할 수 있는 안목을 주었다. 따라다니며 이렇게 해라, 저렇게 해라 할 수 없기 때문에 수십 가지의 답 중에서 고르다보면 스스로 깨치게 되고 안목이 생겨나게 된다. 이것이 바른 공부이자 자신의 주관할 수 있는 힘을 기르는 방법이다.

지금 너희도 마찬가지이다. 수많은 얘기가 오가지만 자신이 이해하는 부분만 안으로 들어오지 이해하지 않는 부분은 들어오지 않는다. 바로 이 이해를 넓혀가는 것이 수련이다. 느낌 하나하나가 결국 나의 삶을 만들고 관념과 상을 다스린다는 것을 명심하고 수련했으면 한다."

죽음

떨고 있는 촛불

"죽음이란 의미에 대해서 너희는 깊게 생각해 놓아야 한다. 많은 사람들이 죽음을 이야기하는 것은 죽음이 앞에 없기 때문이다. 지금 작두 속에 목을 넣고 죽음에 대해 물어보면 무슨 말을 하겠느냐는 것이다. 과연 죽음을 초연하게 받아들이겠느냐는 것이다. 아마 머리끝에서 발끝까지 보이지 않는 두려움에 떨게 될 것이다.

죽음은 나와 관계없는 것이 아니다. 단지 떨어져 있기 때문에 느끼지 못할 뿐이다. 그런데 진정으로 알아야 할 것은 죽음은 근본과 연결되어 있다는 것이다. 이 근본을 알지 못하고 단지 힘들다는 이유와 실패했다는 생각에 빠져 죽음을 생각한다는 것은 참으로 어리석은 일이다. 죽음으로서 모든 것이 끝이라고 생각하지만 죽음은 끝이 아니다. 또 다른 시작일 뿐이다. 그래서 죽음을 생각할 것이 아니라 어떻게 닦을 것인가를 생각해야 한다.

그리고 너희가 죽음을 생각하는 것은 본성에 관념, 아상, 욕심 때문에 죽음을 생각하는 것이다. 또 관념, 아상, 욕심으로 자라지 못한 영 때문에 죽음이 두렵고 무섭게 느껴지는 것이다. 어린아이가 밤을 무서워하는 것처럼 막막한 두려움이 너희를 감싸는 것이다.

그런 반면에 관념과 상을 닦아 욕심을 버리게 되면 땅 속에 있던 씨앗이 촉을 틔워 대지를 뚫고 올라오는 것처럼 본성은 저절로 밝아지고 영은 자라게 된다. 영이 자라면 병과 죽음이 찾아와도 기쁨으로 즐겁게 받아들일 수 있게 된다. 콘크리트와 같은 관념, 이상, 집착으로 죽음을 맞이하게 되면 창호지가 작은 바람에 떠는 것보다 더 두려움과 무서움에 떨게 된다.

그러시면서 저에게 말을 걸었습니다.

'한용이가 전번에 죽을 뻔 했다는데 그 이야기 한 번 들어보자.'

나는 그때 그 일을 소상히 이야기했습니다.

'그때 저는 수련을 통해 죽음이라는 것을 초연하게 받아들일 수 있고 죽어도 여한이 없다는 생각을 하던 시기였습니다. 하루는 스승님과 함께 봄나물을 캐기 위해 산을 올랐습니다. 봄나물을 찾아 길 없는 길을 한참을 올라가다 50여 m 되는 낭떠러지를 보지 못하고 그만 발이 미끄러지는 바람에 7~8m 쓸려 내려가서야 간신히 나뭇가지 하나를 잡을 수 있었습니다. 등에서 식은땀이 흘러내렸습니다. 오로지 살아야겠다는 일념으로 손가락으로 바위 모서리를 잡고 사람 살리라고 소리를 질렀습니다. 그때 스승님은 반대쪽 능선을 타고 계셨기에 저의 소리를 듣지 못했다고 합니다. 손은 점점 힘이 빠지고 사람이 이렇게 죽는구나 생각하니 정말 살고 싶다는 생각이 간절하게 들었습니다. 또 짧은 시간이지만 많은 생각들이 스쳐 지나 갔습니다. 죽음을 초연하게 받아들일 것 같았는데 막상 죽음을 느끼자 작은 바람에 떨고 있는 촛불과 같았습니다. 몸무게에 손은 자꾸 미끄러지고 뾰족한 가지에 찔려 피는 흐르고 그렇게 30분 정도 지나자 소리 지를 힘도 없고 아! 이렇게 꼼짝하지 못하고 죽어야 한다고 생각하니 갑자기 눈물이 하염없이 솟아나는 것입니다.

그때 내가 알고 있는 모든 신을 동원해 기도했습니다. 제발 살려만 달라고 빌고 빌었습니다. 정말 살고 싶었습니다. 그렇게 탈진상태에 접어들고 있는데 스승님이 무슨 일이냐며 허겁지겁 내려와 걸망의 끈으로 구해주었습니다. 그때 내 마음 한 구석에서는 얼마나 민망한 마음이 솟구치는지 모골이 송연하였습니다. 죽음을 초월했다고 생각한 것이 고작 지식의 포장에 불과 했다는 것을 확인하는 순간이었습니다. 그때 죽음이 그렇게 두렵고 무섭다는 것을 처음 알았습니다.'

스승님은 다음과 같은 말씀을 주셨습니다.

'죽음을 축제의 장으로 맞이하라.' 고."

죽음을 축제로

"스승님은 한용이의 말에서 너희가 알아야 할 것은 바로 죽음을 지식으로 포장하고 있기 때문에 그럴싸하게 말은 하지만 정작 죽음에 맞닿으면 영이 자란만큼 죽음을 생각하게 되고 살기위해 집착하게 된다. 자신의 본성을 찾고 영을 자라게 하면 죽음에 대한 두려움과 무서움은 없어지게 된다. 눈감고 죽는 과정을 실감나게 느끼면 돈 한 푼 벌려고 애착하는 마음이 허무인걸 알게 되고 또 명예, 지식, 건강 모든 것이 물거품과 같은 것을 알게 된다.

죽음 앞에서는 아무것도 필요 없는 것이다.

그러면 과연 죽음을 맞이하는 것 중에서 가장 좋은 방법이 무엇일까.

내가 생각할 때 수련이 가장 좋은 방법이라 생각한다. 돈, 지식, 명예, 건강, 이 모든 것은 영원히 사는 것을 전제로 했을 때 필요한 것이지 죽음을 위한 것은 아니다.

수련은 엄격하게 따지면 잘 죽기 위해 수련하는 것이다. 어릴 때는 잘 자라기 위해 노력해야 하고 젊을 때는 잘 살기 위해 노력하고 늙어서는 잘 죽기위해 노력해야 한다. 이것이 순리이고 이치인데 요즘 사람들은 안 죽기위해 발버둥치고 있다. 이 얼마나 어리석은 일인가.

얼마 전 성재가 조화를 한 아름 안아다 움막 안에 장식을 했다. 참 아름답고 예뻤다. 그런데 한 달이 지나고 두 달이 지나도 변하지 않고 그대로 있는 것이다. 문득 무섭다는 생각이 들었다. 변하지 않고 있다는 것이 얼마나 사람을 질리게 하는지 그때 알았다. 사람은 때가 되면 죽어야 한다. 그냥 두렵고 무섭게 죽는 것이 아니라 축제처럼 기쁘게 죽어야 한다. 이 죽음이 진정한 죽음이라 생각한다.

나중에 심공수련을 거치면 죽음을 말로 하는 것이 아니라 가슴으로 받아들이는 죽음을 생각하게 되고, 또 가족들이 있어 고맙고 내가 묻힐 곳이 있어서 감사하다는 것을 알게 되고 또 집착이 결국 죽음을 추하게 한다는 것을 알게 된다.

그래서 죽음을 근본적으로 느끼면 많은 걸 깨닫게 된다.

그러면 죽음을 근본적으로 느끼기 게 하는 것은 무엇인가.

나는 숨이라 생각한다.

'숨은 영과 만날 수 있는 믿음의 다리와 같은 것'이다. 영을 감싸고 있는 혼이 흩어지면 죽는 것이고 혼이 영을 자라게 하면 살아있는 것이 된다. 혼은 몸이 되고 영은 정신이 되어 서로 도우면서 살아 있는 것이고, 혼은 있는데 영이 빠지면 팔푼이가 되고, 갑자기 교통사고로 죽게 되면 영은 있는데 혼이 없어지므로 해서 귀신이 되어, 혼의 기억이 완전하게 없어질 때까지 존재하는 것이다.

여기서 너희가 알아야 할 것은 죽은 사람과 산 사람의 차이는 없다는 것이다. 단지 숨을 쉬는 것과 안 쉬는 것의 차이일 뿐이다. 숨은 영과 혼을 연결시켜주는 고리와 같은 것이다. 결국 숨을 가다듬으면 영을 느낄 수 있다는 뜻이다. 영을 느끼면 영을 자라게 할 수 있는 것이다. 영을 자라게 하면 모든 것이 성숙되고 알찬 열매를 맺게 된다. 알찬 열매를 맺을 때 죽음을 기쁨으로 받아들이게 된다. 어부가 많은 고기를 잡아 부두로 들어오는 기분이나 열매를 맺어 죽음으로 들어가는 것이나 똑 같은 것이 된다.

너희는 근본을 알아야 한다. 단전호흡을 하고 마음호흡을 하는 자체가 바로 영을 찾아 자라게 하기 위해서다. 아무리 좋은 나무라도 열매를 맺지 못하는 나무는 사라지고 만다. 나의 숨을 타고 내면으로 들어가 욕심을 다듬고 이상을 다듬어 영을 튼튼하게 자라게 하여 죽음을 축제로 받아들일 수 있는 어른이 되어야 한다. 또 죽음은 새로운 시작이라는 것을 알아야 한다."

이론 교육

건성으로 들으니

"오늘은 이론이란 무엇인가에 대해 강의하려고 한다. 수련을 한 4~5년 정도 같이 하다보면 이론 교육을 반복해서 듣게 된다. 이렇게 반복해서 듣다보면 이론교육이 꼭 필요할까 라는 생각을 하게 된다. 그런데 반복되는 이론 교육이지만 정말 중요하다는 것이다. 왜 중요하느냐 하면 이론을 제대로 알고 있지 않으면 바른 수련을 할 수가 없기 때문이다.

예를 들어 서울대공원을 찾아간다고 했을 때 가장 먼저 보아야 할 것은 약도다. 이 약도를 가지고 물으며 찾아갈 때 서울대공원에 아무 어려움 없이 도착할 수 있다. 이 이론 교육이 바로 약도와 같이 바른 수련이 되도록 이끌어 주게 된다.

지금 너희는 마음호흡과 단전호흡에 대해서 많은 것을 알고 있다고 생각하지만 정확하게 모르고 있다. 다시 말해 서울대공원 가는 길에 대해서 많은 얘기를 들었지만 정확한 약도를 모르기 때문에 어떻게 가야 할지를 몰라 애태우는 것과 같다. 어렴풋이는 마음호흡과 단전호흡이 무엇인지는 알지만 이론적이고 체계적인 것을 모르기 때문에 수련하면 잘못된다. 그래서 이론교육을 중요하게 생각하고 귀담아 들어야 한다.

그리고 똑같은 이론이지만 느낌과 감응은 매번 다르다는 것을 알아야 한다. 왜 그러냐 하면 내 몸과 마음은 항상 같은 몸과 마음이 아니기 때문이다. 즉 항상 변하고 있는 몸과 마음이기 때문에 같은 이론이지만 다른 것이다.

가령 오늘 이론 교육에서 단전의 열감에 대해 이야기 했을 때에는 그냥 그런가라고 생각하지만 호흡을 통해서 단전의 열감을 느끼고 나면 처음 들었을 때의 이론과는 느낌이 다르게 다가오게 된다. 그래서 매번의 이론을 충실히 들어야 한다. 그래서 충실하게 묻고 물은 답을 가지고 행하다 보면 원하는 것을 얻게 된다.

그런데 요즘 사람들은 어떤 질문을 해놓고 답을 들으려고 하지 않는다.

'기가 뭡니까?' 라고 질문을 해놓고는 답을 주면 그 답이 맞지 않다고 한다. 자신이 이해하는 부분은 받아들이지만 이해가 가지 않는 부분은 맞지 않다고 생각하고 받아들일 생각조차도 하지 않는다. 내가 정말 달라지기 위해서는 이해가지 않는 부분을 받아들일 때 달라진다."

수용적인 마음

"또 질문을 해놓고 딴생각을 한다는 것이다.

'불국사가 어디입니까?' 라고 물어놓고는 딴생각을 하고 있으니 답을 줘도 어딘지 모르는 것이다. 집중해서 들어도 알까 말까한데 건성으로 들으니 불국사에 도착을 해도 여기가 불국사인지 아닌지를 모르는 것이다. 그래서 이론 교육을 충실하게 듣고 따르면 원하는 답을 얻게 된다.

지금 너희는 묻지도 않고 들으려고 하지 않는다. 그러니 일년이 흘러도 5년이 흘러도 항상 그 자리이다 보니 남의 집 처마 밑에서만 맴돌다가 끝나는 것이다.

그래서 이론 교육 할 때에 몸에 느껴지는 느낌으로 항상 새롭게 듣고 깊게 생각하면 몸과 마음이 바뀌게 된다. 또 반복되는 이론 강의라 생각할 때 많은 것을 놓치게 된다. 한 번 담근 물에 두 번 다시 발을 담글 수 없는 법이다. 물은 항상 흐르고 있기 때문에 한 번 담근 물은 두 번 다시 담글 수 없다. 결과적으로 수련에 대해 이론 교육이 되풀이 되는 것은 옛날의 이론 교육과 똑같이 된다고 생각하지만 내용의 느낌, 감응은 계속 바뀌고 있다. 너희 몸은 한 순간도 쉬지 않고 변하고 있기 때문에 이론 교육은 계속 달라지는 것이다.

너희가 처음 나와 인연 맺어 수련했다는 것은 뭔가 변하고자 한 것이기 때문에 이론 교육이든 수련이 무엇이든지 열심이 따라 해야 한다. 만약에 이 수련을 선택하지 않았다면 따르지 않아도 별상관이 없지만 나를 통해 변하고자 한다면 수용적인 자세로 충실하게 따라 해야 한다.

그런데 너희는 이 수용적인 마음을 가지지 않고 막연하게 마음을 먹으니 아무리 이론 교육을 해도 이해가 가지 않는 것이다. 그러니 항상 그 수준에서 머물고 있는 것이다. 항상 수용적인 자세에서 이론 교육 듣고 그것을 바탕으로 수련해 나가면 큰 변화가 올 것이다. 또 큰 변화라고 해서 로또복권에 당첨되는 것도 아니고, 기적인 흐름이 천지개벽하듯이 나타나는 것도 아니다. 바로 나의 삶이 바뀌게 되고 나와 관계하는 모든 사람과 함께 행복을 나눌 수 있게 되는 것이다. 그래서 너희는 이론 교육을 충분히 듣고 수련을 좀더 깊게 했으면 한다."

부추의 잎과 뿌리

근본의 뿌리

"지금 너희는 기감을 확실하게 느끼지 못했기 때문에 깊게 수련하지 못하는 것이다. 완전하게 내려갈 수 있는 의식을 만들어야 한다. 예를 들어 아이가 글을 쓸려고 하는데 깎은 연필이 없으면 글을 쓸 수가 없는 것과 같다. 연필이 완전하게 깎이면 내가 원하는 글자를 쓸 수 있는 것처럼 완전한 의식을 만들면 모든 기맥을 유통할 수 있다. 기를 강하게 느끼는 사람과 못 느끼는 사람의 차이는 민감함의 차이일 뿐이다.

그런데 여기서 중요한 것은 기감의 민감한 차이는 별것이 아니다. 단지 석가가 말한 자비, 보시와 예수가 말한 믿음, 사랑, 소망과 같이 근본적인 차이를 느껴야 한다. 이 마음이 곧 기의 흐름이기 때문이다. 그래서 이 흐름이 마음을 동同하게 하면 삶이 살아난다는 것을 느낄 수 있다.

지금 너희는 석가와 예수의 마음이 되는 것이 아니라 작은 욕심들이 부추와 같이 돋아나고 있다. 부추의 잎을 아무리 잘라도 뿌리가 남아있으면 잎은 다시 돋아나게 된다.

잘 아는 한 사람이 위암 수술을 받고나서 다 나았다고 좋아하다가 얼마 지나지 않아서 돌아가셨다. 수술만 받으면 병이 다 나았다고 생각 하지만, 다시 재발하는 이유는 근본의 뿌리를 몰랐기 때문이다.

서양 의학은 몸의 현상만 없으면 병이 다 나았다고 한다. 하지만 그것은 잘못된 생각이다. 우리 몸은 스스로 병을 만들지는 않는다. 그런데 병이 생기는 것은, 병이 날만한 감정과 마음을 가지고 있기 때문이다. 이 마음과 감정을 가지고 있는 한 병은 부추와 같이 다시 돋아나게 된다. 몸은 병과는 아무 상관이 없다. 몸은 스스로 만든 자연치유력으로 살고 있는데 마음과 감정이 욕심, 원망, 자존심 쪽으로만 가기 때문에 병이 생기는 것이다.

너희가 수련하고자하는 것은 부추 잎과 같은 몸의 병을 없애자는 것이 아니라 뿌리를 없애자는 것이다. 뿌리를 잘라버리면 잎과 줄기는 저절로 죽게 된다. 결과적으로 감정과 마음을 다스리면 몸의 병은 저절로 낫는다."

팔자에도 없는 초상을 치를 뻔

"옛날 스승님과 함께 산행 수련 할 때 일이다. 한 사람이 병색이 짙은 얼굴로 무작정 살기 위해서 산으로 왔다고 했다. 자초지종을 들어보니 대장암 말기로 3개월밖에 못산다기에 가족들 몰래 산에 온 것이라 했다. 그 사람은 눈물을 흘리며 죽기 싫다고 하면서 우리에게 자기를 살려달라고 간절하게 부탁을 했다. 스승님은 우리가 의사도 아니고 또 당신의 병을 낫게 해줄 수 있는 비법이 있는 것도 아니기 때문에 병원에 가서 치료를 받으라고 했다.

그런데 이 사람은 차라리 병원에서 죽을 바에는 산속에 들어가 혼자 죽고 싶다고 했다. 스승님은 이 사람 이야기를 한참 듣고 나시더니,

'임자는 사회에서 무슨 일을 했는가. 임자가 병든 이유가 무엇이라고 생각하는가.'

'저는 안경 공장을 운영했고 누구보다도 검소하게 살았다고 생각합니

다. 근래에 형편이 좀 나아져서 차도 새로 사고 큰집으로 이사도 했는데 병원에서 종합검진을 받아보니 대장암 말기라는 판정을 받았습니다. 병원에서 3개월밖에 못산다는 이야기를 듣고 하늘이 무너지는 것 같아서 무엇을 어떻게 해야 할지 몰라 멍하니 있다가 아! 사람이 이렇게 죽는 것이구나 하는 생각이 들었습니다. 내가 이룩해 놓은 사업이며 모든 것이 아무 소용없다는 것을 그때 알았습니다.'

스승님은 이 말을 듣고 나서 그 사람에게 다시 물었다.

'진정으로 죽기위해 산에 왔느냐.'
'정말입니다.'
'저 위쪽으로 올라가면 움막이 하나 있는데 거기에 머물 수 있으면 있어라.'

그 위쪽에는 몇 해 전 수행을 하기위해 스님이 지어놓고 간 움막이 하나 있었다. 움막치고는 제법 튼튼하게 지어졌기 때문에 사람이 살기에는 별 어려움이 없었다. 그 사람은 그 움막을 쓸고 닦고 하여 제법 사람이 사는 집같이 해놓았다. 며칠이 지나 스승님이 네게 물었습니다.

'그 사람이 어떻게 지내고 있더냐.'
'내가 보기에는 움막을 고치고 작은 텃밭을 일구는 모습이 그냥 산에 놀러온 사람 같지는 않습니다.'
'이 풀을 하루도 빠지지 않고 즙을 내어 먹으라고 해라.'

하시고는 산을 내려가셨다. 그래서 나는 별 생각 없이 그 사람에게 이 잎을 즙내어 먹으라고 하고는 나의 수련에만 열중하였다. 그렇게 수련하다보니 3개월이 눈 깜박할 사이에 흐르고 말았다. 아차, 싶어 그 사람이 살고 있는 움막으로 달려가 보니 겨울에 땔 나무를 하고 있는 것이 아닌가! 마음은 한시름 놓았지만 저 사람 말대로 하면 벌써 죽었어야 하는데 지금까지 살아있는 것이 이상하여 몸은 괜찮으냐고 묻자 괜찮다며 할일을 계속하는 것이다. 내려와 스승님에게 저 분이 죽지 않고 살아있는 것이 정말 신기하다고 했다.

처음 왔을 때에는 정말 죽을 사람처럼 보였기 때문에 팔자에도 없는 초상을 치루는 것은 아닌가 걱정했는데 지금 보니 죽을 사람으로 보이는 것이 아니라 누구보다도 건강하게 보였다. 그렇게 시간이 지나 우리가 하는 수련도 따라 하며 6개월이라는 시간이 지나자 더욱 건강해졌다. 병원 의사 말로는 3개월 안에 죽는다고 했던 사람이 살아 있다는 것이 기적과도 같았다.

다시 일년을 우리와 함께 지내다가 가족들이 보고 싶다며 집에 좀 다녀오겠다면서 산을 내려갔다. 그 사람이 집에 도착하자 식구들이 오열을 하면서 자신을 탁 붙잡더니만 앰뷸런스를 불러 병원으로 직행했다고 한다. 병원에 도착하자 말자 재검진을 했는데 기적이 일어났다는 것이다. 그렇게 많이 전이됐던 대장암이 반으로 줄어들었다는 것이다. 그 이야기를 듣는 순간 아! 이제는 살았구나하는 생각이 들더라는 것이다. 병원에서 지금 수술을 하면 나을 수 있다면서 수술하자고 했다고 한다. 절대로 나는 수술 못한다며 펄쩍뛰었고 차라리 수술을 할 바에는 3년 동안만 내가 있었던 곳으로 보내달라고 했다고 한다. 그렇게 가족과 합의를 보고 일 주일 만에 다시 산으로 돌아왔다. 그렇게 산행 생활을 하면서 3년이 지나서 병원에서 진찰을 받았는데 의사가 병이 완전하게 나았다고 했다고 한다. 현재는 안경사업을 하면서 잘 지내고 있다는 소식을 가끔씩 듣고 있다."

마음을 다스리는 수련

"너희는 이 사람을 통해 알아야 할 것이 있다. 병이라는 근본적인 문제를 몸에서만 해결하려고 해서는 안 된다는 것이다. 사람들은 통증을 없애고 상처를 낫게 한다고 해서 병이 나은 것으로 알지만 병은 몸과는 아무런 관련이 없다. 결과적으로 병은 원망하고 분노하고 스트레스 받는 것들이 쌓이고 쌓여서 좋지 않은 부분에 염증을 일으켜서, 세포를 변화시켜버린 것이다.

만약 누군가가 핀셋으로 계속 찌르게 되면 신경이 극도로 예민해지고, 위장이나 대장 기타 장부들이 자극을 받으면서 몸이 나빠지게 된다. 정상적인 세포가 비정상적으로 변한 것이 암세포이다. 암세포는 외부로부터 들어온 세포가 아니라는 것이다. 내 몸에 살고 있는 세포가 인위적인 자극에 의해서 변형된 것이 암세포이기 때문이다. 감정과 마음이 계속 상하다 보면 가장 약한 부분이 계속 자극을 받음으로 해서 돌연변이적인 세포가 생겨난 것이다. 이 암세포를 다스리는 방법은 감정과 마음을 잘 다스리는 것인데 이것을 모르고 계속 반복함으로서 생명까지 잃게 되는 것이다. 감정과 마음을 다스리는 것은 의식의 습, 생각의 습, 감정의 습을 다스릴 때에 가능하다.

사람들은 건강하게 살기 위해서 헬스장이나 공원에 구름처럼 몰려들지만 무엇이 정말 중요한 것인가를 모르고 겉만 보기 좋게 만들고 있다. 겉을 아무리 갈고 닦고 해도 속이 썩으면 아무 소용없다. 그래서 진짜 건강해지고자 한다면 감정과 마음을 다스릴 수 있는 수련을 해야 한다. 그리고 또 우리가 하는 수련만이 옳다는 것은 아니다. 종교생활도 감정과 마음을 다스리는 수련이 될 수 있다. 그런데 교리와 규칙들이 너무 방대하기 때문에 믿음적인 신앙만으로는 건강을 체계적으로 관리할 수 없다.

그런데 마음호흡을 통해 운기에 들어가면 감정과 마음을 체계적으로 다스릴 수 있다는 것을 느끼게 된다. 지금 일으키는 감정 하나가 몸에 얼마나 큰 영향을 미치고 있는지 모른다. 이것을 깨닫게 되면 감정으로 인해 몸에 미치는 상처와 영향을 최소화 할 수 있다. 그 만큼 편해지고 쉬워진다 말이다.

3개월에서 6개월 정도 수련하게 되면 나타나는 현상이 첫째 화가 덜 나고 둘째 덜 피곤하고 셋째 몸이 가볍다는 것이다. 기적인 현상을 딱 꼬집어 이것이라고 느끼지는 못하지만 앞의 세 가지는 확실하게 느낄 수 있다.

그래서 선 체조를 통해서 기맥의 흐름을 열어주고 호흡을 통해서 가슴에 쌓여있는 것을 풀어주면 병은 스스로 낫게 된다. 몸은 내 스스로가 바꿀 수 있는 것이다. 외부적인 충격에 의해 부러지고 다치는 것은 병원에서 치료받으면 되지만 마음이 막히게 되면 꿰매고 붙인다고 해서 낫는 것이 아니다. 닫힌 한 마음에서 일어나는 화는 무엇으로도 막을 수 없다.

그런데 사랑하는 마음, 이해하는 마음, 수용적인 마음으로 바꾸게 되면 저절로 몸이 살고 세포가 살아나게 된다. 결국 수련은 삶을 활기차게 하는 것이고 나라를 살리는 길인 것이다. 그러니 수련 하나 하나를 열심히 해야 한다. 기운이 좀 느껴지지 않더라도 꾸준히 수련해나가면 반드시 달라진다.

내가 이 수련을 많은 사람들에게 전하고자 하는 것은 수련으로 내 자신도 많이 달라졌기 때문이다. 나도 과거에는 한 고집한다는 이야기를 듣고 자랐다. 그런데 한 마음 낮추어 살아보니 그렇게 쉽고 편할 수가 없었다.

자신이 내세운 한마음 때문에 만병이 생기고 근본을 흩어지게 한다. 너희도 자신의 감정을 낮추고자 노력하면 그때 그 사람이 그것을 깨치게 해주었다는 것을 알게 된다. 떠있는 상태에서는 상대를 볼 수도 없고 깨칠 수도 없기 때문이다.

수련을 열심히 해야 한다."

숨의 정점

정점

"너희는 호흡의 정점을 모르고 있다. 들이쉬는 숨과 내쉬는 숨이 내 몸에서 만나서 기를 만들고 다시 나가는 것을 모르기 때문에 몸은 자꾸만 기진맥진해지는 것이다. 몸에서 기가 만들어지는 것을 막연하게 생각할 것이 아니라 정확하게 짚고 있어야 한다. 음식을 먹으면 위장, 소장, 대장을 거쳐 항문으로 나오듯이 결국은 이 들어갔던 것이 변으로 나올 때는 그냥 나오는 것이 아니라 위장, 소장, 대장의 작용을 거쳐 에너지화 되고 필요 없는 것이 밖으로 나오는 것처럼 기도 마찬가지로 숨이 코로 들어와 내 폐에서 혈을 만나고 단전의 기를 받아 생기가 되게 된다.

예를 들면 하늘로 공을 던졌을 때 올라가다가 다시 내려오는 정지점이 있다. 이 정지점이 바로 내가 쉬고 있는 호흡에서 나타난다. 들어온 숨이 다시 나갈 때 만나는 정지하는 점이 바로 정점이다. '이 정점을 길고 넓게 만들어야 축기가 깊어진다.' 여기서 축기가 많이 되는 것과 깊게 되는 것은 같은 것 같지만 다르다. 같은 술이라도 연도가 오래된 술과 방금 만들어진 술은 얼핏 봐서는 같은 것 같지만 맛에서 차이가 나듯이 축기가 많이 되었다는 것은 근본을 치유할 수 있는 자연치유력이 풋과일과 같은 것이고, 깊게 축기가 되었다는 것은 잘 익은 과일과 같다. 그래서 축기할 때 막연하게 하는 것이 아니라 숨의 정점을 알고 그 정점을 하단전에서 깊고 넓게 만들 때 축기는 깊어지게 된다.

모든 여유와 자연치유력은 이 정점을 통해서 만들어진다. 정점이 만들어지게 되면 건강을 관리할 수 있고 영을 자라게 할 수 있다. 요즘 사람들은 이 정점을 모르고 있기 때문에 여유 없이 살고 힘들게 사는 것이다. 불가에서는 이 자리를 불성이라 하고 기독교에서는 성령이라 하고 선도에서는 본성과 근본의 자리라고도 한다.

감정에 무게를 가지면 숨이 빨라지면서 정점의 시간이 짧아진다. 감정의 무게라는 것은 집착과 욕심을 말한다. 집착과 욕심이 많아지면 많아질수록 몸과 마음을 살리는 정점은 사라진다.

반드시 정점을 깨달아야 하는 것이다.”

거북이

“스승님과 수련할 때 이 정점을 몰라 많이 힘들어하던 때가 있었다. 그때 한 도반이 나에게 한 수 가르쳐 주었다.

'이 거북이를 잘 관찰해보면 정점이 무엇인지를 알게 될 것이다.'

매일같이 먹이를 주고 거북이를 관찰하며 어떻게든 정점을 찾으려고 노력했다. 6개월이라는 시간이 지났지만 정점을 찾기란 여간 어려운 것이 아니었다. 거북이도 별 도움이 못된다고 생각하고 도망을 가든 먹이를 먹든 관심을 가지지 않고 있다가 여러 날이 지나 신경도 쓰이고 해서 찾아보니 거북이가 보이지를 않는 것이다.

주위를 한참을 찾아보았지만 어디에도 보이지 않았다. '도망을 갔구나.' 생각하고 앉아있는데 자꾸만 거북이가 걱정이 되는 것이다. 그래도

근 일년을 함께 했는데 어디서 누군가에게 잡아 먹혔는지, 굶어 죽었는지 기타 여러 생각이 떠올랐다. 짧은 일년이었지만 알게 모르게 정이 들었던 모양이다. 거북이와 함께한 시간이 스쳐지나가며 한 장면 한 장면이 파노라마 같이 떠오르는데 마음 한 구석에서 잔잔한 기쁨이 일고 있었다.

순간 거북이의 행동에는 '한두 가지 공통점이 있다.' 는 것을 알았다. '바로 느리다.' 는 것이다. 또 한 동작을 취하고는 정지한 상태에서 한참을 있다가 서서히 움직인다는 것이다. 이 단순한 것을 왜 몰랐을까 하는 생각이 들었다. 거북이는 2백 년에서 길게는 6~7백 년을 산다고 한다. 여기서 오래 사는 것이 중요한 것이 아니라 '거북이의 움직임 하나하나가 자신의 몸과 감정의 정점에 따라 움직인다.' 는 것이다. 한 발자국을 움직이는 것에도 스스로 그러한 '자연과 이상적인 조화를 통해서 모두 움직인다.' 는 것을 알았다.

나중에 알고 봤더니 도반이 더 넓고 깊은 곳으로 방생하였다고 한다. 나는 거북이의 느림과 정지를 모르고 항상 저렇게 답답하게 움직일까 생각하고 손가락으로 밀기도 하고 뒤집기도 하고 던지기도 했는데 나의 조급함이 본래 그러한 본성을 가진 거북이만 괴롭힌 것 같아 미안한 마음이 들었다. 결국 내 정점에 도달하기 위해서는 조급함과 일어나는 감정을 다 잡을 때만이 가능하다는 것을 깨달았다. 지금도 진흙탕에 꼬리를 끌며 다니고 있을 그 거북이에게 진심으로 감사하게 생각한다."

절1

하늘과 교류하는 절

"절이라는 것은 일상에서 행해지는 것이기 때문에 굳이 의미를 붙이지 않더라도 다 잘 알고 있다. 그러나 이번 강의는 일상에서 행하는 절보다는 수련을 위한 절의 의미를 찾아보고자 한다. 수련을 위한 절에는 세 가지로 나누어지게 된다. 첫번째가 '하심'을 하기위한 절을 하고 두번째는 '상대의 마음을 이끌어내기'를 위한 절을 하고 세번째는 '영적인 교감'을 위한 절을 해야 한다. 이 세 가지를 근본적으로 알 때 절 수련의 깊은 의미를 알게 된다.

첫번째는 하심을 하기위해서 왜 절을 해야 하는가.

마음이 들뜨면 사리분별을 못해 많은 힘듦을 겪게 된다. 관념과 상이 일으킨 마음 때문에 너무 많은 상처가 생겨 조금만 의견이 맞지 않으면 미워하고 업신여기며 상대하려고도 하지 않는다. 상대를 수용하고 이해하는 것은 다름 아닌 하심에서부터 시작된다. 하심은 많은 것을 포용하게 한다.

그러면 하심을 하기 위해서는 무엇을 해야 할까?

많은 방편들이 있지만 그 중에서도 절이 가장 근본적인 하심을 느끼게 한다. 하심은 수련의 근본이며 가장 기초이기 때문에 하심을 만들기 위한 절을 해야 한다. 절하는 방법은 다음 강의에서 자세하게 설명하겠다.

두번째는 상대의 마음을 이끌어 내기위한 절이다.

상대의 마음을 얻기 위해서는 항상 하심을 통해서 정을 만들어서 상대에게 전달하면 가장 빠르게 마음을 얻을 수 있다. 흔히 사랑하는 사람의 마음을 얻을 때 무릎을 꿇고 머리를 숙이면서 사랑한다고 하면 상대는 감동하여 마음을 받아들이게 된다. 누구라도 머리를 숙이고 들어오는 사람에게는 화를 내지 못한다. 진정으로 상대를 원하고 상대의 마음을 얻고자한다면 진정한 절을 하게 되면 반드시 정이 생겨나 마음을 얻게 된다. 이 절하는 방법은 다음 강의에서 설명하겠다.

세번째는 영적인 교감을 얻기 위해 하는 절이다.

이 절은 상당히 중요하며 자신의 영을 성장시키기 위한 절이기도 하다. 부처님에게 절을 하고 하늘 앞에 절을 하는 것은 복이나 받고 더 잘살기 위한 것이 아니라 자신의 마음을 하늘에다 알리기 위한 절이다. 나의 정성이 하늘을 감동시킬 때 나의 영이 하늘과 교류를 시작하고 그 교류로 인해 영이 자라게 된다.

그런데 사람들은 이 영적인 교류를 하지 못해 지혜를 잃고 시시비비에 휘말려 힘듦을 겪는 것이다. 나의 정성으로 영안을 열고 영감을 열어 영을 자라게 할 수 있는 근본을 만들어야 한다.

이 세 가지를 깊게 새기고 하심을 통해 상대의 마음을 얻고 상대의 가르침을 받아 영과 교류하여 자신의 영을 자라게 해야 한다. 절은 나에게 알게 모르게 영향을 미치기 때문에 항상 행하는 것이 좋다.

또 절은 우리의 생활과 어떤 연관이 있는지를 알아야 한다."

정성이 들어간 절

"일반 생활에서 부모와 어른들에게는 일배의 절을 한다. 이 절은 예禮(사람이 마땅히 지켜야 할 도리.)를 위한 절이다. 예가 깨어지면 화를 만들게 된다. 항상 절의 느낌으로 예를 바르게 하여 웃어른을 섬겨야 한다. 현 사회에서 효가 무너지는 것은 절의 중요성을 모르기 때문이다.

다음에는 제사를 지내거나 죽은 사람에게 이배의 절을 한다. 이배의 절 중에 일배는 살아생전의 고마움과 감사 뜻으로 하고 나머지 일배는 보지 못한 아쉬움과 영이 바르게 가기를 바라는 마음에서 하게 된다. 이런 의미에서 제사를 지낼 때는 이배를 하는 것이다.

다음은 스승에 대한 삼배이다. 일배는 어른에 대한 예에서 일배하고 또 일배는 깨침에 대한 감사의 마음에서 일배를 하고 나머지 일배는 법法(하늘과 땅이 한 치의 어긋남이 없이 나를 살리고 있는 조화로운 이치.)에 감사하는 마음에서 일배를 올리는 것이다. 스승의 삼배는 깊게 새겨야 한다. 스승의 법과 뜻을 몸과 마음으로 받아들이겠다는 의미이다.

그래서 절을 할 때에는 무조건 할 것이 아니라 일배 일배의 의미를 되새기며 절을 해야 한다. 또 절을 많이 하게 되면 여러 가지의 이로움이 있다.

한 번은 스승이 하도 3~6천 배를 하라고 하기에 하루는 내가 물었다.

'3~6천배는 단지 운동밖에 되지 않는데 무엇 때문에 절을 하는지 모르겠습니다.'

'이 놈아, 운동을 열심히 해야 수련을 잘 하지 않겠느냐.'

야단을 맞은 적이 있다. 절은 마음을 보게도 하지만 몸을 근본적으로 좋아지게 하기도 한다. 작은 공간에서 마음을 보고 찾을 수 있는 가장 간단한 방법이면서도 가장 효과가 좋기 때문이다. 절은 나 자신을 볼 수 있는 가장 근본적인 수련법이다.

그리고 알아야 할 것은 화가 나거나 상이 생기면 절대 절이 되지 않는다. 길거리에서 종종 싸우는 것을 보면 고개를 숙이면서 싸우는 사람은 없다. 고개를 들고 싸우는 것은 상대보다 잘했다는 것을 주장하기 위해 아상이 취하는 행동으로 너와 나를 아프게 할 뿐이다. 그런 반면에 하심이 일어나고 뭔가 간절하게 원할 때에 자연스럽게 고개가 숙여지게 된다.

절 수련은 하심을 만들기 위함이며 하심은 수용하고 받아들여 영을 자라게 함으로서 더 깊고 넓은 삶을 만들고자 하는 것이다. 절하는 방법에는 정확한 방법이 있는 것이 아니다. 정성이 들어간 절이라면 아무 상관이 없다."

백배

"하루는 희승이가 질문하였다.

'불교에서는 왜 108번의 절을 합니까.'

'108배는 108번뇌의 소멸을 위해서 하는 절이다. 108번뇌는 육근六根과 육진(六塵 : 六境이라고도 함)이 서로 만날 때 생기는데 눈(안眼) · 귀(이耳) · 코(비鼻) · 혀(설舌) · 몸(신身) · 뜻(의意)의 육근이 색깔(색色) · 소리(성聲) · 향기(향香) · 맛(미味) · 감촉(촉觸) · 법(법法)의 6진을 상대할 때 먼저 좋다(호好) · 나쁘다(악惡) · 좋지도 싫지도 않다(평등平等)는 세 가지 인식작용을 일으키게 된다. 그리고 다시 좋은 것은 즐겁게 받아들이고(락수樂受), 나쁜 것은 괴롭게 받아들이며(고수苦受), 좋지도 싫지도 않은 것에 대하여는 즐겁지도 괴롭지도 않게 방치하는(사수捨受) 것이다. 곧 6근과 6진의 하나하나가 부딪칠 때 좋고(호好) · 나쁘고(악惡) · 평등하고(평등平等) · 괴롭고(고苦) · 즐겁고(락樂) · 버리는(사捨) 여섯 가지 감각이 나타나기 때문에, 6×6=36, 즉 서른여섯 가지의 번뇌가 생겨나게 된 것이다. 이 36번뇌를 중생은 과거에도 했었고 현재에도 하고 있고 미래에도 할 것이기 때문에, 6×6=36에 과거·현재·미래의 3을 곱하여 108번뇌가 만들어지는 것이다. 알겠느냐.'

너희가 해야 할 절은 100배이다. 왜 백이라는 숫자를 중심으로 수련하는지를 알려면 먼저 10이라는 숫자를 알아야 한다. 10이라는 숫자는 완성의 숫자이기 때문에 완성을 다시 열 번을 더하면 100이 되기 때문이다. 남여가 성관계를 할 때에도 '십' 한다는 소리를 한다. 이것은 욕이 아니라 5와 5가 만나서 합해지니 10이 된다는 뜻인데 천한 생각으로 십을 말하니 욕이 된 것이다. 또 십을 더럽힘으로 해서 상대에게 가장 아픔을 주자는 뜻도 있다. 10번의 절을 잘 알아야 한다.

앞에서 삼배의 의미를 설명했다. 일배는 어른에 대한 예의의 표시로 하고 이배는 깨침에 감사의 뜻으로 하고 삼배는 법에 대한 감사의 뜻으로 한다. 이 삼배에다 다시 세 번을 곱하면 9배가 되고 나머지 1배는 나의 정성으로 9배와 합쳐 완전한 하나인 10이 되는 것이다. 10은 다시 10과 곱해져 100배가 되는 것이다. 백배의 절은 큰 의미를 가지고 있기 때문에 한마음으로 행하게 되면 많은 것을 얻을 것이다.

그리고 절 수련을 통해 무엇인가 바램을 가져서는 안 된다. 현재의 절은 복을 바라는 대표적인 것이 되어버렸다. 기복을 바라는 절은 결코 바른 절이 아니다."

정성수련

"옛날에 내 가르침을 받고 있던 한 여인이 있었는데 21일 절 수련을 하게 했다. 스승님이 무엇인가를 느끼게 해주기 위해서 그런 것이라 생각하고 열심히 임했다. 십여 일이 지나도 아무 느낌이 없자 나에게 찾아와 불평을 하는 것이다.

'스승님, 10여 일 절 수련을 했는데 아무것도 느끼지 않는대요.'
'무엇을 느끼기를 원하느냐.'
'무엇인가 특별한 것이 있어야 하는데 특별한 것이 없습니다.'

그 이야기를 듣고 무슨 말을 해주어야 할지 몰라 한참을 망설이다.

'절 수련은 특별한 것을 느끼려고 하는 것이 아니라 단지 자신을 느끼기 위해서 하는 절일뿐이다.'

실망한 듯 하더니 3~4일이 지나 다시 나를 찾아왔다.

'21일 절 수련을 다시 할까 합니다.'
'잘 생각했다. 다시 하거라.'

21일 동안 참 열심히 했다. 절 수련이 끝나자 나를 찾아와 큰 느낌을 얻었다며 절을 했다.

'이제 정성이 무엇인지를 알았고, 또 어떻게 수련해야하는지를 알았습니다.'

바로 너희가 절 수련을 통해서 느껴야 될 부분이다. 큰 깨침이 생기는 것이 아니라 자신을 볼 수 있고 자신을 어루만질 수 있게 하는 마음을 찾게 되는 것이 절 수련이다. 그리고 절 수련을 왜 21일을 왜 하느냐 하면 3

×7=21이 되기 때문이다. 3×7=21이라는 것은 첫째 주와 둘째 주, 셋째 주를 말하고 이것은 천지인 사상에서 나누어진 것이다.

여자가 아이를 출산하면 삼칠 일을 보살펴야 한다는 말이 있다. 풀린 몸과 마음이 삼칠 일동안 회복되기 때문이다, 신체 리듬이 정상으로 돌아오는 시간이 삼칠 일인 것이다. 그리고 몸과 마음이 가장 이상적으로 돌아가는 것도 7×3=21해서 21일이기 때문에 21일 동안 절 수련을 하는 것이다.

그리고 너희는 원하는 것을 얻기 위해 절을 하는 것이 아니라 내면을 보기 위해 절을 해야 한다. 염원을 가지고 하는 절은 밖으로 향한 마음이기 때문에 자기를 보지 못한다. 절을 통해 내가 일으키는 생각, 마음, 화를 볼 수 있는 근본을 만들어야 한다. 절 수련이 잘 되면 일상적인 생활에서 상대를 보는 것이 아니라 나를 볼 수 있는 눈을 가지게 된다. 염원을 위한 절과 내면을 보기 위한 절은 겉모습은 같지만 많은 세월이 지나면 큰 차이가 나게 된다."

마음을 느낄 수 있는 절

"대부분의 사람들은 어려운 일이 생기면 스님이나 큰 스승을 찾아가 위로 받으려고 한다. 아무것도 하지 않고 있으면 더 큰 어려움으로 다가 올 것 같은 불안감에 자신도 모르게 무엇인가를 찾으려는 노력을 하게 된다. 매일같이 새벽기도를 하고 절을 하며 어려운 일을 벗어나보려고 노력하지만 얼핏 봐서는 두려움이 작아지는 듯해도 결과적으로 보면 작아진 것은 없다.

그러나 한 가지가 변하기 시작하는데 그것은 바로 마음에 힘이 생긴다는 것이다. 어려움을 극복할 수 있는 힘이 생긴다는 것이다. 지금 너희가 막연하게 종교에 매이고 절대자에게 매이는 것은 어려움을 극복할 수 있는 힘을 얻고자 함이다. 그런데 이 힘은 영원하지 않다. 항상 대상을 통해서 큰 힘을 얻는 것 같지만 그것은 모두 허상일 뿐이다.

결국 힘듦을 내 스스로 극복하지 못하면 항상 그 자리에서 맴돌게 된다. 맴도는 삶은 허무하게 생을 마감하게 된다. 내가 하고 싶은 말은 어려움이 생기면 내 안의 근본을 만들어 그 힘으로 극복해야 한다. 종교의 대상을 통해서 극복하고자하는 것은 참 어리석은 생각이다. 내 근본으로 어려움을 극복할 수 있는 에너지를 만들 때만이 가능하게 된다.

그러면 이 에너지는 어디에 있느냐.

그것은 다른데 있는 것이 아니라 나의 근본인 본성에서 찾아야 한다. 본성이라는 에너지 덩어리 위에 욕심, 관념, 아상으로 덮여 있기 때문에 의지하고 싶은 마음이 생겨나는 것이다. 욕심, 관념, 아상이 적은 사람은 스스로 극복할 수 있는 힘이 있지만 욕심, 관념, 아상이 많은 사람은 기력과 마음이 약해져 종교나 무속에 빠지는 경우가 많다. 종교에 빠지고 무속에 빠지는 이유는 본성의 에너지가 흐려지기 때문이다.

특히 40대가 넘어가면 제일 먼저 찾아가는 곳이 점집과 철학관이다. 자신이 주관하고 결정하는 에너지가 약해지니 절대적인 대상에게 의지하려고 하는 것이다.

만약에 내가 희승이의 기운이 좋지 않다고 하면 순간적으로 그 말에 집착하여 불안해하고 초조해한다. 또 안 좋은 것을 막기 위해 모든 노력을 기울이고 애를 써보지만 해결 되는 것은 아무것도 없다. 그런데 알아야 할 것은 내가 안 좋은 일을 했기 때문에 일어난 것이지 우연하게 일어난 것은 없다. 그리고 시간을 두고 기다리면 모두 해결된다. 남녀간의 일이든 금전적인 문제든 간에 그대로 두면 순리에 따라 해결이 되는 것이 이치이다. 너희가 억지로 해결하려고하니 싸우고 업이 되는 것이다.

그래서 화가 날 때 화를 치고 나가는 것이 아니라 한 템포 늦출 수 있고 에너지를 만들 수 있는 것이 바로 절 수련이다. 기복적인 절은 자신을 볼 수 없지만 선도수련원의 절은 자신을 볼 수 있는 절이며 마음을 느낄 수 있는 절이다."

진정한 어른이 되는 수련

"저 구석에 쥐 한 마리가 썩어 냄새를 풍기고 있는데도 치우지 않는 것은 그것을 못 보기 때문이다. 자기 자신을 볼 수 있는 가장 이상적인 수련이 절이며, 나의 에너지, 나의 힘을 기를 수 있는 수련이다. 절이 미신이니 우상숭배니 하는 사람은 참으로 불쌍한 사람이다. 절을 통해 볼 수 있는 부분을 보지 못하기 때문이다. 이 공간에 수많은 구멍을 통해 밖을 볼 수 있다고 할 때 자신이 고집하는 구멍으로만 보여 지는 것이 전부인 것 같지만 다른 구멍에는 다른 것이 보인다는 것을 깨쳐야 한다.

그래서 자신이 알고 있는 것을 고집할 것이 아니라 항상 수용하는 자세로 다른 것도 받아들일 때 전체를 보게 되고 넓음이 무엇인가를 알게 된다. 바로 절 수련이 전체를 볼 수 있는 하심을 만드는 수련이라는 것을 명심해야 한다.

그리고 기복에 깊게 의지하는 사람은 본성의 영이 나약하고 힘이 없는 사람이다. 너희는 이 힘을 빨리 길러야 한다. 그래야 삶을 주관적으로 살 수 있다. 기복과 대상에 의지해 사는 것은 주관적으로 사는 것 같지만 오히려 가장 가까운 사람에게 상처를 주게 된다. 내가 가지고 온 업과 인연을 절 수련으로 받아들이고 마음을 가라앉히면 저절로 본성이 밝아진다. 본성이 밝아지면 영이 밝아지게 된다. 반대로 영이 혼탁해지면 좋지 않은 일과 화만 생겨 너와 내가 싸우고 미워하여 영은 더욱 어두워져 나이든 어린아이로 돌아가게 된다.

절 수련은 영을 자라게 하여 나이든 어린아이로 돌아가게 하는 것이 아니라 진정한 어른이 되는 수련이다. 하지만 절에 대한 느낌을 고집해서는 안 된다. 지금 내가 지도하는 것은 종교를 넘어설 수 있는 흐름을 가르치고 있는 것이다. 다른 사람이 볼 때 이단이 될 수도 있다. 이런 사람들은 전부 이 선을 넘어서지 못했기 때문에 하는 말이다.

결국 절 수련을 할 때 중생이라는 생각을 깔고 수련하기 때문에 더 이상 나아질 수 없다는 것이다. 이러한 절은 어느 선까지는 갈지 몰라도 그 선에서 오가다 생을 마감하게 된다. 내가 얘기하고자 하는 것은 그 선까지 가는 것이 아니라 그 선을 넘어설 수 있는 수련을 하자는 것이다."

자기를 볼 수 있는 절

"절 수련을 통해 내면의 짚음이 있어야 한다. 막연하게 짚는다는 것은 눈감고 코끼리 다리를 더듬고는 굴뚝이라고 하는 것과 같다. 절 수련은 막연하게 수련하고 더듬는 것이 아니라 철저하게 나의 상을 깨고 느껴야 한다. 절 수련 많이 했다는 사람들을 보면 참 관념이 두텁다는 것을 알 수 있다. 삼천 배도 안 해 본 사람이 무슨 수련을 하느냐며 자기를 과시하고 다른 사람을 무시하는 마음이 생겨나게 된다. 삼천 배를 한다고 해서 수련이 깊어지는 것은 아니다.

옛날 한 잡지사 기자가 성철스님을 인터뷰를 해야 하는데 삼천 배를 하지 않는 사람은 만나주지 않는다고 하자 삼천 배를 할 시간도 없고 해서 큰소리로 일배를 하며 천 배라고 외치고 이배를 하고 이천 배라 외치고 삼배를 하며 삼천 배라 왜치고는 성철스님을 찾아갔다고 한다.

'삼천 배를 했느냐.'
'삼천 배를 했습니다.'
'어떻게 했느냐.'
'남들이 삼천 배하는 마음으로 삼배를 했습니다.'

성철스님이 인터뷰에 응해주었다는 이야기를 들은 적이 있다.

이와 같이 절에 얽매이는 것이 아니라 절하는 마음을 보자는 것이다. 이 마음을 볼 때 깊고 넓어지게 된다. 특히 수련을 지도해 보면 어렵게 수련한 사람일수록 지도하기가 어렵다. 항상 자기가 경험한 것을 통해서만 받아들이기 때문에 지도하기가 어려운 것이다. 아예 절 수련을 모르면 비교할 것이 없기 때문에 그냥 받아들인다는 것이다. 절 수련은 자신을 볼 수 없는 절이면 차라리 아니한 것이 낫고 자기를 볼 수 있는 절이면 정성으로 행해야 한다.

또 절 수련은 상을 높이는 것이 아니라 소멸시키는 수련이다. 나는 너희에게 절을 강요한 적이 없다. 나와의 인연이 아직 익지 않았기 때문에 강요 하지 않는 것이지 인연이 익었다 싶으면 잘못한 아이가 회초리를 맞는 것처럼 너희를 다잡아 들어 갈 것이다. 지금 당장 다잡지 않는 것은 아직까지 인연이 익지 않아서이다.

그리고 인연이 익기위해서는 자신을 느낄 수 있는 구도심을 만들어야 한다."

근본적으로 익을 수 있는 수련법

"이렇게 구도심이 확고해지면 절 수련에 들어가게 된다. 확고한 다잡음이 너희의 중심으로 몰아 갈 것이다. 마차의 바퀴를 한 번 떠올려 보아라. 마차 바퀴에서 돌지 않는 곳이 어디인줄 알겠느냐 바로 축이다 익는다는 것은 축으로 들어가는 것이고 익지 못한다는 것은 축으로부터 멀어지는 것과 같다. 너희 자신 스스로를 잘 다잡아 발심과 구도심으로 철저하게 나를 믿고 따라야 한다. 그래야 강철 같은 관념과 이상을 깰 수 있다.

한 가지 비유를 들어 말하면 희승이가 술을 좋아 한다고 치자. 그런데 항상 자신이 술을 끊어야겠다는 생각을 하고 있는데 자꾸 재성이가 술을 한잔 하자고 할 때 희승이는 어떻게 하면 술을 끊을 수 있을까!

이때 끊을 수 있는 방법은 다른 것이 아니다. 마차 바퀴가 축에 중심을 두고 흔들림 없이 돌아가면 목적지에 도달하지만 축에 중심을 두지 못하면 얼마가지 못해 바퀴는 빠지고 말 것이다. 술을 먹지 말아야지 하는 마음을 다잡고 있으면 술을 먹지 않게 되지만 조금이라도 다잡지 못하면 또 술을 먹게 된다는 것이다.

다잡음으로 한잔에서 반잔으로 줄이며 관계도 유지하면서 술을 끊을 수 있게 된다. 사람들은 이 축의 한 마음을 모르고 단지 순간의 생각에 따라 결정하다보니 결국 모든 것을 망치는 것이다. 축에 맞추는 마음이 깊고 길 때 익기시작 하는 것이다.

그런데 다잡음이 없는 사람에게 철저함을 강조하면 오히려 어려운 수련을 한 사람처럼 관념이 강해져 한 선을 넘지 못하고 그 자리에서 맴돌다 생을 마치게 된다. 철저하기보다 마음을 만들 수 있는 시기와 익는 시간을 주어야 한다. 그렇게 만들고 익다보면 한 단계 한 단계 올라간다는 것을 느낄 수 있다.

그래서 단계에 맞추어 다잡아 들어가야 하는데 너무 빠르거나 늦게 다잡으려고 하기 때문에 문제가 생기는 것이다. 익을 수 있는 느낌과 환경을 만들 수 있는 것이 중요하다. 환경은 누군가가 만들어주는 것이 아니라 내 스스로 만들어야 한다. 그래서 절 수련은 근본적으로 익을 수 있는 수련법이다."

스승님에게 올리는 절

경복이

"자신이 생각하고 있는 스승에게 절하기란 참 쉬운 일이다. 부처님이나 예수님 또 사회적으로 명예를 가지고 있는 사람에게 절하기는 쉬운 일이다. 그런데 나와 가장 가까이 있는 사람과 같은 도반이라고 생각되는 사람에게 절을 한다는 것은 참 어려운 일이다. 왜냐하면 너무 많은 것을 알고 있기 때문에 또 저 도반이 나의 스승이 될 수 있을까라는 생각에 절을 하지 못하는 것이다.

결국 잘 알고 있다는 상이 절을 하지 못하게 하는 것이다.

스승님은 말씀하셨습니다.

'스승님과 산속생활을 하고 있을 때 도반은 아니었지만 나보다 나이가 많은 경복이라는 사람이 있었다. 이 사람은 중학교를 졸업하고 고등학교에 가기위해 입시준비를 하다가 갑자기 신이 들려 여러 곳을 다니며 수많은 치료를 했지만 완치되지 않자 이곳 무속인에게까지 오게 되었다.

그 당시 우리가 사는 움막 아래쪽에 무속인 3명이 기거하며 기도를 하고 있었다. 하루는 무속인이 스승님을 찾아와 한달 정도 경복이가 이곳에 좀 있으면 안 되겠느냐며 부탁을 하는 것이다. 서울에서 귀한 손님이 오는데 한달 정도 기거하며 기도하는데 경복이가 있으면 방해가 될 것 같아 부탁을 한다는 것이다. 스승님은 그렇게 하라고 허락을 했다.

경복이의 나이는 25세이고 정상인보다는 정신 연령이 약간 떨어지는 정신 지체 장애를 가지고 있는 사람이었다. 그렇다고 해서 정상인보다 지능이 특별나게 떨어지는 것이 아니라 신이 들어올 때 가끔 헛소리를 하는 정도로 정상인과 비슷한 참 부지런한 사람이었다.

이때부터 내가 하던 밥과 빨래와 설거지를 경복이가 다해주었다. 처음에는 미안했지만 시간이 지나자 자연스럽게 정착되어 나는 오히려 게을러졌고 경복이는 자질구레한 일을 도맡아 하면서도 불평 하나 없이 했다. 수련적인 얘기를 하면 자꾸 엉뚱한 소리를 하기에 내가 경복이를 더 무시했는지 모른다. 또 정신적으로 정상인보다 좀 떨어진다는 이유 하나로 내가 할일을 경복이에게 떠넘기고 있었던 것인지도 모르겠다.

20여 일정도 운막을 비우셨다 돌아오신 스승님은 네가 해야 할 일을 경복이가 다하고 있다며 나에게 야단을 치시며 경복이가 너의 스승이 될 수도 있으니 경복이를 스승으로 시봉하라고 하시는 것이다.

경복이가 어떻게 나의 스승이 될 수 있습니까! 밥하고 빨래하는 것을 도와주었다고 해서 스승이 될 수 있다면 이 세상에 스승 아닌 사람이 어디 있겠습니까. 또 스승이라고 하면 정신적으로 이끌어 주고 깨침을 줘야 하는데 어떻게 정신적으로 떨어진 사람을 스승으로 모실 수 있겠느냐며 스승님에게 따지듯이 말했다. 스승님은 나에게 너는 아직까지도 스승에 대한 개념을 모르고 있구나? 그러시면서 한숨을 내쉬었습니다,

스승의 개념이 무엇입니까? 라고 묻자 스승님은 지금 네가 무엇을 해야 될 시간이냐고 물었다. 지금 밥할 시간이고 빨래할 시간이라고 하자. 그러면 너는 밥할 시간과 빨래할 시간에 무엇하고 있느냐는 것이다. 아무생각 없이 스승님과 대화를 하고 있지 않습니까 라고 하자. 경복이가 밥과 빨래를 대신함으로서 너는 나와 대화를 나누고 있는 것이다. 결국 이 대화의 시간을 만들어 준 것은 경복인 것이다. 경복이가 밥하고 빨래함으로서 이

시간에 나의 가르침을 받는 것이기 때문에 엄격하게 따지면 나도 너의 스승이 되지만 경복이 또한 너의 스승이다.

그래서 이 시간을 만들 준 경복이가 너의 스승인 것이다.'

스승님의 말씀에 조금은 당황했다."

감사의 절

"스승님은 경복이에게 삼배를 하라고 했다. 스승님의 말을 들어보니 맞다는 생각이 들었다. 그때 당시에 도반 4명의 밥과 빨래를 한다는 것은 시간도 많이 걸리고 힘든 일이었기 때문이다.

'스승님의 말씀은 이치상 맞는 것이지만 제가 생각할 때는 경복이는 나에게 정신적으로 이끌어 준 것도 없고 단지 노동적으로 나를 도왔을 뿐인데 나에게 스승의 자격으로 무엇을 했다는 것인지 도저히 이해가 가지 않습니다. 나는 스승님이 하라고 하시니 하기는 하겠는데 하고 싶은 마음이 들 때 하겠습니다.'

'그렇게 해라.'

경복이에게 절을 해야 한다는 부담을 안고 5일이 지나고 10일이 지나도 도저히 절을 하고 싶은 생각이 들지 않았다. 또 경복이가 자꾸 눈에 띄는 것이 신경이 쓰여 산중턱에 올라가서 수련을 하는데 세상에 스승이라고 하면 정신적면과 영적인 면을 이끌어 주는 것이 스승인데 이것 외에 또 다른 스승이 있겠느냐는 생각이 들면서 경복이가 내 대신 밥하고 빨래하는 모습이 떠오르는데 갑자기 아! 시간을 만들어준 사람도 스승이 될 수 있다는 생각이 순간적으로 스치어 지나가는데 정말 부끄러운 마음이 들었다.

무지함을 깨우쳐준 사람도 스승이고 수련할 수 있는 시간을 만들어준 사람도 스승이라는 것을 알게 되었다. 이 마음이 들자 경복이에 대한 감사한 마음이 들었고 그 길로 산을 내려와 경복이를 방에 데려다 앉게 하고는 삼배를 올렸다. 경복이는 몸 둘 바를 몰라 했다. 삼배의 절 속에 경복이가 여태껏 해 준 보시에 대해 감사의 절을 했다. 또 지금 누리고 있는 세상 모든 만물이 나의 스승임과 동시에 행복하게 해 준 이치에 절을 했다.

결국 내 한 마음이 경복이 보다 낫다는 생각이 이렇게 많은 거만을 떨었고, 경복이를 스승이라 생각함으로서 이렇게 많은 행복과 감사하는 마음이 생겨난다는 것을 이제야 알게 되었다. 이 마음을 느끼게 해준 경복이가 진정한 스승이라 생각이 들었다. 앞에서 이끌어주는 스승도 있지만 뒤에서 나를 도와주는 스승도 있는 것이다.

그래서 우리는 스승이라는 개념을 한 곳에 매이게 할 것이 아니라 항상 나를 생각하고 도와주는 모든 분들이 나의 스승이라 생각하고 한결 같은 마음으로 자신의 상을 낮추어 삼배하는 마음으로 시봉해야 할 것이다. 이렇게 느낀 마음을 스승님에게 전하자 고개를 끄덕이면서 한마디 하셨다.

'많은 공부가 되었구나.'

하시며 녹차를 한 잔 주셨다."

종교를 넘어

종교와 바른길

"마음을 깨닫는다는 것은 참으로 어려운 일이다. 하루를 살면 하루의 마음이 생기고 이틀을 살면 이틀의 마음이 생기기 때문이다. 지금 이렇게 마음이 생겨나고 있다는 것을 아는 사람은 별로 없다. 또 한 마음 때문에 고통 받고 힘들어하는 것을 보면 정말 안타깝다. 너희는 한 마음을 찾아야 한다. 이제까지 한 마음을 모르고 산 까닭에 이렇게 많은 불안과 잡념으로 사는 것이다. 그래서 숨을 통해서 또 기를 통해서 하나하나 짚어 들어가야 한다. 석가모니 부처가 설법한 경전과 예수가 설교한 성경은 한 마음으로 들어가는 과정을 이야기 해놓은 것이다.

그런데 너희는 불경과 성경을 통해 한 마음으로 들어가는 과정은 모르고 단지 기복적인 데만 매여 겉돌고 있다. 또 현실을 해결하기 위해 많은 정성을 들이고 있지만 진정으로 해결된 것은 없다.

종교도 벌써 이천 년 삼천 년이라는 세월을 지나오면서 많이 변질되어 이제는 한 마음의 문제를 해결해주는 것이 아니라 더 많은 헷갈림만 주고 있다. 또 그 틀이 너무 강하다는 것이다. 틀이 너무 강하다보니 한 마음을 아는 것이 아니라 더 관념화되어가고 있다는 것이다.

지리산에서 수련할 때의 일이다.

스승님이 깊은 산속에서 마음호흡법을 인연 닿는 사람들에게 전해주었
는데 건강과 마음이 많이 좋아져 그 근처에 모르는 사람이 없을 정도로 소
문이 퍼지게 되었다. 몇 년이 지나서 그 스승이 마음호흡법을 전하기 위해
마을로 내려온다는 소문이 돌자 그 마을의 종교 지도자들과 5대를 이어온
병원장과 기타의 사람들이 스승님이 마을로 내려오는 것을 강력하게 반대
했다. 그 이유는 소문만 크게 났을 뿐이지 사실은 스승님의 모든 것이 거
짓이라는 것이었다. 그래서 그 스승님이 지도자들에게 타일렀다.

'당신네 종교는 이천 년 동안이나 내려왔고 당신 병원은 5대나 거치면서
사람들을 치료해왔는데 불과 5년도 되지 않은 나의 진리와 능력을 두려워
하는가! 당신들이 진정으로 경전을 믿고 따랐다면 그 넓이와 깊이가 나를
수용하고도 남음이 있을 텐데 어찌하여 나의 법과 진리를 두려워하는가!'

라고 물었다고 한다.

너희는 여기서 이 스승이 주는 근본 메시지를 알아야 한다. 십 년과 이
천 년의 세월이 중요한 것이 아니라 어떠한 방법을 통해서 근본과 가까워
질 수 있는가 하는 것이 중요하다. 이천 년을 지속해왔다고 해서 바른 진
리를 가졌다고 볼 수는 없다. 뒤집어보면 이천 년을 통해 내려오면서 그
만큼의 관념이 많아져 진정한 근본과는 멀어졌을 수도 있다. 밖의 화려함
은 있는데 안이 비었다는 것이다. 그러다보니 안을 메우기 위해 더 많은
방편들이 만들어져 진리와는 만날래야 만날 수 없게 되었다.
너희가 볼 때 그 종교가 이천 년을 이어오고 많은 방편들이 있는 것을
보면 깨달음으로 가는 바른 길인 것 알지만 깨달음보다는 이상만 높아져
서 서로 시기하고 질투하게 된다. 내가 구태여 일일이 말을 하지 않더라도
현재의 종교를 보면 알 수 있을 것이다. 종교라는 이념아래 너무나 많은

사람들이 힘들어하고 아파하면서 살고 있다. 진정한 삶을 한 번 살아보지도 못하고 허망하게 죽어가고 있는 것이다. 기독교의 선과 불교의 선이 다르지 않고 기독교의 사랑이 불교의 사랑과 다르지 않은데 왜 그리들 싸우고들 있는지 모르겠다."

관념을 넘는 숨

"우리는 종교의 관념을 넘어서 진정한 나로부터 시작해야 한다.

그러면 진정한 나의 시작은 무엇인가.

나는 숨 즉 호흡이라고 생각한다. 몸이 아플 때 변하는 것이 숨이고 감정이 일어났을 때 변하는 것이 숨이다. 너희가 아플 때와 감정이 일어났을 때 가만히 지켜보면 알 수 있다.

숨은 관념이 아니라 스스로 그러한 움직임을 통해 나를 보게 하는 거울이다. 거울은 어느 것을 비추더라도 더하거나 보탬이 없이 있는 그대로 비추어 주기 때문에 자신을 바로잡을 수 있다. 숨 또한 몸과 마음을 있는 그대로 느끼게 한다는 것이다. 그래서 숨을 타고 들어가 한 마음을 깨치자는 것이다. 이 한 마음을 알 때 내 삶을 주관할 수 있고 진정한 행복이 무엇인지 알게 된다.

그래서 석가와 예수가 쉬었던 숨이나 지금 내가 쉬고 있는 숨이 다르지 않고, 석가와 예수가 내었던 화나 지금 내가 내고 있는 화가 다르지 않다. 이와 같이 석가와 예수가 깨닫기 위해 노력한 것이 나의 노력과 다르지 않는데 너희는 그것을 너무 다르다고 생각하니 나는 하근기 중생으로서 이 생에서는 도저히 깨닫지 못할 것이라는 관념 속으로만 들어가고 있는 것이다.

숨을 짚어 들어가면 기의 변화를 느끼게 되고 기의 변화를 느끼면 감정의 샘을 느낄 수 있고 감정의 샘을 느끼면 근본을 알게 된다. 관념을 통해 느끼는 것이 아니라 스스로 그러한 흐름에 의해 저절로 느껴지게 된다. 집착된 마음, 옳다, 그르다의 선과 악의 흐름을 알 수 있는 것이 바로 숨이다.

　지금 너희는 너무나 많은 관념으로 선과 악을 구별하고 있다. 그러니 진짜 선과 악이 뭔지를 모르는 것이다. 너희에게 선과 악을 구별하라고 하면 구별하지 못하는 사람은 한 사람도 없다. 선악을 구별한다는 것이 자신에게 잘하는 사람은 선한 사람이고 돈 떼먹고 나쁜 짓 하는 사람은 악한 사람으로 구별한다. 통상 사회적인 선악의 구별로 보면 맞는 것인데 수련과 인연으로 들어가 보면 선과 악이 바뀔 수도 있다. 스스로 그러한 흐름에서 봤을 때 인과응보의 법칙에 의해서 선과 악이 일어나고 있는 것인데 관념으로 단정 지음으로 해서 더 깊은 인과응보의 인연으로 맺게 된다. 전생이든 현생이든 나쁜 짓을 했으면 벌을 받는 것은 당연한 이치인데 근본 진리로 받아들이는 것이 아니라 나에게 치우쳐진 선과 악을 구별함으로서 더 많은 시시비비에 시달리고 있는 것이다.

　석가와 예수가 천당 지옥을 이야기한 것은 극락왕생하기 위해서가 아니라, 본연의 중심으로 들어갈 수 있도록 하기위해서 천당과 지옥을 말한 것이다. 그런데 지금 석가와 예수를 믿는 마음이 너무 왜곡되어 있다는 것이다. 이 왜곡됨을 바로 잡을 수 있는 것이 바로 마음호흡 수련이다. 마음호흡 수련에서는 옳다, 그르다와 선,악을 구별하지 않는다. 단지 경험하게 할 뿐이다. 장님에게 빛을 설명하는 것이 아니라 당신이 먼저 장님이라는 것을 일깨워주고 난 다음 빛을 희미하게나마 보게 한 다음 느끼게 할 뿐이다. 가르쳐주는 것은 나의 몫이지만 느끼고 감응하는 것은 나의 몫이 아니다. 그래서 내가 맞다고 했던 것이 시간이 지나 아닐 수도 있고 또 옳다고 했던 것이 아닐 수도 있는 것이 세상의 이치이다. 그래서 관념과 상에서 빨리 깨어나야 한다. 너희는 어차피 청소부로 살든 국회의원으로 살든 대통령으로 살든 간에 살아야 하기 때문에 어떠한 흐름으로 사느냐가 중요하다. 알겠느냐?”

성性

성은 근본적인 뿌리

"오늘은 성에 대해서 이야기 할까 한다. 성이라는 것은 꼭 결혼을 통해서만 관계가 이루어지는 것은 아니다. 또 육肉의 성에만 집착하고 이야기 하기 때문에 세간에 이렇게 많은 문제가 일어나고 있는 것이다. 우리가 태어난 것도 아버지와 어머니의 합궁으로 태어났기 때문에 성에 민감하게 반응하는 것이다.

또 내가 일으키고 있는 모든 생각이 성의 근본에너지라는 것이다. 성의 에너지는 난자와 정자가 만났을 때 건전지의 +와 −가 만나 전구의 불을 밝히는 것처럼 하나의 에너지가 형성되어 내가 된 것이다. 나를 형성하고 있는 에너지가 곧 성의 에너지이기 때문에 성에 민감하게 반응하는 것이다. 성의 에너지 하나가 다른 하나를 만나 둘이 되고 다시 둘이 넷이 되고 다시 넷이 여덟이 되고 이렇게 분열하면서 완전한 하나로 자라게 된 것이다.

지금 보고 듣고 생각하는 모든 것이 성의 에너지를 통해서 이루어지고 또 먹고 자고하는 행위가 성의 에너지를 모으고 있는 것이다. 결과적으로는 성은 근본적인 뿌리의 힘을 가지고 우리 삶을 지탱시키고 있다. 그래서 너희가 욕할 때 십팔 년 십팔 놈 이라고 하는 것이다. 그 사람의 십을 더럽히므로 해서 가장 아프게 하자는 것이다.

앞에 있는 한용에게 얼굴이 좀 더럽네! 아니면 왜 그렇게 생겼느냐? 라고 했을 때 일어나는 마음보다 십팔 놈 이라고 했을 때 더 강하게 감정이 일어난다는 것이다. 결과적으로 자기도 모르게 근본이 자극 받아 화가 일어난 것이다. 또 책이나 신문에 성에 대한 기사가 나면 자신도 모르게 잡념 없이 단숨에 읽게 되고 반면에 일상적인 기사를 보면 그냥 별 관심 없이 읽고는 금방 잊어버리게 된다.

앞에서도 말 했지만 성에 대한 이야기는 듣는 순간 두 눈이 더 또렷해지고 잘 들리지도 않는 이야기도 정확하게 들리게 된다. 이렇게 성에 대해 민감하게 반응하면서 정작 성에 대해 터놓고 이야기하면 지저분하다느니 변태라느니 하면서 비난하게 된다. 성은 감추면 감출수록 더욱 강하게 일어나게 된다. 너희는 너무나 많은 세월을 숨겨왔다. 그러니 이렇게 성문화가 퇴폐로 변해버린 것이다. 지금 내가 말하고자하는 것이 성의 숨김이 잘못되었다는 것은 아니다. 또 성을 드러내어 까발리자는 것도 아니다. 자연의 이치에 맞게 성을 드러내자는 것이다.”

성에 집착한다는 것은 무서운 일

“자연은 항상 스스로 그러한 성을 통해 생명을 한 순간도 쉬지 않고 잉태시키고 있다. 그래서 자연은 성의 모태이기 때문에 드러난 듯 하면서 드러나지 않고 스스로 움직이면서 만물을 기르고 있는 것이다. 한 아이가 태어나서 스스로 성을 깨치듯이 자연스럽게 도와주어야 한다. 그리할 때 성으로부터 자유로워지게 된다.

성에 집착하는 사람은 건강하지 않는 성을 가진 사람이다. 성의 에너지가 손상을 입었다는 말이다. 손상을 입으니 자신도 모르게 본능적으로 씨앗을 전달하기위해 막무가내로 성에 집착하는 것이다. 배고픈 사람이 먹을 것을 찾아 헤매는 것과 같은 이치이다. 진정으로 배부른 사람은 먹을 것을 찾지 않는다.

성재가 물었다.

'그러면 손상 입은 성을 어떻게 합니까?'

'보호해야 한다. 손에 상처가 나면 그때 손을 아끼는 것처럼 관심을 가지고 보호해야 한다. 이렇게 보호하면 누가 성을 얘기해도 그렇게 이상하게 들리지 않는다. 그냥 만물의 이치와 순리로 듣게 되어 별 감정이 일어나지 않게 된다. 단지 저질이라는 것은 성에 집착한 사람들을 보고 하는 말이지 진짜 성은 아름다운 것이다.'

성만큼 삶을 피어나게 하는 것도 없다. 너희는 이 성을 얼마만큼 잘 관리하고 잘 영글게 하느냐가 중요하다. 그리고 성을 잘 관리하면 내 삶이 편해지고 또 화를 근본적으로 다스릴 수 있게 된다. 이 말은 성을 스스로 지키고 잘 승화시킬 수 있는 흐름을 가지고 있어야 한다는 것이다. 승화하지 못한 성은 동물적인 흐름으로 이어져 육의 관계에 집착하게 되고 감정을 날카롭게 하여 자신과 상대를 해치게 된다.

또 어떤 사람은 자신에게는 성욕이 없다고 하지만 결과적으로 내재된 성은 다 있다. 살고 있는 자체가 성 에너지이기 때문에 단지 성욕이 없다고 해서 성이 없는 것은 아니다.

스승님과 성에 대해 공부할 때 이런 얘기를 하셨다.

'남자와 여자가 사랑한다는 것은 영과 영이 사랑하는 것이다. 그 영과 영이 씨앗을 맺기 위해 사랑하는 것이지 쾌락적으로 즐기기 위해 사랑하는 것은 아니다. 영과 영이 결합해서 한 생명이 태어나면 성의 화려함은 성숙되게 된다. 그래서 성을 조율해야 하는데 사람들은 집착함으로서 힘듦을 겪는 것이다. 성에 집착하게 되면 더 쾌락적인 자극을 원하게 되어 변태적인 성으로 이어진다. 맛있는 것을 먹으면 더 맛있는 것을 먹으려고 하는 것처럼 좀더 자극적인 오르가즘을 원하다 보면 결국 근본적인 뿌리를 상하게 하여 죽게 된다. 그래서 성에 집착한다는 것은 무서운 일이다.' 고."

성의 에너지

"또 성을 어떻게 승화 시킬 것인가에 대해 항상 생각하고 염려해야 한다. 성의 에너지를 승화시키게 되면 건강하고 마음이 밝아지게 되지만 승화하지 못한 성은 결국 건강을 해치고 마음을 해쳐 힘들고 아픈 삶을 살게 된다. 성을 어떻게든 승화시켜야 한다.

승화시키지 못하면 의식적으로 성욕을 소멸시켜야 한다.

왜 이렇게까지 해야하느냐하면 단전호흡을 통해서 정을 축기한다는 사람이 성욕을 참지 못하고 무분별하게 사정을 하다보면 원래의 가지고 있던 정조차도 고갈시키기 때문이다. 수련 중에 섹시한 여자가 나타나 성욕이 불끈불끈 일어날 때 의식적으로 한 생각을 바꾸어야 한다. 그 사람의 외모만 볼 것이 아니라 그 사람의 내면과 일상생활, 태어나서 죽을 때까지의 과정, 죽으면 썩어 없어질 몸뚱아리 등을 관해 보라.

가령 가까이 다가가서 얘기해보니 말을 할 때마다 입에서 썩은 냄새가 날 때 과연 성욕이 일어날까하는 것이다. 또 속이 좋지 않아 설사를 할 때 성욕이 일어날까하는 것이다. 예쁘다는 것은 얼굴의 윤곽이 눈을 통해 내 관념을 만나 예쁘다는 생각을 하는 것이지 따지고 보면 자신의 허상일 수 있다.

예를 들면 너희도 처음 연애할 때 그 사람의 방귀소리도 박력으로 들리지만 막상 결혼을 하고 살다보면 그 방귀소리가 교양도 없고 예의도 모르는 사람이라고 생각하게 된다. 그래서 성욕이 일어날 때에는 그 사람의 오장육부에 있는 똥을 생각한다든지 몸에서 퀴퀴한 냄새가 난다고 생각하면 웬만한 성욕은 사라지게 된다. 항상 예쁘다고 생각할 때 그 반대쪽을 생각하여 다스리다보면 덤덤해짐을 느낄 때 성욕을 다잡게 된다.

또 반가부좌를 틀고 앉아 성욕은 어디에서부터 시작되었나를 차근차근 짚어 들어가면 근본의 성을 만나게 된다. 이 근본의 성이 집착을 통해 성욕으로 변하는 시점을 찾고 그 시점을 소주천으로 끌어올리면 성욕이 사라지고 생명을 살리는 성의 에너지가 독맥을 살리고 임맥을 살려 몸과 마음을 좋아지게 한다는 것을 알게 될 것이다. 성기에 몰린 에너지를 의식적으로 회음으로 당겨서 다시 장광으로 해서 독맥쪽으로 끌어 올리게 되면 성기의 에너지가 독맥쪽으로 빨려든다는 것을 느끼게 된다. 이 빨려든 에너지는 중단전에 축기를 돋우게 되고 따뜻하고 온화한 본성과 사랑을 하게 된다.

자신의 성욕을 승화시키고 난 다음 여자와 사랑하게 되면 바른 영의 씨앗을 전달하게 된다. 승화된 사랑은 남여의 불꽃과 같은 사랑이 아니라 봄날 햇볕과 같은 사랑을 하게 된다. 불꽃은 확 타버린 뒤 끝나지만 햇볕은 늘 그러한 사랑을 계절에 관계없이 사랑한다는 것이다. 그래서 너희는 성의 에너지가 햇볕과 같은 사랑으로 승화될 수 있도록 노력해야 한다. 그런데 사람들은 이 승화를 모르고 육으로만 성을 찾고 있으니 이렇게 많은 희로애락이 업으로 연결되어 힘든 삶을 사는 것이다.

그리고 알아야 할 것은 나의 성을 통해 아이가 태어나는 것은 내 본성의 뿌리 하나가 밖으로 들어낸 것과 같은 것이다. 이 뿌리에 많은 상과 집착이 생겨 아픔과 즐거움을 만들지만 잘 승화된 마음은 큰 공부가 되고 업이 풀리지만 승화되지 못한 마음은 삶을 고통으로 몰아가고 업의 고리는 더욱 강해져 결국 다음 생에서 다시 시작해야 한다."

자신의 중심을 잡아야 한다.

"우리는 마음공부를 깊게 해야 한다. 성은 스스로 다스리고 컨트롤하지 못하면 많은 시시비비와 갈등 속에서 고통 받게 된다. 현 사회는 성의 쾌락 사회가 되었다. 그러니 여자의 치마는 더욱 짧아지고 또 남자는 예쁜 여자를 만나기 위해 더 많은 돈을 뿌리고 화려함으로 자신을 포장한다. 옷을 잘 입고 화장을 요란하게 하는 것은 결국 이성으로부터 관심을 끌기 위함이다. 이러한 관심과 관심이 만나 시간이 지나면 허함만 커져 삶의 가치를 느끼지 못하고 외롭고 쓸쓸하게 생을 마감하게 된다. 화려함에 집착한 관심과 관심이 만나는 것이 아니라 내면의 중심과 중심이 만나면 화려하고 아름답지는 않지만 꽉 찬 마음이 은은한 삶의 기쁨을 느끼게 할 것이다.

그래서 너희는 스스로 빨리 깨어날 수 있는 수련을 터득해야 한다. 요즘 사람들 대부분 내면의 본성은 모르고 욕심적인 성만을 추구하다 보니 자신의 중심을 잃고 방황하는 것이다. 각자 각자가 승화시킬 수 있는 방법을 터득할 때 세상은 이렇게 혼란스럽지 않을 것이다.

지금 혼란스럽고 방황하는 성을 뒤집어보면 사회가 외롭다는 것이다. 남편은 부인의 외로움을 채워주지 못하고 부인은 남편의 외로움을 채워주지 못하니 바르지 못한 성에 집착을 하는 것이다. 이는 외로움을 받아 줄 이성을 찾아 헤매다보니 잘못된 성에 빠진다는 것이다. 라디오에서 흘러나오는 말 중에 사십대에 애인 하나 없으면 바보라고 한다. 이 말은 사십대가 외롭고 쓸쓸하다는 뜻이다.

어느 날 외롭고 허전한 마음이 들 때 가장 먼저 생각나는 것이 옛 애인이다. 우연히 전화라도 연결되는 날에는 가슴이 뛰고 설레는 마음이 외로움을 달래줄 것처럼 느끼게 된다. 그렇게 만난 설렘은 사탕처럼 새콤달콤하지만 결국 자신이 감당하지 못할 고통이 몇 십 배로 돌아온다는 것을 알아야 한다. 외로움을 벗어나는 방법은 자신의 중심을 잡고 기다리면 외로움은 사라지고 은은한 행복을 찾게 될 것이다. 반면에 한 마음의 중심을 잃고 짧은 재미를 따라가다가는 모든 것을 잃게 된다.

지금 우리에게서 일어나고 있는 문제는 너와 나의 외로움과 허함의 문제이다. 이 문제를 어떻게 진지하게 풀어 가느냐가 중요한데 모두들 급하게 풀려고 하다보니 문제가 꼬이고 뒤엉키는 것이다. 또 종교가 외로움과 허함을 수용하고 해결해주어야 하는데 사회의 탓이라며 방관만하고 있으니 더욱 잘못된 성으로 이 사회가 흘러가고 있는 것이다. 그래서 성의 에너지를 잘 다스려 자신의 중심을 잡아야 한다.

나의 스승님이 성에 대해 말씀해 주신 적이 있다.

'항상 남자와 여자를 구별하지 마라. 이는 여자를 특별하게 생각하지 말라는 것이다. 또 욕慾에는 세 가지가 있는데 이것을 잘 다스려야 한다. 첫째는 욕 중에 최고의 욕이 식욕이다. 배고프면 아무 생각도 나지 않고 오로지 먹고 싶은 생각밖에 나지 않는다. 그 다음 욕이 수면욕이다. 사람이 잠을 자지 않으면 혼이 혼탁해져서 정과 신을 차리지 못하여 제정신 없게 살게 된다. 그 다음 욕이 성욕이다. 식욕과 수면욕이 채워지고 나면 성욕이 강하게 일어나게 된다. 성욕은 이 세 가지 중에서 가장 자극적이면서 새콤달콤하기 때문에 강한 집착을 보이게 된다. 너희는 자신의 성을 잘 승화시켜 누구에게도 보여줄 수 있는 아름다운 성을 통해 성통공완性通功完 해야 한다.'

라고."

스스로 그러한 하나

표현

"너희는 마음에 대해 많은 생각을 하고 있다. 또 무엇이 마음이고 어떻게 하면 마음을 느낄 수 있을까를 가슴에 안고 종교와 수련단체를 찾아다니지만 답답함만 더해지고 있다. 또 마음, 우주, 본성을 듣고 생각함으로서 더 많은 문제를 안게 되었다. 이 문제를 통해 너희가 찾은 답은 생각하는 것이 마음이라 느끼지만 결국 상과 관념에서 나오는 희로애락喜怒哀樂의 현상에 불과하다. 그런데 오히려 희로애락을 통해 더 많은 힘듦을 겪고 있다는 것이다.

또 보는 것, 듣는 것, 말하는 이 모든 것이 스스로 그러한 자연인데 여기에 상과 관념을 통해 느낌으로 더욱 혼란에 빠지고 있다. 바람이 불면 나뭇가지가 흔들리고 소리가 나는 것은 늘 그러한 소리이기 때문에 별 느낌이 없지만 상대의 소리와 행동에 마음이 일어난다는 것이다.

왜 상대의 소리에 마음이 일어나는 것일까? 바로 상과 관념을 통해 분별하기 때문에 일어난 것이다. 너희는 이 분별을 통해서 행복하고 불행하다고 생각한다. 그래서 분별하는 생각을 줄여 가면 결국 세상에 일어나고 있는 모든 것이 스스로 그러한 하나에서 시작된다는 것을 알게 된다.

그러한 하나란 다른 것이 아니라 우주의 근본을 말한 것이다. 우주 근본은 모든 것을 포용하고 치우침 없이 항상 그러한 하나로 감싸고 있는데 우리 스스로 마음이라는 고_품에 빠지게 된 것이다.

마음은 형상이 없는 허상이다. 상과 관념으로 느끼고 생각하기 때문에 허상虛像(실제 없는 것이 있는 것처럼 나타나 보이거나 실제와는 다른 것.)에 집착하는 것이다. 허상을 깨치고 나면 일어나는 마음이 항상 그러한 마음이 아니라는 것을 알게 된다. 그리고 느끼고 깨쳤다는 자체도 항상 그러한 마음이 아니라는 것이다. 단지 상과 관념이 일으키는 또 하나의 현상일 뿐이다.

수련은 상과 관념이 일으키는 현상을 점차적으로 닦아가는 것이다. 이 닦음이 근본에 다다를 때까지 닦아야 한다. 그러면 근본이 무엇인가를 알게 된다. 지금 근본을 말한다고 해서 느끼는 것도 아니고 단어로 표현한다고 해서 표현되어지는 것도 아니다. 굳이 단어로 표현한다면 앞에서 말한 스스로 그러한 하나라고 표현할 수 있다."

단어

"너희는 여기서 조심해야 한다. 단어는 단어일 뿐이다. 무엇인가! 긴가민가하고 깨치려고 하는 사람에게 단어로 묶어버리면 또 하나의 상과 관념을 만들어 항상 그러한 하나와 멀어지게 된다. 스스로 깨친 사람은 단어에 집착하지 않는다. 그런데 사람들은 단어에 집착하여 엉뚱한 근본을 이해한다는 것이다.

동물농장에서 실험한 것을 보면 잘 알 수 있다. 알에서 깨어난 오리 한 마리가 사육사를 자기 엄마로 생각하고 사육사가 먹이를 주면 경계하지 않고 잘 먹지만 어미 오리가 옆에 가면 경계를 하고 공격한다는 것이다.

이와 같이 본성이다, 근본이다, 기타 많은 단어들이 잘못 전달되면 새끼오리가 엄마를 알아보지 못하는 것과 같이 더 큰 상과 관념에 빠지게 된다. 그래서 여기서 근본이라 말하는 것이 아니라 스스로 그러한 무한한 하나라고 말하는 것이다. 이 무한한 하나는 어떠한 돌멩이처럼 존재하는 것이 아니다. 우주 공간 전체가 스스로 그러한 것이다. 스스로 그러한 하나의 시작이 곧 내가 된 것이다. 또 나의 시작은 원래의 스스로 그러한 하나로 돌아가고 있다. 그런데 우리는 이 돌아감을 망각하고 영원한 것처럼 살고 있지만 결국 스스로 그러한 하나로 종終해야 한다.

　대지위에 작은 새싹 하나가 자라 큰 나무가 된다 해도 그 나무는 대지의 한 부분이지 나무 자체가 대지일순 없다. 대지는 만물을 자라게 하면서도 자신의 존재를 드러내지 않고 항상 그러한 대지로 남아 만물을 살리고 있는 것이다. 만약에 대지가 어떤 나무에 집착하여 그 나무만 자라게 한다면 항상 그러한 대지가 될 수 없다. 그래서 우주 공간 전체가 스스로 그러한 하나인 것이다. 이렇게 말하면 잘 이해가 가지 않지만 수련으로 닦아 가다보면 스스로 그러한 하나가 내 안에서 일어나고 있는 것을 깨치게 된다."

그러한 하나

"내 안에서 일어나고 있는 스스로 그러한 하나를 깨치기 위해서는 내 안의 양심을 찾아야 한다. 양심은 상과 관념을 보게 하는 거울이자 스스로 그러한 하나로 가는 길이기도 하다. 우리는 이 길을 모르고 방편과 물질에 집착하여 살다보니 이렇게 힘들고 아픈 것이다. 모든 고苦의 현상은 내 안의 스스로 그러한 하나를 모르는데서 시작된 것이다.

　몇 해 전에 일어난 총기사고와, 부를 얻기 위해서 부모를 살해한 사건 등 이렇게 큰 사건들은 결국 작은 양심을 무시한데서 비롯된 현상들이다. 그래서 스스로 그러한 하나를 닦아간다는 것은 정말 중요하다.

이렇게 중요하다고 강조하면 스스로 그러한 하나를 느꼈습니까? 라고 반문하는 사람도 있다. 나는 하나를 터득했을 수도 있고, 안 했을 수도 있다. 너희는 여기서 말과 생각으로 스스로 그러한 하나를 말하지 말아야 한다. 스스로 그러한 하나를 말함과 동시에 스스로 그러한 하나가 아니기 때문이다.

지금 너희는 많은 단어로 마음을 이야기하지만 결과적으로 상과 관념을 이야기하고 있는 것이다. 앞에서도 말했지만 스스로 그러한 하나는 언어화시킬 수 있는 부분이 아니다. 그러면 어떻게 하나를 알 수 있는가 하는 것이다. 정확하게 말할 수 없지만 경험과 느낌이 하나를 이해하게 할 것이다. 한 경험과 느낌으로 아! 이것이 하나일 수도 있겠다할 때 하나를 알게 된다. 사람은 각자 각자가 느끼는 마음과 하나가 다르기 때문이다. 여기서 하나가 다르다고 한 것은 항상 그러한 하나를 말한 것이 아니라 항상 그러한 하나로 가고 있는 경험과 느낌을 말하는 것이다. 생각과 말은 항상 그러한 하나로 가는 것이 아니다.

두 사람이 미국에 대해서 알려고 노력하고 있다. 한 사람은 열심히 돈을 모으면서 비자를 신청하고 항공편을 예약하고 미국에 갈 날만 기다리고 있다. 또 한 사람은 미국에 관한 박식한 지식만을 수집하고 있다. 이 두 사람 중 누가 미국을 진정으로 경험할 수 있겠는가 하는 것이다. 너희는 여기서 나의 모습을 찾아야 한다. 지식과 말로는 진정한 미국을 알 수 없다. 그러나 열심히 돈을 모으고 항공편을 알아 본 사람은 단지 미국까지 가는 시간이 남아 있을 뿐이지 진정한 미국에 도착하게 될 것이다. 결국 내가 느끼고 경험한 것이 하나인 것이다.

또 큰 스승이 그것은 하나가 아니다 고 했을 때 아! 나의 경험과 느낌이 그러한 하나가 아니구나 라고 생각함과 동시에 그러한 하나가 아니게 된다. 내가 경험하고 느낀 그러한 하나가 아니라고 하는 것은 항상 그러한 하나에 갇히지 말라는 것이다. 나의 경험과 느낌에 머무는 그러한 하나는 진정한 하나가 아니기 때문이다. 그래서 경험과 느낌으로 닦아갈 때 스스로 그러한 하나와 하나가 된다. 그러한 하나와 하나가 되면 윤회도 없고 너와 내가 큰 하나임을 깨닫게 된다. 너희는 이 큰 하나를 알아야 한다. 이 큰 하나를 알지 못해 이렇게 많은 아픔과 시시비비가 생긴 것이다.

꽉 찬 쓰레기통을 비우지 못해 스스로 더러워지게 된다. 너희 욕심 또한 상과 관념으로 채워 가다보면 결국 넘치게 되어 삶을 허무하게 만들 것이다. 하루 빨리 깨어나야 너와 내가 바른 삶을 살 수 있기 때문이다."

두 마음을 아는 것

관념

"수련은 본성에 없는 것을 느끼는 것이 아니라 본성에 있는 것을 느끼는 것이다. 그런데 사람들은 본성이니 깨달음이니 하면 무엇인가 특별한 것으로 생각하고 경험하려고 한다. 본성은 특별한 것이 아니라 아주 평범하고 쉬운 것이다. 본성을 제대로 알지 못하는 사람들이 특별한 것이 있는 것처럼 말하는 것이다.

너희는 현혹되지 말아야 한다. 본성은 단지 두 마음을 한 마음으로 만들게 되면 저절로 알게 되는 것이 본성이다. 하느냐 마느냐, 먹느냐 먹지 않느냐, 가느냐 안 가느냐를 아는 것이 수련이며 또 알게 되면 본성을 아는 것이다. 욕심이 많고 아상적이고 관념적이다고 하는 것은 본성과는 멀어지게 된다는 것이다. 세상에 아무리 독한 사람도 내면에 있는 본성은 맑고 순수한데 그 위에 쌓여있는 관념과 아상에 상처가 있기 때문에 독한사람이 된 것이다. 이 상처만 낫게 하면 저절로 순하고 맑은 사람이 된다. 그래서 관념과 아상의 상처를 원래의 본성까지 닦고 치유하자는 것이 수련이다 수련은 내 마음의 상처를 가장 정확하게 낫게 할 수 있는 방법이다. 단지 모르기 때문에 낫게 하지 못하는 것이다.

그리고 지금 나에게서 일어나고 있는 힘듦은 본성위에 긴 안개가 같은 상처 때문이다. 안개를 모르기 때문에 이렇게 많은 시시비비에 빠지는 것

이다. 수련은 안개를 걷고 본성을 찾아 작고 작은 영을 자라게 하자는 것
이다. 영이 자라기 시작하면 관념과 이상의 힘이 점점 약해지기 시작한다.
관념과 이상이 약해질 때 어떤 흔들림에도 화가 일어나지 않게 된다. 그런
데 대부분 사람들은 이 마음을 모르고 감정과 화를 그대로 냄으로 해서 힘
든 삶을 사는 것이다.

너희는 수련으로 자신의 내면을 느끼고 관념과 상의 안개를 걷어낼 때
근본의 삶을 살 수 있게 된다. 또 욕심을 걷어내면 순리와 도리가 느껴지
고 본성과 하나가 되게 된다. 하나 되면 일어나는 관념과 상의 감정이 소
멸되게 된다.

현 사회의 교육은 욕심을 채우고 관념을 만드는 교육이기 때문에 자신
도 모르게 욕심을 채우는 쪽으로 가고 있다. 또 생각한다는 것이 관념에서
벗어나지 못하기 때문에 항상 선택이 나의 입장에 치우치게 된 것이다. 자
기 쪽으로 치우쳐진 결정은 스스로 고통을 만들고 다시 칼과 창을 만들어
상대를 공격하게 된다.

아이가 사탕의 달콤함에 빠져서 그것을 먹다가 자신도 모르게 치아가
썩고 비만해져서 성인병으로 고통 받게 되면 이 모든 것이 부모와 사탕을
사 준 사람에게 있다며 원망하는 것과 같은 것이다. 그런데 자신도 사탕을
많이 먹게 되면 치아도 썩고 성인병이 올 수도 있다는 것을 몰랐던 것은
아니다. 또 부모와 주위 사람들이 많은 경고를 했음에도 사탕의 단맛에 빠
져서 사탕을 계속 먹은 것이 원인이 된 것이다. 단맛이라는 관념이 자신의
의식을 지배하고 거기에만 치우쳐 있었기 때문에 그러한 결과를 얻은 것
은 당연한 것인데 결과의 몫은 자신의 것이 아니라며 상대에게 떠넘기므
로 해서 더 큰 원망의 구렁 속으로 들어가 고통 받는 것이다. 그래서 관념
과 상을 느낄 수 있는 수련을 해야 한다."

영이 자란다는 것은

"내 안에서 느껴지는 감정, 생각, 화의 느낌을 자꾸 느껴야 한다. 그것을 자꾸 느끼다보면 넓어지고 깊어져서 영이 자란다는 것을 알게 된다. 영이 자란다는 것은 본성이 밝아졌다는 것과 같다.

본성은 하나의 태양과 같다. 태양의 빛을 받아 나무가 자라듯이 나의 영은 본성의 도움을 받아 자라게 된다. 좋은 생각, 착한 일, 옳은 일을 하고나면 가슴이 뿌듯해지는 것은 본성의 길을 영이 따르고 있다는 것과 같은 말이다. 그런 반면에 영이 본성의 길을 따르지 않게 되면 욕심을 채우는 길을 선택하여 육체적으로는 안락을 느낄지 모르지만 영은 자라지 못하고 어려져가게 된다. 어려진 영은 허함을 느끼게 되고 잘못 살았다는 느낌을 받게 된다.

그래서 수련을 통해서 본성으로 가기 위해 노력해야 한다. 본성을 느낀 영은 하늘과 땅이 느끼게 한 것도 아니고 석가와 예수가 느끼게 한 것도 아니다. 원래에 내 안에 있었던 것인데 관념과 아상이 안개처럼 끼어 있기 때문에 느끼지 못했을 뿐이다.

흉악한 살인마도 꽃을 보면 아름답다는 것을 느끼고 액자가 기울어져 있으면 바르게 걸어놓고자 한다는 것이다. 이것이 바로 원래의 마음은 바르다는 증거이다. 모든 문제는 관념과 상의 문제이다. 내가 너무 많은 관념과 상의 단어를 사용한 것 같지만 어쩔 수 없다. 관념과 상을 알지 못하면 영도 느끼지 못하고 본성도 모르기 때문이다.

밝은 전구에 사각으로 된 통을 여러 개 씌워놓으면 불빛이 거의 통과할 수 없는 것처럼 관념과 상들이 많아지면 많아질수록 본성은 밝음을 잃게 된다.

그래서 본성을 찾고 얼을 자라게 하면 누가 물질을 더 많이 가졌는가에 대해서 신경 쓰지 않게 된다. 단지 자신이 알고 있는 만큼, 또 가지고 있는 만큼 행복해 할 뿐이다. 욕심은 자석과 같아서 다른 것들을 달라붙게 한다. 다른 것을 자꾸 붙이게 되면 삶이 그만큼 더 무거워지게 된다. 너희는 빨리 깨어나야 한다. 욕심이 일어나기 전에 빨리 털고 일어나야 한다. 본성은 자석과 같은 욕심을 끊게 하고 많이 가지지 않아도 가진 것만큼 행복하게 한다는 것이다.

그러므로 너희는 수련해야 한다."

미술

마술과 같은 세상

"가끔 나는 너희에게 마술을 보여주고는 한바탕 크게 웃는다. 원래부터 마술을 한 것은 아니다. 마술은 눈 속임수이기 때문에 너희를 깨치게 해주고자 나름대로 연습하여 보여 주는 것이다. 이 마술을 처음 보는 사람은 정말 신기하게 생각하고 믿는다. 처음에는 나도 마술이 진짜인 줄 알고 깜짝 놀랐다. 그런데 유심히 살피고 진지하게 보다 보면 알 수 있는 것이 마술이다. 지금 내가 들고 있는 연필에서 물이 나오게 된다. 이 연필에서 물이 나온다는 것이 얼마나 신기한 일이냐? 한용이가 물 수水자를 한 번 써 보아라! 자 이제 연필에서 물이 나올 것이다. (정말 연필에서 물이 떨어지고 우리는 신기해한다.) 정말 신기하지 않느냐? 그런데 알고 나면 정말 아무것도 아니다. 단지 눈 속임수에 불과 한 것이다. 연필에서 물이 나올 수 있었던 것은 귀 뒤에 미리 꽂아놓은 물먹은 휴지를, 물 수水자 쓰는 사이에 연필과 손 사이에 끼워 물을 짰던 것이다. 이렇게 알고 나면 허무하고 다시는 속지 말아야지 하며 모든 것을 믿지 않게 된다.

그런데 너희가 알아야 할 것은 그렇게 믿지 않으면서도 또 속는다는 것이다. 속는 이유는 욕심스럽기 때문이다. 욕심이 생기면 전체를 보지 못하고 단지 집착하고 있는 것에만 신경 쓰기 때문에 속는 것이다.

지금 이 세상은 마술과 같은 세상이다. 백화점은 특별세일로 속이고,

병원은 병이 완전하게 낫는다며 속이고, 사랑하는 사람은 당신만 사랑한다면서 속이고 종교는 믿기만 하면 천당 간다며 속이고 이 모두가 마술과 같은 것이다.

한 남자가 여자를 유혹하기 위해서 안 좋은 모습은 감추고 자신의 잘난 모습만 보여주려고 애쓰는 것이나 마술로서 속이는 것이나 다를 것이 없다. 근본은 변하지 않는다. 감추든 감추지 않던 늘 같음을 유지하는데 너희는 단지 눈에 보이지 않는 것으로 상대를 속이고 있다. 그래서 사람들은 항상 말로서 상대를 속이고 있고 상대는 그것을 그대로 믿고 따르다가 아니라는 것을 알고 미워하고 원망하는 것이다."

깊고 넓게 깨닫게 되면

"너희들은 나에게 마술을 왜 하느냐고 많이 묻는다. 나는 마술을 통해 너희와 훨씬 가까워지고자 또 눈속임수의 허상을 깨고자 마술을 보여 주는 것이다. 그리고 수련 중에 느껴지는 본성, 깨달음 등의 허상을 깨고자 함이다.

본성, 깨달음 등 말들이 많지만 진정으로 알고 나면 아무것도 아니라는 것이다. 처음에는 마술과 같이 신기하고 신비롭지만 깨닫고 나면 아무것도 없다.

석가모니 부처가 십 년을 설법을 하시고 나서는 나는 설법한 적이 없다는 것이나 같은 이치이다. 단지 석가모니의 열반과 깨달음, 예수의 근본 깨달음을 모르기 때문에 신비롭고 그 자리가 고귀해 보이는 것이다. 결국 내 스스로 깨닫고 그 자리에 들면 모든 것이 하나라는 것을 알게 된다.

연필에서 떨어지는 물방울을 공개하지 않으니 신비롭지, 공개하고 나면 별것 아니라는 생각이 들면서 나도 할 수 있겠다는 생각이 들게 된다.

그래서 나는 마술을 통해서 눈속임수를 보여 주자는 것이 아니라, 마술을 통해서 깨닫게 하자는 것이다.

너희도 이 단순한 마술에서 끝날 게 아니라 상대가 말하고자 하는 것을 유심히 살피고 진지하게 보고 듣게 되면 진솔한 면을 느끼게 된다. 욕심 없이 본성을 깊고 넓게 깨닫게 되면 나의 삶은 살아나고 피어나게 될 것이다.”

거울

수련을 거울로 삼아야

"산중절간의 스님이나 수행자가 삶의 무상함과 덧없음을 이야기할 때 우리는 도를 깨달은 것으로 생각한다. 그런데 이 무상함과 덧없음은 현실세계에서도 수없이 말하여 온 것인데 왜 스님과 수행자 말에만 귀를 기울이고 너와 나의 말에 귀를 기울이지 않을까 하는 것이다. 그것은 바로 구별함 때문이다. 스님과 수행자는 큰 깨달음을 얻었을 것이라는 막연한 집착과 구별이 스님과 수행자가 나와는 다르다고 생각을 하는 것이다. 그러나 스님과 수행자는 이 현실세계를 떠나 수행한 적이 없다. 그분들이 산속에서 쉬는 숨이나 이 도심에서 내가 쉬는 숨이 같기 때문이다. 절간에서 일어나는 번민이나 속세에서 일어나는 번민이 다르지 않다는 것이다. 절간과 세속이 별개인 것이 아니라 하나의 선상에 놓여있기 때문이다. 이 선상에서 서로 보고 다듬어야 한다.

스님과 수행자의 무상함과 덧없음의 말을 거울로 삼아 나의 욕심과 집착을 살피고 또 스님과 수행자는 속세의 번민을 거울로 삼아 더욱 정진해야 한 선상에서 서로에게 거울이 되는 것이다.

거울이 없을 때에는 내 얼굴에 무엇이 묻었는지 잘 모르지만 거울을 가지게 되면 어디에 무엇이 묻었는지를 정확하게 알기 때문에 깨끗함을 유지할 수 있다. 그래서 수련을 거울로 삼아 행하다보면 무엇이 거울이고 무상함이 무엇인지를 깨닫게 된다. 그런데 여기서 조심해야 할 것이 있다. 수련은 하지 않고 거울만 생각하다보면 결국 욕심을 부리게 된다.

또 예수와 석가의 경전을 보고 그대로 실천하는 것이 그 경지에 들어가는 것이라고 생각하지만 이것은 착각이다. 석가와 예수가 보여주고 얘기한 것이 거울이 되어야 한다. 이 거울에 나의 아상, 생각, 감정을 자꾸 비추어 본성을 닦아가게 되면 석가와 예수의 경지에 들어가게 된다. 지금 이 자리에서 석가와 예수 흉내나 내고 있으니 종파가 생기고 많은 문제가 생기는 것이다. 석가와 예수의 얘기를 거울로 삼아 깊은 수련에 들어가야 한다."

바른종교

각성해야 한다

"사람들이 종교를 믿고 따르는 것은 신을 전제로 하기 때문이다. 종교는 신을 믿는 방법이 아니라 스스로 깨달을 수 있는 근본의 종교가 되어야 한다. 석가를 믿고 예수를 믿고 있지만 정작 그 사람들의 깨달음을 보면 종교를 통해서 깨달은 것이 아니라 스스로의 믿음과 성찰로 내면의 본성을 찾은 것이다.

그런데 현재의 종교는 자신의 종교를 믿지 않으면 깨달을 수 없고 구원될 수 없다는 것을 강요하고 있다. 방편과 교리로 창살을 만들어 완벽하게 가두어 버렸다. 너희는 너무나 많은 방편과 교리 때문에 깨달을 방법이 없다. 바닥이 지저분할 때 걸레로 닦으면 깨끗해지는 것을 보고 자신의 마음도 수련하면 깨끗해질 수 있다는 것을 깨치면, 이 깨침은 석가와 예수의 깨침인데 지금의 종교는 너무나 많은 교리로 삼천 배, 철야기도, 경전을 외우는 것 이모든 것을 해야 깨달을 수 있다고 함으로서 보통 사람들이 도저히 깨달을 수 없도록 만들어 버렸다. 석가도 그때 당시에 많은 종교들이 있어 종교로 삶의 문제를 해결하려고 했으나 해결할 수 없다는 것을 아시고 자신의 내면으로 들어가 깨달은 것이다. 석가와 예수는 사람의 몸으로도 깨달을 수 있는 것을 몸소 보여준 것인데 대부분의 종교들이 이와는 반대의 길을 가고 있다. 교리를 통한 말로서만 깨달음과 본성을 이야기하고 있지 진정으로 거기에 이르는 방법은 제시하고 있지 않다.

내면에 이르는 수련을 해야 한다. 대상을 통해서가 아니라 자신의 경험과 느낌으로 본성을 찾아야 한다. 종교로는 그것을 찾기 어렵다. 만약에 현재의 스님, 목사님, 신부님 모든 종교의 지도자들이 신도를 섬길 때 종교로도 가능하게 된다. 신도들로부터 대접 받는 것이 아니라 신도를 위해 시봉할 때에 종교는 바르게 갈 수 있다. 종교의 지도자들이 대접 받아서는 올바른 깨달음에 도달할 수 없다. 일반 신도보다 못한 것이 종교의 지도자들이다. 종교에 몸담고 있는 사람은 각성해야 한다. 이렇게 각성할 때에 석가와 예수의 깨달음을 느끼게 된다."

한용이의 사랑

"지금 너무나 많은 우화와 신화들이 종교의 지도자들을 신격화시켰고 그런 면으로 보면 신도 자신들도 죄인이다. 종교의 지도자들은 신도들에게 운명이다, 업이다 해서 도저히 범접할 수 없는 대상으로 생각되게 만들고 또 기복으로만 따르게 한 것이다. 신도들에게 막막하고 답답한 길을 예지해 주고 액운을 막아 주는 종교로 전락하고 만 것이다. 석가와 예수가 종교를 선택하지 않은 이유가 바로 여기에 있다. 현재의 종교는 석가와 예수의 뜻을 완전히 망각하고 석가와 예수 전의 종교들이 행했던 방편들을 받아 자신들의 교세확장에만 집착하고 있다.

너희는 객관적인 입장에서 냉철한 마음으로 판단해야 한다. 이상과 관념에 젖어서 판단하면 너무 많은 것을 보지 못하기 때문이다. 석가와 예수는 방편과 교리로 깨달은 것이 아니라 자신의 내면으로 들어가 자신을 근본적으로 깨친 사람이다. 이를 정견으로 직관하면 석가와 예수의 깨달음이 나의 깨달음이 될 수 있다.

한 예로 한용이가 한 여자를 깊이 사랑하다가 그만 헤어지고 말았다. 진짜 가슴이 아파서 어찌할 줄을 모르다가 눈물로 6년이라는 세월을 보내고서야 사랑이 무엇인지 알게 되었다. 그러다가 성재가 한 여자를 사랑하다가 헤어졌는데 가슴이 너무 아파서 무엇을 어떻게 해야 할지 모르고 괴로워하고 있을 때 한용이가 '사랑한다는 것은 가슴이 아프고 눈물이 나는 것이기 때문에 충분히 아파하다보면 사랑이 이것이다고 느낄 때 그 아픔과 힘듦으로부터 벗어나게 된다.'라고 조언해 줄 수 있다. 한용이가 성재의 모든 것을 관장하면서 이끌어 준 것이 아니라 단지 한용이는 자신의 사랑을 통해서 아파했고 그것을 견디어 내고 극복했기 때문에 성재에게 조언을 해줄 수 있는 것이다. 만약에 한용이가 다른 사람에게 사랑에 대한 조언을 귀동냥해서 그대로 성재에게 조언을 했더라면 잘 이끌어주지 못했을 것이다. 결국 한용이는 모든 것을 알고 있는 신의 대상이 아니라 성재의 도반의 대상이고 스승의 대상이 되는 것이다.

너희는 여기서 또 알아야 할 것이 성재가 한용이에게서 조언을 들을 수 있는 것은 충분한 사랑의 아픔이 있었기 때문에 가능한 것이다. 그런 아픔이 없었다면 한용이가 아무리 좋은 말로 조언을 해도 그것은 하나도 귀에 들어오지 않는다."

경전

"석가와 예수의 깨달음에 이를 수 있다고 하는 것은 석가와 예수가 아파한 것이 나의 아픔과 다르지 않기 때문이다. 석가의 숨이나 예수의 숨이 내가 쉬는 숨과 다르지 않기 때문이다. 너희는 충분히 아파하지 않았고 충분히 느끼지 않았기 때문에 석가와 예수의 깨달음에 이르지 못 할뿐이다. 자신에게로 들어와서 충분히 아파하고 느끼면 그것은 가능한 일이다. 그런데 지금의 종교와 스승들은 충분히 보고 느낄 수 있는 시간을 주지 않는다. 믿음이라는 이름으로 그 시간을 더욱더 줄여가고 있다. 종교에 의지하다 보면 성직자들은 모든 것을 믿음으로 밀어붙이고 약간의 이의만 제시해도 믿음이 부족하다고 하면서 더 많은 믿음을 요구한다. 또 더 많은 방편과 교리로 석가와 예수를 신격화하고 도저히 범접할 수 없는 대상으로 만들고 있다. 이것은 잘못된 것이다.

너희는 여기서 다시 한 번 짚고 넘어가야 할 것이 있다. 석가와 예수가 특정한 방법으로 깨달았다고 해서 그것을 똑같이 흉내 낸다고 해서 석가와 예수의 깨달음을 얻는 것은 아니다. 또 석가와 예수가 우리를 위해서 깨달았다고들 하지만 냉정하게 짚어보면 자기자신의 삶을 깨달았을 뿐이다. 깨닫고 보니 자신이 겪어온 아픔을 똑같이 뭇대중이 겪고 있는 것이 너무나 안타까워 일러주고 말해주었을 뿐인데 우리는 그 이상을 생각하고 믿음으로 해서 깨달음과는 너무 동떨어지게 된 것이다. 특히 세상에 나와 있는 경전들이 문제이다. 만약에 경전이 기록되지 않았다면 세상에는 석가와 예수 같은 사람이 훨씬 많아졌을 것이다. 경전을 지식으로 습득함으로서 깨달음으로 가지 못하고 논쟁과 집착으로 대립하게 된 것이다. 경전이 많은 사람들의 눈을 뜨게 한 것이 아니라 암흑과 같은 어리석음을 더욱더 많이 생겨나게 한 것이다. 경전들로 인해서 깨달음은 더 어렵게 되었다. 찻잔을 여기서 씻으나 미국에서 씻으나 씻는 것은 마찬가지이다.

내가 하고 싶은 말은 '석가와 예수는 신으로 떠받드는 대상이 아니라 도반의 대상이고 존경의 대상이어야 한다.'는 것이다. 석가와 예수를 나의 삶을 관장하고, 죽음을 관장하고 극락과 지옥을 결정하는 신의 대상으로 봐서는 안 된다. 석가와 예수가 신이라고 하면 이 세상의 모든 아버지와 어머니가 신이라는 이야기가 된다. 부모는 아이가 날카로운 장난감을 가지고 놀면 혹시나 다칠까봐 치워주신다. 이 치워 주는 것이 바로 신이라는 것이다. 이렇게 말하면 그것이 무슨 신이 하는 일이냐고 하겠지만 너희가 신에게 바라는 것이 무엇이냐 하면 사고 안 나고 돈 많이 벌게 해달라고 빌고 있는 것이 이것과 별 차이가 없기 때문이다."

선과 악

"또 교수님이 나에게 많은 깨침을 주고 안목을 열어주었다고 교수님을 보고 신이라 이야기하는 사람은 없다. 그러나 석가와 예수의 가르침이 아버지와 교수의 가르침과 다르다고 생각하기 때문에 더 많은 선과 더 많은 악이 생겨나고 있는 것이다. 신을 통해서 이 분별을 멈추어야 한다. 분별을 멈추지 못하면 너희 스스로 자멸의 길로 가게 된다. 석가와 예수의 믿음아래 많은 사람들이 죽어가고 있다. 종교의 지도자들은 죽어가는 사람들을 성직자라 칭하고 높여주고 있다.

그러면 성직자 하나로 인해 죽어간 사람들은 무엇이란 말인가? 이제는 종교를 넘어서야 한다. 극락과 지옥이 아니라 현재 이 순간을 사랑할 수 있는 믿음으로 깨어나야 한다. 현재에 끊임없이 선과 악을 구별하면서 악을 없애기 위해 노력을 하고 있다. 이 노력은 하면할수록 더 많은 악들이 생겨나게 된다. 악이라는 잣대가 어디에 맞추어 지느냐에 따라서 선이 악으로 변하기 때문이다. 지금 중동에서는 많은 자살테러가 일어나고 있다. 이렇게 끊임없이 일어나는 전쟁이 다름 아닌 종교전쟁인 것이다. 이 비유는 큰 비유지만 우리에게로 돌아와 비추어보면 한 사람이 가다가 만 원짜리를 하나 주웠는데 배가 고파서 빵을 사먹었다. 그런데 같은 교회에 다니는 사람이 이것을 보고 하나님을 믿는 사람이 주인을 찾아주지 않고 그렇게 빵을 사먹으면 되느냐며 꾸짖는 것이다. 그 사람은 지갑을 가지고 오지 않아서 일단 빵부터 사먹고 주인을 찾아주고자 했을 뿐인데 그 교인이 사람들에게 바로 저것이 악이다. 저렇게 나쁜 짓을 하고는 천당에 가지 못한다. 너희들은 절대로 저런 일을 해서는 안 된다고 이야기하는 것을 들었을 때 과연 무슨 생각이 나겠느냐하는 것이다. 그 사람의 마음에 너희들은 얼마나 깨끗하고 바르게 사는지 한 번 두고 보자고 하는 분노의 마음이 더 강하게 생겨난다는 것이다. 이것을 너희는 잘 알아야 한다. 단순한 선악의 구별이 더 큰 선악으로 자라난다는 것이다. 선악의 구별로서 악을 다스리는 것이 아니라 사랑과 믿음으로 다스려야 한다. 선과 악을 구별하지 않고 사람과 사람을 믿고 선과 악이 화합하는 종교로 가야 한다. 이것이 바른 종교이다. 그래서 선도수련은 신을 믿는 것이 아니라 사람과 사람을 믿는 수련이며 선과 악을 분별하는 것이 아니라 모두 다 한 뿌리라는 것을 깨닫게 해주는 수련이다. 한 뿌리라는 것을 느낄 때 내가 바뀌고 모든 것이 달라진다. 석가와 예수는 나와 동떨어진 신의 대상이 아니라 사람의 몸으로 대각大覺을 보여준 존경과 스승의 대상일 뿐이다."

볼 수 있는 거리

조급함

"조급함이 많으면 속임을 당할 일이 많아진다. 일정한 거리를 두고 책을 읽을 때 내용을 알 수 있는 것이지 너무 급한 나머지 눈앞에 바짝 갖다 대고 읽으면 한 글자도 보이지 않는 법이다. 내가 볼 수 있는 거리가 적당할 때 정확하게 보이고 또렷하게 보이게 되는 것이다. 또 아무리 거리가 잘 맞아도 급하게 읽고, 급하게 알려고 하면 내용에 대한 흐름은 조금도 알지 못하게 된다. 조급함은 결국 잘못된 흐름으로 이어지기 쉬운 것이다. 적당한 거리를 두고 또박 또박 읽는 것이 상식이고 기본이 되어야 한다.

그래서 수련도 마찬가지로 적당한 거리에서 정확하게 행하면서 느껴지고 경험하게 되는 것이지 단숨에 이루려고 익히지도 않는 것을 날로 먹게 되면 탈이 나는 것과 같은 이치이다. 뭐든지 순리에 맞추어 차근차근 나가면 안 되는 것이 없다. 항상 조급함을 조심해야 한다."

처음엔 저도 성질이 엄청 급한 편이었습니다. 스승님과 움막 생활한 지 2년이 지나도 수련 방법을 가르쳐주지 않고 산행만 하시는 것입니다. 어떠한 방법도 안 가르쳐 주니 조급증이 나기 시작하는 것입니다. 스승님이라고 믿고 따라 왔는데 수련은 하나도 안 가르쳐주고 잡다한 일들만 시키는 것입니다. 특히 산행을 할 때면 텐트치고 밥하고 설거지하는 일과 산에서 쓸 모든 짐을 내게 맡기니 배낭의 무게는 자꾸 늘어나서 힘든 나머지 참다못해서 스승님 산행만 하려고 따라다니는 것이 아니라 수련을 하고자 하는 것인데 수련은 안 가르쳐 주고 왜 산행만 시키는지 모르겠다고 하자. 삽을 한 자루 주시면서 네가 삽질을 잘 하니 땅을 파라는 것입니다.

갑자기 화가 났습니다. 이때까지는 참았지만 도저히 참을 수가 없어서 못하겠다고 하자. 그러면 하지 말라며 스승님이 하시던 일을 계속하시는 것입니다. 얼마나 화가 나든지 그 길로 산을 내려와 버렸습니다. 막상 내려와 보니 마땅히 할 일이 없었습니다. 산에 있던 습관이 몸에 배어서 무슨 일이든 하려고해도 잘 되지 않는 것입니다. 머릿속에서는 움막의 생활을 그리워하고 마음으로 산을 수십 번을 더 왔다 갔다 하기에 부끄러움을 무릅쓰고 스승님이 없는 사이에 움막으로 들어가서 생활을 했습니다. 이틀이 지나자 스승님은 저를 부르시더니 말씀을 하시는 것입니다.

"너의 그 조급한 마음을 버리지 못하면 수련을 가르칠 수 없다. 설사 가르쳐 준다고 해도 네 스스로가 수련을 하지 못할 것이다. 지금 대맥 유통을 가르쳐 주었다고 하자. 네 몸 상태가 대맥이 돌아갈 상태가 아니기 때문에 너는 별것이 아니라고 생각하고 대맥 유통을 하지 않음으로서 다음 단계를 넘어서지 못하고 결국 수련을 포기하고 말 것이다."

활자

"먼저 산을 타게 한 것은 너의 몸을 만들기 위함이었고 또 빈번히 너의 마음에서 일어나는 화적인 마음과 아상을 꺾기 위함이었다. 네가 기존에 있는 상들을 그대로 가지고 수련을 할 수는 없는 일이다. 요즘 사람들은 수련을 배우겠다고 해놓고 자신의 지식과 아상으로만 받아들이고 있으니 수련이 될 리가 없는 것이다. 자신의 상을 꺾고 받아들이면 수련이든 무엇이던 간에 다 되는 것이다.

스승이 이것이 찻잔이라고 하면 찻잔이 가지고 있는 느낌을 받아들이고 경험하면 되는 것인데 누가 만들었을까, 비싼 것일까 이런 생각을 하다 보니 차 맛도 모르고 느낌도 모르고 헷갈리기만 하는 것이다. 조급한 상과 지식은 사기꾼밖에 만나지 못한다. 왜 그러냐하면 급함은 욕심 때문에 생기는 것이며 상황을 제대로 보지 못하게 함으로서 속임을 당하게 되는 것이다. 욕심은 욕심을 만나게 되어 있는 것이 세상의 이치이다. 물질에 욕심이 있는 사람은 항상 물질에 사기를 당하고 도에 욕심이 있는 사람은 도의 사기꾼과 만나게 되는 것이다.

그래서 급함을 다스리는 것이 수련에 가장 첫번째이기 때문이다. 그리고 활자에 속지 말아야 한다. 활자는 부도 수표와 같아서 보기에는 그럴 듯하지만 사용할 수 없는 것이다. 수련도 마찬가지로 활자가 훨씬 더 많은 것을 알게 하지만 느낌과 경험을 방해한다는 것을 알아야 한다. 수련은 활자가 아니라 철저한 느낌과 경험을 짚어 나가는 것이다. 행하고 행하는 가운데 느껴지고 경험하는 것이 진정한 수련이다.

그런데 요즘 사람들은 행함은 없고 느끼려고만 하니 수련이 되지 않는 것이다. 정성 없이 하늘에서 주기만을 바라고 있으니 될 리가 없다. 하늘이 감동할만한 정성이 있을 때 답을 얻게 된다. 네가 가르치면 흡수하고 받아들일 감정과 정성이 있어야 싹을 틔워 자라는 것이다. 그리고 자신이 가지고 있는 상과 관념을 거름으로 만들 때 깊고 넓게 자라게 된다. 자기 스스로 충분히 썩을 때 자랄 수 있는 에너지가 되는데 충분히 썩지 않은 거름은 싹을 죽게 만든다.

농촌에 가면 흔히 볼 수 있는 것이 거름무더기이다. 거름무더기란 흙과 짚과 인분 등을 골고루 섞어 비닐종이를 덮어씌우면 보름에서 한 달정도 충분히 썩히면 좋은 거름이 된다. 이것을 밭에다 주면 무슨 작물이던 아주 잘 자라게 되지만 반면에 제대로 썩지 않은 거름은 오히려 작물을 죽게 만든다는 것이다. 수련도 이와 같이 자신의 상과 관념을 가지고 수련하게 되면 느낌과 경험보다 지식으로 논쟁하고 시비하는 일들로 인해서 수련은 한 발짝도 나가지를 못하게 된다. 제대로 수련하려면 제대로 썩어야 한다. 썩기 위해서는 시련도 있어야 하고 방황과 아픔도 있어야 한다. 그래서 시련과 아픔을 두려워하지 말고 수용하고 받아들이기만 하면 저절로 되는 것이다. 처음부터 차근차근 해나가면 되는 것이다.”

스승님은 이렇게 말하시고 잠시 눈을 감으셨습니다. 지나온 날들을 떠올리는 것처럼 말입니다.

울타리

"오늘은 성재가 나에게 계율에 대해서 질문을 했다.

'스승님 계율이란 무엇입니까.'
'계율이란 울타리와 같은 것이다.'

울타리는 안의 것은 보호하고 외부로부터 오는 위험을 막기 위해 쳐놓은 것이다. 송아지 한 마리를 키우는데 풀어놓고 키울 수는 없는 일이다. 풀어놓고 키우게 되면 잃어버리거나 다른 동물에게 다치게 될 수도 있기 때문에 울타리를 쳐놓고 그 안에서 송아지가 다 자랄 때까지 키우는 것이다.

울타리가 송아지를 보호하는 것처럼 나라는 존재가 어떠한 깨달음 상태에 이를 때까지 계율로서 보호하는 것이다. 또 종교에서 계율을 만들어 수련하게 하는 것은 자신을 바르게 보게 하고 근본적인 흐름으로 유도해 가기 위함이다.

그래서 계율은 그 사람의 도량에 맞고 넓게 할 수도 있고 작게 할 수도 있다. 스승이 제자에게 맞추어 계율을 정해주어야 한다. 원래에 근본적인 수련에는 계율이 필요치 않은 것인데 깨달음과 정반대의 길을 가니 다른 곳으로 가지 못하게 스승이 계율로서 바른길로 이끌어 준 것이다.

결국 계율로서 깨달게 되면 울타리가 있어도 안과 밖이 같다는 것을 알게 되고 존재하면서 존재하지 않는 것이 된다. 또 계율을 철저하게 지키되 집착하지 말아야 하고, 느끼되 관념으로 느끼지 말아야 한다. 계율은 바름으로 인도도 하지만 자신을 가두는 창살이 될 수 있기 때문이다.

재성이가 다시 내게 물었다.

'경도 계율에 속합니까?'
'그렇다.'

왜냐하면 경은 본성을 찾아가는데 가장 좋은 울타리와 같기 때문이다. 그런데 알아야 할 것은 막무가내로 경을 울타리로 삼아서는 안 된다. '경은 그대로 두고 축기를 충분히 하고 난 다음 울타리로 삼아야 한다.' 축기가 충분하지 않은 상태에서 경을 외우게 되면 최면 상태로 이어져 관념화된 현상에 빠지게 된다. 그런 반면에 마음호흡을 충분히 하고 난 다음 경수련에 들어가면 상과 관념이 물과 같이 되어 어느 누구와도 걸리지 않고 본성으로 가는 울타리가 될 것이다.

축기가 충분히 된 상태에서 경전을 수련하게 되면 완전히 흡수하게 되지만, 축기가 충분하지 못하면 상과 관념으로 인해 왜곡 된 느낌만 받아들이게 된다. 석가와 예수는 각 한 명이지만 석가와 예수를 믿는 종교는 수백 개가 되는 것은 상과 관념 때문이다."

이어서 계속 말씀하셨습니다.

"경은 본성으로 가는 자신을 비추는 거울 같다."

본성으로 가는 길

"경은 본성으로 가는 자신을 비추어볼 수 있는 거울과도 같은 것인데 자신이 비추어진 모습을 보는 것이 아니라 거울의 모양에만 집착하고 있으니 근본의 뜻과는 맞지 않는 것이다. 그래서 유교든 불교든 기독교든 믿는 건 좋지만 자신의 의식이 관념화된 상태에서 믿느냐 축기로 관념을 풀고 믿느냐에 따라 본성의 근본이 달라진다.

그리고 경을 계율로 삼아 외울 때에는 의미를 가지고 외워서는 되지 않는다. 집안이 잘 안 풀려서, 원하는 것을 이루게 하기위해 경을 외운다면 결국 관념화된 현상에 빠져 모든 에너지를 그 쪽으로만 몰아가 생을 마치게 된다. 경은 깨달은 자가 깨닫지 못한 사람에게 본성으로 갈 수 있 수 있는 방법을 함축시켜 놓은 것이다.

예를 들어 사랑하는 마음을 어떻게 상대에게 표현할 것인가! 하는 문제와 같은 것이다. 깨닫고 보니 저렇게 아파하고 힘들어하는데 무엇인가 구원할 방법을 전한 것이 경전이다. 사랑한다는 것은 감정의 표현을 통해서 상대가 사랑하고 있다는 것을 알게 되는 것처럼 경을 계율로 삼아 가다보면 본성으로 가는 길이라는 것을 알게 된다. 미국에서는 사랑한다를 '알러뷰.' 라고 하고 우리나라에서는 '사랑합니다.' 라고 하는데 서로 단어는 다르지만 단어 너머의 감정은 같다는 것을 알 수 있다. 너희는 지금 너무 많은 본성으로 가는 길과 계율을 알고 있기 때문에 경전을 외워도 감응이 없는 것이다. 계율은 접어두고 경전과 감응할 수 있는 축기를 해야 한다. 내가 경험해 본 결과로는 마음호흡 수련을 통해 축기를 만들면 상과 부닥치지 않고 들뜨지 않는 상태에서 훨씬 깊고 넓게 경전의 계율을 이해하게 된다. 나는 이 계율을 통해서 너무나 많은 것이 달라졌고 행복해 졌다. 그래서 나와 인연 닿는 사람에게 사심 없이 전해 주고자 너희를 가르치고 있는 것이다.

항상 바른 계율을 지켰으면 한다."

발심과 구도심

다리

스승님은 우리를 가르치시며 항상 수련을 멈추지 않게 하는 것이 발심發心이라 하셨습니다. 그러시면서 발심에 대해 강의해 주셨습니다.

"발심이란 현 사회에서 상식적으로 '맞다' 고 하는 것과 '옳다' 고 하는 것이 어느 날 한 순간에 아닐 수도 있다는 무상함을 느끼는 마음이 발심이다. 이 무상함이 발심에 따라서 흔들릴 수도 있고 확고한 중심을 잡을 수도 있게 된다. 뿌리가 깊은 나무는 태풍에도 흔들리지 않지만 뿌리가 얕은 나무는 작은 비바람에도 넘어지게 된다. 그래서 무상함의 발심을 깊게 느껴야 한다. 깊게 느끼지 못하면 자신을 지탱하기가 참으로 어렵게 된다.

그리고 발심을 정리 정돈하여 구도심으로 넘어가야 한다. 만약에 발심에서 사회적인 마음으로 돌아가게 되면 허무주의에 빠지게 된다. 뭘 해도 좋은 것이 없고 공허한 상태가 계속되다가 죽든지 아니면 구도의 마음으로 돌아오게 된다. 발심이 한 번 일어난 사람은 항상 그 마음을 그리워하고 그 곳으로 가기 위해 발버둥치지만 사회의 인연과 집착으로 인해 고무줄을 허리에 묶고 달려가다가 힘이 빠지면 다시 돌아가는 것과 같은 이치이다. 그래서 발심은 깊게 하고 다시 발심에서 구도심으로 이어가야 한다.

구도심은 물질세계와 마음세계를 이어주는 다리와 같은 것이다. 구도의 다리를 넘게 되면 새로운 삶이 시작 되게 된다. 구도의 마음은 물질의 삶과 근본의 삶이 무엇이 다른가를 느끼게 해줄 것이다. 이것을 느끼면 물질이 집착의 대상이 아니라 근본으로 가기위한 하나의 물품과 같은 것이지 절대적인 것이 아니라는 것을 깨치게 된다. 그러면 물질로 인해 일어나는 시시비비와 갈등은 없어지게 된다. 그래서 스님과 같은 수행자들이 이 구동성으로 물질에 대해 한 집착을 놓으라고 하는 것이다. 수행자가 물질에 집착을 하게 되는 것은 물질의 단맛 때문이지만 결국 그 단맛 때문에 허무의 늪에 빠져 허덕이게 된다.

너희는 이 말이 무슨 말인지를 깨쳐야 한다. 깨치기 위해서는 앞에서도 말했지만 발심을 스스로 정확하게 짚고 구도심으로 근본에 들어가 익게 해야 한다. 이 익음은 어떠한 태풍과 비바람이 치더라도 흔들리지 않을 것이다. 한 단계 한 단계를 짚어주는 것이 스승이고 힘듦을 나누어 질 수 있는 것이 도반이다. 진정한 스승과 도반을 만나면 수련의 전부를 이룬 것이나 다를 바가 없다.

스승이 제시하는 뜻을 세우는 것이 발심이고 그 뜻을 통해서 내면의 근본으로 들어가고자 하는 마음이 구도심이며 근본마음에 머무는 것이 익게 하는 것이다.

항상 발심을 가지고 스승의 뜻을 따라야 한다."

도반

"한 여자가 남자의 정자를 받아 어떠한 거부와 가림도 없이 한 생명을 자라게 하는 것처럼 스승의 뜻을 받아 수용적이고 이해적인 상태에 들어가게 되면 경험과 느낌이 나타나기 시작한다. 경험과 느낌을 통해서 깨칠 때 갓난아이가 태어나는 것과 같다. 아이가 태어나게 되면 엄마의 모든 에너지가 아이를 양육시키는 것과 같은 것이 된다. 스승을 받아들일 준비가 되면 스승의 모든 에너지가 제자에게 간다. 제자는 그 에너지를 구도심으로 받아 근본으로 승화시키면 스승이 느꼈던 것보다 더 깊고 넓음을 깨닫게 된다. 수련으로 너희를 이끌어가는 것은 발심과 구도심을 만들기 위해서이다.

그리고 스승은 항상 제자가 더 나아지기를 바라는 마음에서 수련을 지도해야 한다. 부모가 자신보다 더 나은 사람으로 키우고 싶은 것처럼 스승 또한 제자를 그렇게 키워야 하는 것이다. 만약에 스승이 제자 가르치기를 게을리 하면 제자가 다잡고 그 다잡음을 받아들이지 못하면 스승을 떠나야 한다. 반면에 제자를 가르치기 위해서 흐트러지는 것을 구별해야 한다. 구별하는 방법은 여러 가지가 있지만 그 중에 한 가지는 흐트러짐을 엄격하게 한다는 것이다. 무지함에서 흐트러지는 것이 아니라 자신의 선을 벗어나지 않는 상태에서 제자를 가르치는 것이다. 이것을 볼 수 있는 제자가 될 수 있어야 한다.

우리 수련에는 스승이 없다. 단지 도반만 있을 뿐이고 그 도반이 엄격하게 따지면 곧 자신의 스승이 될 수도 있다. 서로 이끌어줄 수 있는 스승이자 도반이어야 하고 또 울타리가 되어줄 때 진정한 수련이 될 것이다. 이렇게만 되면 윗대의 스승보다 그 윗대의 스승보다 더 깊은 깨달음을 얻게 될 것이다. 행복과 불행을 즐길 수 있는 한 마음을 터득하는 것이 이 수련의 근본적인 목표이다."

그러시면서 우리에게 여섯 가지 약속을 십 년동안 지키게 하신 것입니다. 이 여섯 가지 약속을 진실하게 한 마음을 놓치지 않고 사회에서 십 년동안 지키면 네가 할 수 있는 무슨 일이든 흐트러짐 없이 하게 될 것이라 했습니다. 그래서 십 년의 약속을 지키는 동안 스승님의 이야기를 한 번도 해 본적이 없습니다. 단지 할아버지라고 얘기를 했을 뿐입니다. 다들 친할아버지의 이야기로 알고 계십니다. 십 년이 되고부터 제가 스승님이라고 얘기하고 이 책을 내게 된 겁니다. 스승님은 우리가 갈등하고 방황하면 발심과 구도심을 굳히기 위한 흐름이기 때문에 충분히 발산하고 아파하라고 하셨습니다.

그냥 보여 주기만 하면

스승님은 우리에게 강조하셨습니다.

"지금 너희에게서 일어나는 허무가 더 절실하게 깊어질 때 새싹이 올라온다. 감 씨앗이 싹을 틔우기 위해서는 껍데기와 살이 썩을 때만이 싹이 튼다는 것이다. 껍질과 살은 싹이 트기위한 일차적인 에너지인 것이다. 그래서 너희가 여태까지 살아온 모든 것이 철저하게 무너질 때 발심과 구도심의 싹이 트게 된다.

그런데 현재 가지고 있는 관념과 상으로 수련한다는 것은 머지않아 씨앗조차 썩게 만들 수도 있다. 그러니 철저하게 더 아파해야 하고 더 허무를 느낄 때 근본과 하나가 될 수 있다. 보통 사람이 우울증에 빠지는 이유는 물질세상과 정신세상의 갈림길에서 우울증을 느끼게 되는 것이다. 세상에 좋은 것도 없고 내가 왜 사는지도 모르겠다고 하는 마음을 방치하면 더 깊은 우울증에 빠져서 정신이 나가거나 자살을 선택하게 된다.

또 우울증을 치료한다는 것이 좋은 것과 즐거운 것을 한다고 해서 해결되는 것은 아니다. 자신이 좋아하는 것으로 해결하려고 하다보면 더 경직되고 굳어지게 된다. 50대 후반의 사람들과 대화를 해보면 공통적으로 나타나는 현상이 질문을 하고는 답을 듣지 않는다는 것이다. 궁금한 점을 질문해놓고는 답을 듣지 않다가 나중에 왜 답을 주지 않느냐며 오히려 화를 내게 된다. 마음에 허무가 왔을 때 한 마음을 얼마만큼 정확하게 잘 느끼고 받아들이는가에 따라 다르게 된다. 이 받아들임이 개벽이다.

그래서 너희가 허무에서 벗으나 발심으로 구도심을 갖게 되면 근본의 삶을 살게 된다. 또 이 수련이 근본을 찾는 수련인데 남들이 옳다 안 옳다고 하는 것은 너희의 몫이 아니다. 그냥 보여 주기만 하면 되는 것이지 따지고 논쟁할 필요는 없다. 각자의 근본을 얼마만큼 잘 닦고 밝게 하느냐가 중요한다. 수련은 억지로 되는 것이 아니라 자기 스스로 하는 것이다. 수련은 너무 급하게 쉽게 생각해서는 되지 않는다. 싹튼 씨앗이 갑자기 자라는 것이 아니라 세월을 통해서 자란다는 것을 명심해야한다.

이 수련은 종교처럼 단체화해서는 아니 되며 각자의 마음을 깨달을 수 있는 수련을 전개해야 한다. 지금 한 마음을 깨치지 못해 얽히고 얽혀 고통 받고 있는 사람들을 보면 너무 가슴이 아프다. 지금 뭔가 잡힐 듯 하면서 안 잡히고 뭔가 알 듯하면서 뭔지 모르겠고 그냥 막막함을 벗어나는 돌파구를 찾다보니 길 없는 길을 제시하는 단체와 스승을 따라가게 된 것이다. 그 단체와 스승의 말을 들어보면 귀와 눈이 솔깃해지지만 따라가서 막상해 보면 말처럼 되지 않는다는 것이다. 지금은 속고 속히는 세상이라 뭐가 옳음인지 그름인지 분간이 안 가는 세상이 되어버렸다."

약속

여섯 가지 약속

스승님과 함께 수련을 하면서 이 수련을 세상에 알려야겠다는 마음을 먹고 있을 때 쯤 스승님은 우리에게 약속을 하자고 제안 하셨습니다.

"무슨 약속을 하자는 말입니까?"
"약속이라는 것은 서로가 지켜야 하는 마음이다. 만약에 약속을 지키지 않으면 결국 상대와의 관계를 유지할 수 없게 된다. 상대와 내가 약속을 지킨다는 것은 상대를 믿고 신뢰하기 때문이다. 또 서로가 함께 할 수 있는 장場을 마련하기 위해서다."

그러시면서 한참을 침묵 속에 계시다 말을 이었습니다.

"나도 때가 되면 이 세상에 없을 몸이기에 너희와 약속을 통해 함께할 수 있는 장을 마련하고자 한 것이다. 내가 죽고 나면 사회에 나가 개인적으로 수련하든 움막에 남아서 수련하던 별 상관이 없지만 너희 스스로 다잡을 수 있는 무엇인가가 있어야겠기에 나와 약속을 하자는 것이다. 너희를 다잡을 수 있는 것이 없으면 게을러져서 이때까지 쌓아온 모든 수련이 흩어지게 된다. 그리고 아직까지 너희들 수련이 완숙 단계에 들지 못했고 또 내가 몸 벗을 날이 얼마 남지 않았기 때문에 나와 약속을 하자는 것이다. 내가 하고자 하는 약속은 엄격하게 따지면 결국 자신 스스로에게 하는 약속이 될 것이다. 약속은 여섯 가지이고 이 약속을 십 년을 지켜야한다."

우리들 한 사람을 한 사람을 꿰뚫어 보시는 시늉을 하시며 약속을 제시 하셨습니다.

"나와 한 이 약속을 십 년 동안 지켜야하는 이유는 너희 자신을 익게 하기 위해서이다. 십 년이라는 세월은 짧은 세월이 아니며 열이라는 단어와 같은 의미를 가지고 있다. 열은 완성의 숫자이고 완성은 완벽함을 말하기 때문에 이 완벽을 이루게 되면 어떠한 곳에 가더라도 너의 본연의 모습을 잃지 않게 될 것이다. 만약에 완전히 익지 못하게 되면 너희는 본연의 자리를 잃고 너와 남을 해쳐서 힘든 삶을 살게 될 것이다. 예를 들면 건물도 짓다가 그만두게 되면 보기도 흉하고 사람들을 해치는 범죄 장소가 되기 쉽고 또 얼마가지 않아서 누군가가 허물어 버리게 된다. 그런 반면에 완성이 된 건물은 어떤 사람이 오더라도 편히 쉴 수 있게 되고 그 누구도 허물지 못하게 되는 것과 같은 것이다. 그래서 완성을 이룰 때까지 자신을 익게 할 시간이 필요한 것이다. 이 기간이 십 년이며 십 년을 잘 지키면 큰 공부가 될 것이다."

그렇게 다짐을 받으시고는 여섯 가지의 약속을 한꺼번에 이야기 하시는 것이 아니라 몇 개월에 걸쳐서 한 가지씩 이야기 하셨습니다.

물질에 집착하지 말라는 약속

스승님의 첫번째 약속은 물질에 집착하지 말고 탐하지 말라는 약속이었습니다.

"모든 근본의 흐트러짐은 물질로부터 시작되기 때문에 이것을 경계하고 조심해야 한다. 나무에 거름이 없으면 자라지 못하지만 거름이 너무 많아도 웃자라게 되고 죽게 된다. 그래서 항상 물질은 내 필요에 의해서만 받아들이지 그 이상의 안락과 쾌락을 위해 받아들이면 몸과 마음을 병들게 하는 것이다. 그래서 물질로 자신의 욕망을 채우는 수단으로 삼아서는 안 된다.

욕망을 채우기 위해서 물질을 탐하다보면 결과적으로 삶이 고통의 늪에 빠지게 된다. 현 사회에 살고 있는 사람들을 보면 행복의 조건을 모두 갖추었는데도 행복하지 않다는 것은 참 불행한 일이다. 물질의 탐욕 때문에 행복을 누리지 못한다는 것이 얼마나 불행한 일인지 모른다. 단지 물질 모으기에만 혈안이 되어서 자신의 모든 에너지를 허비하고 있다가 어느 날 죽음이라는 문턱에 다다르면 헛살았다는 느낌이 자신을 감싸고 쓸쓸한 죽음을 맞이하게 된다. 그래서 너희는 스스로 깨어나야 한다. 물질은 나를 흥하게도 하고 멸滅하게 할 수도 있기 때문에 물질의 적당한 선을 깨쳐야 한다. 물질의 선을 깨치기 위해서 물질의 빈곤함도 느껴봐야 하고 또 물질의 풍요함과 좋음도 느껴봐야 한다. 그래야 물질에 대해 집착하지 않게 된다.

등산복을 살 때에도 마찬가지이다. 옛날에는 등산에 필요한 좋은 바지들이 나오지 않아서 등산하기에 많은 불편함이 있었지만 요즘은 기능성 바지도 나오고 좋은 등산장비가 많이 나와서 등산하기에 얼마나 편한지 모른다. 그러나 옛날의 불편한 등산 바지를 입고도 산행을 못한 것은 아니다. 그런데 사람들은 모든 등산장비가 잘 갖추어져야만 산에 갈 수 있다고 생각한다. 등산장비의 편안함이 산행을 잘하게 해줄 것이라는 막연한 믿음이 장비에 집착하게 하는 것이다. 좋은 장비가 어느 정도는 도움을 줄 수는 있지만 결코 그것만이 산행을 잘하게 해 주는 것은 아니다. 진정으로 산행을 잘 할 수 있는 것은 산행을 하고자 하는 마음이 있을 때만이 가능하다. 이 마음이 중요한데 대부분 사람들은 무조건 좋은 신발, 좋은 등산복을 구입해 입고는 딱 한 번 산행하고는 산행을 잘 하지 않는다. 자신의 몸은 생각지도 않고 장비와 산을 원망하면서 산행을 포기하는 경우가 허다하다. 장비에 대한 욕심보다 먼저 자기 몸을 생각하고 몸부터 단련하고 나서 좋은 장비를 구입해야 하는데 장비부터 구입한다는 것이 막연한 욕심이다. 진짜 산행을 위한 바지를 사게 되면 그것은 물질에 대한 탐욕이 아니다. 그런데 보여주기 위해서 메이커 있는 상품에 집착한다는 것은 욕심인 것이다."

그래서 스승님께서 다시 말씀하셨습니다.

"너희가 세상에 나가 노동에 대한 정당한 대가를 받는 것은 당연한 것이다. 그런데 노동의 대가 이외의 것은 항상 경계하고 받아서는 안 된다. 또 정당한 노동의 대가는 너희를 행복 되게 하지만 반면에 노동한 만큼 대가를 받지 못하면 원망하는 마음이 생기게 될 수 있다. 그래서 정당하게 베풀 수 있어야 하고 정당하게 대가를 받아야 한다. 그리고 정당하게 벌었다하더라도 그것으로 자신의 안락을 추구해서는 되지 않는다. 안락은 대가 외의 돈을 바랄 수 있는 늪이 될 수 있기 때문이다.

항상 밝은 데로 가고 밝은데서 거래가 될 수 있도록 해야 하고 남이 나에게 물질을 베풀 때 그 물질이 어떤 마음인가를 구별해야 한다. 만약에 이익에 대한 거래의 마음이면 단호하게 물리쳐야 하고 따뜻한 감사의 마음이면 한 마음 다해서 받아 들여야 한다.

또 아무리 따뜻한 감사의 마음에서 베푼다 해도 그 도를 넘어서게 되면 보이지 않는 섭섭한 마음이 생겨나 원망하게 된다. 처음에는 이익이 없이 돕게 되지만 자신이 어려워지거나 힘들어지면 자신도 모르게 도와주기를 바라는 마음이 생기고 만약 도와주지 않으면 원망하고 미워하게 된다. 그래서 베푸는 마음과 도와주는 마음을 잘 가려야 한다. 물질을 가리는 마음이 너무 지나치면 아집이 될 수 있다. 물질은 항상 들어오고 나가는 것이다. 물과 같이 흐르는 것이기 때문에 그 흐름을 얼마만큼 정당하고 바르게 하느냐에 따라서 행복과 행복하지 않음이 결정되게 된다.

그래서 물질에 대한 흐름을 스스로가 잘 구별해서 흐르게 하고, 물질을 내세우는 사람과는 주지도 받지도 말아야 한다. 물질을 내세우는 사람들은 결국 물질로 원망하거나 칼과 창을 만들어 상대를 해치기 때문이다. 그런 반면에 상대가 일어나려고 할 때, 뭔가 소신껏 하려고 할 때 도와야 한다. 가문 나무에 거름과 물이 모자라서 목말라 있을 때 한 줌의 거름과 물은 나무를 진정으로 살릴 수 있게 된다. 그래서 물질에 대한 흐름을 스스로가 깊게 생각하여 잘 구별해서 바른 수행이 되도록 해야 한다.

앞에서도 말했지만 물질의 선을 정확하게 그어야 한다. 물질의 선을 그어 놓지 못하면 무엇이 욕심이고, 무엇이 보시이고, 사랑인지를 구별하지 못해 결국 삶을 허무하게 만든다. 현재의 사람들은 물질의 선을 모르고 있다. 그러니 부족하다 싶으면 무조건 채우려고 하는 욕심으로만 살고 있는 것이다. 그러면 물질의 선은 어디이고 어떻게 정할 것인가가 궁금할 것이다."

나 또한 이 선이 궁금했습니다. 그래서 스승님에게 물었습니다.

"물질의 선은 어디이고 무엇입니까?"

스승님이 대답하셨습니다.

"내가 현재에 벌고 있는 물질만큼이 너의 선이다. 너의 수입만큼만 누리고 살면 된다. 나의 수입에만 맞추어 살면 넘치지도 않고 줄지도 않는다는 것이다. 그런데 대부분 사람들은 자기 수입보다 더 많음을 지출하기 때문에 결과적으로는 욕심을 부리게 되는 것이다. 지출이 많아지게 되면 궁핍한건 당연한 일이다. 또 수입을 내 가족과 자신을 위해서만 써서는 되지 않는다. 우리 주위에 보면 자기 가족만을 위해서 사는 사람들을 보면 얼마나 이기적인지 모른다. 현 사회의 기준점에서 보면 맞을 지도 모르지만 결과적으로 보면 물질의 선을 지키지 못한 것이 된다. 자기 수입의 70%는 나와 가족을 위해 쓰되 30%는 남을 위해 쓸 때 모든 관계들이 쉬워지고 서로 도우는 관계가 되기 때문이다. 우리는 혼자 사는 세상이 아니다. 자동차의 윤활유가 엔진을 부드럽게 하는 것처럼 물질의 선이 삶을 부드럽게 해줄 것이다."

스승님은 항상 물질을 생각하고 물질이 넘치거나 고이지 않게 하라고 하셨습니다.

스승과 명예에 집착하지 말라는 약속

한 달이 지나 두번째 약속을 말씀하셨습니다. 두번째 약속은 스승과 명예에 집착하지 않아야 한다고 하셨습니다.

"처음 수련을 시작할 때에는 무엇이든지 수용하고 받아들이기 위해 노력하다 어느 날 수련이 완성되었다는 생각으로 남을 가르치게 되면 자신도 모르게 아상이 높아지고 내가 누군데 하는 아집으로 변하게 된다. 또 내가 이만큼 어렵고 힘든 수련을 했는데 하는 생각이 상대를 업신여기게 하고 새로운 종교를 만들어 사람들을 혼란에 빠지게 할 것이다. 그래서 항상 상이 높아지는 것을 경계하고 염려해야 한다. 현재 종교의 종파 갈등과 학계의 학파 갈등 등 모두가 내가 옳다고 생각하는 상하나 때문에 함께하지 못하고 대립하여 싸우는 것이다.

그리고 또 내 윗대 스승에 집착한다는 것이다. 예수, 석가, 공자에 집착함으로서 대립하고 있다는 것이다. 스승은 나에게 진리를 전해주는 공경의 대상이어야 하는데 지금의 스승들은 절대적인 권위만을 내세우고, 하나를 물으면 거기에 합당한 말을 하는 것이 아니라 자신이 어떠한 사람이고 내가 그것을 얻기 위해서 얼마나 피나는 노력을 했는가를 말하고, 우리 학파와 가문은 대단하고 다른 학파와 가문은 몹쓸 것들이라 이야기하며 믿음만 강조한다. 이것을 가만히 지켜보면 진정한 답은 없고 자신이 대단하다는 말밖에 되지 않는다. 석가와 예수를 믿는 것이 아니라 종파와 교파만 믿고 있는 것이다. 나는 무슨 종, 너는 무슨 종 또 나는 무슨 교, 너는 무슨 교하면서 싸우고 있는 것이다. 이렇게 싸우는 것은 모두가 스승에 집착하기 때문에 생기는 싸움이다.

내가 한 여자를 사랑한다고 할 때 다른 여자는 보이지도 않는 것과 같은 이치이다. 또 어떤 사람이 당신여자는 아름답지 못하다고 하면 화를 내고 싸우게 된다. 이러한 싸움은 바로 스승에 집착된 마음에서 시작되는 것이다. 그래서 스승은 하나의 종파와 교파가 아니라 인人의 몸으로써 법과 진리를 실천하는 본보기가 되어야 한다.

그리고 스승은 절대적인 신앙의 대상이 아니라, 공경의 대상이며 나도 스승님처럼 할 수 있다는 희망의 대상이어야 한다. 그런데 너희는 아집과 관념으로 스승을 따름으로 해서 이 엄청난 시비와 갈등으로 허우적대고 있다.

또 너희가 알아야 할 것이 제자 자신이 스승을 극진히 존경함으로서 아집이 높아지고 있다는 것이다. 내가 스승을 극진히 모시면 나의 제자들 또한 나를 극진히 모실 것이라는 보이지 않는 명예에 빠지고 있다. 지금 종파와 교파의 일만은 아니다. 자신도 모르는 명예욕에 빠져 살고 있는 사람들을 우리 주위에서도 흔히 볼 수 있다. 학교나 직장에서 만들어 지는 선후배의 사이가 그렇다. 선배를 깍듯이 모심으로 해서 후배들도 자신을 깍듯이 모시라는 무언無言의 압력과 같은 것이 된다. 스승과 선배들에게 내가 어떻게 했는데 라는 명분을 가지고 후배들을 다잡을 수 있게 된다. 자신이 스승과 선배에게 제대로 대접하지 않고 후배들에게 대접받으려고 하면 명분이 없다는 것이다. 이 명분名分이 명예와 아집을 만들고 있는 것이다.

그래서 스승을 지나치게 공경하고, 떠받드는 자체가 자신을 명예롭게 하기 위해 하는 일일수도 있기 때문에 경계해야 한다. 스승은 나의 근본과 근본을 이어주고 깨닫게 하는 고마움과 감사의 대상이지 명예욕을 높이기 위한 방편의 대상이 아니다.

자신의 능력을 항상 경계하고 다잡아 내면의 깊고 넓은 한 마음속으로 들어가 아집과 명예를 잘 다스려야 한다. 그리고 윗대의 스승을 빌미로 해서 자신의 명예를 높이는 일이 있어서는 되지 않는다. 스승에 집착하고 자신의 명예에 빠지게 되면 너를 믿고 따르는 사람을 고통스럽게 할 수도 있기 때문이다. 현 사회만 보더라도 한 스승의 잘못된 생각 하나가 얼마나 많은 가정을 파탄시키고 많은 사람들을 죽음으로 몰아가고 있는지 모른다.

너희도 사회에 나가면 한 스승이 되어 많은 사람들을 가르치고 이끌게 될 것이다. 이끌 때에 주의해야 할 것은 자신의 명예를 높이는데 신경 써서는 아니 되고, 항상 열어주고 들어주는 스승이 되어야 한다. 이 말을 꼭 명심해야 한다."

그리고는 눈물을 보이셨습니다.

"나는 이렇게 좋은 제자를 만나 아무 마음고생 없이 가지만 너희들을 저 고통의 바다로 떠나보내야 하는 마음이 무겁기만 하구나!"

한참을 하늘을 보시고는 말씀하셨습니다.

"하루에 한 번씩은 꼭 하늘을 보거라. 어떠한 것에도 집착함과 잘남과 과시가 없이 항상 그러한 햇볕과 생명을 주는 저 하늘을 스승의 기준점으로 잡아 사회에서 행하고 행해라. 그리하면 고마운 스승, 감사하는 스승이 될 것이다."

그리고는 세번째 약속을 연이어 말씀해 주셨습니다.

사람을 현혹시키지 말라는 약속

세번째 약속은 사람을 현혹시키지 말라고 하셨습니다.

"현혹이라는 것은 상당히 중요하다. 사람은 자기가 알고 있는 것과 생각하는 것을 그대로 보여주고 이야기하지 않는다. 항상 보태거나 축소하여 전달한다. 예를 들면 과거에 수련을 함께하던 여인을 우연히 찻집에서 만나 수련에 관한 이야기를 잠시 하고 있는데 아는 사람이 이 광경을 보고 어떻게 생각하겠느냐고 하는 것이다. 두 사람은 각자 서로 만나기로 한 사람을 만나고 헤어졌는데도 말이다. 그 광경을 본 사람은 많은 생각을 하게 될 것이다. 또 다른 사람을 만나면 누구누구는 어떤 여자와 그렇고 그런 사이라는 말들이 붙어나기 시작하여 얼토당토 않는 관계를 만들어 버리게 된다.

너희는 여기서 말이 전달될 때에 말이 불어난다는 것을 알 수 있다. 말이라는 것은 항상 불어나면 불어나지 줄어드는 법이 없다. 왜 그대로를 옮기지 못하고 불어나느냐 하면 상想 때문이다. 상은 항상 남에게 잘 보이려고 하는 마음을 가지고 있기 때문에 없는 것도 있는 것처럼 말하는 것이다. 계모임이나 동창회에 가면 가장 잘 알 수 있다. 자신이 가지고 있는 것을 그대로 보이면 상이 자극을 받아 자존심을 상하게 하기 때문에 있는 그대로를 보이지 못하고 없는 것을 있다고 하는 것이다. 수련도 마찬가지이다. 느끼고 경험하지 못한 것을 경험한 것처럼 이야기함으로서 자신을 돋보이고자하는 마음 때문에 잘못된 수련을 지도하게 되는 것이다.

결국 이 돋보이고자 하는 마음이 현혹眩惑이다. 현혹이란 없는 것을 있는 것처럼 생각하고 말하여 남과 나의 마음을 어지럽게 하는 것을 말한다. 반대로 말이 줄어드는 경우도 있는데 이 경우는 남이 나보다 낫다는 생각이 들 때 말이 줄어들게 된다.

예를 들면 A라는 사람 아들이 초, 중학교 때는 공부도 못하고 항상 꼴찌에서 벗어나지 못하다가 고등학교에 가면서부터 반에서 2,3등 하게 되었고 같은 친구인 한 명은 이와 반대로 초, 중학교 때 전교 2,3등을 하든 아이가 고등학교에 가면서 하위권에 머물고 있다고 했을 때 하위권에 있던 부모는 A라는 친구의 아들을 이야기할 때에 그렇게 2,3등을 한다는 것을 정확하게 말하지 않고 얼버무리며 말을 하게 된다. 이와 같이 남이 잘되고 좋은 일은 덧붙여 말을 하지 않지만 나쁜 일은 정확하게 모르면서 본 것처럼 이야기 하는 것은 다른 사람의 못남을 통해 자신을 나타내고자 하는 상 때문이다. 바꾸어 말하면 남에게 돋보이자는 마음 때문이다. 이 돋보이고자 하는 마음이 현혹이다. 진실과 진실이 보이는 것이 아니라 상과 상이 만들어내는 현혹만 보게 된다.

아는 사람의 이야기이다. 초등학교 동창들이 40년 만에 처음으로 모이게 되었다고 한다. 시골에 있는 초등학교 이다보니 동창들이 많지 않아 화기애애한 분위기로 이야기꽃을 피우고 있는데 친구 한 명이 고급 승용차를 타고 와서는 자기가 성공한 것을 자랑하면서 많은 기부금까지 냈다고 한다. 동창회를 마치고 돌아가는 그 차의 번호판을 보고 다른 친구 한 명이 그 차는 자신이 소유하고 있는 차가 아니라 빌려 타는 렌터카라고 했다는 것이다. 이와 같이 사람은 항상 자기를 과시하고 싶어 한다. 과시함으로서 자신을 돋보이고 싶어 하지만 결과는 허무한 것이다. 과시에는 아무 것도 없다. 아무것도 없는 것을 있는 것처럼 행동하니 모든 것이 힘들어지는 것이다. 그래서 과시로 사람을 현혹시켜서는 안 된다.

과시에는 드러난 과시와 감추어진 과시가 있다. 들어난 과시는 너무 잘 알고 있지만 감추어진 과시를 잘 알지 못해 우리는 현혹되고 있다. 지금 우리 주위에 스승이라고 하는 사람들을 잘 살펴보면 자신은 못났고 보잘 것 없다고 강조하는 자체가 과시이며 현혹이라는 것이다. 예를 들면 나는 모든 전 재산을 사회에 기부했고 누구보다 검소하게 살고 있는 이것이 보통 사람과는 다르다고 말하고 있다. 이 말하는 자체가 과시이다. 이것은 감추어진 상의 과시이기 때문에 구별하기가 참 어렵다. 보통 사람은 그러한 물질을 버릴 수 없는 것인데 나는 이렇게 버렸다는 것이 얼마나 바른 수련을 했느냐며 말하지만, 결국 낮음을 통해서 과시를 하고 현혹시키는 것이다. 그러니 종교가 현혹시키고, 백화점이 특별 세일로 현혹시키고, 연인들이 죽도록 사랑한다고 하면서 현혹시키고 있는 것이다. 세상의 모든 근본이 현혹되고 있다. 우리는 이 현혹을 잘 살펴야 한다. 현혹 되어 잘못 따라 가다보면 더욱더 힘들고 지치게 되어 결국 쓰러지게 된다.

그래서 노자가 말하기를 천지불인天地不仁 이라고 했다. 천지는 어질고 인자한 것 같지만 어느 쪽에도 치우침이 없이 냉철하여 어질지 않다는 뜻이다. 그런데 우리는 천지와 신의 인자한 모습을 믿고 있다. 천지와 신을 사람 입장에서 생각하고 보기 때문에 인자한 것 같지만 객관적인 입장에서 볼 때 인자함은 없다. 사람들은 천지와 신의 인자한 상을 만들어 믿음으로서 스스로 현혹되어 과시하고 있는 것이다.

너희는 천지와 신의 인자함을 짚어보고 상이 아닌 생명 전체의 인자함을 느껴야 한다. 인자함은 다른 것이 아니라 가름이 없고 한결 같은 베풀음을 말한 것이다. 만약에 정확하게 계산하고 정확하게 짚게 되면 차갑다. 정나미 떨어지네! 등 기타 말들을 많아지게 된다. 천지와 신의 베풀음은 공평하고 정확하게 다가오고 있는데 우리 스스로가 만든 천지와 신을 가지고 과시하여 허물과 잘못을 감추고만 있는 것이다.

그래서 우리는 천지와 신을 현혹시키지 말아야 한다. 지금 내가 말하고 있는 자체도 너희들을 현혹시키고 있는지 모른다. 대부분의 사람들이 현혹되는 것을 보면 마음이 떠있기 때문이다. 자신의 내면에 머물고 가라앉아 있으면 어떠한 유혹이 오더라도 현혹되지 않는다. 현혹되지 않을 때 너와 내가 가장 이상적인 만남이 될 것이다.

자연을 보면 현혹 없이 스스로 그러한 형태로 돌아간다는 것을 알 수 있다."

갑자기 성재가 손을 들어 스승님에게 물었다.

"봄이 되면 꽃을 피워 벌을 유인하는 것도 현혹이 아닙니까?"

스승님은 미소를 지어보이며 말씀하셨습니다.

"성재야, 참 어리석은 질문이다. 항상 내가 말했거늘 아직 모르느냐. 자신의 입장에서 질문을 하게 되면 논쟁밖에 되지 않는다. 그러니 전체를 생각한 다음 질문을 하는 것이 좋다."

그리고는 말을 이어갔습니다.

"벌을 유인하는 것이 아니라 벌에게 나누어 주는 것이다. 꽃은 벌에게 꿀을 주고 자신의 꽃가루를 이동시켜 열매를 맺기 위함인데 사람들은 꽃이 벌을 현혹한다고 생각한다는 것이 벌로 인해 자기에게 치우쳐진 생각 때문이다. 상대에게 나누어 줌이 없이 받는 것만 생각하기 때에 현혹되기 쉬운 것이다. 그래서 우리는 이 나눔을 잘 구별해서 현혹되지 말아야 한다."

그렇게 3개월이 지난 어느 날 스승님은 네번째 약속을 말씀하셨습니다.

때를 느끼고 행동하라는 약속

네번째 약속은 때를 느끼고 때에 따라 움직여야 한다고 하셨습니다.

"사람들은 때를 잘 모르고 있다. 지금 너희는 때가 무엇이라 생각하느냐? 때라는 것은 내가 생각하고 있는 바를 상대와 조율하여 행동하는 것을 말한다. 가장 정확하게 때에 따라 움직이는 것이 사계절이다. 봄이 되었을 때, 여름이 되었을 때, 가을이 되었을 때, 겨울이 되었을 때 만물은 이때에 따라 한 치의 오차도 없이 움직인다. 겨울이 아무리 길고 긴다 해도 봄이 되면 새싹들은 하나같이 잎을 피우게 된다. 만약에 새싹이 이때를 몰라 싹을 틔우게 되면 결국 죽게 된다. 때는 이처럼 냉혹한 것이다.

이와 같이 너희도 때를 모르고 살다보니 얽히고설키어 부닥치고 아파하며 사는 것이다. 그래서 너희는 때를 알아야 한다. 지나온 과거도 그냥 막 살아온 것 같지만 깊게 짚어보면 항상 때에 따라 움직였다는 것을 알 수 있다.

때에는 두 가지 때가 있는데 그 첫째가 나의 때가 있고 둘째가 상대의 때이다. 예를 들면 내가 생각하고 있는 것을 행동으로 옮길 때가 되었다 싶어서 행동으로 옮기지만 바깥인 상대의 때가 안 되면 결코 이루어지지 않는다.

다시 말해 사과나무가 가을이 되지도 않았는데 사과를 익게 하면 제대로 된 사과가 되지 않는다. 충분한 햇볕과 서리를 맞을 때만이 맛있는 사과가 되는 것이다. 지금 시장에 나가보면 철에 맞추어 나오는 과일은 달고 맛있는 반면에 철에 맞지 않게 나온 과일은 하나 같이 맛이 제대로 나지 않는다. 그래서 항상 때라는 것은 내가 되었다고 생각할 때 그때는 반이 된 것이다. 항상 때는 오대 오가 만나 십이 되는 것처럼 나의 때와 상대의 때가 하나가 될 때 완전한 때인 것이다. 너희는 이 완전한 때를 명심해야 한다.

지금 우리 주위에서 일어나고 있는 거래가 그러하다. 한 예로 집을 산다고 했을 때 사려고 하는 사람의 금액과 팔려고 하는 사람의 금액이 맞을 때 매매가 성립되지 사려고 하는 사람이나 팔려고 하는 사람이 터무니없는 금액을 제시하면 매매는 이루어지지 않는다. 이 매매는 상대와 내가 맞을 때만이 이루어지는 때라고 할 수 있다.

그러니 우리의 생각과 마음도 마찬가지로 상대에게 너무 강압적이고 일방적이어서는 되지 않는다. 항상 상대를 생각하고 어우러지는 때를 찾아야 한다. 봄이라는 때에 싹을 틔우고 여름이라는 때에 모든 활력으로 자라게 하고 가을이라는 때에 열매를 만들어서 겨울이라는 때에 쭉정이와 알자를 가려서 저장시켰다가 다시 봄에 싹을 틔우라는 것이다.

지금 너희를 만나 대화하는 것도 때가 되었기 때문에 이렇게 서로 대화를 주고받는 것이다. 관심 없는 사람에게 아무리 수련에 관한 이야기 해주어도 그것을 이해하지 못하고 대화를 하려고 해도 잘 되지 않는다. 이 강의도 받아들일 만한 때가 되지 않으면 잔소리로만 들리게 된다. 그래서 때를 잘 알고 행할 때 깊은 감응을 할 수 있게 된다.

나는 지금도 부모님을 생각하면 미안한 마음이 든다. 6.25사변이 막 끝나 많은 어려움을 겪고 있을 때 몸이 약한 나를 살리기 위해서 부모님은 사방으로 뛰어다녔지만 나의 병은 낫지 않았다. 하루는 방에 누워 뒤뜰을 보고 있는데 어머니가 오른손 중지에 피를 내어 닭 그림과 비슷한 그림위에 내 이름을 적으시고는 그것을 불사르면서 나의 병이 낫기를 비시는 광경을 보고 있자니 정말 가슴이 아팠다. 그 길로 나는 절에 가기를 원했고 절에 가면 다 나을 수 있을 것이라는 말씀을 부모님께 하루에도 수십 번씩 하였다. 아직도 나를 절에 맡기고 돌아서던 어머니의 뒷모습이 생각이 난다. 내 생각 굽이굽이에 어머니의 모습이 눈앞에 선하기만 하다. 그래서 지금 이때에 효도하고 공경하게 되면 후회가 없지만, 때를 놓치면 쓰라린 후회만 남게 된다. 많은 세월이 지나서 때를 아무리 알아도 소용이 없다.

너희는 지난 세월의 때를 원망할 것이 아니라 현재의 때를 알고 그때와 어우러져 숙성해져야 한다. 믿음과 신뢰가 익은 정을 쌓고 이 정으로 때를 만들어야 한다. 이 정이 들어가지 않은 때는 때가 아니다. 수련도 마찬가지이다. 대맥이 돌고 소주천이 돌아가는 것은 돌아 갈만한 때가 되었기 때문에 돌아가는 것이지 돌아갈 때가 아니면 돌아가지 않는다. 돌아 갈만한 정성이 들어갔을 때만이 돌아가게 된다. 너희는 이것을 꼭 명심하고 항상 익음의 때를 생각하고 그때에 맞추어 살아야 한다."

이 말끝에 스승님은 눈시울을 적시었습니다. 스승님의 눈물을 우리는 잘 모르지만 아마 어머님께 죄송스러운 마음에 흘리는 눈물일 것이라는 생각이 들었습니다.

인연과 여자와 남자를 구별하지 말라는 약속

다섯번째 약속은 인연과 여자와 남자를 구별하지 말라고 하셨습니다.

"요즘 사람들은 인연의 만남을 가리고 있다. 인연을 가리다 보니 상은 더욱 두터워지고 관념 속에 빠져 힘들어하고 있는 것이다. 편식을 너무 많이 하다보니 영양의 불균형으로 인해 많은 질병에 시달리는 것과 같다. 인연을 너무 많이 가리게 되면 결국 그 가림 때문에 모든 것을 잃게 된다. 좋아하는 사람, 싫어하는 사람, 잘생긴 사람, 못생긴 사람, 가난한 사람, 부자인 사람 등 가림 없이 받아들이고 수용하고 사랑해야 한다. 현 사회가 그것을 잘 받아들이고 수용하지 못하는 탓에 일등 하는 아이와 꼴찌 하는 아이가 어울리지 못하고 또 꼴찌는 일등하고 놀아봤자 괜히 따돌림 당한다고 생각한다. 그러니 이렇게 많은 갈등과 시시비비가 끊이지 않고 일어나고 있는 것이다.

이제 너희는 인연을 가리지 말아야 한다. 오는 사람을 수용하고 받아들여 이해하게 되면 음식을 골고루 먹는 것과 같이 건강한 사랑, 건강한 믿음, 건강한 신뢰가 오게 된다. 반면에 좋아하는 사람만 만나게 되면 결과적으로 그 좋아하는 사람이 나를 가장 깊게 아파하게 사람이 될 수도 있다.

지금 우리 아이들의 공부도 마찬가지이다. 국, 영, 수만 잘하면 다 되는 것 같지만 막상 대학을 졸업하고 나면 국, 영, 수가 모든 것을 해결해주는 것이 아니라는 것을 알게 된다. 문학도 공부하고 철학도 공부하고 여행도 할 때 내 삶의 질이 높아지게 된다. 우리는 편중된 인연을 만나는 것이 아니라 자연스러운 인연을 수용하여 근본을 넓혀가야 한다.

인연은 나무의 뿌리와 같은 것이다. 뿌리는 영향을 흡수하여 가지와 잎을 자라게 하여 울창한 나무가 되듯이 인연 또한 나무뿌리와 같아서 나의 삶에 지식과 지혜를 충만하게 하여 얼을 자라게 할 것이다. 인연을 통해 느껴지는 아픔과 즐거움을 깊게 감응하여 얼이 자랄 수 있는 정성精性과 감성感性을 만들자는 것이다. 정성과 감성은 혼자 만들어지는 것이 아니라 인연의 업과 나의 근본이 감응할 때만이 정성과 감성이 만들어지게 된다. 엔극과 에스극이 만나 전구의 불을 밝히는 것처럼 나의 업과 인연의 업이 희로애락을 반복하여 삶의 꽃을 피우는 것처럼 업과 업의 인연이 승화하여 영을 자라게 해야 할 것이다. 그래서 인연을 소중하게 생각하고 수용하여야 한다.

그리고 알아야 할 것이 인연에서 남자와 여자를 구별하지 말아야 한다. 남자와 여자를 구별하게 되면 자신의 본연의 마음을 잃기가 쉽다. 그래서 항상 남자와 여자, 있음과 없음, 잘남과 못남을 구별하는 것이 아니라 수용과 신뢰할 수 있는 하나의 느낌을 만들 때 모든 것이 다르게 된다. 반면에 구별하여 가르기 시작하면 집착이 생겨나 너와 나를 바로 볼 수 있는 느낌을 잃게 하기 때문에 항상 경계해야 한다.

지금 세상에 일어나고 있는 모든 일들은 남자와 여자가 일으키는 것이다. 남자가 여자에게 집착하고 여자가 남자에게 집착함으로서 물질에 집착하고 명예에 집착하고 있는 것이다. 석가모니 부처가 스님들에게 결혼하지 말라고 한 것도 번뇌의 싹을 미연에 막자는 것이다. 남자와 여자는 참 묘한 관계로 서로를 위하면서도 깊은 상처를 주고 있다. 또 씨앗의 인연이기 때문에 서로에게 더욱 집착을 보이는 것이다. 그래서 너희는 여자에게 특별한 감정을 가져서는 되지 않는다. 특별한 감정을 가지는 것과 동시에 본연의 모습을 잃게 되고 많은 힘듦을 겪게 될 것이다. 여자의 아름다움 때문에 업을 망각하고 더 깊은 업의 수렁으로 들어가지 말라는 것이다. 여자도 마찬가지이다. 남자의 달콤한 말 한마디에 빠져 더 깊은 업의 인연이 되어서는 안 된다.

그리고 남자가 여자에게 빠지는 것은 시각 때문이고 여자가 남자에게 빠지는 것은 청각 때문이다. 항상 시각과 청각을 통해 느껴오는 감응이 업의 인연임을 알고 순하고 부드럽게 받아들이되 집착하지 말아야 한다. 집착하게 되면 업의 감응을 느끼지 못해 더 깊은 업의 고리가 되어 서로를 고통스럽게 할 것이다. 너희는 특히 남자이기 때문에 여자를 여자로 보게 되면 많은 것을 잃게 되고 원래의 굴레보다 더 깊은 굴레로 들어가게 될 것이다. 원래의 굴레를 이치에 맞게끔 받아들이게 되면 업의 고리를 풀 수 있지만 여자를 현혹하기위한 언행은 결국 더 깊은 굴레를 만들 뿐이다. 굴레 중에서 가장 깊고 고통스러운 것이 여자에게 집착하는 것이다. 그래서 남자와 여자를 구별하지 말고 다가오는 인연에 잘 수용하여 어디에도 걸림이 없는 수련을 했으면 한다.”

오늘은 여기서 강의를 마치셨습니다.

초심의 마음을 한결 같이 하라는 약속

한 일주일이 지나 여섯번째 약속을 하셨습니다. 여섯번째 약속은 앞에서 말한 다섯 가지 약속을 초심의 마음으로 한결 같이 꾸준하게 지키는 것이라고 말씀하셨습니다.

“너희는 초심의 마음 잘 새겨야 한다. 항상 초심의 마음을 잃지 않으면 공부의 반은 이루는 것과 같은 것이 된다. 초심은 새롭게 시작한다는 의미를 가지고 있다. 첫 출근할 때의 마음, 첫 수련할 때의 마음, 첫 아이를 가졌을 때의 마음 등 이 첫 마음을 끝까지 유지하는 것이 중요하다.

사람들은 시간이 지나면 초심의 마음을 잃고 나태해져 관념과 상에만 집착하여 살아가게 된다. 이것은 업의 굴레에서 안주하는 것과 같은 것이다. 무슨 일을 하든지 초심의 마음 놓치지 않으면 반드시 이루게 되는 법인데 초심의 마음은 온 데 간 데 없고 잡다한 생각만 하고 있기 때문에 아무것도 이루지 못하는 것이다.

그래서 항상 이 다섯 가지를 다잡는 여섯번째 약속을 제일 중요하게 생각하고 초심으로 약속을 지키기 바란다."

스승님은 또 이 여섯까지 약속을 십 년동안 초심의 마음으로 꾸준하게 지켜나가면 모든 것에서 자신이 자유로워 질 것이라 하셨습니다.

스승님이 십 년을 약속한 것은 어디에도 걸림 없는 마음을 만들어 주기 위한 것이었습니다. 저도 이 약속을 지키면서 많은 갈등을 했습니다. 내가 왜 이 약속을 지켜야 하는지 이 약속을 다 지키면 뭐가 있을까? 등 많은 갈등으로 십 년을 지나고 보니 무엇이 선인지 악인지를 구별할 수 있게 되었고 가야 할 것과 가지 말아야 할 것을 알게 되었고 인연이 무엇인지를 알게 되었습니다. 결국 이 앎이 나를 고요하고 평온하게 해준다는 것도 알았습니다. 사람은 누구나 순간의 생각으로 익어간다는 것을 이 여섯 가지 약속을 통해 깨닫게 되었습니다.

육의 옷을 벗으신 스승님

좌표

스승님은 우리에게 여섯 가지의 약속을 말씀하시고는 홀로 산행하는 일이 많아졌습니다. 그리고 자신이 하고 있던 장사와 기타 많은 것을 정리하셨습니다. 우리는 아무것도 모르고 단지 너무 힘이 들어 정리하는 것으로만 생각했습니다.

또 하루는 하동에서 사왔다며 수의壽衣를 펼쳐 보이며 내가 입고 갈 옷이라며 정리를 하시는 것입니다. 우리는 별말씀을 다 하신다며 농담으로 받아 들였습니다. 스승님은 그냥 웃으시며 수의 접은 사이사이에 담배 잎을 한 장 한 장 끼우셨습니다. '왜 그렇게 합니까?' 라고 묻자 이 옷은 삼베이기 때문에 습기가 차고 통풍이 되지 않으면 좀이 잘 먹기 때문에 이렇게 하는 것이라고 하셨습니다.

그렇게 1개월이 지나자 스승님은 우리를 불러 모으시고는 내가 갈 날이 머지않았다고 하시며 수련에 좌표가 될 수 있는 것을 하나씩 주셨습니다. 희승이에게는 광목에다 볼 관觀자를 크게 써 주셨습니다. 그리고 저에게는 일곱 개의 족이 찍혀있는 광목을 주셨고, 성재에게는 큰 원 하나를 주셨고, 재성이에게는 작은 찻잔 하나를 주셨습니다. 그러고 나서 스승님은 이야기하셨습니다.

"이 좌표가 담고 있는 뜻은 각자가 찾아야 하고 항상 자신을 비추어가며 다잡도록 해야 한다."

성재가 물었습니다.

"그래도 간단하게나마 알려주시면 좋겠습니다."

갑자기 어색한 분위기가 한참을 흘렀습니다.

"들어라. 자신의 좌표만 쥐고 가면 되는 것이다. 무엇이 그리 궁금하냐."

야단을 맞으면서도 우리는 꿀 먹은 벙어리 마냥 아무 말도 하지 못했습니다.

여기서 스승님이 나에게 준 좌표를 설명할까합니다. 다른 도반의 것은 각자가 생각해야 할 부분이기 때문에 제가 설명한다는 것이 모순이 될 것 같아 저의 것만 느낀 대로 설명하려고 합니다. 또 설명한다고 해서 이것이 전부가 아니라는 것을 먼저 이야기하고 싶습니다.

스승님이 나에게 준 것은 스승님의 족적이었습니다. 이 족적이 무슨 의미를 담고 있는지는 처음에는 잘 몰랐습니다. 그런데 수련장을 내고 수련하다보니 나의 진정한 좌표라는 것을 알았습니다. 그래서 수련장의 제일 잘 보이는 곳에 걸어두고 나를 다잡습니다.

지금 수련장에 들어와 천장을 쳐다보면 그 족적이 걸려 있는 것을 볼 수 있습니다. 그리고 천장에 걸어둔 것이 무슨 의미가 있느냐고 회원들이 자주 묻습니다. 저는 '마땅하게 걸 장소가 없어 걸어둔 것입니다.' 라고 대답합니다.

나는 하루에 한 번씩 광목에 새겨진 족적을 봅니다. 이 족적 속에 미래와 현재와 과거가 들어있습니다. 현재의 이 자리에서 진실하지 못하면 과거와 미래가 진실하지 않습니다. 진실은 현재 이 자리에서 진실해질 때 과거와 미래가 진실해지는 것입니다. 스승님은 현재를 통해 과거가 만들어지고 미래가 열린다고 했습니다.

어느 겨울날 아무도 걷지 않은 길을 스승님과 걷게 되었습니다. 한참을 걷다 뒤를 돌아보며 발자국을 가리키시며 말씀하셨습니다.

"우리가 걸어온 저 발자국을 보라."

"우리가 걸어온 발자국이 선명하게 새겨져 있습니다."

"항상 사람은 자신이 걸어온 길을 돌아봐야 한다. 발자국이 저 눈 위에 새겨지는 것처럼 사람들 마음에도 새겨지고 있다. 감사하고 아름답게 새기느냐, 원망하고 아프게 새기느냐에 따라 내 삶이 달라진다. 그래서 누구와 대화하고, 일을 하든 항상 진실해야 한다. 지금 이 자리에서 진실해야 한다."

나는 스승님이 왜 이 족적을 저에게 주셨는지 압니다. 이 수련장에서 하는 말 하나 수련지도 하나가 진실해야 한다는 뜻입니다. 오늘도 천장 위에서 나를 지켜보고 있는 족적을 보면서 제 마음을 다잡아 봅니다.

가장 아름다운 삶

다시 스승님의 이야기를 이어가겠습니다.

야단을 치시고는 방을 나가셨습니다. 별 뜻 없이 받기는 했는데 도무지 종잡을 수가 없었습니다. 금방이라도 죽을 사람처럼 이야기하시니 정말 돌아가시려고 하는 것은 아닌지 내심 걱정이 되었습니다. 우리는 긴장을 하고 스승님을 지켜보며 하루하루를 보내고 있었습니다.

스승님의 일과는 이틀에 한 번씩 수의를 꺼내어 손질하는 것 외에는 별다른 것이 없었습니다. 그렇게 지내다 하루는 자기와 함께 지리산을 등산하자며 장비를 챙기셨습니다. 장비를 챙겨 지리산을 타면서 평소와 같이 많이 웃고 이야기하며 정상에 올랐습니다. 정상에 오르자 짐을 풀고는 일일이 도반을 안아주시며 고생 많이 했다고 어깨를 두드려 주셨습니다. 우리는 한결 같이 '왜 이러세요.' 라고만 외쳤습니다.

스승님의 건강은 너무 좋았기 때문에 누구도 돌아가실 것이라고는 생각지도 않았습니다. 그렇게 이상하다고만 생각하고 있는데 스승님은 산아래의 풍경을 보시고는 혼자 중얼거렸습니다.

"너희와 함께한 시간들이 이렇게 지리산 굽이굽이에 있는 것이 얼마나 아름답고 좋은지 모른다. 머지않아 내가 죽거든 화장하여 바람에 날려주었으면 한다. 지리산 산신령은 못될 것 같고 솔바람이 되어 너희 땀을 식혀주고 오가는 모습을 보며 못다 한 벗이나 사귀어보려고 한다. 고사목, 야생화, 이끼 모두 내가 등한시했던 도반들이다. 또 내가 가고픈 곳도 가고 마음껏 즐겨보려고 한다. 알겠느냐."

또 다시 한 번 더 다짐을 받았습니다,

우리는 정신이 멍했습니다. 지금의 건강으로는 20년은 더 사실 것 같은데 죽음을 이야기하니 종잡을 수가 없었습니다.

그때 성재가 스승님께 불만스럽듯이 되물었습니다.

"왜 자꾸 돌아가신다는 말을 하십니까? 우리는 어쩌란 말입니까."

"성재야, 아쉬워하지 하지마라. 해가 뜨면 지는 법이고 꽃이 피면 지는 것이다. 사람도 한 번 태어나면 떠나야 하는 것이기에 미련 없이 가야 한다. 떠나야 할 때 떠나지 못하면 추해지는 법이다. 꽃도 떨어질 때가 가장 아름다운 법이다.

그리고 내가 육십을 넘지 못해 육의 옷을 벗는 것은 현생의 인연이 여기까지이기 때문이다. 사람들은 말할 것이다. 수련을 하고 깊은 경지에 있으면 90~100세는 살아야 되지 않느냐고 할 것이다. 너희가 알아야 할 것이 있다. 수련의 경지가 깊든 깊지 안 든 자신이 타고난 명은 어쩔 수 없는 일이다. 그 명만큼 살다가는 것이 가장 이상적인 삶이다. 90~100세를 이야기하는 것은 자신이 그만큼 살고 싶기 때문이다. 그래서 내가 하고 싶은 말은 때에 맞추어 살다가야 한다."

성재 또 물었다.

"때가 무엇입니까."

"때라는 것은 이치이다. 이치에 맞게 살 때 가장 아름다운 삶이 된다. 사람이 태어나서 돌아갈 때까지의 때를 짚어보면 10대에는 잘 자라야 한다. 잘 먹고 튼튼하게 하고 또 지식을 충실하게 습득해야 한다. 20대에는 좋은 인연을 만나 정이 우러나게 해야 하고 30~40대에는 남자는 열심이 일해야 하고 여자는 아이를 잘 키워야 한다. 50대에는 자신을 반성해야 한다. 이 반성이 깊지 못하면 허무를 느끼게 된다. 60세 이상은 잘 죽기위해 준비해야 한다. 무작정 건강하게 살려고 하는 것이 아니라 잘 죽기위해서 노력해야 한다. 이 노력이 깊어지면 죽는다는 것이 두려움이 아니라 행복이라는 것을 알게 된다. 사람들은 모두 죽음을 두려워하지만 엄격하게 따지고 보면 자연의 이치인데 욕심이 너무 많기 때문에 두려운 것이다. 이와 같이 나이에 맞게 때를 알면 삶의 끝이 하나의 축제라는 것을 알게 된다."

스승님은 긴 한숨을 내시며 말씀하시고는 지리산을 굽이굽이 살피시면서 하산을 하셨습니다.

어둠을 깨우는 소리

하산하여 일주일이 지난 밤, 짙은 어둠을 가르는 소리가 들렸습니다. 성재의 소리였습니다. 스승님이 이상하다며 소리를 지르는 것입니다. 순간 한 생각이 스치고 지나갔습니다. 지리산에서 스승님이 하신 말씀이 생각났습니다.

마음의 준비를 하고 달려가니 나와 성재뿐이었습니다. 희승이는 마을서 숙식을 하며 일을 하고 있었고 재성이는 고향집에 들리러 갔기 때문에 저와 성재가 스승님의 마지막 가는 길을 같이하게 되었습니다. 스승님은 나를 부르시고는 나의 손을 꼭 잡으시고 말씀하셨습니다.

"안과 밖을 같게 해야 한다. 안과 밖을 같게 해야 한다."

스승님은 반복해서 말씀하시면서 다음의 말씀을 남기시고 눈물을 보이시며 눈을 감으셨습니다.

"또 큰 사범이 되기보다 큰 수련장을 가지기보다 자신의 중심을 잃지 않는 사람이 돼라. 성재에게는 나의 죽음을 알리지 말고 너희 셋이 나를 염하고 화장하여 지난번에 말한 대로 해주었으면 한다."

그 돌아가신 모습을 보고 있노라니 눈에서는 눈물이 하염없이 흘러내렸습니다. 무엇 때문인지는 모르지만 흘러내리는 눈물을 입으로 받으며 그 자리를 지켰습니다. 스승님과 함께 한 시간들이 영화 필름처럼 돌아갔습니다. 성재는 희승이와 재성이에게 연락했습니다. 하루가 지나 도반 네 명이 다 모였습니다. 스승님 영전에 예를 갖추고 장례식을 어떻게 치를 것인지를 의논했습니다. 하지만 의견이 일치하지 않았습니다.

재성이는 스승님 생전에 친하게 지낸 분과 함께 장례식을 치르자고 하고 저와 희승이는 스승님의 뜻대로 하자고 했습니다. 재성이가 하자고 한 것은 다른 것이 아니라 너무나 아쉬워 그런 것이라는 것을 우리는 압니다.

우리는 다시 의논하여 스승님 뜻에 따라 화장하여 지리산에 뿌리기로 결정을 하고 화장터로 가는 도중 그토록 정이 든 사람과 정을 뗀다는 것이 얼마나 가슴을 아프게 하는지 몰랐습니다. 화장터 화덕구의 문이 열리고 스승님이 불길 속으로 사라졌습니다. 우리는 아무 말 없이 그냥 그렇게 멍하니 서 있었습니다. 아무 움직임 없이 그렇게 서있었습니다. 얼마 지나지 않아 하얀 보자기에 싸인 상자 하나가 재성이 손에 들려졌습니다. 우리는 아무 말 없이 지리산으로 향했습니다. 지리산을 오르는 걸음걸음이 하나하나가 스승님과 함께한 추억을 밟고 가는 것 같았습니다. 그렇게 정상에 올라 예를 갖추고 스승님 말씀대로 지리산 바람에 뿌려 드렸습니다.

그렇게 장례식을 치르고 우리는 한동안 아무 말 없이 지냈습니다. 스승님의 빈자리가 너무나 크기 때문에 무엇을 어떻게 해야 그 빈 마음을 메울지를 몰랐습니다. 그 쓸쓸함과 아쉬움을 메우기 위해 스승님을 위한 100일 기도와 제를 올리자고 제안했습니다. 그때 희승이가 반대한다고 했습니다. 스승님이 살아생전에 강조한 것을 잊었느냐며 정 그렇게 하고 싶으면 한 마음 다해 수련하는 것이 스승님을 위하는 것이라며 100일 수련을 제안했습니다.

희승이가 이렇게 말하는 것은 스승님이 살아있을 때 항상 하신 말씀을 되새긴 것입니다.

　"내가 죽고 나면 영정을 걸거나 향을 피우고 정화수를 떠놓는 것은 또한 번의 나를 돌아가게 하는 것이다. 나는 바람 따라 구름 따라 흘러갈 것인데 너희가 올리는 정성에 매여 오가도 못하는 귀신으로 살고 싶지 않기 때문이다."

　스승님께서 입버릇처럼 말씀하셨습니다. 우리는 제다운 제도 한 번 못 지내고 그렇게 스승님을 보내드렸습니다.

도반과 익음

신심

스승님이 돌아 가신지도 어언 3년이라는 세월이 흘렀습니다. 나는 내가 깨치고 수련한 이 도리를 세상 사람들에게 한시라도 빨리 알려야겠다는 생각이 들어 하루는 도반들을 불러 모아 상의를 했습니다.

"이제, 나는 하산해서 우리의 수련을 세상 사람들에게 알리고 싶네."
"우리가 수련을 열심히 해서 좀 더 익고 난 다음 내려가는 것이 좋을 것 같네."

도반들 모두가 한결 같이 산에서 내려가는 것을 말렸습니다.

"스승님이 돌아 가신지도 벌써 3년이 지났고 또 스승님으로부터 각자의 씨앗을 받았으니 자신의 길을 걸어가면서 익게 해도 되지 않겠는가. 또 나를 익게 하기위해서 산에서 수련하는 동안 고통 받고 힘들어하는 많은 사람들은 어떻게 하는가. 나는 그 사람들 속에서 나를 익게 하고 싶네."

희승이가 그 말끝에 확실한 반대의 입장으로 한마디 했습니다.

“네가 익기도 전에 먼저 혼탁해져버리고 말 것이네.”

“하루라도 빨리 사회로 나가서 힘들게 사는 사람들에게 이 수련법을 알려주고 싶은 마음뿐이네. 왜냐하면 목사가 되고 싶었지만 꿈을 접어야 했던 절망적인 마음에서 이 수련을 만나 새 희망을 찾았고 지금의 내가 너무 행복하기 때문에 이 행복을 절망하고 힘들어하는 사람들에게 전해주자는 것이 나의 소신이네.”

도반들은 다른 욕심이 있지 않느냐고 약간의 의심도 했습니다.

“스승님이 돌아가시기 전에 우리에게 여섯 가지 약속을 10년 동안 지켜야한다는 것을 각자에게 했을 것이네. 그 약속은 꼭 산에서 지키라는 것이 아니라 사회에서 자신을 익게 할 때에 지키라는 약속일 것이라고 생각하네. 그러니 내가 산에서 내려가는 것에 동의를 해주게. 부탁하네.”

도반들은 아무 말이 없었습니다.

“또 나는 진정으로 익는다는 것은 혼자 고요히 있다고 해서 익는 것이 아니라 여러 사람과 함께 부닥치면서 일어나는 마음을 진정으로 다스릴 때 익지 않을까 생각하네. 내가 7을 알고자 노력할 때 1,2밖에 모르는 사람의 고통을 어쩔 것인가. 7,8,9는 2,3,4를 알려주는 가운데 있다는 것을 스승님이 항상 강조하신 것을 모르겠는가. 되묻고 싶네.”

도반들은 길게 한숨을 내쉬었습니다. 3일이 지나고 나서야 도반들이 승낙을 하면서 희승이가 말했습니다.

“스승님이 돌아가시기 전에 상자 한 개를 주시면서 몇 년의 세월이 지나면 너희들 중에 산에서 내려 가려고하는 도반이 있을 것이다. 그 도반에게 이것을 전해주고 산에 남는 도반들은 그 도반을 도와주어라고 했네. 자, 이 상자를 받게."

희승이가 건네는 상자를 열어보니 그 안에는 '도호를 전해준다.'는 말과 함께 '산을 벗으로 삼고 도반을 스승으로 삼아서 이 수련을 세상에 알리되 너희 대에서 꽃을 피우려는 생각은 버리고 신심이 있는 사람들을 찾아 네가 알고 있는 씨앗만 전해주는 것으로 만족하라.'는 내용의 편지가 들어있었습니다.

가호假號 와 진호眞號

여기서 우리 선문의 내력을 간단하게 설명하면 제자로 받아들이기 전에는 그냥 할아버지 관계를 유지하다 제자로 받아들여지면 가호를 스승님이 내리게 됩니다. 가호假號를 받고 10년이 지나면 진호眞號를 받게 됩니다. 또 진호를 받고 있다가 스승님이 돌아가시면 스승님의 도호道號를 물려받게 됩니다.

도호를 물려받는 사람이 스승님의 뜻을 이어가게 되는 것이 저희 선문의 전통입니다. 스승님의 도호를 이었다고 해서 다른 도반들보다 뛰어나다는 것은 아닙니다. 단지 근기가 되었기 때문에 이어 받은 것뿐입니다. 도반들은 스승님과의 약속을 10년 동안 지켜보겠다면서 하산을 도와주었습니다.

그런데 막상 산에서 내려와 보니 그저 막막할 뿐이었습니다. 사회에서 돈 한 번 벌어보지 못한 내가 무슨 수로 수련장을 내고 사람들을 가르칠지 참으로 막막했습니다. 수련장을 내기 위해서 전전긍긍하고 있는데 마침 부모님이 돈을 마련해 주셔서 대구시 봉덕동이라는 곳에 수련장을 마련할 수 있었습니다. 손수 각기목과 합판으로 수련장과 탈의실을 만들고 바닥에 장판을 깔고 수련을 시작하였습니다. 참으로 열심히 수련을 지도했습니다. 낮에는 수련을 지도하고 밤에는 안내 포스터를 붙이는 생활이 수개월 흘렀지만 회원은 좀처럼 늘지 않고 집세만 겨우 낼 정도의 회원만 들어오는 것입니다.

수련장을 운영한다는 것이 얼마나 힘들고 어려운 것인지 1년이 지나서야 알게 되었습니다. 또 회원들이 나를 생각해서 많은 것을 도와주었지만 결국 나 스스로 지탱할 만한 힘을 가지고 있지 않으면 안 되겠다는 생각이 나 자신을 흔들고 있었습니다.

도반의 눈물

내가 너무 큰 수련장을 가졌다는 생각이 들면서 수련장을 성당동으로 옮겨가게 되었습니다. 하산한 지 1년이 지나자 한 도반이 나를 찾아왔습니다. 도반에게 일 년 동안 있었던 이야기도 하고 사회라는 곳이 참 냉정하고 마술 같은 곳이라고 하자 스승님과의 약속을 꼭 지키라면서 100만 원이라는 돈을 주고는 산으로 돌아갔습니다. 100만 원의 돈을 얼떨결에 받기는 했지만 정말 가슴이 아팠습니다. 그 돈을 모으려면 세 명이 꼬박 한 달을 일해야 벌 수 있는 돈인데 그렇게 큰돈을 나에게 주고 간 것입니다. 나는 정말 이 돈을 수련을 위해 쓰겠다는 다짐을 하고 성당동에서의 수련을 시작했습니다. 수련장은 성당동으로 옮겼지만 뾰족한 수가 없었습니다. 물질의 발톱은 더욱 깊게 상처를 주었고 맥없이 쓰러진 나는 일어설 수 있는 힘조차 없이 물질에 대한 회의가 밀려왔습니다. 그때 당시 내가 선택할 수 있는 길은 한 가지 뿐이었습니다. '여기서 나 자신을 잃게 되면 모든 것을 접고 도반 곁으로 갈 것이라는 생각'을 하고 열심히 수련을 지도하다보니 수련장의 불씨가 다시 살아난 것입니다.

그렇게 3~4년의 세월이 흘러갔습니다. 정말 오랜만에 도반을 만났습니다. 만나지 못한 시간이 길어서인지 참 많은 이야기를 나누었습니다. 옷 입은 스타일이 전과 똑같아서 낯설지는 않았지만 마음은 낯설다는 느낌이 들었습니다. 오래 전에 헤어진 애인을 만나는 그런 기분이었습니다. 산에 있을 때에는 서로의 존재가 크다는 것을 몰랐는데 시간이 지나고 나서보니 그 존재가 너무 크고 나도 모르게 의지를 많이 했었나봅니다. 진정으로 나누어야 할 이야기는 나누지 못하고 엉뚱한 이야기만 주고받다가 몇 시간이 지나서야 가슴 깊은 곳의 말들이 오갔습니다. 대화가 오가는 가운데 도반의 마음이 많이 익어 있다는 느낌에 설익은 나의 마음이 참 부끄러웠습니다. 도반은 나의 어깨를 감싸 안아 주며 눈물을 보였습니다. 녹차의 향기가 좋다는 말만 남기고 떠나갔습니다. 나는 압니다. 도반의 눈물을! 그렇게 헤어지고 나서 정신없이 시간을 보내다가 문득 도반이 그리워졌습니다.

미안하다

도반을 만나기 위해 몇 시간동안 차를 몰아 지리산에 도착했습니다. 그런데 나를 보자말자 반갑다는 인사도 없이 느닷없이 희승이가 한마디 내지르는 것입니다.

"우리, 이제는 더 이상 만나지 못할 것 같다. 당장 돌아갔으면 한다."

사랑하는 애인에게서 갑자기 헤어지자는 말을 들었을 때 눈앞이 캄캄한 것처럼 아무것도 생각할 수가 없었습니다. 수련장을 운영하면서 어렵고 힘들 때 도반을 생각하면서 그래도 나의 수련을 알아주는 사람들이 있고 그들이 나를 지켜보고 있다는 생각에 힘을 내곤 했었는데 갑자기 만나지 말자는 말을 하니 정말 당황스러웠습니다. 마음을 가라앉히고 그 이유가 무엇인지 알고 싶다고 했습니다.

"너는 사회에서 익기위해서 열심히 노력하고 있고 우리는 이곳에서 익어가고 있으니 부족함과 부족함이 만나봤자 서로에게 도움이 되지 않으니 시간이 많이 흐르고 난 다음 서로 익어서 만나자."

섭섭한 마음이 이루 말할 수 없이 밀려왔습니다. 또 오기도 생겼습니다. 그래서 많은 시간이 흐르고 나서 다시 만나자고 하면서 선걸음에 산을 내려와 버렸습니다. 내려오는 동안 많은 생각들이 머리에 떠올랐습니다. 그래도 나를 믿고 끝까지 생각해줄 것이라고 믿었는데 혼자가 되었다는 느낌은 정말 묘한 감정이었습니다. 산을 내려와서 정말 열심히 수련을 지도했습니다. '여기서 쓰러지면 나는 갈 데도 없다.' 그리고 '도반들에게 보란 듯이 스승님과의 약속을 지킬 것이다.' 하고 맹세하고 또 맹세했습니다. 그렇게 5년이라는 세월이 흘렀을 때 도반으로부터 만나자는 연락이 왔습니다. 만나지 않을까 생각하다가 그동안 어떻게 익었는지가 궁금하여 지리산으로 향했습니다.

지리산으로 가는 도중에 많은 상상을 했습니다. 어릴 때 헤어져 못 만나다가 많은 세월이 흘러서 친구를 만날 때 '그가 어떻게 자랐을까.' 상상하는 것처럼 도반들의 모습이 정말 궁금했습니다. 4시간을 달려서 지리산에 도착하니 도반 세 명 모두가 나를 반갑게 맞아주었습니다. 고생을 많이 해서 그런지 몸은 말라보였지만 눈동자는 어린아이처럼 맑고 밝았습니다.

저녁을 먹고 잠시 쉬다가 같이 수련에 들어갔습니다. 함께 수련에 들어가는 순간 도반의 기운이 느껴지는데 정말 맑고 따뜻한 기운이 느껴졌습니다. 그 순간 나의 기운을 감추기 위해 대맥도 돌리고 소주천도 해보았지만 그 기운을 따라갈 수 없었습니다. 수련장을 유지해야겠다는 생각에만 매여 나의 수련을 게을리 한 탓이었습니다. 수련은 3시간이 흘러서야 끝이 났습니다. 우리는 아무 말이 없었습니다. 그 정적을 깬 것은 희승이었습니다.

"우리 만남을 2달에 한 번씩 가지기로 하자. 너의 기운을 보니 세속에 너무 많이 젖어든 것 같다. 이대로 두면 되지 않을 것 같아 그러니 시간이 없더라도 꼭 와야 한다. 그리고 전번에 너에게 너무 심한 말을 한 것 같아 미안하다. 그렇게라도 하지 않으면 네 마음이 약해질 것 같아서 그렇게 한 것이니 용서를 구한다."

가만 생각해보면 정말 수련장을 운영하다가 실패하면 도반이 있는 곳으로 가면 된다고 생각을 했었던 것 같습니다. 그 싹을 도반들은 알고 있었나 봅니다. 나를 생각하는 그렇게 큰마음도 모르고 도반들을 미워한 내가 정말 부끄러웠습니다. 희승이가 말을 이었습니다.

"이제 우리는 더 이상 단절되어서는 되지 않고 스승님의 수련을 정확하게 나누어지고 가야겠다."

서로를 껴안으며 다짐과 격려를 했습니다.

"특히 한용이가 사회에 있는 수련장을 운영하기 때문에 우리보다 더 많은 노력을 해야 하고 이곳에서 주기적으로 수련하면서 스승님의 뜻을 사람들에게 전하면 될 것이다. 또 조심해야 하는 것은 물질에 물들지 않는 것이다. 아궁이에 불을 때는 사람은 불을 때지 않는 사람에 비해 숯이 묻을 일이 많기 때문에 자신을 더욱 다잡지 못하면 자신도 모르게 숯이 묻는다는 것을 알고 항상 잘 관리 해야 된다."

희승의 걱정은 스승님을 닮아 있다는 생각이 들었습니다. 스승님의 도호를 희승이가 받아야 했었는데 제가 받았다는 것이 미안하기까지 했습니다. 우리는 그렇게 스승님과의 십 년이라는 약속을 도반의 도움을 받아서 지켜냈습니다. 작년에 지리산에 들어가서 나도 도반들에게 선물을 해야겠다는 마음으로 선정원을 도반의 수련장으로 내어놓겠다고 했습니다. 희승이는 고맙기는 하지만 너를 알고 있는 회원들과 열심히 수련할 수 있는 수련장으로 만들어 놓으면 그때 한 번 가보겠다며 서로의 회포를 풀었습니다. 나의 도반은 수련이 참 깊은 사람들입니다.

마음을 보게 하고 느끼게 해주자는 것

또 사회에 드러나지 않고 자신을 지키며 풍류를 즐기며 생활하고 있다는 생각이 듭니다. 이런 말을 사람들에게 하면 혼자서 풍류를 즐긴다는 것은 욕심이 많은 사람이라 이야기하지만 도반의 생각은 이렇습니다. '아직 사회가 변화할 때가 아니다.'는 것입니다. '변화의 때가 아닌데 섣불리 나섰다가 씨앗마저 잃고 만다.'는 것입니다. 한용이의 수련장 운영은 '사회의 변화를 관측하는 온도계와 같은 것'이고 자신들은 '씨앗을 품고 있는 항아리와 같다.'고 했습니다. 씨앗은 따뜻한 봄이 되기 전에는 촉을 대지 위로 올릴 수 없다며 때가 되면 한용이의 인연을 통해서 싹을 틔우게 될 것이라며 따뜻한 봄날은 자신들이 만드는 것이 아니라 겨울이 가면 저절로 오는 것이 봄이기 때문에 모두가 참고 인내하면 될 것이라며 내가 데려간 회원들을 만나지 않으려고 했습니다.

그래서 결국 만나지 못하고 돌아왔습니다. 지금도 도반들은 가명을 쓰면서 세상에 나오려하지 않습니다. 보통 도를 깨달으면 세상을 구원하겠다고 하면서 중생구제에 역점을 두고 뜻을 편다고 하는데 도반들의 생각은 아직 세상은 구원의 대상이 아니라 스스로 그러한 흐름을 따를 수 있는 마음을 찾기만 하면 되는 것이니 그대로 두고 자신을 볼 수 있는 시간만 내면 되는 것이기 때문에 세상은 아무 문제가 없다고 이야기합니다.

정말 세상을 구원하겠다는 사람들이 없었다면 세상은 훨씬 평화롭고 행복했을 것입니다. 지금 세계 각처에서 일어나고 있는 모든 전쟁이 종교와 이념 전쟁입니다. 종교와 이념은 하나같이 세상을 사랑으로 넘치게 하자고 말하지만 더 많은 아픔과 전쟁이 끊이지 않는 것은 세상을 구원하겠다는 생각이 만들어내는 현상일 뿐입니다.

도반들은 앞에서도 말했지만 세상을 구원하겠다는 것이 아니라 각자의 마음을 보게 하고 느끼게 해주자는 것입니다. 각자의 마음을 모르기 때문에 결국 싸우고 우리는 아파하는 것입니다. 시간이 되고 때가 되면 우리 도반을 회원님들에게 소개할 것입니다. 지금 소개하지 않는 것은 그때가 아니기 때문입니다.

도반을 수련장에 초빙하려고 노력한 적도 있었습니다. 그런데 도반은 너 혼자만 사회에서 생활하면 됐지 우리까지 나가서 사회를 어지럽게 하면 안 된다면서 한사코 거절을 했습니다. 그냥 산에 묻혀 사는 것이 가장 편하고 행복하다고 했습니다. 우리 도반들은 TV에서 나오는 도인들처럼 생활하는 것이라고 상상하는 분들이 많은데 상상은 상상일 뿐입니다. 보통 사람이 사는 것처럼 살고 보통 사람이 하는 모든 것을 다하며 살고 있기 때문에 드러나지 않는 것입니다. 그런데 드러나지 않으면서도 깊고 넓게 산다는 것입니다. 어떠한 유혹에도 흔들리지 않고 단지 사람과 어우러지며 살 뿐입니다.

잘 생긴 나무는 선산을 지키지 못합니다. 산을 지키는 것은 볼품없는 나무라는 것을 알아야 합니다. 드러남은 항상 시시비비가 따르기 때문에 묻히는 것이 가장 좋은 싹을 틔운다는 것을 알고 내면으로 들어가야겠습니다.

이 책도 출간되는 것과 동시에 많은 논쟁이 될 것입니다. 그러나 논쟁은 나와는 아무 상관없는 일입니다. 논쟁을 하기위해서 책을 쓴 것이 아니기 때문입니다. 단지 이러한 수련법과 이런 사람이 있다는 것을 알려주고 싶을 뿐입니다.

문헌을 글로 짜 맞춘다고

회원들이 종종 질문합니다.

"사범님의 수련은 어디서 시작되었고 어떻게 이어졌습니까?"
"수련만 열심히 하면 됩니다."

왜냐하면 윗대의 스승을 안다고 해서 수련이 달라질 것은 아니기 때문입니다. 진정한 수련 없이 윗대의 스승들을 알게 되면 수련과 관계없는 상과 관념이 생겨나 종파를 만들고 계율을 만들어 수련과는 동떨어진 수련이 되기 때문에 윗대의 스승에 대해 언급을 하지 않은 것입니다. 진정한 수련은 현재 이 삶을 행복 되게 하고 깨닫게 하는 것이지 윗대를, 스승과 수련의 맥을 안다고 해서 깨달음에 들어갈 수 있는 것은 아니라고 생각 합니다.

그래서 스승님의 수련은 어느 정도인지 또 도반의 수련은 어느 정도인지 저는 모릅니다. 단지 수련의 정도를 가늠 할 수 있는 것은 수련이 정체되는 것이 아니라 계속 나아가고 있다는 것입니다. 스승님의 말 한마디와 행이 일치하기 때문에 의심 없이 여기까지 오게 된 것입니다.

요즘 사람들은 스승의 능력과 선맥을 보고 수련함으로서 더 많은 갈등에

휩쓸리고 있다는 것입니다. 그렇다고 모든 수련이 바르지 않다는 것은 아닙니다. 단지 '선맥과 문헌에서 말하는 것을 경험할 수 있느냐.' 하는 것입니다. 그래서 우리수련은 규모와 선맥을 이야기하는 것이 아니라 경험하고 느끼게 한다는 것입니다. '이것이 진정한 선맥이 아닐까?' 생각합니다.

그렀다고 우리수련이 선맥이 없다는 것은 아닙니다. 저는 윗대의 스승이 어떻게 가르치셨는지를 압니다. 또 윗대의 스승이 누구인지도 압니다. 단지 여러분의 수련이 깊어지면 말하고 알게 할 것입니다. 이렇게 말하면 수련이 되지 않았다고 '그렇게까지 숨길 필요가 있느냐.'고 하는 사람도 있습니다. 저는 이런 말을 들을 때마다 답답함이 앞섭니다. 스승님의 함자를 그 사람에게 이야기해 주면 별것도 아니라고 이야기하고 반면에 유명한 선사가 윗대의 스승이라고 하면 '정말 대단하다.'며 수련을 하려고 합니다. 윗대의 스승과 문헌을 글로 짜 맞춘다고 해서 선맥을 이었다고는 볼 수 없습니다.

문헌에서 발췌한 것이 맥이라면 이 시대에 나와 있는 모든 수련법들이 맥을 이은 것이라 하겠습니다.

선맥은 글로서 이어지는 것이 아닙니다.

경험하고 느끼기만 하면

한 예를 들면 완벽한 깨달음을 얻은 스승이 자신이 알고 있는 모든 것을 한 제자에게 진법을 전수했고, 이 제자는 또 자신의 제자에게 진법을 전수하고 그 제자는 또 그 제자에게 진법을 전수하며 수백 대를 내려왔다고 했을 때 '과연 맨 처음의 스승이 깨달은 진법이 지금의 제자에게 전해졌을까.' 하는 것입니다. 앞에서도 말했지만 이렇게 많은 종파가 생겨났다는 것은 바로 '진법이 제대로 전수되지 않았다.'는 것을 알 수 있습니다.

글과 글, 이론과 이론으로만 전달이 되어졌기 때문에 이렇게 많은 갈등과 시비가 생겨난 것입니다. 그래서 선맥을 찾는 것은 가문과 문헌에 있는 것이 중요한 것이 아니라 가문과 문헌에서 말하는 것을 경험하고 몸으로 느낄 때 진정한 선맥을 이었다고 봅니다.

지금 사람들은 문헌과 가문에 너무 많은 집착을 보이고 있습니다. 글에 너무 매인다는 것입니다. 자신을 닦는데 에너지를 쓰는 것이 아니라 글 맞추기에 에너지를 많이 쓰고 있습니다. 글에는 시시비비밖에 없습니다.

그래서 스승님은 선맥과 스승을 자랑하는 것이 아니라 그냥 이런 평범한 스승이 있다고만 말하고 자신의 스승이 누구이며 어디서 어떤 공부를 했는지에 대해서는 전혀 말이 없었습니다. 단지 일러주는 것을 경험하고 몸에서 일어나게만 하라고 하셨습니다.

꼭 자신이 선맥을 이어야겠다는 생각보다 열심히 해야겠다는 생각을 하며 그 선맥이 무엇인지를 스스로 알게 된다고 하셨습니다. 그리고 진법을 전수하지 안 하더라도 정성으로 하다보면 다른 문헌과 가문을 통해 네가 어느 자리에 있지를 스스로 알게 됩니다.

워낙 많은 정보와 수련법들이 나와 있기 때문에 스스로 익어가다 보면 모든 것이 정확하게 보이게 됩니다. 그러니 익을 때까지 윗대의 스승에 집착하는 것이 아니라 내 앞에 있는 스승으로부터 경험하고 느끼기만 하면 됩니다. 가문과 문헌을 알면 거기에만 집착하여 상과 관념의 벽만 높아 질 뿐입니다. 상과 관념의 벽이 높아지면 너와 나에게서 힘듦과 아픔만 생기고 항상 앵무새와 같은 말만 되풀이 하게 됩니다.

지금에 와서 제가 스승님에 대해 책을 쓴다는 것이 무척 어렵고 조심스러운 마음이 들지만 나는 '이 시대에 이런 분이 계셨다는 것이 세월 속에 묻혀서는 되지 않겠다.' 는 생각에서 책을 쓰는 것입니다. 스승님을 우상화하자는 것이 아니라 '수련을 이렇게 지도했던 사람이 있었다.' 는 것을 한 번 보여 주고 알려주자는 것입니다.

　현 우리 사회에서는 자신을 지도해 줄 진정한 사표가 필요합니다. 그래서 이 책의 제목을 '스승'이라고 정했습니다. 이 책이 나오면 현재 여러분이 알고 있는 스승이라는 개념들이 '숭배의 대상'이 아니라 '존경의 대상'이자 서로 주고받는 '관계의 대상'이라는 것을 알게 될 것입니다.

100년 수행의 기록

스승

초판1쇄 2008년 11월 1일

출판등록 제 2-4570 호
등록일 2007년 2월 26일
저자 김한용
펴낸이 홍수경
펴낸곳 엠에스북스
주소 서울 중구 중림동396-16 3층
전화 02-312-3088 | **팩스** 02-312-3088
도서 공급처 도서출판 행복한 마음(전화 02-334-9107, 팩스 02-334-9108)

값 20,000원 | **ISBN** 978-89-960686-1-7 03330